多视角·全方位·多品种

辽宁蓝皮书

BLUE BOOK OF
LIAONING

2014 年
辽宁经济社会形势分析与预测

ANALYSIS AND FORECAST OF ECONOMY AND SOCIETY
OF LIAONING(2014)

主　编／曹晓峰　张　晶
副主编／王　磊　李天舒　张天维　张万强

社会科学文献出版社
SOCIAL SCIENCES ACADEMIC PRESS (CHINA)

图书在版编目（CIP）数据

2014 年辽宁经济社会形势分析与预测/曹晓峰，张晶主编. —北京：
社会科学文献出版社，2014.1
（辽宁蓝皮书）
ISBN 978 - 7 - 5097 - 5518 - 1

Ⅰ.①2… Ⅱ.①曹… ②张… Ⅲ.①区域经济 - 经济分析 - 辽宁省 -
2013 ②社会分析 - 辽宁省 - 2013 ③区域经济 - 经济预测 - 辽宁省 -
2014 ④社会预测 - 辽宁省 - 2014 Ⅳ.①F127.42

中国版本图书馆 CIP 数据核字（2013）第 312511 号

辽宁蓝皮书
2014 年辽宁经济社会形势分析与预测

主　　编/曹晓峰　张　晶
副 主 编/王　磊　李天舒　张天维　张万强

出 版 人/谢寿光
出 版 者/社会科学文献出版社
地　　址/北京市西城区北三环中路甲 29 号院 3 号楼华龙大厦
邮政编码/100029

责任部门/皮书出版中心（010）59367127　　　责任编辑/高振华
电子信箱/pishubu@ ssap. cn　　　　　　　　责任校对/张兰春
项目统筹/邓泳红　高振华　　　　　　　　　责任印制/岳　阳
经　　销/社会科学文献出版社市场营销中心（010）59367081　59367089
读者服务/读者服务中心（010）59367028

印　　装/北京季蜂印刷有限公司
开　　本/787mm×1092mm　1/16　　　　　印　　张/26.5
版　　次/2014 年 1 月第 1 版　　　　　　　字　　数/431 千字
印　　次/2014 年 1 月第 1 次印刷
书　　号/ISBN 978 - 7 - 5097 - 5518 - 1
定　　价/79.00 元

辽宁蓝皮书编委会

主要编撰者简介

主编简介

曹晓峰 男，黑龙江省肇东市人，哲学学士学位，现任辽宁社会科学院副院长、研究员，中国社会学会常务理事，辽宁省社会学会副会长，辽宁省哲学学会副会长，国家哲学社会科学规划基金评审组专家。主要研究方向为应用社会学。主要研究成果：《改革开放 20 年的理论与实践·辽宁卷》、《在变革中崛起——辽宁改革发展实践的理性思考》、《中国百县市经济社会追踪调查·营口卷》、《中国百县市经济社会追踪调查·海城卷》《中国百县市经济社会追踪调查·抚顺卷》《东北老工业基地振兴发展报告》、历年《辽宁经济社会形势分析与预测》、《沈阳市经济社会形势分析与预测》、《历史性巨变——解读辽宁改革开放三十年的伟大实践》等。

张　晶 女，辽宁省统计局党组书记、局长，教授研究员级高级统计师，中国统计学会副会长、中国国民经济核算研究会副会长，辽宁大学国民经济管理专业研究生。主要研究方向：经济统计。主要研究成果：《实证研究与决策咨询——辽宁统计调研成果选萃》、《人口均衡发展》、《新的跨越——数字透视辽宁改革开放 30 年经济社会发展成就》、《辽宁城乡居民收入分配研究》、《宏观经济管理与地区综合平衡》、《地区新国民经济核算体系指南》、《辽宁建立地区新国民经济核算体系统计实证研究》、《辽宁省领导决策统计信息支持系统研究与开发》、《辽宁第三产业发展研究》、《地区资金流量核算研究报告》、《辽宁资产核算与可持续性发展研究》、《转变方式、增强实力、实现经济发展新跨越》等。其中，获国家部委和省政府科技进步奖 6 项、省级奖 12 项。

副主编简介

王　磊 男，辽宁辽阳人，博士，中国社会科学院社会学研究所博士后，中国注册会计师。现任辽宁社会科学院副研究员，社会学研究所副所长；兼任辽宁省工人运动学会特邀研究员，沈阳老龄产业协会常务理事、监事长，沈阳纪检监察学会理事等。辽宁省"百千万人才工程"千层次人选。主要研究领域包括社会福利、社会救助等。近年来主持国家社会科学基金项目 3 项。主持完成辽宁省社会科学规划基金项目 2 项。作为核心成员参与"九五"国家社会科学基金重点项目及国家社科基金一般项目等多项国家级科研课题研究。截至目前出版学术专著 2 部，合著 5 部。在《宁夏社会科学》、《江淮论坛》、《社会科学辑刊》、《理论与改革》、《财经问题研究》、《理论探索》、《地方财政研究》、《统计与决策》等核心期刊发表学术论文 20 余篇。科研成果获得省级以上奖项 10 余项，其中获得辽宁省政府奖 6 项。

李天舒 女，湖南省双峰县人，辽宁社会科学院经济研究所研究员，产业经济研究室主任。主要研究方向：产业经济、区域经济。主要研究成果：合作专著《经济发展新阶段辽宁产业创新与产业转型问题研究》、《新型工业化与科技创新战略研究》等；论文《工业设计产业的市场需求环境和发展途径分析》、《财政支持经济发展方式转变的领域和途径分析》、《提升老工业基地核心竞争力 增强产业创新能力》、《产业创新的特征和趋势》、《区域技术创新工程载体建设的路径分析——以辽宁省为例》等。

张天维 男，辽宁辽阳人，辽宁社会科学院产业经济与 WTO 研究所所长、研究员，中共辽宁省委省政府决策咨询委员，加拿大弗雷则研究所客座教授。现从事产业经济、理论经济、宏观经济、区域经济研究。主要研究成果：专著《全球化趋势与产业成长战略》、《繁荣与艰难之路——中国市场化的理论视角》、《新型工业化与科技创新战略》等；2003 年、2004 年在加拿大弗雷则经济所从事合作研究，其间在国际学术期刊发表英文论文 3 篇，在 UBC 大学等作学术报告多场；多次学术访问美国、俄罗斯、欧盟等，合作进行专题研究。近年来主要从事东北老工业基地振兴政策绩效和辽宁省高新技术产业化发展战略研究。

张万强 男，辽宁社会科学院经济研究所副所长、研究员，博士研究生。英国威斯敏斯特大学访问学者，辽宁省宣传文化系统"四个一批"理论人才，辽宁省"百千万人才工程"百级人选。主要社会兼职包括辽宁省中青年决策咨询专家，沈阳市委、市政府咨询专家，辽宁省财政学会理事等。主要研究方向为区域经济学、产业经济学、财政学。主持及作为主要撰写人承担国家及省市课题 30 余项，公开发表学术文章 70 余篇，获得学术奖励 30 余项。

摘　要

本书是辽宁社会科学院连续推出的第 19 本关于"辽宁经济社会形势分析与预测"的年度研究报告。全书共 35 篇报告，分为总报告、综合篇、经济篇、社会篇及专题篇 5 部分，由辽宁社会科学院从事经济学、社会学、产业经济学、金融学、城市发展研究和农村发展研究的专家，以及辽宁省省直有关部门、大专院校、科研单位的学者经过深入研创而成。

本书认为，2013 年，辽宁省经济运行平稳，呈现稳中有进、质量趋好态势，基本实现了全年预期发展目标。农业、工业、服务业三次产业均衡发展，生产总值回落但仍保持增长态势，消费需求稳步扩大，科技型中小企业快速发展，对外贸易低速增长，财政收入增速平缓。同时，城乡居民收入增幅加快，社会保障体系进一步完善，各类教育质量明显提升，文化事业和文化产业持续繁荣发展，医药卫生体制改革深入推进，全省扶贫开发已经转入巩固温饱成果、加快脱贫致富的新阶段，蓝天工程稳步建设，生态环境逐步改善。2013 年辽宁省本着"节俭办全运"的原则成功举办第十二届全运会，较好地组织了"8·16"特大洪涝灾害的现场救援和灾后恢复建设工作，保障性住房和棚户区改造取得新成绩，城市低收入家庭及社会"夹心层"住房困难状况进一步改善，41 万户城中村和城边村居民住房获得改造。

本书指出，从当前国内外经济发展态势看，世界经济低速增长，我国经济告别高速增长，进入中速增长时期，已经成为国内外的基本共识。当前辽宁经济发展中存在着进口总额和公共财政预算收入低于全国水平、固定资产投资下降明显、消费增长动力不足、财政收支矛盾加剧的局面难以短期改善等问题。2013年前三季度，全省地区生产总值增长 8.7%，是自 2000 年以来的同期最低增速。其中，工业经济运行持续下滑是辽宁经济增速下行的主要原因。在社会领域，还存在收入分配不公，社会保障体系不健全、管理机制不顺，农村居民人均现金收入低于全国水平，文化产业总体实力有限，教育、医疗领域供需矛盾突出等问题。

　　本书预计，2014年，在全球经济缓慢复苏，特别是党的十八届三中全会精神的强力推动下，国内改革力度将空前加大，辽宁省经济社会发展的内外部环境利好因素增多，全省经济增速有望略高于2013年，社会民生事业将再上新台阶。针对当前严峻的经济形势以及辽宁经济社会发展的中长期目标和任务，在未来，辽宁要着力做好稳增长、促就业、调结构、抓改革、促创新、建四化、惠民生等工作，加快经济发展方式的转变，突出民生主题，实现经济社会协调发展。

Abstract

This book is the 19th annual report on " Analysis and Forecast of Economy and Society of Liaoning" consecutively launched by Liaoning Academy of Social Sciences. The book has a total of 35 reports, divided into the general report, comprehensive articles, economic articles, social articles and special subjects. Experts on economics, finance, industrial economics, urban and rural development, from Liaoning Academy of Social Sciences and other research institutes and universities completed the writing of this book together through in-depth research and innovation.

The book argues that, in 2013, Liaoning's economy ran smoothly, showing steady progress and increasingly better quality, and basically achieved the expected full-year goals: the three industries of agriculture, industry and services developed evenly, GDP declined but still maintained growth, consumer demand steadily expanded, technology-based SMEs rapidly developed, foreign trade grew slowly, and revenue increased gently. Meanwhile, urban and rural residents income grew faster, the social security system was further improved, all types of education were significantly improved, cultural undertakings and cultural industries continued to prosper, medical and health system was further promoted, the province's poverty alleviation efforts moved to the new stage of consolidating earlier achievements and accelerating income growth, the blue-sky project steadily developed, and ecological environment was gradually improved. In 2013, Liaoning province successfully hosted the 12th National Games in line with the principle of frugality, organized well the 8. 16 flood rescue and post-disaster recovery and reconstruction. Efforts relating to affordable housing and shantytowns made new achievements, housing difficulties of low-income urban families and the ' sandwich class' were further alleviated, and 410, 000 residents from villages in the city and on the urban fringe have seen their houses reuovated.

The book points out that, it has become a basic consensus at home and abroad that the world economy grows slowly and China's economy has reached the end of rapid growth and entered the period of medium-speed growth. Currently there are still problems in Liaoning's economy development difficult to improve in the short term, such as public finance budget income and total imports were below the national level,

investment in fixed assets decreased significantly, consumption growth was lack of motivation, and fiscal balance contradictory worsened. In the first three quarters of 2013, the province's GDP had a growth of 8.7%, the lowest over the same period since 2000. The industrial economy continuing to decline is the main reason for the downward economic growth in Liaoning. In the social sphere, there are still issues such as unequal distribution of income, imperfect social security system and management mechanism, below-national-level rural resident per capita income, limited overall strength of cultural industry and supply and demand contradiction in the education and medical fields.

It is expected that, in 2014, under the background of a slow recovery of the global economy and especially the strong spirit of the Third Plenary Session of the 18th CPC Central committee, domestic reform will strengthen, internal and external positive factors of Liaoning's economic and social development will increase, the province's economic growth is expected to be slightly more than in 2013, and social and livelihood undertakings will come to new level. For the current severe economic situation and long-term economic and social development goals and tasks in Liaoning, in the future, it is important for Liaoning to focus on steady growth, employment promotion, structural adjustment, reform, promoting innovation, building four modernizations, and improving people's livelihood, accelerating the transformation of economic development, highlighting the theme of people's livelihood and achieving economic and social development.

目录

Ⓑ Ⅳ 社会篇

Ⓑ Ⅴ 专题篇

B Ⅵ 附录

皮书数据库阅读**使用指南**

CONTENTS

B I General Report

B II Comprehensive Reports

B III Economic Reports

B IV   Social Reports

辽宁蓝皮书

B V   Special Subjects

B VI   Appendix

总 报 告

General Report

B.1
2013～2014年辽宁省经济和
社会发展形势分析与预测[*]

张天维　姜瑞春　姜 岩[**]

摘　要：

2013年以来，辽宁省经济运行平稳，呈现稳中有进、质量趋好态势，基本实现了全年预期发展目标：农业、工业、服务业三次产业均衡发展，生产总值回落但仍保持增长态势，消费需求稳步扩大，对外贸易低速增长。同时，居民收入增幅加快，城乡社会保障体系进一步完善，科技型中小企业快速发展，蓝天工程建设稳步推进，生态环境逐步改善等。但也存在进口总额、公共财政预算收入和农村居民人均现金收入增速低于全国水平，固定资产投资增速下降明显等特征。2014年，全球经济将缓慢复苏，国内改

* 本报告为国家社科基金项目（12BJL075）的阶段性成果，辽宁省社会科学规划基金项目（L12DJL039）的阶段性成果。

** 张天维，辽宁社会科学院产业经济与WTO研究所所长、研究员，研究方向：产业经济、区域经济；姜瑞春，辽宁社会科学院产业经济与WTO研究所副所长、助理研究员，研究方向：产业经济、宏观经济；姜岩，辽宁社会科学院产业经济与WTO研究所助理研究员，研究方向：对外贸易、产业经济。

革力度加大，利好因素增多，发展的内外部环境更好改善，全省以经济结构战略性调整为重点，突出发展和民生两大主题，经济社会主要指标将呈现平稳较快发展。

关键词：

　　经济和社会　　质量和效益　　发展和民生　　平稳发展

　　2013 年以来，辽宁省认真落实党的十八大以来的各项政策，特别是关于稳增长、调结构、促改革、惠民生的各项政策措施，坚持"稳中求进"的工作总基调，以结构调整促转型升级，以深化改革促科学发展，全力化解经济运行下行压力，提升经济发展的质量和效益，全省经济社会总体保持了平稳发展态势。

一　2013 年辽宁省经济社会保持平稳发展态势

（一）经济运行总体呈稳中有进态势

1. 经济总体运行指标平稳

　　2013 年前三季度，辽宁省经济总体运行呈现稳中有进的特点，各项指标平稳增长。虽增幅减速明显，但除进口总额、公共财政预算收入和农村居民人均现金收入增速低于全国水平外，其他各项指标均高于全国平均增长速度，特别是固定资产投资，仍保持了较高的投资水平，高出全国 0.6 个百分点（见表 1）。

表 1　2013 年 1～9 月辽宁省经济社会主要指标与全国比较

指　标	辽宁省	比上年同期增长（%）	全国	比上年同期增长（%）
生产总值（亿元）	19263.9	8.7	386762	7.7
固定资产投资（亿元）	21017.6	20.8	309208.0	20.2
社会消费品零售总额（亿元）	7668.0	13.2	168817.0	12.9
出口总额（亿美元）	467.4	9.3	16149.0	8
进口总额（亿美元）	361.4	4.1	14455.0	7.3
规模以上工业增加值（亿元）	—	9.7	—	9.6
公共财政预算收入（亿元）	2594.4	7.8	51576.0	12.7
居民消费价格总指数	—	2.6	—	2.5
城镇居民人均可支配收入（元）	19109	10	20169	9.5
农村居民人均现金收入（元）	12823	12.1	6554	13.2

　　资料来源：《辽宁统计月报》、国家统计局网站。

2. 地区生产总值持续增长

2013 年前三季度,辽宁省地区生产总值稳中有进。据统计,前 9 个月全省地区生产总值为 19263.9 亿元,按可比价格计算(以下同),比上年同期增长 8.7%,虽比一季度、二季度下降 0.3 个百分点,但高于全国水平 1.0 个百分点(见图 1)。初步预计,2013 年全省地区生产总值增速在 9% 左右,经济总量将达到 2.7 万亿元以上,经济总体将保持平稳发展态势。

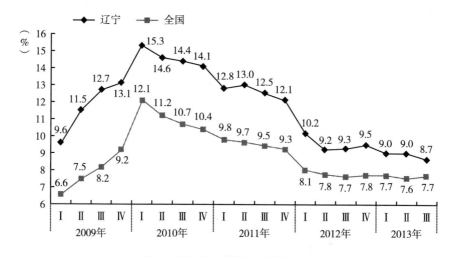

图 1　地区生产总值同比增长速度

资料来源:国研网统计数据库。

3. 财政增速回落明显

前三季度,全省公共财政预算收入 2594.4 亿元,比上年同期增长 7.8%,增速比上年同期回落 15 个百分点,比全国低 4.9 个百分点。全省在财政收入总体放缓的情况下,仍加大了对医疗卫生、住房保障等方面的支出。据统计,1～9 月,全省公共财政预算支出 3294.7 亿元,增长 12.1%,其中医疗卫生、住房保障支出增速分别为 16.4% 和 17.5%。

(二)三次产业持续增长

1. 农业经济保持增长态势

2013 年,在各级政府及相关部门的努力下,全省各地农业经济继续保持增长态势。前三季度,全省农林牧渔业增加值实现 1257.2 亿元,比上年同期增长

3.2%，增速比上半年高出 0.4 个百分点。主要特点有以下几点。

（1）粮食丰收已成定局。2013 年辽宁省粮食生产呈面积增加、单产提高的趋势，全省粮食种植面积比上年增加 5 万亩，且没有出现大面积的自然灾害，粮食生产又是一个丰收年，总产量稳定在 400 亿斤以上，为全国粮食供求平衡做出较大贡献。

（2）设施农业成为农业经济的主导产业。这一年，全省进一步落实各项惠农政策，加大农业基础设施投入力度，推进农业产业化结构调整，大力发展现代农业，全省现代农业示范工程成效显著。2013 年 1～3 月，设施农业产值达 190亿元，占种植业产值 90%，占农业总产值近 40%。设施农业的良好发展，改善了城乡居民的生活条件，成为全省季度种植业生产的支柱产业。

2. 工业生产平稳增长

2013 年，在严峻复杂的国内外经济环境下，全省规模以上工业经济依靠传统优势支柱产业，保持了运行平稳，但下行风险仍然存在。据统计，1～9 月份，全省规模以上工业增加值同比增长 9.7%，增速比上年同期高出 0.1 个百分点，比全国平均水平快 0.1 个百分点，比东部沿海省份的浙江和广东分别高出 1.1 个和 1.2 个百分点（见图 2）。主要特点有以下几点。

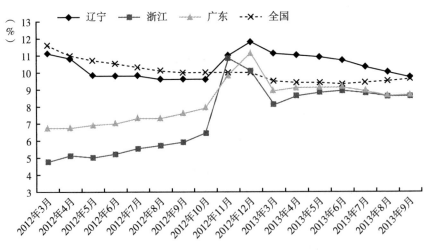

图 2　规模以上工业增加值增速（月度同比）

资料来源：国研网统计数据库。

（1）支柱产业保持增长。前三季度，全省装备制造、石化、冶金和农产品加工等支柱行业增加值分别同比增长 9.6%、9.7%、10.7% 和 9.9%，其中冶金和农产品加工行业增速较快，分别比规模以上工业高出 1.0 个和 0.2 个百分点。

（2）私营企业对工业经济增长的支撑作用明显。前三季度，全省规模以上私营企业增长 13.7%，集体企业增长 7.7%，外商及港澳台商投资企业增长 6.7%，国有及国有控股企业工业增加值增长 3.3%。

（3）年初以来工业下滑态势开始步入企稳筑底阶段。据统计，9 月份全省规模以上工业增加值同比增长 7.5%，比 8 月份回落 0.1 个百分点，与 7 月份持平，从各月增速分析，3 月份为 10.5%、4 月份为 10.8%、5 月份为 10.4%、6 月份为 9.8%、7 月份为 7.5%、8 月份为 7.6%，表明年初以来的工业下滑态势开始进入筑底阶段，工业经济企稳运行。

（4）工业用电量持续回升。2012 年底，全省工业用电量 1422.2 亿千瓦时，比上年同期增长 0.03%，结束了 2012 年初以来累计增速为负的态势。2013 年 1～9 月，工业用电量 1092.0 亿千瓦时，增长 5.5%，增幅明显回升，分别比一季度、二季度高 1.0 个和 1.2 个百分点。

3. 服务业稳定发展

前三季度，辽宁省服务业增加值实现 7644.2 亿元，比上年同期增长 8.7%。2013 年，全省以现代服务业综合试点省为发展契机，鼓励服务类企业延时营业，推动"夜经济"提速发展，同时加快服务业集聚区建设，促进服务业集群规模化发展。主要表现为以下几个方面。

（1）辽宁省服务业集聚区建设走在全国前列。全省已基本形成了省、市、县三级服务业集聚区规划体系。为推动集聚区建设的规范化和标准化，全省还创造性地开展了"七个一"工程（制定一个规划，叫响一个名称，建立一个机构，搭建一个平台，立起一块牌子，制作一套宣传推广资料，建立一套统计体系）。2013 年上半年，全省在建服务业集聚区营业收入 4052 亿元，增长 18.4%，增速高于全省平均水平近 10 个百分点。

（2）"夜经济"成为服务业发展的新增长点。2012 年 11 月，辽宁省通过了省服务业委《关于发展夜经济的指导意见》（辽政办发〔2012〕58 号），《意见》为全省"夜经济"加快发展提供了制度保障。2013 年，全省借锦州世界园林博览会、全运会"东风"，全力推动"夜经济"。随着各地物价、工商、税务等部门围绕"夜经济"发展陆续放宽了政策，简化了登记手续，营造了良好发展环境，"夜经济"对消费和经济增长的拉动作用进一步增强。

（三）投资、消费增幅平稳

1. 投资需求平稳增长

2013 年以来，全省固定资产投资在复杂的宏观经济环境下呈现小幅回落态势（见图3）。2013 年前三季度，全省完成固定资产投资21017.6 亿元，比上年同期增长20.8%，增速比全国高出0.6 个百分点。增速位于福建（22.6%）、浙江（21.1%）之后，列东部地区第 3 位、全国第 21 位。总量位于江苏（25110.83 亿元）、山东（25092.05 亿元）之后，列全国第 3 位。其中，建设项目投资比重较大，累计完成14254.3 亿元，比上年同期增长17.9%，占投资比重为67.8%；房地产开发投资完成5023.4 亿元，增长23.8%，占比32.2%。主要特点有以下几点。

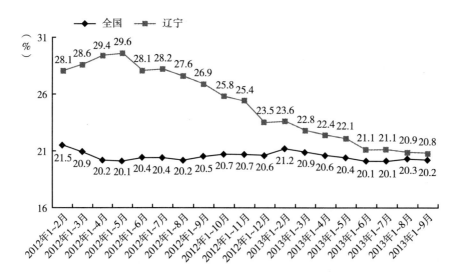

图 3　固定资产投资同比增速（2012～2013 年）

资料来源：国研网统计数据库。

（1）非国有经济投资占主导地位。前三季度，全省国有经济完成投资5064.2 亿元，占投资比重为 24.1%；非国有经济投资15953.4 亿元，占比75.9%，民间投资渐趋活跃。

（2）第三产业投资比重大、增速较快。1～9月，全省第一产业完成投资399.6 亿元，比上年同期增长 2.9%，占投资比重1.9%；第二产业完成投资

8906.7 亿元，增长 15.8%，占投资比重 42.4%，其中工业完成投资 8789.9 亿元，增长 19.9%；第三产业完成投资 11711.3 亿元，增长 25.8%，占投资比重 55.7%。第三产业投资保持较快增长，成为全省投资平稳运行的最重要拉动力量。

（3）房地产开发投资平稳增长。全省第三产业投资主要投向房地产业、公共设施管理业、交通运输业和批发零售业。其中房地产业投资 5023.4 亿元，占第三产业投资的 23.8%，增速比全国高出 4.1 个百分点。2013 年 6 月以来，全省房地产开发投资呈现小幅回升态势（见图 4）。

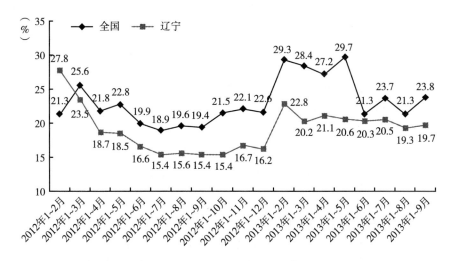

图 4　房地产开发投资同比增速（2012～2013 年）

资料来源：国研网统计数据库。

2. 消费需求稳步扩大

2013 年以来，全省各地借助全运盛会，主推"夜经济"，全省社会消费品零售总额增速逐季回升（见图 5）。此外，全省消费市场呈现出高端消费回落，大众消费升温的新变化。1～9 月，全省社会消费品零售总额实现 7668.0 亿元，比上年同期增长 13.2%，比上半年多出 0.3 个百分点。主要特点有以下几点。

（1）消费增速逐季回升。在节俭之风的引领下，全省高端消费需求持续低迷，大型批零住餐企业转变经营方式，增加大众需求，主营业务收入明显上升，拉动社会消费的作用日益增强。分季度看，全省社会消费品零售总额增速分别为

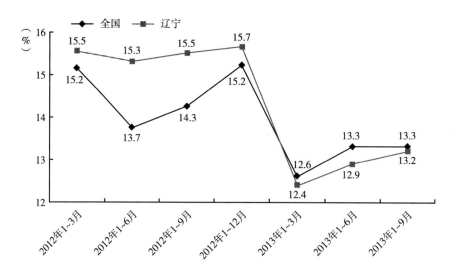

图5 社会消费品零售总额名义增速（2012～2013年）

资料来源：国研网统计数据库。

12.4%、12.9%和13.2%，消费日趋升温。

（2）全运会助推消费增长。8月31日至9月12日，全国第十二次运动会在沈阳、大连、鞍山等14个城市举办，数以百万的游客带来了旺盛的消费需求，整个辽宁的服务业迎来了难得的发展机遇。

（3）居民消费价格涨幅高于全国平均水平。1～9月份，全省居民消费价格总水平同比上涨2.6%，涨幅比全国高0.1个百分点，处于全国第18位，全省居民消费价格基本保持稳定。

3. 对外贸易保持低速增长

2013年以来，全省对外进出口贸易保持低速增长（见图6）。前9个月，全省外贸进出口总额828.8亿美元，比上年同期增长7.0%，增幅比上年同期回落0.9个百分点，低于全国0.7个百分点。其中，出口467.4亿美元，增长9.3%，增幅回落0.9个百分点；进口361.4亿美元，增长4.1%，增幅比上年回落1.1个百分点。全省对东盟、欧盟和美国出口保持增长。其中，对东盟出口85.2亿美元，同比增长49.9%；对日本出口72.7亿美元；对欧盟出口64.3亿美元，同比增长14%；对美国出口56.7亿美元，同比增长10.2%。

利用外资保持增长，增幅较上年同期明显回落。1～9月全省实际利用外资200.8亿美元，比上年同期增长9.5%，增幅回落10.3个百分点。

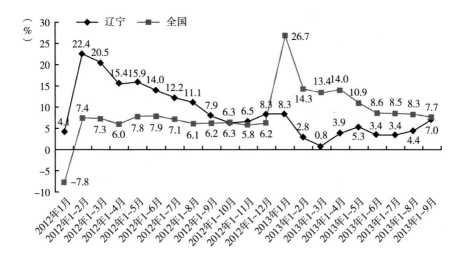

图 6　进出口贸易同比增速（2012～2013 年）

资料来源：国研网统计数据库。

（四）社会民生事业不断推进

1. 城乡居民收入稳步增长

前三季度辽宁省城乡居民收入增速（名义）均超过同期全省 8.7% 的 GDP 增速。前三季度，辽宁省城镇居民人均可支配收入 19109 元，同比增长 10%，扣除物价因素，实际增长 7.3%，增速高于全国平均 0.5 个百分点；农村居民人均现金收入 12823 元，增长 12.1%，扣除物价因素，实际增长 9.2%，增速低于全国平均 0.4 个百分点。此外，2013 年 7 月，全省最低工资标准完成第 8 次上调，各市根据实际情况增长 120～200 元不等；2013 年 4 月起，全省企业退休人员养老金第 9 次调整全面兑现，退休职工普遍增长 40～125 元不等，平均达到 1800 多元，全省城乡居民的基本生活保障得到进一步加强。

2. 城乡社会保障体系进一步完善

2013 年以来，全省不断加大社会保障投入力度，社会保障的统筹层次和保障水平进一步提高。一是养老保险覆盖面扩大。2013 年全省继续扩大养老保险覆盖面，扩面重点是商饮服务业从业人员、交通运输业从业人员、建筑施工企业招用的临时性季节性从业人员，一些自由职业者及灵活就业人员也纳入扩面范围。截至 7 月末，全省城镇企业职工基本养老保险参保人数达到 1592.8 万

人，新增参保人员77.5万人。二是政府对医疗保险的补助标准逐年提高，2013年全省各级财政对城镇居民基本医疗保险参保补助标准提高到每人每年280元，新的标准自9月1日起实行。医保统筹基金的扩充，让参保人员的医保待遇得以逐年提高。全省广大农村实行大病保险制度，大病患者在新农合的基础上能得到"二次报销"，实际补偿比例接近70%。三是全省城乡低保优抚对象的社会救助水平大幅提升。从全国来看，辽宁省城市低保标准位居第8位，农村低保标准位居第9位。2013年7月1日起，城乡低保新标准开始实行，全省全面提高了低保补助标准，城市低保平均标准由每月370元提高到412元，增长11.4%；农村低保平均标准由每年2448元提高到2737元，增长11.8%。全省低保制度覆盖城乡低保对象105.3万户、188.5万人，累计发放保障金达到24.52亿元。

3. 保障性住房建设和棚户区改造稳步推进

2013年，辽宁省加快保障性住房建设和棚户区改造，3月出台了《辽宁省保障性安居工程建设和管理办法》，进一步规范保障性住房建设，居民住房条件明显改善。一是经济适用房建设继续推进。2013年全省进一步推进在普通商品房小区中配建廉租房和经济适用房，有望解决集中连片建设容易带来的房源位置偏远、低收入家庭聚集、工作生活不方便等问题。二是母亲安居工程效果显著。辽宁省政府近3年来启动了"母亲安居工程"，投资3000多万元，先后为全省3000多名单亲贫困母亲建新房，帮助她们圆了安居梦。2013年辽宁又拨专款1000万元，再为1000名农村单亲贫困母亲建设安居住房。同时，棚户区改造扎实推进。2013年，辽宁省计划改造城中村和城边村41万户，其中，2013年沈阳市皇姑区投入约70多亿元对2万多户棚户区进行改造，整个工程将给5万多居民带来福祉。

4. 文化事业和文化产业繁荣发展

2013年以来，辽宁文化工作在不断改革进取中稳步前进。一是文化产业蓬勃发展。2013年以来全省文化产业在产业园区、基地建设、品牌培育和开拓市场等方面均有进展。辽宁省文化产业增加值已经连续三年实现30%的增长。预计2013年底，全省文化产业增加值仍继续保持30%的增长。二是辽宁文艺现象备受瞩目。在国家舞台艺术精品工程"十大精品剧目"评选中，辽宁省选派的歌剧《苍原》、话剧《父亲》与《凌河影人》、芭蕾舞剧《二泉映月》均获大奖；同时，话剧《郭明义》、京剧《将军道》获得第十四届文华奖优秀剧目奖。三是文化惠民工程成效显著。2013 年的全省文化惠民活动更侧重加强艺术演出的公益性。省直艺术团体如辽宁人民艺术剧院、辽宁芭蕾舞团、辽宁歌舞团等单位,在"五一"节假日期间,积极开展公益性演出活动,这些丰富多样、高质量的节目,既活跃了演艺市场,又满足了人民群众的文化需求。

5. 灾后重建取得阶段性成果

近年来,辽宁省农村临时灾害救助制度不断完善,从而最大限度地降低了突发自然灾害对农村居民生活和生产影响。2013 年 8 月 16 日至 17 日,辽宁省抚顺市遭遇局地特大洪涝灾害,特别是浑河清原段尤为严重。据统计,"8.16"特大洪水共造成 180 万人受灾,农作物受灾面积达 17.38 万公顷,直接经济损失 85.6亿元。灾害发生后,辽宁省减灾委启动三级预警机制,各方力量投入到抢险救灾中,使洪水造成的损失降到最低。洪水过后,灾区重建取得阶段性重要成果。受灾学校、医疗机构、农业设施等民生项目重建不断提速。截至 10 月 31 日,抚顺市共筹集抗洪抢险和恢复重建资金 12.3 亿元,已下拨到受灾县区 7.7 亿元;洪灾中倒塌房屋已完成货币化安置 577 户,集中建房 908 户年底前全部封顶,分散建房 810 户已全部完工。

6. "十二运"探索节俭办赛新理念

辽宁省以承办第十二届全运会为契机,探索节俭办赛新模式,实现了全民参与和比赛成绩的双丰收。一是节俭办赛从"十二运"起步。2013 年 8 月第十二届全运会在辽宁举办,辽宁实践"节俭办全运"的办赛理念,探索全运会的办赛模式,推动全社会共享全运会创造的成果,为体育事业发展注入了新动力。"十二运"体育场馆建设始终坚持"能利用的不改建,能改建的不新建,能简修的不大修,能临建的不搞永久建设",兼顾经济和社会效益全运会,节省了大量资金。二是体育强省地位仍然牢固。本次全运会辽宁代表团共获得 56 块金牌、145 块奖牌、总分 3143 分,取得了综合成绩榜金牌第二、总分第一的优异赛绩,展示了辽宁体育的整体实力。

(五)加快发展方式转变,促进区域协调发展

1. 生态环境建设稳步推进

2013 年,辽宁省继续扎实推进碧水工程、青山工程和蓝天工程,生态环境保护和生态工业发展方面实现了新突破。一是大力推进蓝天工程。2012 年

辽宁省在全国率先实施了蓝天工程，重点抓好区域一体高效供热、气化辽宁、工业提标淘汰、扬尘污染治理、绿色交通、大气监控预警等六方面工作。2013年以来，全省已完成大气治污工程1300多个。通过拆除锅炉房、燃煤锅炉，大力推行油改气新能源公交车、双燃料出租车，彻底治理施工现场扬尘以及对主要街路采用机械化湿式清扫等重点环节，全省超额完成了淘汰落后产能目标任务，大气环境明显好转。二是率先在全国编制海岸带保护和利用规划。2013年辽宁省颁布实施了《辽宁海岸带保护和利用规划》，这个规划在全国率先编制海岸带保护和利用规划，具有示范作用。三是在生态工业建设方面走在东北前列。2013年10月，沈阳经济技术开发区创建国家生态工业示范园区正式通过国家验收。这是东北地区第一家通过国家验收的国家级开发区，标志着其基本实现了空间布局和产业结构的两个优化、人居环境和生态环境的两个改善，对全国老工业基地转型和区域经济持续发展起到良好的示范作用。

2. 高新技术产业和高新区规模扩大

2012年辽宁省高新技术产业增加值占GDP的比重为19.1%，比上年提高1.4个百分点；全省九大高新技术产业领域中高新技术产值占工业总产值的31.4%，比上年提高1.8个百分点；高新技术产品增加值率为30.7%，比上年提高1.1个百分点，表明高新技术产业拉动全省经济作用明显，同时也呈现产业高新化的良好势头。2013年，辽宁省多项措施支持高新技术产业发展，例如全省成立了培育创新型中小企业工作领导小组，联合下发了《辽宁省培育1000户创新型中小企业工作方案》和《辽宁省创新型中小企业评审认定及管理办法》等。同时，高新区产业聚集效应显著，成为高新技术产业发展的重要载体。全省现有省级以上高新区13个，沈阳、大连、鞍山、营口、辽阳、本溪6个国家级高新区，锦州、阜新、铁岭、葫芦岛、抚顺、朝阳、绥中7个省级高新区。经过近20年的发展，辽宁省高新区已经形成了软件和服务外包、IC装备、生物医药、芳烃产业等35个主导特色高新技术产业集群，其中，超100亿元的产业集群达到13个。2012年，全省全部高新区拥有工业企业5007家，超亿元企业达到640家，实现营业总收入9281亿元、工业总产值7792亿元、高新技术产品产值4528亿元，较上年分别增长25.7%、22.5%、25.3%。其中，约85%是由产业带内高新区完成。2013年上半年，受投资需求平缓、消费大幅下滑等因素影响，高新区主要经济指标增速在25%以上，总体运行平稳。

3. 三大战略推进区域经济协调发展

2013 年，辽宁省加快实施三大区域发展战略，辽宁沿海经济带、沈阳经济区和辽西北三大区域竞相发展，区域协调性显著增强。一是沿海经济带开发开放扎实推进。2013 年 1 ~ 9 月，沿海六市实现地区生产总值 9868.9 亿元，占全省 51.3%，公共财政预算收入达 1165.6 亿元，占全省 44.9%，这些成绩的取得主要得益于辽宁沿海经济带产业集群不断壮大。经过 8 年的发展，沿海经济带初步形成了以大连数控机床、大连船舶、长兴岛石化、丹东仪器仪表、锦州光伏、营口钢铁及深加工、盘锦石油装备、绥中数字产业等一批具有显著集聚特征的产业集群。此外，现代服务业呈现集聚发展态势，大连旅顺南路软件产业带、大连星海湾金融商务集聚区、大连金渤海岸现代服务业发展区、丹东中央商贸商务集聚区、锦州辽西小商品古玩商贸流通集聚区、营口鲅鱼圈海滨温泉旅游集聚区、营口营东新城现代物流集聚区、营口渤海科技城科技服务集聚区等一批特色鲜明的省级现代服务业聚集区发展势头良好。二是沈阳经济区建设取得明显成效。全区形成了一批有影响力、有前景的工业产业集群，2013 年以来，61 个产业园区发展势头强劲，其中 35 个园区年销售收入超百亿元；布局了一批新城新市镇，加快了城镇化进程，5 条城际轨道连接带上的 42 个新城新市镇建设稳步推进；交通、户籍、就业、旅游、市场、要素等一体化取得重要进展，沈抚同城化和区域金融中心在加快建设，全省正努力把沈阳经济区建设成为世界知名、国内有影响的城市群。三是生态辽西北取得新进展。2013 年以来，辽西北凌河治理取得了重大阶段性成果，一条支撑辽西北经济社会发展的凌河城镇带正在形成，实现了"三年大见成效"的工作目标。

二　辽宁省经济社会发展的主要问题

1. 第三产业比重偏低问题明显

2013 年 1 ~ 9 月，辽宁省第三产业占生产总值的比重仅为 39.7%，低于全国平均水平 5.8 个百分点（见图 7）；此外，近 10 年来，辽宁省第三产业发展水平一直低于全国平均水平。这主要是因为辽宁经济增长长期以来过于依赖以工业为主的第二产业，尤其是重工业的发展，致使第三产业发展相对缓慢。第三产业比重偏低，已经成为辽宁经济社会发展中的一块"短板"。

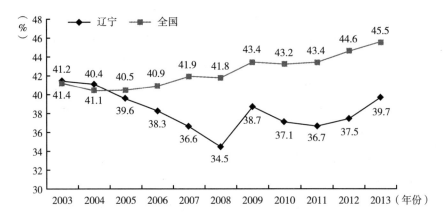

图7 2003～2013年东北地区和全国第三产业比例变化情况

注：2013年比重为1～9月数计算生成。

资料来源：根据历年《中国统计年鉴》与《辽宁统计月报》计算所得。

2. 工业产品附加值低的格局改变不大

2013年辽宁四大支柱行业①中农副产品加工业、黑色和有色金属冶炼和压延加工业等行业产业结构单一、生产方式粗放、初级产品过多、精细加工产品偏少、大众化产品多、知名品牌少，企业利润空间较窄，经营收益主要依靠薄利多销，抵御市场风险的能力不强。据统计，2013年1～8月，辽宁省亏损企业2232家，其中重工业达1723家，占比达77.2%②，辽宁省的工业产品仍主要以初级工业制成品为主的格局亟待改善。

3. 新兴领域对经济增长的拉动作用有待改善

在全国各地竞相发展新兴产业过程中，一些符合辽宁工业经济发展的新兴产业呈现良好的发展势头，但规模尚小，对工业经济的拉动作用有限。据统计，2013年1～2月，辽宁省战略性新兴产业实现主营业务收入577.7亿元，同比仅增长6%，增幅低于全省工业平均水平8.6个百分点，占规模以上工业主营业务收入的比重仅为8.1%③。

4. 开放型经济发展局面有待开拓

2013年以来，辽宁省对外贸易低速增长，增幅较上年同期明显回落，低

---

① 辽宁四大支柱产业：装备制造业、农产品加工业、冶金业和石化业。

② 根据《辽宁统计月报9月》计算所得。

③ 辽宁省统计信息网。

于全国平均水平。从增长速度看，1 ~ 9 月，全省进出口同比增幅低于全国 0.7 个百分点。从对外开放度看，2013 年辽宁省对外开放度低于全国平均水平 22.1 个百分点。此外，近 10 年来，辽宁省对外开放度①一直低于全国平均水平（见图 8）。应该说，对外开放度体现了一个国家或地区对外开放的程度，更具体表现为市场的开放程度，以及综合利用国外市场的能力。因此，辽宁省应适应经济全球化的新形势，实行更加主动的开放战略，全面提高开放型经济的水平。

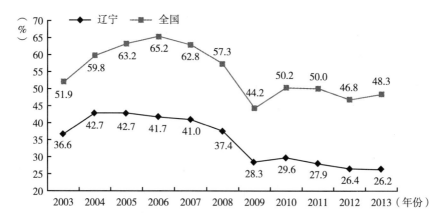

图 8　辽宁和全国对外开放度对比变化（2003 ~ 2013 年）

注：2013 年对外开放度为 1 ~ 9 月数计算生成。

资料来源：根据历年《中国统计年鉴》与《辽宁统计月报》计算而成。

5. 固定资产投资效益亟待提高

近年来，辽宁省固定资产投资效率呈下降态势。2003 年全省固定资产投资占地区生产总值的比重为 34.6%，投入产出比为 1∶2.89；2013 年比重升到 109.1%，投入产出比下降到 1∶0.92，因此，以投资驱动为主的辽宁经济亟待改变高投入、低产出的粗放发展模式（见表 2）。

6. 收入差距仍然存在

多年来，辽宁省城乡收入总体呈上升态势，但同时，收入分配领域仍存在不同步、不平衡等问题。一是城乡收入差距一直存在。从省内城乡收入对比看，据统计，2002 ~ 2012 年，辽宁省城镇居民人均可支配收入总体上为农村居民人均

---

①　对外开放度 = 进出口总额/GDP。

表2 辽宁省固定资产投资效率变化（2003～2013年）

单位：亿元，%

年份 \ 项目	地区生产总值	固定资产投资	固定资产占GDP比重	投资效率
2013	19263.9	21017.6	109.1	0.92
2012	24801.3	21836.3	88.0	1.14
2011	22226.7	17726.3	79.8	1.25
2010	18457.3	16043.0	86.9	1.15
2009	15212.5	12292.5	80.8	1.24
2008	13668.6	10019.1	73.3	1.36
2007	11164.3	7435.2	66.6	1.50
2006	9304.5	5689.6	61.1	1.64
2005	8047.3	4200.5	52.2	1.92
2004	6672.0	2979.6	44.7	2.24
2003	6002.5	2076.4	34.6	2.89

注：2013年数据为1～9月。

资料来源：国家统计局网站及《辽宁统计月报》计算所得。

纯收入的2.5倍；2013年的前三季度，辽宁省城镇居民人均可支配收入19109元，农村居民人均现金收入12823元，城乡收入差距仍很明显。从全国范围来看，2013年前三个季度，在全国31个省（自治区、直辖市）中，城镇居民收入总量位列上海、北京、浙江、广东、江苏、天津、福建、山东之后，排列第9位，排名与2012年一致，收入总量上较全国平均水平差1060元。二是地区差距仍然较大。据统计，2012年辽宁农村居民人均纯收入最低地区朝阳为8689元，与最高地区大连15990元相比，差距明显。三是行业间、企业间差距明显。从各地工资指导价来看，以沈阳为例，2013年9月公布的工资指导价显示，在48个行业中，薪酬第一的为金融行业，平均年薪为71286元，比2012年平均薪酬高出14122元。在公布的257个职业中，企业董事年薪最高，平均达到120687元，不同企业董事薪酬最高差25倍。

7. 老龄化进程加快

近年来，辽宁省出现人口负增长，人口老龄化程度排在全国前列。一是老年人口比重排在全国前列。2010年第六次全国人口普查主要数据公报显示，辽宁省65岁及以上人口已达451万人，占常住总人口的比重为10.3%，与全国平均水平相比，高出1.43个百分点。在全国各省（自治区、直辖市）中辽宁省老年人口比重仅低于四川（10.95%）和江苏（10.89%）。近两年，人口老龄化问题日益突出。据2013年9月发布的《2012年辽宁省老年人口信息和老龄事业发展状况报告》显示，截至2012年末，全省总人口为4254万人，60岁及以上老年人口751.7万人，占总人口17.67%，与全国平均水平14.3%相比，高出3.37个百分点，人口老龄化明显。另外，空巢老人、无子女老年人和失独老年人数量激增。截至2012年末，全省空巢老人达到340.6万人，占老年人口的45.31%，这给部分居民造成了巨大的生活压力。二是总生育率过低。2010年第六次全国人口普查数据显示，辽宁总和生育率为740.90‰，比全国数值（1181.10‰）低440个千分点。在全国31个省（自治区、直辖市）中，辽宁省总和生育率为第三低，仅仅比北京、上海略高。

三 2014年辽宁省发展环境和前景展望

2014年是实施"十二五"规划和贯彻党的十八届三中全会精神的关键一年。面对十分复杂的国内国际形势，以及省内工业经济发展基础不牢和财政收入下滑的严峻局面，辽宁省经济社会发展面临着严峻挑战。

（一）辽宁省经济社会发展面临的形势

1. 全球经济缓慢复苏中继续呈分化之势

全球经济将缓慢复苏。一是先进经济体当前面临的尾部风险已经减弱，美国将保持长期复苏态势，欧元区未来将呈现短期复苏态势，长期能否继续复苏仍有待观察。美国二季度GDP增长2.5%，日本二季度GDP增长3.8%，欧元区二季度GDP增长0.3%，其中德国增长0.7%，法国增长0.5%，均好于预期。新兴市场经济体增长持续下滑的风险已经增大，各自面临不同的发展困境和瓶颈，深化改革成为新兴经济体前进的重要动力。印度二季度GDP增长4.4%，增速创十年新低；俄罗斯二季度经济增长1.2%，为2009年以来最差的二季度；巴西二季度GDP同比增长3.3%。据国际货币基金组织IMF 7月预计（见图9和表3）：2013年全球增长仍将处在略高于3%的疲弱水平，2014年将为3.75%。这一增长速度低于2013年4月《世界经济展望》中的预测，在很大程度上是几个主要新兴市场经济体的国内需求明显减弱，增长明显减缓，以及欧元区部分国家的持续衰退造成的。全球经济发展的低速运行，尤其是外需和投资市场持续低迷，在一定程度上影响了辽宁经济持续健康发展。

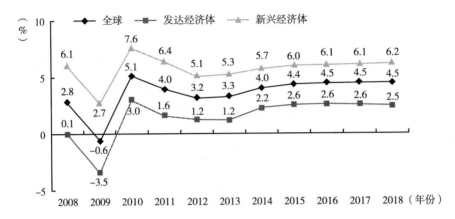

图9　IMF 2013年4月预计2014年后全球经济有望出现改观

资料来源：IMF网站。

表3　发达经济体和新兴经济体主要国家经济发展趋势

单位：%

项目\年份	2012	2013	2014	2015	2016	2017	2018
全球	3.2	3.3	4	4.4	4.5	4.5	4.5
发达经济体	1.2	1.2	2.2	2.6	2.6	2.6	2.5
美国	2.2	1.9	3	3.6	3.4	3.3	2.9
欧元区	-0.6	-0.3	1.1	1.4	1.6	1.6	1.6
日本	2	1.6	1.4	1.1	1.2	1.2	1.1
新兴经济体	5.1	5.3	5.7	6	6.1	6.1	6.2
中国	7.8	7.75	7.75	8.5	8.5	8.5	8.5
巴西	0.9	3	4	4.1	4.2	4.2	4.2
俄罗斯	3.4	3.4	3.8	3.7	3.6	3.6	3.6
印度	4	5.7	6.2	6.6	6.9	6.9	7

注：此表数据为IMF 2013年4月份对2013～2018年的预测值，7月份下调了2013年、2014年的预测值，但未对2015～2018年的预测值进行修正。

资料来源：IMF网站。

2. 国内短期经济企稳回升，长期经济增长仍缺乏内生动力

2013年前三季度年，国内生产总值（GDP）同比增长7.7%，其中，一季度增长7.7%，二季度增长7.5%，三季度增长7.8%，前三季度累计增速仍高于今年政府经济增长目标7.5%。在补库存驱动、政策偏暖和发达经济体经济好转的带动下，短期经济从三季度开始回暖趋势明显。如果未来政策能够保持目前的基调，短期内经济增长的加速可以期待。但经济企稳仍延续旧有模式，并非改革红利所带来的新活力。受制于融资困难与产能过剩，靠基建拉升传统行业不可持续，经济缺乏增长的内生动力。从长期来看，经济增长瓶颈仍在，缺乏强有力的因素支撑经济增速的持续提升。辽宁经济大体与全国经济发展的趋势同步，尽管短期看，辽宁经济企稳态势明显，但长期发展中的要素供给不足的问题将日益凸显。

3. 辽宁省经济运行的短期稳定性增强，长期步入中速阶段

面对复杂多变的国内外经济形势，全省经济发展将延续企稳回升的势头，继年初实现良好开局后，第三季度稳定性进一步增强，呈现稳中有进的良好态势，经济运行质量和效益不断向好。一是被称为经济运行走势"晴雨表"的货运量和工业用电量均保持了强劲增长。2013 年前 9 个月，全省货运量同比增长10.6%，工业用电量增长 5.5%，增幅分别比上半年高出 0.7 个和 1.2 个百分点。据统计，1~7 月，大连港集装箱吞吐量同比增长 22.5%，增幅位居全国十大港口之首①。二是经济发展平稳运行。全省一季度、二季度、三季度地区生产总值增幅分别别高出全国 1.3 个、1.4 个、1.1 个百分点，经济增速平稳。此外，全省居民消费价格指数前三季度分别上涨 3.2%、2.9%、2.6%，居民消费价格总体亦比较平稳。三是投资额仍处高位。实现全省经济稳健增长，投资有着举足轻重的作用。2013 年以来，全省努力打造软环境，着力解决项目审批、融资和建设推进过程中遇到的实际问题，确保重点项目高效推进。预计 2013 年辽宁经济呈现稳中向好的态势，同时，随着经济发展方式发生转变，潜在增长中枢或已显著下移，辽宁将迎来一段相当长的经济中速增长时期。

（二）2014 年辽宁省经济社会发展主要指标预测

1. 投资将保持稳定增长

预计 2014 年，投资将保持平稳增长，增速保持在 22%~23%。其中，在政策支持下，基建仍将是投资增长的主要支撑力，棚户区改造、道路运输、公共设施管理、生态保护和环境治理等投资建设将明显加快；城镇化进程的加快，将带动房地产投资平稳增长；产能过剩将制约制造业投资的增长，其增速将保持低位运行态势。

2. 消费保持平稳增长

随着经济结构转型的不断深入，促消费政策将会加快居民消费结构升级和消

---

① 《辽宁经济交出"稳中有进"成绩单》，《辽宁日报》2013 年 10 月 3 日。

费热点的转换，消费增长的空间会进一步扩展。预计 2014 年消费增长 14% ~ 15%。同时，国家刺激信息消费综合政策的出台，为消费的持续稳定增长注入了新的动力。

3. 进出口将保持个位数增长态势

2014 年，全球经济将延续弱复苏态势，在出口便利化、减免相关税费和外部环境趋好等因素的作用下，出口将平稳增长，增速在 9% ~ 10%；随着稳增长、促改革、调结构效应的逐渐显现，内需将持续回暖，进口增速有望快速回升，增速在 7% ~ 8%。

4. CPI 上涨压力较小

在经济复苏力度偏弱的背景下，明显的新涨价因素较少，CPI 上涨压力较小，预计 2014 年 CPI 增速为 2.9%；在制造业去产能、去库存的情况下，PPI 将延续负增长，预计 2014 年 PPI 增速为 – 1.0%。

5. 辽宁经济增速将略有回升

最近两年，辽宁经济正处在由高速增长到中速增长的转换期，增长率维持在 9% ~ 10%。虽然经济增速有所降低，但仍处于合理的增长区间。随着我国在金融改革、抑制产能过剩、提高国内消费等领域加快改革，改革红利将逐步释放，这些措施将有利于提高辽宁经济的竞争力，从而实现经济社会的协调发展。

2014 年，辽宁经济将好于 2013 年，主要原因包括"微刺激"稳增长政策的滞后效应，存货周期的正常化，人民币实际有效汇率升值减速，国外需求改善，城市基础设施改造、保障房建设和棚户区改造对内需的拉动等方面。从预测值来看，预计 2014 年辽宁 GDP 增速为 9.5%（见表 4）。

表 4　2014 年辽宁主要经济指标预测

单位：%

指　标　　　　年　份	2012	2013	2014
地区生产总值	9.5	9.0	9.5
固定资产投资	23.2	21.5	22.5
社会消费品零售	15.7	13.5	14.2
出口	13.5	9.5	10.0
进口	2.5	4.5	7.5
工业增加值	9.7	9.7	10.0
CPI	2.8	2.7	2.9
PPI	– 0.1	– 1.1	– 1.0

四 2014 年辽宁省经济社会发展的对策建议

（一）突出改革的重要战略地位，在打造环境方面下大功夫

改革对于我国经济社会发展具有至关重要的带动作用。为此，辽宁省应将之摆在全省重要战略位置，要以党的十八届三中全会精神为指导，不仅在经济领域充分发挥改革的牵引作用，而且应通过深化政治体制改革、文化体制改革、社会体制改革、生态文明体制改革，让一切创造财富的源泉充分涌动，让一切劳动、知识、技术、管理、资本的活力竞相迸发，让发展成果更多公平惠及全体人民，推动辽宁省经济社会更有效率、更加公平、更可持续发展。

改革的目的之一，就是要使辽宁的软硬件环境建设上一个新的台阶。应该说，振兴战略实施的十年里，以投资拉动为主的发展模式使辽宁省的硬件设施有了很大改进，但软件环境一直是辽宁省发展的瓶颈。没有好的软环境，创新型人才密集、创新型企业密集、创新型产业密集和创新型知识密集的景象就不会在辽宁省更多地出现。

多年来，我国一些发达省市十分重视环境建设，正因为如此，随着投资环境的日益完善，招商引资的磁场效应愈加明显，大批国内外企业竞相入驻。为此，辽宁省要借改革的东风，以全面深化经济体制改革为重点，发挥市场在资源配置中的决定性作用，加快转变经济发展方式，特别是要集中工作精力，加强工作集成，使辽宁省的环境建设上一个新台阶。

（二）重视和超前进行产业规划，大力提高主导产业竞争力

党的十八届三中全会强调，经济体制改革是全面深化改革的重点，核心问题是处理好政府和市场的关系，使市场在资源配置中起决定性作用和更好发挥政府的作用。应该说，多年来辽宁省各级政府加强对产业规划、产业布局等实施宏观指导，各市也都注重选择自己的主导产业大力发展、错位发展，在具体形成的路径上多管齐下。尽管如此，在全省建立共识，合力推动产业发展，切实为产业发展解决问题方面与发达省份相比还有很大的差距。

为此，辽宁省应在资金、人才、项目、信息等方面向产业发展，特别是向新兴产业发展倾斜，并切实解决这些产业发展中的一系列实际困难。特别是，辽宁

省政府部门要抓住机会，借职能转变、借更加强调市场的决定性作用之机，通过政策制定等手段，积极聚合各种力量，大力促进产业发展，特别是要以高端化、特色化、规模化、积聚化、国际化和大产业、大平台、大企业、大项目为目标，突出转型升级主线，推动创新链与产业链对接，推进产业经济大发展，上新台阶。

（三）转变经济发展方式，加强节能环保和生态建设

坚持以市场为导向、企业为主体，依靠科技创新推动产业优化升级是党的十八届三中全会的要求。为此，辽宁省应在转变经济发展方式上，加大工作力度，进一步走出高投入、高耗能、高排放、低产出的经济增长模式，抓住国家实施的《战略性新兴产业规划》及《振兴东北"十二五"规划》的有利时机，积极发展高端装备制造、新能源、新材料、生物、新能源汽车等，积极培育战略性新兴产业，走新型工业化道路。同时，更加主动调整产品结构，提高传统优势产业贡献率，打造传统产业品牌。以信息化、智能化、集成化为突破口，大力发展装备制造业，加快淘汰落后生产能力，优化发展原材料工业，发挥资源优势，培养品牌，加快发展特色轻工业。

辽宁省是典型资源型省份，近年来，在克服传统经济发展模式所带来的巨大压力下，在大力推进生态省建设方面取得了明显的成效。但是，要达到生态省的建设目标，还任重而道远。为此，辽宁省还要加强全面推进"碧水、青山、蓝天"工程，巩固和发展辽河流域治理成果，实施新一轮生态治理计划；通过加大"退牧还草"工程建设力度，加强农村生态环境综合治理；通过克服传统工业的弊端、走现代工业化道路，发展绿色经济，实现节能减排。

（四）逐步缩小贫富差距，高度重视百姓就业

党的十八届三中全会提出，发展成果将更多、更公平惠及全体人民。虽然这些年来，人民生活水平不断提高，但随着城乡差距、收入差距以及区域差距的扩大，征地拆迁、收入分配、教育医疗、公平竞争等方面问题不断凸显，百姓对社会公平正义要求更加迫切。因此，辽宁省要在减少对微观经济直接干预的同时，增强政府的基本公共服务职能，在解决好人民群众关心的教育、医疗、社会保障等问题，在努力缓解地区之间差异，在逐步缩小贫富差距等方面下大力气。同时，规范个人收入分配秩序，逐步扩大中等收入者比重，有效调节过高收入，努力缓解地区之间和部分社会成员收入分配差距。

就业是生存之本。政府在处理好以上问题的同时，特别是在目前经济有下行风险的时候，政府要多关心百姓的就业问题。应该说，这些年来，辽宁省就业工作取得了重大进展，但就业面临的挑战不但没有减少，相反更加受到全社会的关注。全省应将继续把扩大就业作为地方经济社会发展的优先目标，调整产业结构和布局，多拓展就业空间，重点抓好高校毕业生和农村劳动力转移就业，加大对就业困难群体援助力度。特别是要加大财政政策支持力度，在专项资金安排上多向扶持就业倾斜，实施好扶持就业工程。

参考文献

胡舒立、王烁：《中国 2013 年关键问题》，线装书局，2013。

刘海影：《中国经济下一步是繁荣还是陷阱》，中国经济出版社，2013。

林毅夫：《繁荣的求索——发展中经济如何崛起》，北京大学出版社，2012。

许宪春：《经济分析与统计解读》，北京大学出版社，2013。

陈佳贵、李扬：《2013 年中国经济形势分析与预测》，社会科学文献出版社，2012。

姚洋：《发展经济学》，北京大学出版社，2013。

张天维、姜瑞春等：《后金融危机时代战略性新兴产业发展研究》，辽宁教育出版社，2011。

综 合 篇

Comprehensive Reports

B.2

2013 年辽宁经济运行分析与趋势判断

张 晶*

摘 要:

2013 年前三季度，辽宁省经济呈现运行平稳、质量趋好的发展态势。当前辽宁经济运行中的积极因素与不利影响并存，经济下行压力依然较大。从发展趋势看，2013 年辽宁省主要经济指标仍然能够保持在适度合理的发展水平。为保障全省经济健康发展，应做好农业增产、优化工业生产结构、加快发展服务业、提高投资质量、抓好外向经济和民生工作等。

关键词:

经济运行 适度合理发展水平 对策

2013 年以来，在省委、省政府的正确领导下，各地区、各部门坚持"稳中求进"的工作总基调，积极应对错综复杂的国际、国内环境，全力破解经济的

* 张晶，辽宁省统计局党组书记、局长，高级经济师，主要研究方向：经济统计。

下行压力，加快推进经济结构战略性调整，努力提高经济增长质量和效益，全省经济呈现运行平稳、质量趋好的发展态势。

初步核算，前三季度全省地区生产总值为 19263.9 亿元，按可比价格计算，比上年同期增长 8.7%，高于全国水平 1 个百分点。其中，第一产业增加值 1257.2 亿元，增长 3.2%；第二产业增加值 10362.5 亿元，增长 9.2%；第三产业增加值 7644.2 亿元，增长 8.7%。

一 全省经济运行情况

（一）从供给看，三次产业稳定发展

1. 农林牧渔业生产基本平稳

前三季度，全省第一产业增加值增速比上半年快 0.4 个百分点。其中，种植业增加值 623 亿元，比上年同期增长 5.8%，比上半年提高 0.1 个百分点；林业增加值 30.3 亿元，增长 6.5%，比上半年提高 1.5 个百分点；畜牧业增加值 419.8 亿元，下降 2%，降幅比上半年收窄 0.9 个百分点；渔业增加值 147.1 亿元，增长 7%，比上半年提高 1.2 个百分点。全省夏粮产量 31.5 万吨，比上年同期增长 1.9%。秋收稳步推进，收获进度全面加快，全年粮食丰收已成定局。据有关部门调查，前三季度，全省猪牛羊禽肉产量 271.9 万吨，比上年同期下降 1.8%；全省生猪出栏 1900.5 万头，存栏 1674.4 万头，分别下降 1.4% 和 1.3%。初步统计，前三季度全省水产品总产量 390.4 万吨，比上年同期增长 6.6%。其中，海洋捕捞 99.5 万吨，海水养殖 221.4 万吨，淡水产品 69.5 万吨。

2. 工业生产稳定增长

前三季度，规模以上工业增加值增长 9.7%。其主要特点：一是四大支柱行业运行平稳。装备制造业增加值比上年同期增长 9.6%，石化工业增长 9.7%，冶金工业增长 10.7%，农产品加工业增长 9.9%。二是私营企业增长较快。私营企业增加值比上年同期增长 13.7%，集体企业增长 7.7%，外商及港澳台商投资企业增长 6.7%，国有及国有控股企业增长 3.3%。三是主要工业产品产量保持增长。其中，铁矿石原矿产量增长 2.9%，发动机产量增长 9.2%，钢材产量增长 13.1%，生铁产量增长 8.1%，粗钢产量增长 15.7%，汽车产量增长 22.6%，移动通信手持机产量增长 46.1%，焦炭产量增长 5.3%；但原油加工量下降

2.3%，柴油产量下降 2.7%。四是产销衔接趋好。全省规模以上工业产品销售率为 97.9%，比上年同期提高 0.3 个百分点。五是出口交货值保持增长。全省完成出口交货值 2584.7 亿元，比上年同期增长 5.6%。

3. 第三产业发展加快

前三季度，全省第三产业增加值增速比上半年和全国水平分别快 0.7 个和 0.3 个百分点。其主要特点：一是交通运输业平稳增长。前三季度，全省货运量 171783 万吨，比上年同期增长 10.6%。其中，公路货运量 148837 万吨，增长 11.9%；铁路货运量 13279 万吨，增长 0.9%。全省港口货物吞吐量 75329 万吨，比上年同期增长 13.9%。二是金融信贷规模不断扩大。截至 9 月末，全省金融机构（含外资）本外币各项贷款余额 29015.8 亿元，比年初增加 2658.1 亿元，同比多增 209.9 亿元。其中，短期贷款比年初增加 1294.1 亿元，同比多增 300.6 亿元；中长期贷款比年初增加 1325.2 亿元，同比多增 37.7 亿元。金融机构（含外资）本外币各项存款余额 38882.3 亿元，比年初增加 3635.3 亿元，同比多增 441.1 亿元。三是房地产开发建设与销售稳步增长。前三季度，全省房地产开发投资 5023.4 亿元，比上年同期增长 23.8%；商品房销售面积 6516.2 万平方米，增长 14.6%；商品房销售额 3333.6 亿元，增长 19.9%。

（二）从需求看，三大需求继续扩大

1. 投资需求较快增长

前三季度，全省固定资产投资完成 21017.6 亿元，比上年同期增长 20.8%。其主要特点：一是第三产业投资增长快于一、二产业。全省第一产业完成固定资产投资 399.6 亿元，比上年同期增长 2.9%；第二产业完成 8906.7 亿元，增长 15.8%，其中，工业完成 8790 亿元，增长 19.9%；第三产业完成 11711.3 亿元，增长 25.8%。二是民间投资占比近七成。全省国有及国有控股投资 5064.2 亿元，比上年同期增长 22.2%；民间投资 14457.6 亿元，增长 22.5%，占固定资产投资的 68.8%。三是基础设施建设拉动作用较强。全省基础设施建设完成投资 3722 亿元，比上年同期增长 42.9%。其中，电力、热力生产和供应业完成投资 463.3 亿元，比上年同期增长 6%；燃气生产和供应业完成投资 160.5 亿元，增长 41%；道路运输业完成投资 652.2 亿元，增长 58.7%；公共设施管理业完成投资 1714.7 亿元，增长 40%。四是重点项目建设稳步推进。全省亿元以上建设项目 4722 个，完成投资 11445.2 亿元，比上年同期增长 25.9%，快于固定资产投资增速 5.1 个百分点。亿元以上项目占建设项目投资的比重为 54.5%，比上年同期提高 2.2 个百分点。

2. 消费需求稳步扩大

前三季度，全省社会消费品零售总额 7668 亿元，比上年同期增长 13.2%，比上半年快 0.3 个百分点。其中，城镇为 7003.1 亿元，比上年同期增长 13.3%；乡村为 664.9 亿元，增长 12.9%。从限额以上批零贸易业商品零售类值看，汽车类零售额 747.5 亿元，比上年同期增长 11.3%；石油及制品类零售额 485 亿元，增长 14.6%；服装、鞋帽、针纺织品类零售额 441.5 亿元，增长 15.8%；粮油、食品、饮料、烟酒类零售额 319 亿元，增长 19.7%；中西药品类零售额 226 亿元，增长 26.3%；家用电器和音像器材类零售额 206.4 亿元，增长 18.1%；金银珠宝类零售额 122.3 亿元，增长 32.6%。

3. 对外经济发展回暖

前三季度，全省进出口总额 828.8 亿美元，比上年同期增长 7%，比上半年快 3.6 个百分点。其中，出口总额 467.4 亿美元，比上年同期增长 9.3%，比上半年快 2.3 个百分点；进口总额 361.4 亿美元，增长 4.1%。一是一般贸易出口继续快速增长。全省一般贸易出口 264 亿美元，比上年同期增长 24.7%；加工贸易出口 166.3 亿美元，下降 4.2%。二是私营企业出口增长较快。全省国有企业出口 99.8 亿美元，比上年同期增长 2.4%；外商投资企业出口 157.9 亿美元，下降 10.8%；私营企业出口 201.6 亿美元，增长 38.7%。三是成品油出口保持较快增长。全省机电产品出口 185 亿美元，比上年同期下降 3.9%；农产品出口 36.6 亿美元，增长 8.1%；成品油出口 35.7 亿美元，增长 50.2%；服装及衣着附件出口 34.7 亿美元，增长 15.1%。

前三季度，全省实际使用外资 200.8 亿美元，比上年同期增长 9.5%。

（三）从运行质量看，三大收入保持增长

1. 财政收入加快增长

前三季度，全省公共财政预算收入 2594.4 亿元，比上年同期增长 7.8%，比上半年快 2.1 个百分点。其中，各项税收 1933.6 亿元，增长 10.7%；非税收收入 660.8 亿元，增长 0.2%。从主要税种看，国内增值税 164.1 亿元，比上年同期增长 6.7%；改征增值税 3.6 亿元；营业税 488.1 亿元，增长 13.8%；企业所得税 192.7 亿元，增长 2%。前三季度，全省公共财政预算支出 3294.7 亿元，比

上年同期增长 12.1% 。

2. 企业经济效益继续改善

前三季度，全省规模以上工业企业实现主营业务收入 38455.2 亿元，比上年同期增长 9.7% ；实现利润总额 1502.2 亿元，增长 38.4% ；实现利税总额 2896.7 亿元，增长 22.4% ；亏损企业亏损额比上年同期下降 35.7% ，降幅比上半年扩大 8 个百分点；企业亏损面为 12.7% ，比上半年回落 0.9 个百分点。

3. 城乡居民收入持续增加

前三季度，全省城镇居民人均可支配收入 19109 元，比上年同期增长 10% ，扣除物价因素，实际增长 7.3% ，比上半年快 0.6 个百分点；农村居民人均现金收入 12823 元，增长 12.1% ，扣除物价因素，实际增长 9.2% ，比上半年快 1.7 个百分点。

（四）从运行环境看，物价基本稳定，用电量保持增长

1. 居民消费价格保持稳定，生产者价格降幅收窄

前三季度，全省居民消费价格比上年同期上涨 2.6% ，比上半年回落 0.3 个百分点。分城乡看，城市上涨 2.5% ，农村上涨 2.7% 。分类别看，食品、烟酒及用品、衣着、家庭设备用品及维修服务、医疗保健和个人用品、娱乐教育文化用品及服务、居住类分别比上年同期上涨 4.8% 、0.7% 、2.5% 、1.5% 、1.7% 、0.5% 和 2.4% ；交通和通信类下降 0.4% 。

前三季度，全省工业生产者出厂价格和购进价格分别比上年同期下降 1% 和 1.5% ，降幅均比上半年收窄 0.1 个百分点。

2. 用电量继续增长

前三季度，全省全社会用电量 1479.8 亿千瓦时，比上年同期增长 6.3% ，比上半年提高 1.1 个百分点。其中，工业用电量 1092 亿千瓦时，增长 5.5% ，比上半年提高 1.2 个百分点。

二 当前经济运行中的积极因素与不利影响

（一）支撑全省经济平稳运行、质量趋好的主要因素

1. 世界经济中新兴经济体发展趋势向好

随着经济全球化的深入发展，国际产业调整转移将在更广范围、更大规模、

更深层次上进行，形成更加错综复杂的国际分工和产业发展格局，新兴市场和发展中国家将在新能源和节能环保等新兴绿色产业领域抢占更多市场。同时，新兴市场和发展中国家将继续推进工业化和城市化进程，经济将继续保持较快增长速度，在世界经济总量中的份额也将会有所提高。预计 2013 年，新兴市场和发展中经济体经济增长将达到 5%，为全球经济增长较快的地区。

2. 国内经济运行总体平稳、稳中有升、稳中向好

一是总体平稳。2012 年全年国内生产总值增长 7.8%，2013 年一季度增长 7.7%，上半年增长 7.6%，前三季度增长 7.7%，走势波动幅度较小。同时，物价水平基本稳定，2013 年除 2 月份（春节）、9 月份（中秋）两个月居民消费价格增幅略超 3% 外，其余月份均在 2%~2.5% 波动。二是稳中有升。前三季度全国国内生产总值增速比上半年提高 0.1 个百分点，规模以上工业增加值增速比上半年加快 0.3 个百分点，固定资产投资增速比上半年加快 0.1 个百分点，社会消费品零售总额增速比上半年加快 0.2 个百分点。三是稳中向好。9 月份，国家统计局发布的全国制造业采购经理人指数（PMI）为 51.1%，比上个月提高了 0.1 个百分点，为年内新高；汇丰银行发布的 PMI 终值为 51.2%，比上个月提高了 1.1 个百分点，为 4 个月内新高。两者显示了同样的趋势，表明预期向好。前三季度全国第三产业增长速度比第二产业快 0.6 个百分点，三产所占比重比上半年提高 0.2 个百分点，表明结构向好。前 8 个月规模以上工业企业利润增速比上半年加快 1.7 个百分点，表明运行质量向好。

3. 全省经济平稳运行的基础不断巩固

一是工业企业生产经营状况逐月好转。从实现利润累计增速看，2013 年一季度为 30.2%，上半年为 27.3%，前三季度为 38.4%，一直处于较高增长水平。实现利税累计增速分别为 14.9%、17.3% 和 22.4%，一直保持两位数增长。应收账款累计增速分别为 7.9%、4.2% 和 3.1%，基本处于较低水平。企业主营业务成本累计增速分别为 14.1%、11.9% 和 10.2%，增速逐季回落，企业运行成本得到进一步控制。一季度以来企业亏损面有所回落，一季度和上半年分别为 15.4% 和 13.6%，前三季度进一步回落到 12.7%。二是经济结构逐步调整。前三季度，三次产业结构由上年同期的 6.6:54.2:39.2 调整为 6.5:53.8:39.7，第三产业所占比重提高了 0.5 个百分点。从投资构成看，三次产业投资结构由上年同期的 2.2:44.2:53.6 调整为 1.9:42.4:55.7，第一产业下降了 0.3 个百分点，第三产业提高了 2.1 个百分点。三是经济运行的动力逐步加强。从建设项目资金

落实速度看，前三季度，全省固定资产投资本年实际到位资金比上年同期增长16.8%，分别比上半年和一季度提高2.4个和12.9个百分点。从就业规模看，截至9月末，全省城镇非私营单位从业人员656.4万人，比上年同期增加52.3万人，增长8.7%。其中，在岗职工620.9万人，增加41.7万人，增长7.2%。从各行业看，全省19个门类行业中，12个行业的从业人员不同程度增加。从业人员增幅最大的是建筑业，从业人员105.7万人，比上年同期增长58.7%；其次是房地产业、批发和零售业、采矿业，从业人员分别增长15.5%、13.9%和12.2%。四是经济运行环境逐步改善。从工业生产者价格看，全省工业生产者出厂价格5月当月比上年同期下降2.1个百分点，6月下降2个百分点，7月下降1.2个百分点，8月下降0.7个百分点，9月降幅继续收窄为下降0.4个百分点。工业生产者购进价格5月当月比上年同期下降2.2个百分点，6月下降2.1个百分点，7月下降1.5个百分点，8月降幅继续收窄为下降1.2个百分点，9月降幅虽有抬头，下降1.5个百分点，但总体呈收窄态势，价格有所回升，印证需求有所好转。从工业用电量看，2013年一季度累计增长4.5%，上半年增长4.3%，前三季度进一步提高到5.5%，增速呈回升态势。从全社会货运量看，由前4个月的累计增长9.9%，提高到前三季度累计增长10.6%，呈稳步向上态势。

（二）影响经济平稳运行的不利因素

1. 发达国家经济增长缓慢，经济下行风险依旧不减

国际货币基金组织发布的《世界经济展望最新预测》预计2013年全球经济增速仍将处于略高于3%的疲弱水平，比4月份的预测低0.25个百分点。从发达国家看，欧元区需求疲软、信心受挫及资产负债表薄弱等因素相互作用，加剧了对经济增长的负面影响，预计2013年欧元区经济萎缩0.5%；美国经济扩张步伐减弱，更大幅度的财政紧缩对私人需求的改善产生不利影响，预计2013年美国经济增长1.75%。发达国家中，受消费和净出口的提振，日本经济增长将好于预期，预计2013年日本经济增长2%。

2. 制约国内经济发展的结构性矛盾依然存在

当前全国经济平稳运行、稳中有进，但经济结构中不平衡、不协调、不可持续的问题仍较突出。一是以产能过剩为突出表现的产业结构不合理问题仍然存在。当前，全国的产能过剩呈现行业面广、过剩程度高、持续时间长等特点，产

能过剩行业已从钢铁、化工等传统行业扩展到风电、光伏等新兴行业,产能过剩已经成为我国经济运行中诸多问题的根源。二是以转变政府职能为重点的市场化改革仍需深入。当前仍存在不少制约全国经济发展的体制机制上的障碍,政府审批事项的取消、利率市场化进程以及关键领域的市场准入等改革措施需要稳定、持续、深入推进。三是以节能减排为重点的生态保护红线仍需坚守。当前,全国经济发展过程中仍然存在着大气、水和土壤污染等环境问题,生态建设倒逼经济转型升级机制仍需完善,绿水青山也是金山银山的生态理念仍需巩固。

3. 全省经济发展面临的不确定、不稳定因素依然较多

一是工业生产尽管有筑底迹象,但仍未摆脱回落态势。从规模以上工业增加值当月增速看,4 月为 10.8%,5 月回落至 10.4%,6 月继续回落至 9.8%,7 月进一步回落至 7.5%,8 月略有回升达到 7.6%,但 9 月又回落至 7.5%。从主营业务收入看,前三季度,全省规模以上工业企业主营业务收入增速为 9.7%,分别比上半年和一季度低 2.2 个和 4.1 个百分点,总体呈下滑趋势。二是装备制造业增长缓慢。装备制造业是辽宁省四大支柱行业之一,前三季度,当月增速呈回落态势,5 月当月增速为 11.7%,6 月回落至 9.8%,7 月为 5.9%,8 月进一步回落至 2.5%。虽然 9 月增速有所反弹,达到 9.5%,但前三季度累计增速为9.6%,仍低于全省 0.1 个百分点。从行业看,9 月份,占装备制造业比重28.3% 的通用设备制造业比上年同期增长 7%,比上半年回落 5 个百分点;占比为 15.1% 的汽车制造业增长 7.5%,回落 5.4 个百分点;占比为 5.8% 的计算机、通信和其他电子设备制造业下降 10.7%,降幅扩大 11.9 个百分点;占比为1.5% 的仪器仪表制造业下降 3.5%,降幅扩大 26.8 个百分点。三是大项目储备仍显不足。前三季度,辽宁省亿元以上建设项目 4722 个,比上年同期增加 133个,比上年同期增长 2.9%,比上年同期增速回落了 41.7 个百分点。其中,10亿元以上建设项目 633 个,比上年同期减少 13 个,下降 2%。尽管亿元以上新开工项目比上年同期增长 7.3%,但 10 亿元以上新开工项目比上年同期减少 52 个,下降 27.8%,完成投资 934.8 亿元,下降 28.7%。全省亿元以上大项目,尤其是新开工项目个数增速放缓,直接影响全省投资乃至整体经济发展后劲。

三 全年经济走势判断

前三季度,全省经济保持了平稳运行、质量趋好的态势,尽管经济的下行压

力依然较大，但从发展趋势看，全年主要经济指标仍然能够保持在适度合理发展水平。

1. 从供给看，三次产业仍将保持平稳增长

一是农林牧渔业生产稳定增长。全年粮食丰收已成定局；猪肉价格逐步回升，生猪生产信心逐步恢复，禽类生产低迷的状况持续改善；林业、渔业生产继续保持稳步增长的态势。二是工业生产增速将保持在适度合理区间内。2013年以来，规模以上工业增加值增速始终高于上年同期和全国平均水平，增速虽有回落趋势，但筑底迹象已有显现。在下行压力和结构调整压力并存的情况下，作为全省经济支柱的工业生产有可能出现一定程度的波动，但幅度应在适度范围内。三是服务业保持良好发展态势。作为全国现代服务业综合试点省份之一，辽宁省服务业发展迎来了难得的发展机遇，重点服务业行业中的交通运输、金融信贷、房地产业等都呈现良好发展态势，未来服务业发展将延续这一良好态势。

2. 从需求看，三大需求有望持续增长

一是固定资产投资增速仍将保持较高水平。2013年以来，投资增速已有回落迹象，表明在结构调整过程中，过度依赖投资刺激经济增长的模式或有改善，但从前三季度运行态势看，全年投资增速波动的幅度不会出现较大变化。二是消费市场有望保持向上态势。受2013年初实施国家相关政策影响，辽宁省住宿、餐饮业生产经营状况出现下滑。经过几个月的调整，批发、零售、住宿、餐饮业，特别是住宿、餐饮业已有所改观，有望引导消费进入上升通道。三是出口增速有所回升。受外部市场需求低迷、汇率升值等影响，前8个月辽宁省出口增速一直处于较低水平，表明辽宁省企业出口难度加大。前三季度，辽宁省出口增速首度超过全国平均水平，出口形势或有所改善。

四　关于做好当前经济工作的几点建议

当前，全省经济运行态势较好，为确保全年全省经济健康发展，应做好以下几个方面的工作。

（一）确保农业增产，为经济平稳发展奠定基础

一是做好粮食生产的后期管理。组织好粮食的收获和调运，同时随时跟踪和监控粮价，及时发布农产品的供应、需求、价格变化信息，准确传递市场信息，

增强市场调控能力，努力保障粮食增产、农民增收。二是重点做好畜牧业和蔬菜生产。改善农户养殖条件，推进畜禽标准化规模养殖，对散户提供必要的技术指导；秋冬季是疫病高发期，应做好疫病的监控和防护工作。应抓住秋末冬初蔬菜设施大规模建设的有利条件，加强扶持力度，确保蔬菜设施建设的顺利推进。

（二）优化工业生产结构，为经济健康发展增强动力

四大支柱行业是辽宁省工业生产的支撑力量，占全省规模以上工业增加值的比重超过了八成，工业生产要从这些最关键的行业抓起，优化结构、提高效益。一是大力发展先进装备制造业。要加快建设先进装备制造业基地，重点发展基础制造装备、重大成套装备和交通运输装备，提高自主研发能力，特别是关键部件和环节的研发力度，进一步提高装备制造业的核心竞争力。二是提高农产品附加值。通过延长农业产业链，引进技术与自主创新相结合促进农产品的精深加工。三是提升冶金、石化等传统产业的生产水平。通过加快技术进步、调整产品结构、提高产品质量、延长产业链、提高附加值等方式使传统产业向"高、精、深"的新型工业化方向发展。

（三）加快发展服务业，为经济创新发展积蓄力量

一是大力发展现代服务业。发展现代服务业应坚持市场化、产业化、社会化的方向，从体制机制、政策法规、资金投入和改善环境等多方面采取措施，在信息传输、计算机服务和软件业，金融业，房地产业，租赁和商务服务业，科学研究等现代服务业重点领域寻求突破。二是加快发展生产性服务业。生产性服务业是加速制造业升级、实现工业由粗放型增长向集约型增长的关键环节，是制造业提高核心竞争力的必然选择。辽宁作为制造业大省，与制造业相关的生产性服务业有较大的提升空间。三是培育服务业龙头企业。应重点扶持发展行业领军企业和知名品牌，保护一批有辽宁特色的老字号品牌，支持优势服务品牌企业实行跨地区、跨行业、跨所有制的连锁扩张，成为竞争力较强的大型服务业企业集团。

（四）努力提高投资质量，为经济持续发展提供潜力

一是要以投资作为惠当前和利长远的纽带，促进全省经济的发展。当前辽宁经济正处于转型升级的关键期，要大力推进能够促进全省产业升级、经济转型的

优秀项目，用投资将稳增长和调结构真正的结合起来。二是引导投资投向科技创新等关键领域和民生保障领域。积极探索投资促进技术进步的新方式，引导社会资金进入高新技术领域。主要的投资项目应是处在成长期、扩张期的高新技术成果转化项目，能够取得自主知识产权且有市场潜力的项目和处于风险期的中小型科技项目。要在基础教育、公共医疗和政策性住房等领域增加投资，缓解居民在教育、医疗和居住上的生活压力，提高居民消费水平。三是严格控制高耗能、高污染行业和产能过剩行业投资项目上马。坚持区别对待、有保有压的方针，对钢铁、水泥等热点行业的项目建设要严格审批，避免重复建设，避免产能过度、过快释放；进一步做好高耗能行业发展规划，高耗能行业的投资方向应以拉长产业链、提升工艺水平、促进科技创新等方面为重点，逐步破解全省经济增长高度依赖资源消耗的局面。

（五）抓好外向经济，为经济共赢发展提供外在助力

一是继续推进"走出去"和"引进来"的战略。一方面鼓励企业积极参与国际市场竞争，出台相关政策引导、支持有条件的企业进行境外投资、并购和对外承包大项目，切实帮助企业解决对外贸易中遇到的困难和问题。另一方面充分发挥沿海优势，构筑东北亚开放的重要枢纽，打造承接国际先进制造业和生产性服务业转移的新高地，建设面向东北亚开放的经贸枢纽和功能服务区。二是积极帮助企业拓展国内市场。要立足三大区域发展战略，充分发挥辽宁在东北地区的辐射、带动作用，整合东北地区的市场资源。同时，支持辽宁企业在中西部地区快速发展以及东部发达地区经济转型的进程中发展壮大。三是加快调整出口结构。应充分利用当前经济发展较为低迷的不利条件，加快发展战略新兴产业，提高高新技术产品出口比重；应进一步发挥辽宁省装备制造业的产业优势，开发新产品，运用新技术，打造装备制造业出口基地；加工贸易分工格局应从以往的加工装备为主的低附加值环节向研发设计、创立品牌等产业链的高端环节延伸，逐步实现从委托来料加工为主向自营进料加工为主运作方式的转变，以加工贸易转型升级带动一般贸易发展。

（六）抓好民生工作，为经济和谐发展创造社会环境

一是转变作风，倡俭治奢。继续压减三公经费，严格控制一般性支出，切实缓解财政收支压力。二是采取多种措施，拓宽就业渠道。在贯彻落实现有就

业政策的基础上，开发更多就业岗位，引导高校毕业生到中小企业、非公经济和基层就业。鼓励自主创业，落实创业培训补贴、小额担保贷款及贴息、税费减免等政策。开展就业帮扶、就业培训工作完善就业服务。三是切实保障居民生活水平的提高。要以新型城镇化建设为契机，着眼于人的城镇化，切实提高教育、医疗、住房和社会保障等基本公共服务水平，不断增进人民群众福祉。应落实对低收入群体的补贴、补助工作，建立健全补贴标准与物价水平上涨挂钩的联动机制。

B.3

2013～2014 年辽宁经济形势分析及展望

于晓琳 姜健力*

摘　要：

2013 年辽宁经济运行总体保持平稳，主要指标保持在适度合理区间，但是下行压力仍然存在。前三季度，全省地区生产总值增长 8.7%，是自 2000 年以来的同期最低增速。其中，工业经济运行持续下滑是辽宁经济增速下行的主要原因。同时，投资需求支撑趋弱，消费增长动力不足，财政收支矛盾加剧的局面短期难以改善。预计 2013 年，全省经济运行总体将呈现平缓态势，经济增长速度在 9% 左右。2014 年，随着国内外经济环境的改善，全省经济增速有望略高于 2013 年。面对严峻的内外部经济环境，辽宁经济工作应把"稳当前和增后劲结合起来"。稳当前，就应稳增长、促就业、控通胀、保收入；增后劲，就应稳增长、调结构、抓改革、促创新、建四化、惠民生，加快经济发展方式的转变，打造辽宁经济"升级版"。

关键词：

形势分析　走势　升级版

一　2013 年辽宁经济运行的基本态势

2013 年以来，全省经济运行总体保持平稳，但下行压力仍然存在。前三季度，全省经济增长 8.7%，高于全国 1.0 个百分点，比上半年低 0.3 个百分点，是自 2000 年以来的同期最低增速。同时，2013 年前三季度各季度累计增速均低

---

* 于晓琳，辽宁省信息中心经济预测处处长、高级经济师，研究方向：宏观经济；姜健力，辽宁省信息中心副主任、研究员，研究方向：宏观经济。

于2003年以来的同期各季度增速。其中，第三季度经济增长仅为8.2%左右，是爆发金融危机的2008年下半年以来的最低单季增速（见图1）。2012年以来辽宁经济增速持续下行的主要原因是工业经济运行持续下滑。更为重要的是，当前全省经济增速的放缓并未带来经济运行质量的明显提高和经济结构的明显改善，全省依然面临投资需求支撑趋弱、消费增长动力不足、财政收支矛盾加剧的局面，经济形势依然较为严峻。2013年前三季度辽宁经济运行表现为以下几个主要特点。

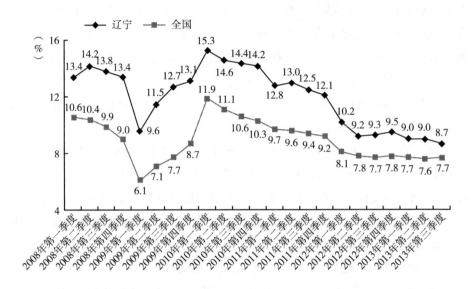

图1　辽宁地区生产总值季度累计增长率与全国的对比

1. 三次产业增速呈现"一稳一低一加快"的局面

（1）第一产业平稳增长，但增速始终处于低位。2013年以来，全省第一产业保持平稳的低速增长态势。前三季度，第一产业增加值增长3.2%，低于全国0.2个百分点，是2004年同期以来的最低增速。

（2）第二产业增速继续小幅降低，工业生产运行持续下滑。2013年以来，全省第二产业季度累计增速呈逐季下滑态势。前三季度，第二产业增加值增长9.2%，高于全国1.4个百分点，低于一季度增速1.5个百分点，低于上半年1.1个百分点，是2002年以来的同期最低增速。2012年以来，全省工业生产持续低迷，2013年更是逐季下滑。1～10月，全省规模以上工业增加值同比增长9.7%，比一季度回落1.4个百分点，比上半年回落1.0个百分点，与前三季度持平，结束了年初以来累计增速持续走低的局面。其中，10月当月增长了

9.3%，比9月当月回升1.8个百分点。1～10月，全省工业增速与全国持平，居全国各省（自治区、直辖市）第25位。从生产要素来看，全省工业用电量略有回升，前三季度增长5.5%，延续了下半年以来的回升态势；全社会货运量增速基本平稳，前三季度增长10.4%，年初以来一直保持在10%左右的增长速度。造成当前全省工业主要行业增速放缓的主要原因：一是有效需求依然不足，订单减少，企业生产愿望不强；二是主要支柱行业增速下滑，其中装备制造业和农产品加工业8月当月增速为近三年最低点，同比仅分别增长2.5%和6.4%；三是部分行业和产品仍存在产能过剩，导致企业开工不足。值得关注的是，高耗能行业用电效率降低。在六大高耗能行业规模以上工业增加值占全省规模以上工业增加值的比重变化不大的情况下，8月份高耗能行业用电量占全部工业用电量的比重由2012年同期的62.1%提高到2013年的79%，8月份高耗能行业用电量拉动当月工业用电量提高8.8个百分点。

（3）第三产业有加快发展的势头，增速高于全国平均水平。2013年以来，全省第三产业季度累计增速持续提高。前三季度，全省第三产业增加值增长8.7%，比一季度提高1.4个百分点，比上半年提高0.7个百分点，比全国平均增速高0.3个百分点，扭转了2013年以来低于全国第三产业增速和多数年份低于全省经济增速的局面。

2. 三大需求增速呈现"一平一升一好转"的局面

（1）投资增速保持平稳。1～10月，全省固定资产投资增长20.6%，高于全国0.5个百分点，比上年同期减缓5.2个百分点。前三季度，全省房地产开发投资增长23.8%，增速比上年同期提高4.4个百分点，比1～8月提高2.5个百分点。值得关注的是，年初以来，全省固定资产投资各月累计增速呈持续减缓态势，同时，前三季度，全省固定资产投资完成21017.6亿元，超过同期经济总量，投资需求对于经济增长的支撑趋于减弱，继续保持高速增长的可能性不大。

（2）消费增速小幅回升。前三季度，全省社会消费品零售总额增长13.2%，低于全国平均增速0.3个百分点，但比2013年一季度回升0.8个百分点，比上半年回升0.3个百分点。其中，城镇消费同比增长13.3%，快于农村。受企业经营成本是上升、利润率下降和中央八项规定以及厉行节约、反对浪费等多种因素影响，全省餐饮服务消费总体增长放缓，其中，高端餐饮企业收入普遍大幅下滑。但是假日经济、"夜经济"和大众餐饮稳步增长，同时，城乡居民收入增速小幅回升，这是全省社会消费品零售总额增速有所回升的主要原因。

（3）外贸形势有所好转。前三季度，全省外贸进出口总额增长 7.0%，增速与年初相比逐渐回升，其中，比上半年回升 3.6 个百分点，且回落幅度明显收窄，呈现一定的恢复性增长势头，但仍比上年同期低 1.0 个百分点。全省进口增速有所恢复，前三季度增长 4.1%。全省出口增长 9.3%，恢复至 2013 年各月累计增速的次低水平，仅低于 1~5 月 9.8% 的增速。外贸进出口形势的好转，主要得益于 9 月当月进出口数据的高速增长，其中，进出口增长 31.1%，出口增长 28.6%，进口增长 34.5%。前三季度拉动辽宁外贸出口增长的主要因素，一是一般贸易出口快速增长，同比增长 24.7%。二是占比 40% 的民营企业出口保持快速增长，同比增长 36.7%。三是对东盟、欧盟、韩国等主要贸易伙伴出口保持较快增长，其中对东盟同比增长 49.9%。四是主要商品出口均呈增长态势，其中，成品油出口增长 50.2%，服装及衣着附件出口增长 15.1%。辽宁外贸出口存在的主要问题仍是外需不振。一是外需不足对加工贸易的影响日益显现，加工贸易出口同比下降 4.2%。二是国有企业和外资企业出口继续减缓，其中外资企业出口下降 10.8%。三是对日本出口持续下降，受日元贬值等不利影响，前三季度全省对日本出口下降 4.9%。此外，对朝鲜的出口下降 0.5%，虽然对朝出口比重不大，下降幅度也不大，但是影响不小。四是机电产品需求下降，占辽宁出口最大份额的机电产品出口同比下降 3.9%，其中船舶出口大幅下降 36.0%。

3. 三大收入增长均呈小幅回升的态势

（1）财政收入增速略有回升，非税收入恢复为正增长。前三季度，全省公共财政一般预算收入增长 7.8%，比一季度回落 2.6 个百分点，比上半年回升 2.1 个百分点，虽呈现一定的回升态势，但仍比全国增速低 4.9 个百分点，继续处于一位数增长区间，仍比上年同期大幅回落 15 个百分点，财政收支矛盾依然存在。财政收入增速回升的主要原因，一是各项税收收入增速自 2013 年下半年以来持续回升，前三季度，全省各项税收增长 10.7%，比上半年回升 2.1 个百分点。二是非税收入增速由负转正。前三季度，全省非税收入增长 0.2%。

（2）城乡居民收入增速有所回升。前三季度，全省城镇居民人均可支配收入达到 19109 元，名义增长 10.0%，增速高于全国 0.5 个百分点，比上年同期回落 4.0 个百分点，比上年全年回落 3.5 个百分点；实际增长 7.3%，高于全国 0.5 个百分点，比上年同期回落 3.3 个百分点，比上年全年回落 3.0 个百分点。前三季度，辽宁农村居民人均现金收入达到 12823 元，名义增长 12.1%，增速低于全国 0.4 个百分点，比上年同期回落 7.9 个百分点，比上年全年回落 4.9 个百

分点；实际增长 9.2%，低于全国 0.4 个百分点，比上年同期回落 5.3 个百分点，比上年全年回落 1.1 个百分点。当前辽宁居民收入增速虽有所回升，但是仍未走出低缓态势。前三季度城镇居民人均可支配收入增速仍低于全省经济增速。辽宁居民收入增速的明显下滑主要是前阶段实体经济经营下滑所致。

4. 居民消费价格涨幅有所回落

2013 年以来，全省居民消费价格水平呈持续下降态势。1~10 月，全省居民消费价格指数同比增长 2.5%，高于全国 0.1 个百分点，涨幅比上年同期回落 0.4 个百分点，比上半年回落 0.4 个百分点。其中，10 月份同比上涨 2.2%，比全国低 1 个百分点。

二　对 2013 年辽宁经济走势的基本判断

2013 年，全省经济运行总体将呈现平缓的态势，全年增速将介于 8.7% 到 9.3% 之间，达到 9% 的可能性比较大，仍将高于全国增速。按全年经济增长 9% 测算，预计辽宁主要经济指标完成情况如下。

第一，产业方面。预计全年第一产业增加值将增长 3.5% 左右。第二产业增加值将增长 10% 左右。规模以上工业增加值第四季度增速料难有大的提升，预计增长 9.8% 左右。预计全年第三产业增加值将增长 9% 左右，有望实现与经济增长同步的目标。第三产业的增长速度将在很大程度上决定 2013 年辽宁经济总体的增长速度。同时，第三产业增加值占地区生产总值的比重有望达到 38.8%，比上年小幅提高。

第二，需求方面。预计全年全社会固定资产投资将增长 20.0% 左右，全省社会消费品零售总额将增长 13.5% 左右。居民消费价格指数全年有望回调至102.8%。由于上年四季度辽宁外贸出口增长速度基数较高（增长 24.1%），预计全年出口总额将增长 9% 左右。

第三，收入方面。预计全年公共财政一般预算收入将增长 9% 左右。全年城镇居民人均可支配收入实际增长将达到 7.2% 左右，农村居民人均纯收入实际增长将达到 9% 左右。

从与全国的比较来看，全国前三季度能够继续维持 7.7% 的增速，主要在于7、8 两个月经济增长较快，但是 9 月开始又出现下滑。整体来看，全国经济形势的不确定性依然较大。国内研究机构普遍认为，第四季度全国经济增速可能低于第三季度的 7.8%。如果全国经济继续减速，国际经贸环境未有明显改善，则辽宁工业经济下滑趋势仍难以扭转，辽宁经济增长存在跌破 9% 的可能性，全年经济增速可能与前三季度增速持平，维持在 8.7% 左右。

三 2014 年辽宁经济发展趋势展望

根据国际机构对世界经济和中国经济走势的判断，结合辽宁的实际情况，我们预计，2014 年全省面临的外部环境将比 2013 年有所改善，全省经济增速将有所回升，略高于 2013 年，很可能在 9.0%～9.5%，仍将高于全国增速。如果2014 年经济环境有较为明显的改善，那么经济增速超过 9.5% 的可能性也是存在的。对 2014 年全省主要经济指标的预测情况如表 1 所示。

表1　2013～2014 年辽宁主要经济指标预测

指标名称	2013 年 1～9 月		2013 年		2014 年
	实际数	增长（%）	预计数	增长（%）	预计增长（%）
地区生产总值（亿元）	19263.9	8.7	27200	9.0	9.3
第一产业增加值（亿元）	1257.2	3.2	2350	3.5	4.5
第二产业增加值（亿元）	10362.5	9.2	14300	10.0	9.6
第三产业增加值（亿元）	7644.2	8.7	10550	9.0	9.5
规模以上工业增加值（亿元）	—	9.7	—	9.8	10.0
公共财政预算收入（亿元）	2594.4	7.8	3385	9.0	8.5
固定资产投资额（亿元）	21017.6	20.8	26200	20.0	15.0
社会消费品零售总额（亿元）	7668	13.2	10510	13.5	13.5
居民消费价格指数	102.6	2.6	102.8	2.8	103.0
出口总额（亿美元）	467.4	9.3	630	9.0	9.5
城镇居民人均可支配收入（元）	19109	10.0	25545	10.0	12.0
农村居民人均纯收入（元）	12823	12.1	10510	12.0	13.0

注：产值增速为可比价；居民收入增速未扣除价格因素；农村居民人均纯收入 1～9 月份为农村居民人均现金收入。

四 对辽宁经济工作的几点建议

从当前国内外经济发展态势看，世界经济低速增长，我国经济告别高速增

长，进入中速增长时期，已经成为国内外的基本共识，国内经济发展的区域格局正在发生变化，当前辽宁经济发展面临的挑战很有可能长期化，转变经济发展方式的倒逼机制越来越强烈。同时，中央政府的工作重点转到创造良好发展环境、提供优质公共服务、维护社会公平正义上来。因此，辽宁经济工作应该把"稳当前和增后劲结合起来"。

针对当前严峻的经济形势，各级政府应把当前经济工作的重点放在"稳增长、促就业、控通胀、保收入"上。

稳增长，就是稳定第一产业和第二产业发展，加快第三产业发展，在保持有效投资稳定增长的基础上，着力刺激消费需求，努力扩大出口，使辽宁经济下行压力得到缓解，遏制经济增长速度的进一步减缓，力争全年能够实现9%以上的发展目标，为促就业、控通胀、保收入创造条件。

促就业，就是把扩大就业作为各级政府工作的首要任务。各项政策应向就业倾斜，实施"全民创业"战略，鼓励、扶持自主创业。鼓励、支持就业容量大的产业发展，大力发展中小微企业和服务业，拓宽就业渠道。

控通胀，就是高度重视辽宁的通货膨胀压力，加强市场监控和监管，增加有效供给，有效遏制物价，特别是保持与人民生活息息相关的基本商品价格的平稳。

保收入，就是保证居民收入的增长与经济发展的基本同步。在经济下行压力不减的环境中，全力保障居民收入水平的提高，同时，保持地方公共财政收入的适度增长，把更多的财力投入到基本公共服务中去，提高社会保障的能力和水平，提升居民消费的动力，增强消费对经济发展的拉动作用。

针对辽宁经济社会发展的中长期目标和任务，在今后一个时期里，要着力稳增长、调结构、抓改革、促创新、建四化、惠民生，加快经济发展方式的转变，打造辽宁经济"升级版"。

"稳增长"是打造辽宁经济"升级版"的基本前提。对处于全面振兴和加快进入东部发达省份行列、建设富庶文明幸福新辽宁的关键阶段的辽宁来说，应在未来几年间把辽宁经济增长速度稳定在9%～10%的潜在增长率之间，不断提升经济发展的内在动力，发现、培育新的经济增长点，不过于追求一时的高速度，保持经济可持续的平稳健康发展，为转变经济发展方式创造较为宽松的发展环境和发展空间。

"调结构"是打造辽宁经济"升级版"的着力点。加快调整产业结构，逐步形成"一产稳、二产强、三产快"的发展格局，逐步实现经济发展由第二产业主导向第二、三产业共同拉动转变。保持第一产业的稳定发展，加快实现农业现代化。加快建设现代产业体系，大力发展先进制造业和战略性新兴产业；在坚持以增量调整产业结构的同时，加大对现有产业"存量"的改造、升级和再创新力度，形成传统产业持续升级与战略性新兴产业加快发展的态势和相互促进的发展格局。加快第三产业的发展，增强第三产业对经济发展的拉动作用。加快调整需求结构，逐步形成"投资稳、消费强、出口多"的发展格局，逐步实现经济发展从单纯依靠投资需求拉动，向内外需协同拉动、投资和消费协同拉动转变。着力实施扩大消费需求战略，构建长效机制，把扩大消费需求作为培育内生增长动力的战略重点，不断增强消费对经济发展的拉动作用。同时，继续保持有效投资需求的稳定，不断扩大对外开放，扩大出口。

"抓改革"是打造辽宁经济"升级版"的根本保障。改革是辽宁经济发展的最大潜在"红利"。全面落实中央简政放权政策，全面深化经济体制改革和行政体制改革，推动政府职能由"全能"型政府、"经济型"政府向创造良好发展环境、提供优质公共服务、维护社会公平正义的以公共服务为主的"服务型"政府转变。处理好政府与市场、政府与社会的关系，把该放的权力放掉，把该管的事务管好，激发市场主体创造活力，增强经济发展内生动力。各级政府应在改革和财政政策方面加大对转型的支持力度，公共财政应从直接扶持产业发展逐步向支持社会发展、惠及民生转变，创新公共服务提供方式，把政府工作重点放在"保基本"上，夯实扩大消费的基础，进而促进经济发展。

"促创新"是打造辽宁经济"升级版"的核心动力。抓紧完善、实施、落实辽宁的创新发展战略。将市场的基础性作用与政府的引导推动相结合，形成制度、市场、科技相结合的创新体制。充分发挥市场主体的创新主导作用和政府规划引导、政策激励和组织协调作用，尽快实现以创新驱动为主的经济发展模式。

"建四化"是打造辽宁经济"升级版"的重要抓手。"促进工业化、信息化、城镇化、农业现代化同步发展"是中央的一个重大战略思想和一项重大战略部署。应根据辽宁经济社会发展的实际，对加快"新四化"同步发展做出全面部署。坚持走以信息化带动工业化、以工业化促进信息化、工业化和信息化深度融合的新型工业化道路，把发展战略性新兴产业作为辽宁工业化发展的主攻方向；加快产业发展、就业吸纳和人口集聚相统一，工业化和城镇化良性互动的新型城镇化建设，把提升城镇综合承载能力和城镇化质量作为辽宁城镇化建设的主攻方

向；加快农业现代化，形成以工促农、以城带乡、工农互惠、城乡一体的新型工农、城乡关系。

"惠民生"是打造辽宁经济"升级版"的出发点和落脚点。贯彻"以人为本"科学发展理念，在力求强省与富民有机统一中更加突出"富民"，真正保障全省人民共享小康社会发展成果。把扩大就业作为各级政府工作的重要内容，抓实、抓好。加快完善基本公共服务体系和收入分配制度改革。努力提高城乡居民收入，确保居民人均收入增长与经济发展同步，使辽宁城镇居民家庭人均可支配收入超过全国平均水平，接近东部省份的平均水平；农村居民家庭人均纯收入超过沿海省份的平均水平，接近或超过东部省份的平均水平。

B.4
辽宁实施创新驱动战略发展报告

韩红 尹博*

摘　要：

辽宁重视科技创新并实行科技兴省战略由来已久。但以科技创新作为经济社会发展的动力源，明确实施创新驱动作为全省发展战略的核心，是党的十八大后新的重大提升。辽宁已进入只有依靠科技创新才能加快经济结构调整、实现可持续发展的关键时期。辽宁省在科技创新驱动发展战略指导下，初步形成了以产学研合作为基础的创新体系，企业创新能力得到提升，传统产业与战略性新兴产业发展逐步联动，高新区和创新型产业集群加快发展。尽管辽宁省区域创新体系发展过程中还面临企业创新缺乏着力点，高校服务经济社会能力不强，产业、区域创新发展不均衡等诸多问题，但科技创新驱动发展战略实施的本质仍在于围绕产业发展需求部署创新链，推动战略性新兴产业对传统优势产业的继承式发展，并优化辽宁区域发展的顶层设计，推动产业、区域联动式发展，将成为辽宁科技创新驱动发展战略实施的新方向。

关键词：

科技创新　创新驱动　对策建议

一　辽宁实行创新驱动发展战略的渊源与发展历程

回顾辽宁的发展历程，科技创新贯穿了老工业基地建设、改革和振兴的各个历史阶段。①

---

* 韩红，辽宁社会科学院城市发展研究所所长、研究员，主要研究方向：科技创新、区域经济；尹博，辽宁社会科学院城市发展研究所研究人员、博士，主要研究方向：产业经济、科技创新。

① 王岷：《以科技创新支撑辽宁经济转型发展》，《科技日报》2012 年 11 月 7 日。

（一）辽宁创新驱动战略的思想渊源始于改革开放时期

早在 1975 年，邓小平同志提出的科学技术就是生产力的思想渐渐深入人心。从 20 世纪 80 年代初，辽宁就开始了"科技建（兴）市"、"科技立（兴）县"的理论与实践探索，并于 1988 年做出《关于依靠科学技术进步振兴辽宁经济的决定》，在全国较早地从区域发展战略高度提出实施"科技兴辽"战略，开始全面落实科技人才政策，改革科技管理体制机制，增加企业技术创新主体，初步发展了技术市场体系，并开始探索科技经济结合的方式。

（二）科技兴省战略助力辽宁经济走出低谷

20 世纪 90 年代，辽宁科技适应社会主义市场经济发展和辽宁老工业基地改造调整要求，努力向科技与经济结合的新型体制和向现实生产力的方向转化。"科技兴辽"过渡为"科技兴省"，内容更为丰富和翔实。科技人才激励政策、科技管理体制机制、企业技术创新体系、知识创新体系建设、科技服务体系、高新技术产业开发区和高新技术产业等诸多方面得到全面发展，科技创新推动国有企业改组改造和改革发展，促进了辽宁经济逐渐走出低谷。

（三）创新型辽宁建设强化了科技支撑和引领作用

进入 21 世纪以来，特别是 2003 年东北等老工业基地振兴战略实施以来，辽宁科技发展进入重要跃升期，科技创新在辽宁老工业基地振兴过程中的支撑与引领作用不断加强。2006 年初辽宁就在全国率先召开了全省科技大会，出台了《关于提高科技创新能力、加快老工业基地振兴的决定》，明确提出把科技创新作为实现辽宁全面振兴的主要动力，明确了提高自主创新能力、建设创新型辽宁为核心发展战略，把科技创新提到了一个战略高度。随后，还出台了以提高自主创新为主旨的 58 条规定、实施细则及相关措施。这是辽宁自改革开放以来，科技体制改革内容最为广泛、政策工具最为全面、影响范围最广、推动力度最大、对体制触动最深的一次全面的创新。不仅在积极引导优势资源要素向企业集聚，包括扶持民营科技企业和中小企业等方面投入大，引导、扶持措施见实效；而且在鼓励产学研联盟和优化科技成果转化机制方面有新机制、新动力，在鼓励人才创业创新、保证科技人员分享技术创新利益方面有新举措，在完善以工程技术中心和重点实验室为核心的知识创新体系、建立健全科技中介服务体系、以共享为核心的科技基础服务平台，强化区域创新体系以及改革传统的科技管理模式等全方面，皆有突破性的举措。这些改革措施产生了巨大的制度激励效应，强化了科技对辽宁经济社会发展的支撑与引领作用，全省初步形成了以市场需求为导向、按照市场经济规律和科技自身发展规律构筑的区域自主创新格局，区域自主创新能力显著提升，科技创新对经济的贡献率逐渐提升。以科技进步和创新为重要动力，辽宁经济实现持续快速发展，产业结构实现优化升级，经济增长方式实现从传统要素驱动型向创新驱动型转变。

（四）创新驱动战略为辽宁全面振兴提供强大动力

党的十八大提出实施创新驱动发展战略后，2012 年辽宁全省科技大会上发布了《中共辽宁省委辽宁省人民政府关于加快推进科技创新的若干意见》，共 25 条细则。陈政高省长在科技大会上提出"全省上下要以对一个地区、对历史高度负责的态度，狠抓科技创新。"全省各地区、各部门要以提高自主创新能力为核心，着力完善有利于科技创新的体制机制，着力推动企业成为技术创新的主体，大幅度提升科技创新对经济增长的贡献率，加速实现创新驱动发展，为加快推进辽宁老工业基地全面振兴提供强大动力。2013 年国家主席习近平在辽宁考察时说，要"深入实施创新驱动发展战略，增强工业核心竞争力"。"要抓住新一轮世界科技革命带来的战略机遇，发挥企业主体作用，支持和引导创新要素向企业集聚，不断增强企业创新动力、创新活力、创新实力。"实施创新驱动战略已经成为各级政府工作的首要工作目标和任务。

二 2012～2013 年辽宁实施创新驱动战略的新进展与成效

（一）2013 年辽宁实施创新驱动战略的新政策与新措施

2013 年辽宁省实施创新驱动战略的最重要的工作任务是贯彻落实《中共辽宁省委辽宁省人民政府关于加快推进科技创新的若干意见》，预期目标是，力争到 2017 年全社会研发投入占地区生产总值的比重达到 2.3% 以上，高新技术产品增加值占地区生产总值的比重超过 20%，科技进步对经济增长的贡献率达到 60% 以上。

1. 实施战略性新兴产业重大关键技术与核心技术激励工程

将围绕智能化数控机床、智能型工业机器人、能源装备、轨道交通装备、海洋工程装备等10个领域，组织实施科技创新重大专项，省政府每年安排2亿元资金，对研发项目给予支持。

2. 科技体制机制改革有新突破

在增强企业科技创新能力、加强产学研合作、建设高水平创新型区域、深化科技体制改革、构建创新人才聚集高地、促进金融与科技创新相结合和为科技创新提供良好环境等政策上有重大突破。

3. 实行了务实而严格的组织制度保障

辽宁省委组织部已出台具体考核指标，将科技创新工作作为最核心的、最重要的指标纳入对各级政府的绩效考核体系，并将考核结果作为干部选拔任用的重要依据。全省各市和省直相关部门迅速行动，科技创新政策具体落实细则相继出台。

（二）2012～2013年辽宁实施创新驱动战略的成效

1. 企业逐步成为创新驱动发展的动力源

辽宁省实施创新驱动发展战略，将企业自主创新能力的提高作为战略实施重点，先后通过各种政策措施引导和支持企业开展多方式、多途径的创新合作，并注重各种创新方式的联合以实现创新的协同效应。2012年，辽宁省规模以上企业中，有R&D活动的企业所占的比重由2011年的3.9%上升为4.5%，有R&D活动的企业数量较上年增加133家。辽宁省规模以上工业企业拥有专门从事科技活动的机构620个，较上年增长10.5%。这些科技活动机构中的R&D人员的总体素质得到结构化提升，硕士和博士人员占的比重较上年有显著提升。R&D人员综合素质的结构化提升，有助于提高企业技术引进消化吸收再创新能力，从而更好地支撑原始创新和集成创新活动。从创新效果来看，2012年辽宁省规模以上工业企业的新产品产值达到3224.1亿元，较上年增长13.3%；新产品产值占工业年产值的比重为6.6%。这一数据显示辽宁省规模以上企业的自主创新能力在显著提高，原始创新、集成创新与引进消化吸收再创新成果显著，以市场为导向的新产品开发将为企业创造新的利润增长点。2012年，工业企业用于技术改造、引进国外技术和购买国内技术的支出分别为153.4亿元、5.4亿元和14.6亿元。这表明辽宁工业企业的技术创新活动主要集中在集成创新和消化吸收再创新方面，同时技术改造经费支出对引进的国内外技术吸收再创新具有重要作用。

2. 产学研协同创新体系逐步形成

构建以企业为主体、市场为导向、产学研相结合的技术创新体系，是辽宁区域创新体系的重要内容，也是创新驱动发展战略顺利实施的体系保障。辽宁依托产业链、创新网络，积极构建以企业为主体，高校、科研机构等众多参与主体为辅的技术创新系统，形成了良好的技术创新合作运行机制，有助于更好地提高系统性创新的效率和效果。2012 年，辽宁规模以上工业企业 R&D 经费投入为289.5 亿元，较上年增长 5.4%；其中企业自筹资金占 R&D 经费的 91.3%。这表明，在辽宁区域创新体系中，企业已经成为创新投入的绝对主体。2012 年辽宁省规模以上工业企业新产品销售收入较上年增长 7.9%，出口销售收入为 225.7亿元，以市场为导向的创新成果得到了市场一定程度的认可。辽宁围绕高新区、产业集群的空间布局以及产业结构调整的战略需求，充分调动省内的高等学校创新资源，围绕产业发展所需解决的共性技术问题和重大前瞻性问题，推动了以企业为中心，充分发挥高校综合性、基础性优势的多元、动态、融合、持续的产学研相结合的协同创新体系的形成。例如，本溪生物医药产业集群累积引入沈阳药科大学、中国医科大学、辽宁中医药大学、修正药业、天津天士力、东北制药等120 余家科研院所和知名企业入驻，初步形成集研发孵化、教育培训、产业功能等于一体的高新技术产业园区。高校和科研院所等对企业创新活动的支撑作用正在逐步加强，进一步强化以企业为主体、市场为导向的产学研合作将成为技术创新体系的发展重点。

3. 传统产业与战略性新兴产业联动发展

以创新驱动战略性新兴产业发展，以创新带动传统产业的改造升级，以创新促进传统产业与战略性新兴产业的互动发展，是辽宁老工业基地实现产业结构优化调整的重要途径，也是辽宁科技创新与产业发展相融合实现科技创新驱动发展的重要体现。辽宁省作为老工业基地，重化工业是区域发展的主导产业。2013年上半年，辽宁省四大支柱产业装备制造业、石化工业、冶金工业、农产品加工业增加值同比增长均在 10% 左右，体现出稳定的增长态势。但辽宁省重化工业中，以能源原材料工业为主体的高能耗行业，其增加值占全部规模以上工业比重达33.5%。以高新技术改造传统产业，提高产业生产能力利用率，实现集约化发展将成为传统产业改造升级的重点。为实现辽宁老工业基地产业结构的优化调

整，辽宁省正着力发展战略性新兴产业，探寻辽宁工业经济发展的新方向，以科技创新促进传统产业的高新技术化发展。2013 年前 5 个月，辽宁省战略性新兴产业实现主营业务收入 1629.6 亿元，占全部规模以上工业企业主营业务收入的 3.4%，其中发展较快的高端装备制造业，新一代信息产业，新能源、生物、节能环保产业等，拉动规模以上工业企业主营业务收入增长合计超过 0.9 个百分点。尽管辽宁省战略性新兴产业发展仍面临规模较小、关键核心技术缺乏等诸多问题，但依托传统产业基础发展而来的战略性新兴产业发展呈现了良好势头，彰显了辽宁发展战略性新兴产业的区域特色。如何进一步深化传统产业与战略性新兴产业之间的关联合作，促进二者更为深层次的联动发展将是辽宁省产业结构优化调整的战略重点。

4. 高新区、集群承载的区域创新体系稳步深化

高新区和集群的共同特点是相关产业相关联企业的空间集聚。依托高新区和产业集群等载体的产业空间集聚，通常与本地特色的资源优势密切相结合。辽宁省依托全省各地区的产业基础和资源优势，已建有国家级高新区 6 个、省级高新区 7 个，国家和省级高新区的数量均居全国第 4 位。据统计，2012 年，全省高新区批建面积 701 平方公里，实际管辖面积 1594 平方公里；实现营业总收入 9281 亿元、工业总产值 7792 亿元、高新技术产品产值 4528 亿元，较 2011 年分别增长 25.7%、22.5%、25.3%；产业领域涵盖高端装备、新材料、新一代信息技术、新能源、生物医药等战略性新兴产业。高新区工业企业 5007 家，超亿元企业 810 家，超 10 亿元企业 95 家，上市公司 28 家（全省境内上市 74 家、境外上市 47 家），世界 500 强投资企业 134 家。目前，全省高新区正在全力建设的特色产业集群有 35 个，其中，2012 年实现销售收入超百亿元的达 13 个（全省 75 个），超 500 亿元的 3 个，超千亿元的 1 个（全省 4 个）；大连高新区软件和服务外包产业集群实现销售收入 1154 亿元，同比增长 51.8%，是全国首个超千亿元的软件和服务外包产业集群。由省科技厅牵头负责的 13 个特色产业基地中，沈阳大学科技城、鞍山激光、抚顺碳纤维、本溪生物医药、营口渤海科技城、阜新液压、朝阳超级电容、绥中万家数字 8 个产业基地位于高新区内，高新区已成为推动特色产业基地建设的重要载体。全省高新区已建立了各类投融资机构 28 家，为扩大产业规模、拓宽企业融资发挥了重要作用。2012 年省内首家科技银行在大连落户，营口成立了 2 家担保公司和 4 家小贷公司，朝阳注册 3 亿元成立了具有融资能力的基础设施建设投资公司。高技术服务业发展迅速，2012 年高技术服务业实现收入 1396 亿元，同比增长 40%；沈阳东北区域超算中心、大连 e 港、大连保税区、营口北方物流网等科技服务业和产业新业态正在稳步推进。通过分析，可以认为辽宁省高新区及创新产业集群，将辽宁省空间经济发展进行了合理的规划和布局，各地产业集群均体现了本地特色的资源和产业优势，较好推动了本地资源的集聚，并实现规模经济效应，加强了地区经济之间的互补和良性互动，推动辽宁区域创新体系的系统化、结构化升级和完善。

三　辽宁实施创新驱动发展前景预测及对策建议

（一）辽宁实施创新驱动发展战略的前景预测

未来五年，是辽宁进入转方式调结构、实现老工业基地全面振兴的关键时期。在国家将创新驱动作为国家核心发展战略的宏观背景下，辽宁省各级政府高度重视并全面落实了创新驱动战略的具体目标与实施细则，并以完备的制度体系加以保障实施。可以乐观地认为，2014 年辽宁省在增强企业创新主体的创新与发展能力、完善产学研合作的技术创新体系、建设高水平创新型区域、深化科技体制改革、构建创新人才聚集高地、促进金融与创新相结合、为科技创新提供良好环境等各个方面均会取得显著的成效。创新引领与支撑辽宁老工业基地转型升级的作用将十分突出，特别表现在工业核心竞争力持续增强，战略性新兴产业和传统制造业并驾齐驱，现代服务业和传统服务业相互促进，信息化和工业化深度融合，形成产业科学发展的新格局，为全面振兴老工业基地增添原动力。

（二）加快实施创新驱动发展战略的对策建议

国家主席习近平在辽宁考察时说，要"深入实施创新驱动发展战略，增强工业核心竞争力"。"无论是区域、产业还是企业，要想创造优势、化危为机，必须敢打市场牌、敢打改革牌、敢打创新牌。要抓住新一轮世界科技革命带来的战略机遇，发挥企业主体作用，支持和引导创新要素向企业集聚，不断增强企业创新动力、创新活力、创新实力。"这段内容为辽宁深入实施创新驱动战略画出了清晰的主线，就是实施创新驱动战略的核心在于使企业成为真正的创新主体。为实现这个核心目标，目前应采取以下措施。

1. 广辟支撑科技进步与创新的资金渠道

科技经费是开展科技创新的根本保证。近年来，辽宁科技投入经费逐年增长，但与广东、上海等地相比，不论是投入规模还是投入结构，都存在一定差距。要进一步广辟资金渠道，切实建立起以政府投入为引导，企业投入为主体，金融贷款为支撑，吸引外资和社会集资为补充的多渠道、多层次的科技活动和R&D活动投入体系。首先，要切实建立起财政科技投入的稳定增长机制，确保财政科技投入逐年持续增加，且增长幅度高于财政经常性收入的增长幅度，全省财政科技拨款占财政总支出比例要达到3%，省本级财政科技拨款占省级财政总支出的比例达到7%以上。同时要进一步优化财政科技投入的投向和结构，目前的重点则应集中于包括先进装备制造、高加工度原材料、生物与医药、新能源、电子信息和软件以及现代农业在内的重点产业领域；包括节能减排、生态环境保护、生命科学等事关和谐社会建设等方面的社会发展领域。其次，要鼓励企业加大科技创新投入。通过政策扶持、资金引导，促进企业积极开展研发活动，开发新产品；承接来自高校、科研机构的上游技术，进行产业化开发，实现商品化生产；引进先进技术并开展对引进技术的消化吸收和再创新等，以此加大创新投入。最后，要鼓励支持符合条件的骨干企业通过上市筹集资金，鼓励重点企业，特别是科技型中小企业与社会、民间资本投资设立创业投资基金和创业投资公司。支持鼓励重点科技型中小企业发起设立信用担保机构，积极构建以市场化担保机构为主体，政策性、互助性担保机构为补充，担保和再担保协作配套，功能完善、运作规范的信用担保体系；建立与各类银行及其他金融机构的长效合作机制，积极组织开展多种形式的"银企对接"活动，促进各类企业特别是科技型中小企业与金融机构的对接。

2. 加快高层次创新人才的培养、引进和集聚

注重通过创新实践实现专业性人才培养的强化。要将高层次人才的培养与解决重大科技问题的创新实践紧密联系起来，通过开展基础研究、科技攻关、产业化开发等各种方式的科学研究与技术开发，提高科技人员的知识水平和自主创新能力，促进一批优秀创新人才的脱颖而出。要围绕基础产业、支柱产业、高新技术产业中的重点、难点和关键技术问题，支持优秀人才承担重要攻关项目，扶持优强企业创办博士后工作站和研究生实践基地，鼓励掌握高新技术、具有组织管理能力的优秀人才，创办高新企业，形成科技、人才与经济社会发展紧密结合的机制。可以采取以科研基地和重大科研项目为载体吸引尖子人才的方式，或"领军人物＋创新团队"的海外创新人才汇聚模式，推进各类有用人才向辽宁的聚集。既要提倡团队精神，也要鼓励青年人才提升自信心和敢于向权威挑战，通过学习和首创达到超越。要完善科技评价和奖励制度，加大对创新型人才的奖励，使各类人才充分发挥他们的创新积极性和主动性，为创新型辽宁建设贡献智慧和力量。

3. 推动企业大力加强研发机构建设

企业研发机构是企业技术创新的关键，加强企业研发机构建设是提高企业核心竞争力的必然要求。要大力支持辽宁大中型企业以及具有研发实力的中小型企业按照市场经济规律加快企业研发中心建设，使每一个有条件的企业都要拥有一定数量的专兼职研发人员、研发设备和稳定的研发经费来源，有目的地持续开展创新活动。一是在对现有企业技术中心和工程技术研究中心进行审查、评估的基础上，进一步加大对若干研发能力较强的研发中心的扶持力度，提高其创新能力和解决企业技术问题的能力，促进若干省级中心晋升为国家级中心；二是在装备制造、原材料、生物技术与医药等重点行业、领域，依托重点企业，新建一批企业研发中心和工程技术研究中心，为企业开展技术创新活动、承接上游技术成果创造基础条件；三是推动大型骨干企业从产业整体发展战略高度考虑确定企业自身的发展战略，组建高水平的重点实验室，开展与行业发展相关的前瞻性技术、战略性高技术研究，为产业未来发展提供战略储备，同时通过研究活动的开展，聚集一批高素质研究人才，提升重点实验室的研究水平和能力，力争跻身国家重点实验室行列。同时，加大力度孵化更多的科技型中小企业，保障中小型科技企业能够有生存的空间并加快成长。

4. 强化科技成果转化中介服务机构建设

要充分认识中介机构在科技成果转化中的作用，利用科技成果转化专项资金，重点培育和扶持一批专业化、规模化的科技中介服务机构。按照"功能社会化、组织网络化、服务产业化"的原则，重点支持一批技术中介、中试基地、信息咨询、技术与资产评估、技术产权交易等各类中介机构发展。通过在高校设立有关学科、专业，建立培训机构和举办短期培训班等多种方式，加强对技术经纪人才的培养，建立一支熟悉中介组织运行模式、具有科技成果管理理论和经验、有一定组织能力的科技成果转化中介人才队伍。借鉴浙江网上技术市场建设的经验，依托辽宁省科技信息网，建设辽宁网上技术市场，为企业与高校和研究机构供需双方的信息沟通架设一座便利快捷的桥梁，并通过与浙江网上技术市场的链接，实现包括辽宁在内的全国范围内技术供需双方的对接。

B.5

辽宁省城镇化与城乡一体化
发展进程研究

杨冬梅*

摘 要：

改革开放 30 多年来，辽宁省以规模扩张模式为主体的城镇化，经过平稳发展到加速发展阶段，已处于中期城镇化时期。它在推动经济高速增长、经济结构转变、城乡一体化等方面发挥了极为重要的作用，但也存在质量有待提高等问题。党的十八大和中央经济工作会议将城镇化提高到前所未有的重要程度，未来，城镇化将释放巨大的内需潜力，形成经济社会发展重要的战略机遇。为了弥补辽宁城镇化进程的"缺口"，加快新型城镇化进程，关键在于综合配套改革，有效转移农业人口，提高城镇化质量。

关键词：

城镇化 历史阶段 新城镇化

改革开放 30 多年来，中国经济、社会发展已经进入工业化、城镇化快速发展的中后期阶段，为确保未来经济社会全面、协调和可持续发展，党的十八大和中央经济工作会议将城镇化提高到"现代化应有之义和基本之策"的战略地位。在实践中，加快城镇化进程被作为一个关键措施和有力抓手。当前，在理论上需要解决的问题是：城镇化的新内涵是什么？现在的城镇化同当年农村推进工业化时的城镇化有没有区别？因此，本文分析了辽宁城镇化的发展阶段，探讨城镇化进程中存在的"缺口"及其弥补方法，旨在确定城镇化的发展方向和着力点，实现城乡发展一体化。

---

* 杨冬梅，辽宁社会科学院经济研究所区域研究室主任。

一　城镇化的战略意义

改革开放 30 多年来，辽宁省城镇化以规模扩张模式为主体，取得了长足发展，在推动经济高速增长、经济结构转变、城乡一体化等方面发挥着极为重要的作用。

1. 推动经济快速增长

如图 1 和图 2 所示，辽宁省城镇化率的变动情况与 GDP 的增长速度之间存在较为明显的线性关系。据相关研究表明，改革开放以来，在 GDP 年均 10% 的增长率中，城镇化率贡献了 3 个百分点。

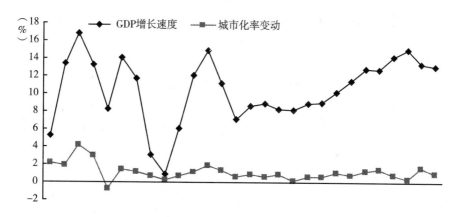

图1　城镇化率变动与 GDP 增长速度

注：①城镇化率变动取其年增长的百分比，定义为：（当年城镇化率/上年城镇化率）-1；
②城镇化率 = 非农业人口/总人口×100%。
资料来源：历年《辽宁统计年鉴》，下同。

2. 推动经济结构转型升级

改革开放以来，城镇化进程极大地推动了经济结构的转型升级。伴随着城镇化的推进，辽宁省就业结构发生了巨大变化，第一产业就业人员占全省就业人员总数的比重从 1978 年的 47.4% 下降到当前的 28.7%（见表1）。由图2可以看出，城镇化率变动与第三产业就业结构变动密切相关，呈线性正相关关系。

3. 蕴含巨大的内需潜力

城镇化蕴含巨大的内需潜力，可以促进经济结构的进一步调整。一方面，城

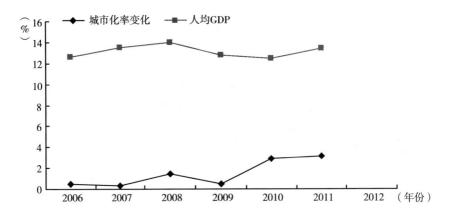

图2　城镇化率与人均GDP增长

注：①城镇化率变动取其年增长的百分比，定义为：（当年城镇化率/上年城镇化率）－1；
②城镇化率 = 城镇人口/总人口×100% 。

资料来源：2013 年《辽宁统计年鉴》。

表1　全省第一产业就业情况

单位：万人，%

年份	全省年末就业人员总数	第一产业就业人员数	第一产业就业人员比重
1978	1254.1	595.3	47.4
1980	1441.7	597.1	41.4
1985	1769.1	634.3	35.9
1990	1897.3	646.0	34.0
1995	2027.8	632.7	31.2
2000	2052.0	685.4	33.4
2005	2120.3	722.1	34.1
2010	2317.5	703.6	30.3
2012	2423.8	694.7	28.7

镇化蕴含着巨大的投资需求。如图4、图5所示，"十一五"、"十二五"期间，辽宁省固定资产投资多与城镇化项目紧密相关。据相关研究表明，未来10年，我国城镇化率年均提高1.2个百分点，将有2亿农民相继进入城镇，按较低口径，以人均10万元的固定资产投资计算，农民工市民化能够增加近40亿元的投资需求①。

――――――――――――

① 迟福林：《形成6亿中等收入群体的转型与改革》，《经济参考报》2012 年 12 月 6 日。

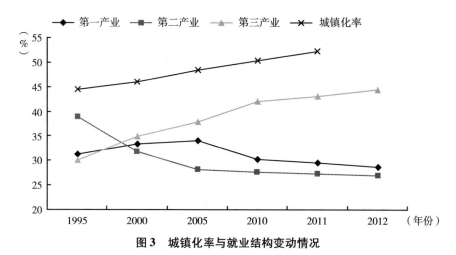

图3　城镇化率与就业结构变动情况

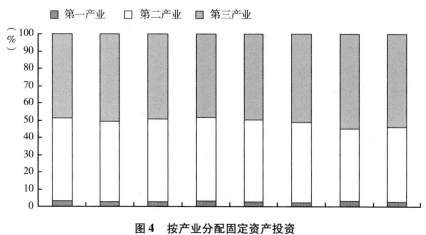

图4　按产业分配固定资产投资

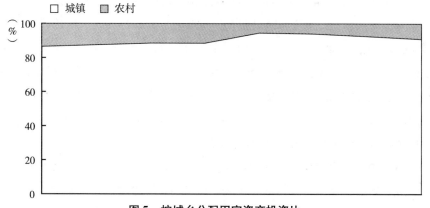

图5　按城乡分配固定资产投资比

另一方面，城镇化蕴含着巨大的消费需求。2012 年，辽宁省城镇居民与农民家庭人均消费性支出比为 2.1∶1，对城乡居民家庭耐用消费品拥有量，如表 2 所示，每百户居民拥有洗衣机、电冰箱、彩色电视机的城乡差距在 1 倍以上，家用电脑的拥有量城乡差距近 4 倍，而空调机拥有量的差距则达到 13 倍。当城镇化进程加快，大量农村居民进入城镇就业、生活，收入水平将明显提高，必然带来巨额消费。

表 2　城乡居民家庭平均每百户年末耐用品拥有量对比

项　目	城镇居民家庭平均每百户年末耐用品拥有量		农民家庭平均每百户年末耐用消费品拥有量		城乡差距（倍）	
	2010 年	2012 年	2010 年	2012 年	2010 年	2012 年
洗衣机（台）	94.51	94.3	76.24	80.74	1.2	1.2
电冰箱（柜）（台）	97.96	98.55	58.73	81.99	1.7	1.2
彩色电视机（台）	123.14	114.67	111.69	112.18	1.1	1.0
家用电脑（台）	67.72	77.67	9.95	20.23	6.8	3.8
摄像机（架）	13.32	12.62	1.22	1.44	10.9	8.8
照相机（架）	47.37	40.32	7.3	5.97	6.5	6.8
空调器（台）	30.72	29.1	1.01	2.22	30.4	13.1
热水器（台）	71.22	75.81	10.26	15.88	6.9	4.8

二　城镇化的历史阶段

1978 年 12 月，党的十一届三中全会胜利召开，拉开了我国改革开放的序幕，伴随着经济、社会的变革，城镇化呈现明显的阶段性特征。按照诺瑟姆曲线对城市化的划分，城市化率小于 30% 为初期城市化，城市化率在 30% ~70% 为中期城市化，城市化率大于 70% 为城市化成熟期，辽宁省处于中期城镇化时期。又根据经济发展波动规律和制度变迁，将城镇化划分为两个阶段，即平稳发展阶段和加速发展阶段。

1. 第一阶段：城镇化平稳发展阶段（1978 ~1992 年）

这一时期，传统的城乡二元经济结构被政策环境的强制性变迁所打破，农村劳动力就业结构的转换，人口非农化的进程加快，农村城市化开始走上持续、稳定的发展道路。据统计，1978 ~ 1992 年，辽宁农业人口比重由 68.3% 下降至

57.2%,非农人口比重由 31.7% 上升至 42.8%;农村劳动力逐渐从农业部门释放出来,向非农产业部门转移,乡村从业人员中农与非的比例由 7.1∶1 下降到 2.5∶1,城市化水平年均增长 0.7 个百分点。在此期间,锦西转制为地级市,盖县、开原、铁法、凌源、庄河 5 县转制为县级市,新增大石桥、普兰店、瓦房店 3 座县级市,其中瓦房店、海城市的非农业人口人数超过去 20 万人,相当于中等城市水平(见表3)。

表3　1978～1992 年乡村从业人员数及人口构成

单位:%,万人

年份	农业人口比重	非农业人口比重	农林牧渔业从业人员数	非农行业从业人员数	农林牧渔业与非农行业从业人员比
1978	68.3	31.7	581.1	82.3	7.1∶1
1980	64.5	35.5	582.6	129.7	4.5∶1
1985	59.2	40.8	614	244.4	2.5∶1
1990	58.0	42.0	631.2	238.2	2.6∶1
1991	57.7	42.3	650.6	237.6	2.7∶1
1992	57.2	42.8	637	254.6	2.5∶1

资料来源:根据历年《辽宁统计年鉴》计算。

这一阶段城镇化的平稳发展,主要得益于经济体制改革以及农村工业化的快速发展。改革初期,家庭联产承包责任制的实施,大大提高了农业劳动生产效率,释放出大量的剩余劳动力。同时,市场处于轻工业产品严重短缺状态,流通领域改革、要素市场改革等政策的实施,促使农村非农产业兴起,特别是乡镇企业得以迅速发展,成为吸纳农村剩余劳力的主体。在国家"控制大城市规模,合理发展中等城市,积极发展小城市"的城镇化方针指导和户籍管理制度的约束下,创造了"离土不离乡、进厂不进城"的农村工业化和城镇化模式,小城镇开始繁荣并迅速城镇格局中占据重要地位。与此同时,伴随小城镇的"遍地开花",诸如土地资源浪费、规模不经济、生态环境破坏等弊端逐渐显现。

2. 第二阶段:城镇化快速发展阶段(1993～2012 年)

这一时期,农村劳动力就业结构的转换、人口非农化的进程加快,城镇体系基本形成,农村城市化走上快速发展的道路。据统计,1993～2012 年,如表4、表5所示,农村劳动力大量由农业部门释放,向非农产业部门转移,乡村从业人员中农与非的比例由 2.3∶1 下降到 1.2∶1;城镇人口比重大幅提升,2012 年城镇

人口达到 2881.5 万人，城镇化率达到 65.7%，全省形成了 2 个副省级市、12 个地级市、44 个县及县级市、607 个小城镇构成的城镇体系。

表4　1993～2012 年乡村从业人员数及人口构成

单位：万人

年份	农林牧渔业从业人员数	非农行业从业人员数	农林牧渔业与非农行业从业人员比
1993	621.2	271.5	2.3∶1
1995	617.5	285.5	2.2∶1
2000	651.2	314.9	2.1∶1
2005	686.4	427.1	1.6∶1
2010	663.6	544.9	1.2∶1
2012	660	557.8	1.2∶1

表5　城乡人口构成

单位：万人，%

项　目　　　年　份	2012	2011	2010	2009	2008	2007	2006	2005
年末常住人口	4389	4383	4375	4341	4315	4298	4271	4221
城镇人口	2882	2807	2717	2620	2591	2544	2519	2478
乡村人口	1507	1576	1658	1721	1724	1754	1752	1743
城镇人口比重	65.7	64.1	62.1	60.4	60.1	59.2	59.0	58.7
乡村人口比重	34.3	35.9	37.9	39.6	39.9	40.8	41.0	41.3

这一阶段城镇化的快速发展得益于改革的进一步深化，随着社会主义市场经济体制的全面建立，民营经济得到快速发展，成为吸纳劳动力的经济主体之一，农民工成为推动城镇化进程的重要力量。同时，相关政策逐步得到改革与完善，劳动力流动的阻碍逐渐破除，城镇完善的基础设施和公共服务及相对较高的收入，都形成了"农民进城"的势能，城镇化开启了"离土又离乡，进厂又进城"的模式，大中小城市和小城镇协调发展的城镇体系逐步完善，城市群建设开始成为城镇化的主体形态。

三　城镇化进程的"缺口"

改革开放以来，在体制改革、老工业基地改造、新型工业化加速等多种因素作用下，辽宁省城镇化快速发展。但必须清醒地看到，城镇化发展尚存在一些不容忽视的问题，城镇化质量有待提高。

1. 人口城镇化滞后于土地城镇化

所谓人口城镇化，是指人口和经济活动向城镇大规模集中，农村人口不断向非农产业和城镇转移。土地城镇化是指农业和农村用地逐渐减少，城镇建设用地不断增加，城镇规模和建成区面积不断扩大。改革开放以来，辽宁省土地城镇化快于人口城镇化，城镇用地集约程度需进一步提高。2005～2012年，城镇建设用地面积增长84.2%，城镇人口只增长13.3%。城镇建设用地利用比较粗放，集约节约用地需要强化。

2. 城镇体系需优化

尽管辽宁省城镇化总体框架和体系已基本完成，但城镇布局还不尽合理，东中西三大区域城镇化进程发展极不平衡，2012年，沈阳市城镇化率高达79.8%，并形成城市群，而朝阳市却与之相差37.5个百分点。大中小城市与小城镇发展不够协调，大城市发展相对较快，但城市病日趋显现，中小城市和小城镇发展不足，吸纳产业和就业能力较弱。

3. 制度性障碍仍存在

城镇化，不仅仅应包含以城镇人口比重为衡量标准的城镇化水平的上升，还应包含城镇公共事业水平的提高、城镇基本公共服务水平的提升。然而，城镇人口规模强力扩张带动了城镇化率的提高，却没能在居民生活、公共交通、环境卫生等方面得到大幅度改善。与居民生活息息相关的公共教育服务、公共文化服务、公共医疗卫生服务、社会保障服务水平等却滞后于城镇化水平。

4. 公共资源配置偏差

由于历史的和经济的原因，优质基本公共服务资源的城乡配置不均等，反映在医疗、教育、文化、交通、通信、社保等方面，农村普遍落后于城市。特别是优质的教育和医疗资源基本上集中在城市，而广大农村的公共文化设施陈旧落后。又比如社会保障，城乡差距更大。国家为城镇居民提供金额大、收益面广的各类保障，而农民长期以来被排除在外。近年虽已逐步推行养老制度，但所接受的政府支持金额很少。

四　推进新型城镇化和城乡一体化

"积极稳妥推进城镇化，着力提高城镇化质量"，"促进工业化、信息化、

城镇化、农业现代化同步发展"，"形成以工促农、以城带乡、工农互惠、城乡一体的新型工农、城乡关系"，意味着城镇化进入新的发展阶段。新阶段的城镇化不是传统意义上的城镇化，不是农民进城意义上的城市化，而是体现城乡发展一体化要求的新型城镇化。所谓新型城镇化，一是城市发展要素向农村扩散，意味着城市反哺农村；二是城市产业和居民向城镇转移的城镇化，推动城镇功能向城市功能升级，增强城镇的产业发展、公共服务、吸纳就业、人口集聚功能；三是农民市民化，实现基本公共服务城乡均等化。推进新型城镇化进程，需要进一步强化体制创新，有效破解城镇化发展的体制机制障碍。

（一）加快推进户籍管理制度改革

现行户籍管理制度有碍于推进城镇化进程。应加快推进户籍管理制度改革，加快剥离户籍制度的福利分配功能，消除城乡分割的户籍社会管理的差异性，实行全省"一证通"，促进生产要素的自由流动。着力解决农民工在社会保障、子女教育、基本住房、基础医疗等方面的需求，取消各种歧视性政策，按照"完善体系、对接制度、提高水平、重点支持"的总体思路，加快推进覆盖城乡居民的社会保障体系和补助的方式建设，促进基本公共服务均等化，消除新老"二元"社会问题。

（二）深化土地改革，促进土地要素在城乡间自由流动

土地是农民最基本的生产资料和生活保障，是转移农村剩余劳动力的最大资本。加快推进农村土地制度改革，必须以保护农民的土地财产权为核心。例如，实行土地制度与户籍制度联动改革，赋予和尊重人口城市化后的财产自主处置权；按照城乡建设用地"同价、同权、同收益"的原则，推进征地制度改革；把城市化和新农村建设有机结合，以土地股份合作制为重点，完善农村土地流转市场。

（三）完善市镇体系建设，适度发展中小城市和特大乡镇，促进城乡产业连接带建设

新阶段，城镇化发展要依照"统筹规划、合理布局、完善功能、以大带小"的原则，以大城市为依托，中小城市为骨架，小城镇为基础，建设协调、互补、

可持续的城市体系。以县级市、县城和条件优越的建制镇为重点，加大基础设施投资力度，努力培育因地制宜的产业体系，吸引农村剩余劳动力的转移。

（四）积极拓宽投融资渠道，推进投融资体制全面创新

积极拓宽投融资渠道，盘活土地资本，规避政府债务危机。新型城镇化，要与新型工业化、信息化和农业现代化联动建设，同步协调发展。

推进新型城镇化和城乡一体化具有复杂性和艰巨性，是一个长期的渐进过程。因此，要走科学发展的道路，坚持从实际出发，以人为本，因地制宜。

B.6
辽宁省资源型地区可持续发展研究[*]

姜 岩　曹颖杰^{**}

摘　要：

资源型地区可持续发展已成为一个世界性的课题，如何实现资源型地区的可持续发展对经济社会的发展具有重要的意义。辽宁省资源型地区近年来发展成效显著，表现为经济增长平稳、投资规模扩大等。同时还存在着资源产业依赖性强、产业结构单一、综合实力不强等问题，很大程度上制约着资源型地区的可持续发展。今后要从产业结构升级、打造特色产业集群、发展循环经济等方面来切实推动辽宁省资源型地区的可持续发展。

关键词：

资源型地区　可持续发展　产业结构

资源型地区是依靠开采自然资源而发展壮大，且资源型产业在工业生产中占有较大比例的地区。矿业城市、冶金城市、森林城市等都属于资源型地区。资源型地区为国家的经济建设做出了巨大的贡献，然而，随着经济社会的发展，资源型地区的经济发展模式已经不再适应市场的需求。更有一些地区因过度开采资源，而成为资源枯竭型地区，其相对于资源型地区更加突出了产业转型的必要性与紧迫性，因此，包括资源枯竭型地区在内的资源型地区都面临着可持续发展问题。

我国资源丰富且分布较广，根据 2002 年统计，我国目前有资源型城市 118

---

* 本报告为国家社科基金项目"资源型地区战略性新兴产业发展研究"（12BJL075）的阶段性成果。

** 姜岩，辽宁社会科学院产业经济与 WTO 研究所助理研究员，主要研究方向：对外贸易及产业经济；曹颖杰，辽宁社会科学院产业经济与 WTO 研究所助理研究员，主要研究方向：对外贸易及产业经济。

座，分布于22个省级行政区，其中辽宁有7座城市①，分别是抚顺（煤炭）、本溪（冶金和煤炭）、阜新（煤炭）、盘锦（油气）、葫芦岛（冶金）、调兵山（煤炭）及北票（煤炭）。截至目前，辽宁全省还有3座比较典型的以资源开采为主的城市，分别是鞍山市（冶金）、大石桥市（建材）和南票区（煤炭）。这10个地区为辽宁的经济增长提供了支持。但随着资源枯竭、生态环境恶化等问题的不断暴露，辽宁资源型地区面临转型发展的巨大难题。

一 辽宁资源型地区可持续发展现状

辽宁的资源产业，为辽宁省经济发展提供了大量能源和原材料，是辽宁省经济发展的基础。而目前辽宁省10个资源型地区的发展状况各有不同，但总体上实现了经济快速增长和环境的可持续发展。

（一）经济增长平稳

辽宁省资源型地区依靠资源优势发展速度较快，其中资源枯竭型地区虽然经济增长曾一度放缓，但随着产业结构调整，积极发展替代产业，其经济增速明显。2008~2012年辽宁省资源型地区经济生产总值情况来看，鞍山、抚顺、本溪、阜新、盘锦及葫芦岛②等市经济总量不断提升，年均增速普遍高于辽宁省及全国的增长率（见图1）。2012年，在世界经济复苏放缓，全国经济下行严峻，辽宁省平均增长率普遍下滑的情况下，除了鞍山和葫芦岛两个城市经济增速低于全省0.5个百分点，其他4个城市经济增速都高于全省0.5~1.4个百分点。其中资源枯竭型地区的典型代表阜新市，其生产总值由2007年的195.5亿元增加到559.96亿元，实现了年均增长14.6%。

（二）投资规模扩大

固定资产投资是经济增长的原动力，资源型地区加大固定资产投资的规模将直接推动其宏观经济的发展。从2008~2012年辽宁省固定资产投资情况可以了

---

① 全国资源型城市分布：河北5座，山西11座，内蒙古9座，辽宁7座，吉林10座，黑龙江13座，安徽4座，福建2座，江西5座，山东9座，河南8座。
② 因资料搜集困难，本文仅对鞍山、抚顺、本溪、阜新、盘锦及葫芦岛等市进行研究。

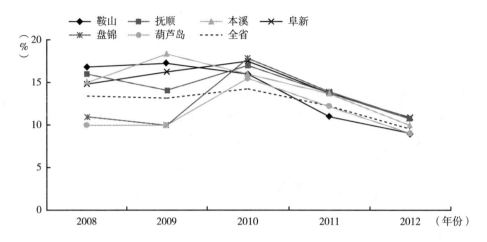

图1 2008~2012年辽宁省资源型地区生产总值增长率变化曲线

资料来源：《辽宁统计年鉴（2008~2012）》。

解到，虽然资源型地区固定资产投资占辽宁省固定资产投资的比例较小，但6个城市的固定资产投资规模也逐年递增（见图2）。2008~2012年，鞍山市全社会固定资产投资年均增长29.5%；抚顺市累计全社会固定资产投资3300亿元，是上个五年的4倍；阜新市累计固定资产投资1594亿元，是上五年的4.1倍。

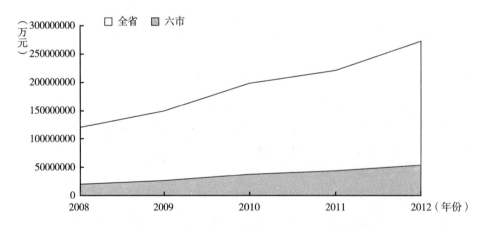

图2 2008~2012年辽宁省资源型地区固定资产投资情况

资料来源：《辽宁统计年鉴（2008~2012）》。

仅2012年，鞍山市固定资产投资1699.5亿元，全市在建项目2600项，其中新开工项目达1760项，总投资1380亿元；抚顺固定资产投资966.52亿元，

133 个亿元以上重大工业项目全面开工建设，并有 51 个项目竣工投产；本溪固定资产投资 723.23 亿元，增长 28%，全力推进了 1138 个项目建设，全年竣工了 504 个项目；阜新市固定资产投资达 506.02 亿元，全年实施投资千万元以上项目超过 1000 个，新开工亿元以上项目 150 个；盘锦固定资产投资达 982.22 亿元，增长 30%，全年新开工亿元以上项目 160 个，在建项目 290 个；葫芦岛市固定资产投资达 564.31 亿元，增长 30.5%，其中 13 个园区完成固定资产投资 386 亿元，增长 25.1%。

（三）招商引资力度失衡

辽宁省资源型地区经济增长逐步告别单纯依靠资源开采的生产模式，已经积极采取转型措施。政府的招商引资项目在资源型地区的转型中发挥着巨大的作用。2008～2012 年，全省建设项目投资中直接利用外资呈现波动式上涨，在 2011 年达到谷底，直接利用外资为 155.06 亿元，到 2012 年快速反弹，达到 233.82 亿元。虽然全省直接利用外资呈 "V" 字形变化，但资源型地区直接利用外资仍呈平稳增长态势（见图 3）。

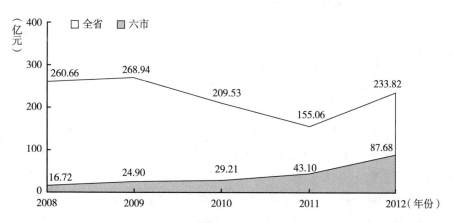

图 3　2008～2012 年辽宁省资源型地区与全省建设项目中直接利用外资情况

资料来源：《辽宁统计年鉴（2008～2012）》。

2008～2012 年，虽然辽宁省资源型地区建设项目投资中直接利用外资整体呈现平稳上涨趋势，但各地区直接利用外资情况良莠不齐（见图 4），葫芦岛市只有 2009 年直接利用外资 0.43 亿元，其余年份均为零元；抚顺市在前三年引用外资情况较好，2009 年达到 14.25 亿元，占全省的 5.3%，到 2012 年抚顺市直

接利用外资为 3. 49 亿元，占全省的 1. 5% ；盘锦市直接利用外资逐年递增，到 2012 年达到了 67. 14 亿元，占全省的 28. 7% 。

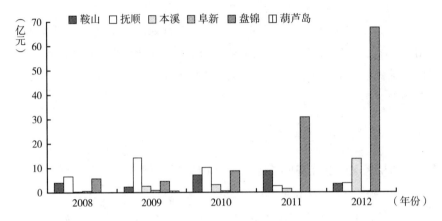

图 4　2008～2012 年辽宁省资源型地区建设项目中直接利用外资情况

资料来源：《辽宁统计年鉴（2008～2012）》。

（四）产业结构进一步优化

资源型地区依赖资源所形成的资源型产业在经济发展中已经失去了原有的光环，依赖资源所形成的单一产业结构，已经成为长期困扰资源型地区经济发展的重要问题。近年来，资源型地区在发展资源型产业的同时，不断采取整改措施，实现产业结构优化。

鞍山市在不断优化工业结构的同时，大力发展第三产业。2008 年以来，鞍山市的第三产业增加值年均增长 15. 7% ，其中 2012 年全年新增限额以上服务企业 245 家，总数达到 2827 家。

抚顺市依托"两城两带"、全域发展、多点支撑的发展战略，实现了在老工业稳定增长的基础上，大力发展服务业。2012 年，抚顺市工业用电量增速稳居全省第一，完成规模以上工业增加值 627. 62 亿元，增长 13% 。与此同时，服务业完成增加值 414. 52 亿元，增长 11. 5% 。

本溪市实现了产业格局多元化突破，依托本钢集团打造钢都，依托高新区打造药都，以水洞温泉旅游为依托，打造中国枫叶之都。本溪市已经形成了 9 个工业产业集群，累计引进生物医药产业科研项目 138 个，建立了 135 个商品交易市场。

阜新市积极推动农业产业化发展，加强工业主导作用及突出集聚区建设，提升服务产业发展水平。目前阜新市的三次产业比重已经调整为23∶45∶32。农业发展迅速，农田综合机械化水平达到了79%，并建成了30个国家级高产示范区。工业主导型明显增强，改变了以煤电为主的单一产业结构，形成多元化产业布局。服务业发展水平进一步提升，其中"温泉新城"已经晋升为省级现代服务业集聚区。

盘锦市三次产业开创了新的局面。2012年，盘锦市加快农业现代化发展步伐，实现粮食产量115.6万吨，河蟹产量6.1万吨，肉蛋奶产量达到52万吨。工业发展较快，增加值增速排全省第一，高新技术产品增加值增长30%，民营经济增加值增长25.9%。服务业发展迎来新机遇，"金廊银带"跻身辽宁旗舰型服务业集聚区行列。

葫芦岛市加大转型步伐。2012年，完成农田水利工程427项，建立10亿元以上农产品深加工项目6个，申请授权国家地理标志商标达到13个，位列全省第一。工业转型也按部就班，实施技改项目35个，完成省技术创新项目146项，高新技术产业产值达到115亿元，建立了"中国服装产业十大示范集群"和"中国泵业基地"。现代服务业不断壮大，文化旅游产业成为新型支柱产业，实现全年接待游客2000万人次，实现旅游收入212亿元，增长37%。

（五）生态环境逐步改善

资源型地区依赖资源开采发展经济，破坏生态环境的局面正在改变。2008年以来，辽宁省不断加大环境保护力度，大力推进青山、碧水和蓝天三大工程，生态环境逐步改善。在省委、省政府的高度重视下，辽宁省资源型地区也积极采取措施改善生态环境。2012年，鞍山市完成了矿山环境治理1.4万亩，造林绿化4.4万亩，封育围栏150公里；抚顺市关闭污染企业470家，治理农村中小河道260公里，实现全市污水处理能力100%，关闭污染严重的小企业36家，生态治理闭坑矿山1250亩、生产矿山717亩；本溪市完成大气治理项目27个，减排二氧化硫2600吨、氮氧化物2038吨，完成本钢集团污水"零排放"等项目24个；阜新市实现造林129万亩，开工了以凌河流域为重点的19个污染治理项目；盘锦市完成辽河、大辽河、大凌河60个治理项目，实现绿化造林3.7万亩；葫芦岛市开工建设湿地生态公园，实现退田还河1990亩，全年完成植树造林155.8万亩，同时，加强新老城区污水处理厂的改造与新建工

作，共改造 2 座，新建 9 座，并取消分散锅炉房 22 座，更换城市生物质燃料茶浴炉 188 套。

二 辽宁省资源型地区可持续发展存在的问题

（一）资源产业依赖性强，产业结构单一

资源型地区经济增长主要依赖于自然资源的产出，从产业上看，辽宁省资源型地区一、二产业始终处于较好的发展势头，第三产业比重轻，第二产业在生产总值中所占的比重普遍偏高，处于主导地位，如本溪、盘锦第二产业比重都在 60% 以上，且多数是与资源相关的产业，对资源具有高度的依赖性，产业结构较为单一。从产品结构上看，资源初加工产品占相当大的比重，精深加工、附加值高的产品少。推动资源型地区产业结构调整，一方面要改变三次产业发展不协调问题，另一方面要培育新的经济增长点，这是资源型地区可持续发展面临的一个亟待解决的难题。

（二）经济总量小，综合实力不强

辽宁省自实施资源型城市经济转型发展规划以来，资源型地区得以快速发展，尽管近些年来，辽宁省部分资源型地区经济指标增长速度高于全省平均水平，但由于地区经济基础薄弱、规模小等，综合实力整体不强。2008～2012 年，从辽宁省资源型地区经济生产总值情况来看，6 个资源型城市生产总值占全省的比重为 30%（见图 5），全社会固定资产投资占全省的比重仅为 23%（见图 2），其中作为典型资源型城市的阜新市在全省位于最后一名，其他几个城市排名也比较靠后，综合竞争力不强。

（三）生态环境受资源粗放开发破坏严重

辽宁省资源型地区是以开发自然资源而发展起来的，资源产业是严重的环境污染产业，特别是煤炭、石油等开采和加工，对生态环境影响非常严重。资源的粗放开发使资源枯竭、环境污染、地表破坏等生态环境问题日益严峻。虽然政府不断加强生态建设和保护，使得生态环境得到一定程度的改善，但随着经济社会的发展，能源消耗也在快速增长，生态环境建设仍是资源型地区可持续发展需要解决的重要问题。

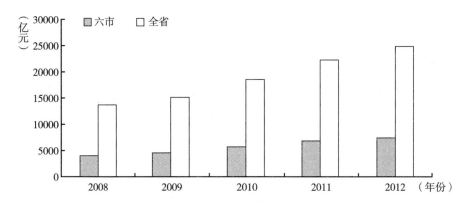

图 5　2008～2012 年辽宁省资源型地区生产总值情况

资料来源：《辽宁统计年鉴（2008～2012）》。

（四）辐射带动能力不强，综合承载能力低

辽宁省资源型地区大多是因自然资源的开发而发展的城市。目前，辽宁省资源型城市大多是工矿型城镇，普遍存在城市布局分散、基础设施滞后、公共服务配套不完善等状况，这就造成了集聚效应低、区域发展差异大，城镇化进程缓慢，对经济的辐射带动能力不强，这已经成为资源型地区发展的一大障碍。

三　辽宁省资源型地区可持续发展的对策

（一）加大科技创新驱动力，推动产业结构升级

搭建科技自主创新平台。资源型地区要立足本地区资源、产业状况等实际，实现资源依赖向科技创新驱动转变，引进技术与改造技术相结合，以技术带动产业升级，推动资源型地区战略转型。构建科技研发平台，建立产业研发基地、科技实验室、技术中心和孵化中心，提高自主知识产权，以新科技拓展产业发展空间和竞争力。促进产学研结合，鼓励科研院所、高校与企业联合设立产学研基地，促进高科技成果的转化。加快科技创新服务体系，促进科技资源、人才等汇集，提升科技创新的环境。

新兴产业与改造传统优势产业结合。资源型地区传统产业比重大，利用资源优势，运用高新技术改造和提升传统产业，对煤炭、冶金等传统产业的上下游产

业进行整合重组，发展资源深加工产业，促进产业链的延伸和扩展，促进关联产业的联动发展，实现传统产业的提升和优化。立足辽宁发展实际，着力培育和壮大新兴产业，这是辽宁省资源型地区可持续发展的重要方面。在自身比较优势和综合发展基础上，着力培育和发展节能环保、新能源、新材料、信息、高端装备制造、生物技术等新兴产业，推进新兴产业规模化与传统产业高端化发展，是资源型地区调整产业结构、加快转型升级的关键所在。

促进三次产业协同发展。资源型地区可持续发展要坚持三次产业协调发展原则，实行多元化发展战略，改变过分依赖资源型产业的状况，促进产业结构合理化。加快发展现代农业，尤其是特色农业，发展农副产品深加工产业，培育和壮大龙头企业，扩大品牌效应，推动农业基础设施建设，加速农业产业化进程。稳固发展第二产业的同时，大力发展第三产业，提高服务业在产业结构中的比重，打造重点服务业集聚区建设，发展物流业、旅游业、电子商务等现代服务业。大力发展民营经济，特别是高新技术领域的企业，以创业带动就业，促进资源型地区扩大就业和发展接续产业。

（二）把握比较优势，打造特色产业集群

优化区域布局。辽宁省是典型的"资源立省"省份，资源型地区转型发展是个系统工程，区域布局与产业布局尤为重要。资源型地区要根据本地区资源特点和集聚资源的能力，以优势产业为主体，以市场为导向，对区域进行合理布局，明确产业集群发展定位。资源型地区要依托工业园区、产业示范基地等各类载体，引导产业走产业化、特色化发展道路，形成一批特色鲜明、优势互补的产业集群。同时要推动区域的良性互动，增强发展的均衡性，充分发挥各地区的比较优势，促进生产要素的流动和产业的转移。

打造特色产业集群。辽宁省作为资源型城市最为集中的省份，依据地区比较优势，打造特色产业集聚，是资源型城市转型发展的途径。促进创新要素向产业基地集聚，要从政策、资金投入、服务平台等方面对产业基地进行支持，促进资金、技术、人才等创新要素集聚，为特色产业集群的发展营造良好的环境。抓好特色主导产业的培育，资源型地区发展特色产业集群要按照发展布局，抓好主导产业，将产业优势与区域优势结合，加快发展如本溪生物医药科技产业基地、阜新液压产业基地等，使产业集群成为资源型地区经济转型的有效载体。加快产业园区的专业化发展，围绕主导产业，吸引关联配套产业和企业，以项目带动集群

发展，形成产品设计、原料采购、产品生产、运输和批发零售为一体的产业链条，提升产业集群的竞争力。

（三）加大环境保护，发展循环经济

加强生态建设。资源型地区必须坚持产业发展与生态环境保护和治理修复并重，促进经济、环境和资源的协调发展。坚持"谁开发，谁保护"、"谁污染，谁治理"、"谁破坏，谁恢复"的原则，建立生态建设和环境保护的补偿机制。加大环境资金的投入，设立城市环境治理和保护的专项基金，实施碧水、青山和蓝天工程，推动资源型地区内的河流和重点矿区的修复，对污水、垃圾、河道等进行环境治理，大力开展造林绿化，建立绿色生态体系。根据资源型地区发展的具体实际，进行矿区环境恢复和治理，加大退耕还林和土地复垦力度，对矿区废渣等废弃物采取土地回填、废弃物再利用等方式进行处理和利用，建设绿色矿区。

加大节能减排力度。淘汰落后产能，加大对钢铁、煤炭、化工等行业落后产能的淘汰，淘汰高污染和高耗能的工程和企业，引进技术先进、耗能低的项目，推动资源型地区可持续发展。引导企业研究开发节能降耗的新技术和新产品，如污染治理技术、废物利用技术等，发展高技术产业。严格制定项目环保准入、污染物排放总量控制和环境影响评价制度，执行污染物排放标准和节能减排目标考核，加强空气检测、水污染控制、土壤污染控制等，从污染源头进行控制和治理。

倡导循环经济。重点对辽宁省资源型地区的石化、煤炭、冶金、机械等资源消耗和污染排放行业实行清洁生产，鼓励企业研究和开发高效、低耗、节能、环保的新技术和新工艺，减少生产过程中污染物的排放，减轻对环境的压力，节约使用资源。打造循环经济产业链，按照"资源－产品－废物－再生资源"的发展模式构建产业园区，建设产业园和基地是发展循环经济的重要载体，实现关联企业的对接，积极开发矿井水、煤气层、煤矸石等的综合利用和循环链，实现工业原料与废弃物间的循环利用，最大限度提高资源的利用率，拉长循环经济的产业链。

（四）优化发展环境，提升城市功能

加大招商引资力度。资源型地区对外开放不足一直是制约经济发展的"短板"之一。以招商引资为重点，实现对外开放的跨越式发展，是资源型地区转型的重要

方面。明确区域发展定位，创新招商引资的方式，强化产业链和产业集群招商、比较优势招商等，形成招商引资的集聚效应，引进更多优质项目，实现项目、产业、园区等建设来增强经济发展后劲。招商引资与区域比较优势相结合，主动承接国内外产业转移，通过资金、技术、管理和人才的引进，引导外资投向基础设施、高新技术产业等领域，培育替代产业的平台，以此带动产业升级和技术进步。

加快基础设施建设。资源型地区特别是中小型城市多数是因资源开采而发展起来的，城区的道路、给排水等设施陈旧，为促进区域协调发展，要加大投资力度推进交通道路、水利工程、信息设施、能源设施等为重点的基础设施建设以及矿区基础设施改造和建设。为服务地区产业发展、优化投资环境，要推进以产业集群发展为主的功能配套建设，改善高速公路、机场、铁路等基础设施，增强经济发展后劲。加快资源型地区公共服务设施建设，建立和改善学校、医院等设施，发展科技创新公共服务平台等，加快向综合性城市功能转变，提高对区域经济的辐射带动能力，满足可持续发展的需要。

建立支撑服务平台。搭建资源型地区可持续发展的投融资平台，建立政府主导、市场驱动、企业投入的投融资体系，加大对重点产业和领域的信贷支持，引导各方资金参与资源型地区的转型发展。推动区域科技创新平台建设，加大对区域内科技孵化器和研发中心的支持，为科技产品开发、成果转化等提供科技创新环境。完善公共服务体系，整合社会服务资源，建立资源型地区重大项目的跟踪服务制度，为区域内的项目建设提供如手续代理、政策宣传等，形成良好的技术、信息、人才培训等多元化的服务网络和体系。强化创新人才的支撑，要抓好高层次创新型人才、重点领域紧缺人才等重点人才的培养和引进，加大人力资本的投入，营造良好的制度和社会环境来加强创新人才建设。

参考文献

《辽宁统计年鉴（2008～2012）》。
《国务院关于促进资源型城市可持续发展的若干意见》，2007年12月26日。
《辽宁省国民经济与社会发展第十二个五年规划纲要》，2011年6月20日。
马克、李军国：《我国资源型城市可持续发展的实践与探索——国内资源枯竭型城市十年经济转型》，《经济纵横》2012年第8期。

B.7

生态省建设稳步推进
经济社会支撑力增强

江 楠*

摘 要:

2013 年是"十二五"规划的关键之年,也是辽宁生态省建设的第 8 年,各项工作扎实推进。按照辽宁省委、省政府的统一部署,生态省建设的各个方面都取得了新的进展,为辽宁经济社会发展提供了有力支撑。但是,辽宁生态省建设距离省委、省政府的构想和公众的需求还存在差距,今后应该从建设美丽辽宁的高度完善生态省建设的各项工作,发挥辽宁老工业基地的拉动作用,为实现中国梦的伟大构想添砖加瓦。

关键词:

生态省 环境 经济 社会

一 2013 年辽宁生态省建设现状

2013 年,辽宁生态省建设取得丰硕成果,生态省建设的五大体系取得了新的进展。

(一)控制能源消耗,生态经济体系建设取得新进展

辽宁大力推进循环经济建设。在各个区域和领域进行循环经济试点,按照企业、园区、社会三个层面逐步推广。2013 年,辽宁在工业生产领域推行清洁生产,对能源消耗高、环境污染严重的行业和企业进行改造,鼓励企业进行清洁生

---

* 江楠,辽宁社会科学院哲学研究所助理研究员,研究方向:管理哲学。

产，建立循环经济示范园区，加强企业废物和副产品交换，降低能源消耗和污染排放。另外，辽宁省再生资源的回收利用效果显著，经过多年的城乡基础设施建设，已经基本建成覆盖全省城镇的再生资源回收利用网络，能够及时、高效地处理城市生活垃圾，提高再生资源的综合利用水平。

将循环经济的理念和模式引入农业生产领域，着力发展生态农业，积极拓展有机产品领域，农产品质量安全水平得到全面提升。在农业生产环节强调科学生产，减少化肥、农药使用量，提高农产品的综合利用水平，引导农业及农业生产进入生态化的进程。

辽宁践行低碳理念，重视对能源和资源合理有效利用，实施差别化管理，在经济社会发展的各个领域和环节全面推进能源和资源的合理利用，逐步实现能源结构、生产方式及生活消费低碳化。2013 年，辽宁强化对土地、海洋、矿产和水资源的合理利用。重点针对年能耗 2000 吨标准煤以上企业进行节能降耗，改进冬季供暖的计量方法并对现有供暖设备进行改造，降低煤炭资源消耗。在水资源的综合利用方面，严格管理制度，降低结构性耗水，提高水资源的综合利用水平。

（二）完善经济政策，资源支撑体系建设取得新进展

2013 年，辽宁出台规则制度，针对资源性产品进行价格调整，在生产领域，对煤气、水、电等资源性产品实施差别化和规范化管理。在生活领域，推行阶梯价格，综合调控生活用水、用电的总量。

生态补偿制度逐步完善。在东部区域，实施生态补偿政策，支持桓仁、新宾、清原等 16 个县（市、区）生态环境保护和水资源涵养基地建设；继续落实补偿政策，利用中央财政和省级财政的森林生态效益补偿的专项资金和政策，推进国家级公益林、省级地方公益林和省级天然林建设；按照"谁开发、谁补偿"的原则推进自然保护区的生态补偿工作，按照中央对草原牧区生态补偿的有关政策，对 835 万亩进行了禁牧补偿。

2013 年，辽宁各级政府积极发挥在生态省建设中的主导作用，多方筹措资金，尝试建立生态信用担保体系，在政策许可的范围内支持各类环保产业发展基金的建设，鼓励生态环保产业创业投资发展，以优惠的政策吸引各种社会资金投入生态环保产业的建设。

2013 年辽宁针对主要污染物排放进行分区域和行业的管理，实施总量控制，逐步完善主要污染物排放指标的分配和管理体系。支持生态环保相关的服务产

业，建立主要污染物排污权交易试点，创新管理理念，将"建设－经营－转让"社会化运营模式在治理污染、能源控制、环境监测等领域推广。

近年来，辽宁相继制定、颁布了一些类生态环保的法律法规，这些法律法规涉及生态环保的各个领域和产业。以下列举一些重要的法律法规：《辽宁省湿地保护条例（草案）》、《辽宁省地质环境保护条例（草案）》、《辽宁省大伙房水库输水工程保护条例（草案）》、《辽宁省辽河保护区条例（草案）》、《辽宁省凌河保护区条例（草案）》、《辽宁省水能资源开发利用管理条例（草案）》、《辽宁水文条例（草案）》，修订了《辽宁省辽河流域水污染防治条例（修订草案）》、《辽宁省地下水资源保护条例（修订草案）》《辽宁省海洋环境保护办法（草案）》、《辽宁省草原管理实施办法（草案）》、《辽宁省农业植物保护办法（草案）》、《辽宁省封山禁牧规定（草案）》、《辽宁省污水处理厂运行监督管理规定（草案）》、《辽宁省生态公益林管理办法（草案）》等。

（三）加强污染防治，环境安全体系建设取得新进展

加大环境空气治理力度，颁布实施了《辽宁省城市环境空气质量考核暂行办法》，将环境空气质量和"蓝天工程"实施进度纳入省政府对各市政府目标绩效考核体系。省政府还设立了专项资金，每年至少投入1亿元支持"蓝天工程"，计划实施5852个项目，2013年完成大气治污工程1341个，总投资1669亿元，实施后可削减烟粉尘排放20.03万吨、二氧化硫36.02万吨、氮氧化物44.35万吨，大气环境好转状况初步显现，环境空气质量好于全国平均水平。另外，辽宁全力推进大气监控预警工程建设，为大气污染预警及防治提供技术支持。沈阳市、大连市已建成了新标准环境空气质量实时发布系统，群众可通过浏览网站实时获得最新环境空气质量信息。全省环境质量已得到初步改善，可吸入颗粒物、二氧化硫、二氧化氮平均浓度与2012年同期相比平均上升比例为8.8%，明显好于全国平均水平。

（四）保护生态环境，自然生态体系建设取得新进展

2013年，辽宁积极推动生态安全体系建设，加强了生态环境监管，推动生态安全体系建设。加强对自然保护区等生态敏感区的环境监管，重点监督检查保护区内人类活动，维护区域生态功能和生物多样性保护；加强集中式饮用水源保护区开展环境监察工作，重点查处保护区内违法排污、建设、养殖、旅游开发等行为，维护水源地

的水质安全；加强对资源开发类建设项目开展环境监察工作，重点检查矿产资源、旅游开发等项目环境保护和生态恢复措施是否达标，保护资源开发领域的生态环境。加强对非污染性建设项目开展环境监察工作，重点加强水电、风电、公路类非污染性建设项目环境保护和生态环境恢复情况，降低非污染性建设项目对生态环境的影响。

辽宁非常重视自然保护区建设、生态功能区划、生物安全与多样性等。截至2013年8月，辽宁省级自然保护区的数量已达到29家，自然保护区面积达244万公顷，保护区陆地面积约占辽宁辖区面积的11.1%，使辽宁的重要生态系统和生物多样性得到了有效保护。辽宁自然保护区建设从20世纪80年代起步，经过30多年的发展，已经建起各级各类自然保护区102个，形成了布局基本合理、类型较为齐全、功能渐趋齐全的自然保护区网络，通过建立自然保护区，使区域内的各类森林资源、重要湿地、海洋和海岸生态系统、国家和省重点保护动植物、古生物遗迹、地质遗迹、草原草甸及大部分濒危物种资源都得到了有效保护。同时，通过建立自然保护区也使生态环境得到改善，在降低自然灾害风险、保障人民生产生活方面发挥了巨大作用。

（五）碧水、蓝天、青山，生态人居体系建设取得新进展

2013年辽宁重点实施"碧水"、"蓝天"、"青山"三大工程，生态环境明显改善，为公众提供了较高质量的生存环境。

深入实施"碧水工程"。打好"辽河流域治理攻坚战"、"大辽河、浑河、太子河流域治理歼灭战"、"凌河流域治理阻击战"和"流域生态建设总决战"等"四大战役"，举全省之力，以建设辽河流域生态文明示范区为目标，推进污染源头治理、河流综合整治及生态恢复、污水处理设施建设、农村环境治理，统筹流域发展环境，全面开展生态流域建设。

深入实施"蓝天工程"。以第十二届全运会环境空气质量保障工作为契机，加强重点区域大气污染联防联控。加快建设大型热电联产机组和大型热源厂，淘汰小型燃煤锅炉。加快"一县一热源"建设。深化工业企业脱硫、脱硝治理，持续推进电力行业污染减排，加快钢铁、石化、建材等其他重点行业脱硫、脱硝进程。加快推进"气化辽宁"进程。

深入实施"青山工程"。青山工程各项工作开展顺利，治理速度有序推进，治理效果明显显现。截至10月底，全省"青山工程"八大项目共投资44.47亿元，完成治理面积566.2万亩，2013年度计划任务基本完成。以矿山生态治理、

封山禁牧和"小开荒"退耕还林为重点，以保护和恢复青山的主体生态功能为目标，全面推进生态省建设。实施矿山生态治理工程，关停一批污染严重、对生态环境有严重破坏和影响的矿山，逐步恢复生态环境，促进规模化开采，随着矿山企业生态恢复意识和社会认可度的提升，许多破损的山体已经披上了新绿，填平的矿坑建成了工业园区。截至目前，已完成闭坑矿生态治理2.2万亩，占年度计划的74%；完成生产矿生态治理1.3万亩，占年度计划的88%。坚决打击"小开荒"等破坏生态行为，加快超坡地还林步伐，加强封山禁牧工作，实施工程封山，2013年以来全省共清退"小开荒"75.2万亩；完成超坡地还林89.97万亩，占年度计划的105%；完成围栏里程15528公里，占年度计划的101%。加大对公路、铁路沿线的生态恢复工作力度。加强重要生态功能区以及各类自然保护区的建设和管理。公路建设破损山体生态工程完成治理2.93万亩，占年度计划的104%；铁路建设破损山体生态工程完成治理0.06万亩，占年度计划的97.4%。墓地、坟地整治工程正在按计划推进，14个城市公益性公墓均已开工建设，农村公益性公墓已有120个项目开工在建、48个项目建成。

目前，辽宁14个省辖市完成生态市建设规划编制工作，74个涉农县（市、区）中有95%以上都启动了生态县（市、区）创建工作。几年来，辽宁省已累计建成国家生态县（区）9个、生态乡77个、生态村8个，建成省级生态县（区）6个，省级生态城区6个、生态乡镇132个、生态村601个。

二　2013年辽宁生态省建设存在的问题

目前，辽宁生态省建设正处在整体推进阶段，在省委、省政府的部署下，辽宁生态省建设稳步推进，在生态省建设的各个领域都取得了长足发展，但是仍存在制约生态省建设的机制性、体制性问题亟待解决。

同时环境安全保障体系尚不健全，而我们所具备的工作机制和方式远远不能满足实际需要，全社会尚未形成主动弘扬生态文明、自觉保护生态环境的良好氛围。

（一）产业结构不合理，区域发展不平衡

辽宁生态省建设虽然取得了一定的进展和成效，但距离生态省建设工作目标和人民群众的现实需求还相差很远。辽宁是工业化程度较高的省份，长期形成的重化工业格局导致了过重的产业结构和能源消费结构，产业结构不合理使得生态

环境问题非常突出。

辽宁区域发展不平衡的问题比较突出。沈阳、大连是辽宁的第一、第二大城市，辽宁的经济布局主要在以沈阳为主导的沈阳经济区和以大连为主导的沿海经济带。辽西地区资源相对匮乏，经济发展速度偏弱，工业化水平不高，产业竞争力不强，这与中部、东部地区形成了明显的反差。

产业结构不合理和区域发展不平衡带来的突出问题是在省域范围内对自然资源和生态环境的宏观管理难度较大，推广循环经济很难在全省范围内形成统一的步调，在很大程度上限制了生态经济体系的构建。

（二）自然资源供给不利，资源型城市面临转型困境

辽宁是我国传统的重工业基地，工业的发展对自然资源需求旺盛。以水资源为例，辽宁全境河流水资源开采率超过70%，而国际公认的安全的河流水资源利用率是40%，辽宁大大超出了国际警戒线，这给辽宁境内的河流带来了严重的负担。

辽宁自然资源丰富，阜新、抚顺等城市是传统的资源型城市。近年来，随着矿产资源的过度开采，辽宁的9个资源型城市面临转型困境。长期以来，资源型城市的发展依赖于自然资源的开发利用，城市发展相对落后，产业结构偏重耗能产业，面临资源枯竭的现状，城市面临转型，寻求新的发展机遇。

（三）生态环境负荷增大，环保事业任重道远

作为工业大省，辽宁工业污染负荷大。二氧化硫排放总量的近80%来自工业，电力、冶金、石化等高能耗重污染行业，在未来相当长一段时间内仍将作为支柱产业。城市环境基础设施建设滞后于城市化进程，污水处理率低于全国平均水平。农村污染呈日趋恶化的趋势。辽河流域水质未从根本上得到改善，仍属于重度污染。

辽宁生态环境恶化的情况比较严重，水土流失、土地沙化、湿地缩减、资源枯竭等情况十分突出。目前，辽宁沙化土地面积接近全省面积的8.5%，约1.23万平方公里；水土流失面积接近全省面积的30%，约4.23平方公里。除此之外，辽宁的生态系统非常脆弱，湿地面积也呈现逐年减少的态势，部分湿地已经出现破碎化的特征。多年的过度开采，辽宁的矿产资源遭到了严重的破坏，周边环境恢复难度较大。

（四）公共环保意识缺失，宣传教育任重道远

辽宁各界对生态文明建设重要性、必要性以及生态文明建设工作等了解程度不高。一些地方政府和官员特别是基层领导干部始终摆脱不了 GDP 的束缚，纠结于经济发展各项指标要求，对生态环境建设不积极，一味地追求经济发展，让生态环境为经济发展让路。

环保理念薄弱、公共环保意识缺失，是制约辽宁生态省建设的一个重大问题。政府是生态省建设的倡导者和领导者，公众是生态省建设的参与者和主力军，加强宣传教育，利用多种渠道对公众进行生态环保知识和理念的宣传推广十分重要。此外，辽宁的民间环保组织力量薄弱，既缺乏资金支持，又缺少专业人士组建的团队，在生态环保的宣传教育方面并没有起到合理的作用，此项工作有待加强。

三　2014 年辽宁生态省建设的重点工程

生态省建设是一项系统工程，2014 年辽宁生态省建设将进入崭新的发展阶段，按照辽宁省委、省政府的决策部署，以生态省建设的"五大工程"为载体，大力调整产业结构，深化节能减排工作，保护生态环境、建设生态文化、加强生态省的制度建设，将生态省建设工作继续推向深入。

（一）促进生态环境修复，推进生态建设工程建设

强化环保部门的综合管理职能，加强自然保护区规范化建设，制定出台地方级自然保护区管理办法、地方级自然保护区优化调整管理规定。创新自然保护区管理机制，建立自然保护区管理联席会议制度，筹建辽宁省自然保护区管理协会。加强重要生态功能区建设与管理，编制全省重要生态功能保护区建设规划，划建 2~3 个重要生态功能保护区。以青山保护为契机，大力开展生态修复工作，制定关于贯彻青山保护条例加强生态修复工作的意见，合理审批生态修复工程项目，支持重点生态修复示范工程，在全省范围内重点开展饮用水源保护区围栏封育和推进风电场生态恢复治理。

（二）建立生态长效机制，推进综合整治工程建设

目前，辽宁已经具有环境遥感、无人机航测、生态监测与分析手段，能够

开展省域、典型区域和流域、特定生态环境问题监测，掌握了全省生态系统功能、特点、问题及其变化趋势，提高了分析评估能力。下一步，将开展辽宁生态十年遥感调查与评估工作，全面掌握全省生态环境基础信息，评估十年来生态系统分布、格局、治理、服务功能等状况及其变化，提出生态环境保护对策建议。进一步深化全省以县域为单元的生态环境质量监测与评价工作。开展辽河、浑河及大凌河流域生态健康评估试点，从流域尺度进行生态环境现状调查、问题分析和综合评估，推动建立流域生态健康保护和治理的长效机制。继续开展生态监测网络建设。根据辽宁省生态环境特点，在六大类典型生态区内进行站点布设，对生态环境质量和生物多样性开展定期监测，并纳入全省环境监测网络。

（三）加大生态治理力度，推进生态环境工程建设

加强对自然保护区等生态敏感区的环境监管，开展自然保护区环境监察，监督检查保护区内人类活动，督促当地政府解决存在问题，促进区域生态功能和生物多样性保护，开展集中式饮用水源保护区环境监察，按照国家和省有关法律法规要求，检查保护区内违法排污、建设、养殖、旅游开发等情况并依法查处；加强对矿产、旅游等资源开发类建设项目的环境监管，开展资源开发类建设项目环境监察，重点检查矿产资源、旅游开发等项目环境保护和生态恢复措施是否达到环境影响报告文件批复要求，依法查处资源开发领域环境违法和生态破坏行为；加强对水电、风电、公路等非污染性建设项目的环境监管，重点加强水电、风电、公路类非污染性建设项目环境保护和生态恢复落实情况，依法查处非污染性建设项目违法和生态破坏活动。

（四）加快生态示范区建设，推进绿色创建工程建设

创新生态省建设推进格局，建立生态示范市和环保模范城"两城同创"机制，以沈阳、大连两市开展国家环保模范城建设为契机，推进各省辖市和县级市整合工作资源，建立生态示范市和环保模范城"两城同创"机制；掀起生态示范创建的热潮，推进生态县、乡镇、村及工业园区系列创建工作，推进环境友好学校、绿色社区等生态创建细胞工程，为生态省建设打好基础，开展生态文明建设示范区试点，指导东陵区、沈北新区、和平区等先进地区根据本地特点开展试点工作。

四　2014 年辽宁生态省建设的对策建议

生态省建设需要长期的努力，辽宁可以调整产业结构，深化节能减排工作，构建生态补偿机制，打造秀美山川，完善生态环境保护体制机制，将生态省建设工作继续推向深入。

（一）调整产业结构，构建循环经济体系

按照建设和谐社会总体要求，贯彻科学发展观，推动老工业基地全面振兴，大力推进产业结构优化升级，把节能减排作为调整经济结构、转变发展方式的切入点和突破口。着重加大轻型工业和现代服务业比重，提高技术进步水平，推动发展模式从线性经济向循环经济转变，从高能耗、高污染型向资源节约和环境友好型转变，逐步形成一、二、三产业健康协调发展、具有辽宁特色的生态经济体系和格局。优化产业结构布局，提升产业结构水平；提升资源循环利用水平，培育生态工业；推进农业现代化进程，积极培育生态农业；发展生态友好型服务业，壮大第三产业；推动社会共同参与，建立社会循环经济体系。

（二）深化节能减排，维护资源体系安全

实施东部生态重点区域生态补偿政策，集中资金支持东部地区桓仁、新宾、清原等 16 个县（市、区）生态环境保护和水资源涵养基地建设。落实公益林补偿政策，利用中央财政森林生态效益补偿资金、省级财政森林生态效益补偿资金政策，推进国家级公益林、省级地方公益林和省级天然林建设。落实草原生态保护补助奖励机制政策。按照中央对草原牧区生态保护补偿奖励机制政策标准，对辽宁 6 个国家级半农半牧县（市）835 万亩草原进行禁牧补助，对承包草原的农牧户生产资料给予补贴，同时建立健全半农半牧区绩效考核和奖励制度。

（三）构建生态补偿机制，促进生态系统恢复

深化水质目标考核及生态补偿机制，在继续实施主要河流出市断面水质考核及补偿制度的基础上，从现在起在跨县界断面及主要支流河入辽河干流河口断面实行断面水质目标考核和生态补偿制度，将其作为强化辽河流域水质改善的重要手段。建立自然保护区生态补偿机制，按照"谁开发，谁补偿"的原则，在继

续促进涉及自然保护区开发建设项目对保护区进行生态补偿的基础上，进一步完善自然保护区生态补偿机制。

（四）打造秀美山川，实施"碧水、青山、蓝天"工程

实施"碧水工程"，继续开展"辽河流域治理攻坚战"、"大辽河、浑河、太子河流域治理歼灭战"、"凌河流域治理阻击战"和"流域生态建设总决战"等"四大战役"，以建设辽河流域生态文明示范区为目标，推进污染源头治理、河流综合整治及生态恢复、污水处理设施建设、农村环境治理，统筹流域发展环境，全面开展生态流域建设。深入实施"蓝天工程"，加强重点区域大气污染联防联控，加快建设大型热电联产机组和大型热源厂，淘汰小型燃煤锅炉，加快"一县一热源"建设，深化工业企业脱硫、脱硝治理，持续推进电力行业污染减排，加快钢铁、石化、建材等其他重点行业脱硫、脱硝进程，着力推进"气化辽宁"进程。深入实施"青山工程"，以矿山生态治理、封山禁牧和"小开荒"退耕还林为重点，以保护和恢复青山的主体生态功能为目标，关停一批污染严重、对生态环境有严重破坏和影响的矿山，逐步恢复生态环境，促进规模化开采，打击"小开荒"等破坏生态行为，加快超坡地还林步伐，加强封山禁牧工作，实施工程封山，加大对公路、铁路沿线的生态恢复工作力度，加强重要生态功能区以及各类自然保护区的建设和管理。

参考文献

《辽宁生态省建设规划纲要（2006~2025）》。
中央政府网站，http：//www.gov.cn/。
辽宁省政府网站，http：//www.ln.gov.cn/。
中国环境网，http：//www.cenews.com.cn/。
中国林业网，http：//www.forestry.gov.cn/。
辽宁省环保厅网站，http：//www.lnepb.gov.cn/ztzl/stsjs/。

经 济 篇

Economic Reports

B.8

辽宁农业和农村经济运行
态势及对策建议

范忠宏　王　丹*

摘　要：

2013 年，虽然出现因春季天气原因导致的插秧、播种推迟等突发问题，但辽宁省农业农村经济发展仍保持平稳较快增长，取得了农业稳中有增、农业机械化促进农民增收、城乡居民收入差距有望缩小、农产品出口扩大等成绩。但在辽宁农村经济运行中仍有许多需要改进的地方，如农业科技创新不足、农村环境污染、农村社会管理与公共水平不高等诸多问题。加快推进城乡基本公共服务均等化实现城乡一体化发展，利用科技创新进一步挖掘农业发展潜力，发展农业产业化龙头企业积极开发地方特色产业等为 2014 年辽宁农业农村经济的持续发展奠定基础。

关键词：

农业产业化　农村经济　农民收入

---

* 范忠宏，辽宁社会科学院农村发展研究所助理研究员；王丹，辽宁社会科学院农村发展研究所所长、研究员。

一 2013年辽宁农业经济运行状况

（一）农业稳中有增

2013年，辽宁省把农业和农村经济工作重点放在提高农业综合生产能力、提升农民收入水平、保持农村和谐稳定上，以重点项目为载体推进现代农业建设，重点支持"一县一业"，开展新品种和新技术的推广与示范，继续发展县域经济推动城乡一体化，同时，认真落实保费补贴惠农政策。2013年，辽宁农业取得不错成绩，前三季度辽宁省农林牧渔业总产值实现2515.58亿元，在全国农林牧渔业总产值的排序中居第九位①，其中农业总产值1110.90亿元、林业总产值53.40亿元、牧业总产值1031.00亿元、渔业总产值262.10亿元。2012年，辽宁省以农林牧渔业总产值4062.00亿元居全国第九位，2013年保持了同样的位次（见表1）。

表1　2013年前三季度全国各地农林牧渔业总产值情况

单位：亿元

地 区	农林牧渔业总产值	地 区	农林牧渔业总产值	地 区	农林牧渔业总产值
河 南	6198.04	福 建	1894.84	贵 州	960.23
山 东	5736.36	新 疆	1781.11	内蒙古	922.96
河 北	4750.39	浙 江	1708.81	海 南	822.83
四 川	4214.43	云 南	1653.05	北 京	279.98
湖 北	3519.99	江 西	1497.36	天 津	240.59
广 东	3468.61	黑龙江	1360.73	宁 夏	278.43
湖 南	3450.93	陕 西	1222.8	上 海	193.96
江 苏	3283.55	甘 肃	1141.21	青 海	168.07
辽 宁	2515.58	吉 林	1099.92	西 藏	91.37
安 徽	2378.94	山 西	1053.78	全 国	60984.3
广 西	2084.69	重 庆	1010.77		

资料来源：国家统计局网。

---

① 数据来自中华人民共和国国家统计局网站，http://www.stats.gov.cn/index.htm。

2013 年春季，辽宁省大部分地区低温多湿，导致玉米等旱田粮食作物较 2012 年晚 10 天左右播种，水稻的育秧、插秧也比上年推迟一周左右。针对这一情况，全省采取机械化集中作业、水稻大棚育秧等措施积极应对，以缩短春播期来提高春耕质量。而 2013 年 6 月全省大部地区气温偏高，为农作物生长提供充足热量，在一定程度弥补了迟播的影响，因此，2013 年辽宁省的主要农作物产量平稳增长。2013 年辽宁省的夏粮产量比上年略有下降，全省夏收粮食作物播种面积为 60.9 千公顷，比 2012 年下降 4.5%；总产量 31.5 万吨，比 2012 年增长 1.9%。① 秋收稳步推进，粮食收获进度全面加快，大部分地区粮食长势好于 2012 年。全省粮食作物播种面积达到 4864 万亩，预计全年粮食产量仍将维持在 400 亿斤以上，有望实现十连丰。

2013 年辽宁省的蔬菜产量持续增长，上半年全省的蔬菜种植面积为 347.1 千公顷，增长 1.2%；设施蔬菜面积 166.8 千公顷，下降 1.9%；蔬菜产量达到 1249.9 万吨，增长 5.6%。②

（二）传统林业向现代林业转变

辽宁省坚持以生态建设为主的林业发展战略，省委、省政府于 2009 年提出"大干四年，绿化辽宁"的奋斗目标，启动实施了"青山工程"，截至 2012 年末取得了显著成绩，辽宁省森林面积 595.66 万公顷，森林蓄积量 30128 万立方米，森林覆盖率 40.23%。2013 年，全省继续加大生态建设投资，积极培育森林资源，以国家和省林业重点工程实施为主；提高林分质量和森林生态系统的稳定性，推进传统林业向现代林业的转变；强化森林资源管理工作，不断完善森林资源管理体系，提高森林资源综合监测能力水平。2013 年上半年辽宁省共完成人工造林 322.9 万亩，森林面积 601.29 万公顷，森林蓄积量 30620 万立方米，森林覆盖率 40.61%。

（三）畜牧业形势复杂价格波动

受 2012 年底"速成鸡"事件和 2013 年初的春节、元旦影响，辽宁省的生猪消费量提高，价格小幅上升。元旦、春节两节后消费量与价格有短期的小幅回

---

① 数据来自中华人民共和国国家统计局网站，http://www.stats.gov.cn/。
② 本文中的数据如无特殊说明，均来辽宁统计信息网，http://www.ln.stats.gov.cn/。

落，但接着突发南方"禽流感"，加之2013年牛肉、羊肉价格的持续走高，可替代品对生猪消费影响减弱，猪肉的需求量随着其他肉类需求量的减少出现一定的增长，猪肉价格也经历了由低到高的走势。受2012年生猪养殖效益长期亏损的影响，散户养殖户对发展养殖积极性不高。2013年总体来看，生猪生产形势不如从前，散养户产能持续萎缩，规模化产能占比逐渐扩大，而养殖业规模化发展增强了生猪产业抵御市场风险和市场供应的能力。

2013年牛肉价格一路走高，牛肉相关产品价格跟随升高，更有部分相关产品因成本太高而退出市场。但肉牛养殖户的补栏积极性因此大涨，饲养肉牛量大增。市场上的羊肉价格自2012年上涨以来一直相对平稳，肉羊的饲养与供应也相对平稳。2013年上半年全省牛肉产量为26.3万吨，比2012年增长1.2%；羊肉产量为5.6万吨，比2012年增长0.9%。

（四）渔业经济实现又好又快增长

2013年前三季度辽宁省渔业总产值262.10亿元，全省渔业经济总产值完成1028.1亿元，同比增长12.4%，完成全年计划的69.5%。其中渔业产值完成564.2亿元，渔业工业和建筑业产值完成265.2亿元，渔业流通和服务业产值完成198.7亿元。全省渔业经济增加值完成500.6亿元，同比增长10.5%，完成全年计划的66.7%。其中渔业增加值完成338.7亿元，渔业工业和建筑业增加值完成78.6亿元，渔业流通和服务业增加值完成83.3亿元。全省水产品总产量实现390.4万吨，同比增长6.6%，完成全年计划的77.3%。其中：海洋捕捞完成99.5万吨，海水养殖完成221.4万吨，淡水产品完成69.5万吨。①

（五）农民收入增加缩小城乡收入差距

2013年城乡居民收入持续增加，前三季度，辽宁省城镇居民人均可支配收入为19109元，扣除物价因素，实际增长7.3%；农村居民人均现金收入为12823元，扣除物价因素，实际增长9.2%。城乡收入差距大一直是经济发展中的一个大问题，从辽宁省2005～2013年的城乡居民收入数据来看（其中2013年数据为前三季度的数据，见图1），城乡之间的收入差距仍在逐年扩大，到2012年达到最大差距。从2013年前三季度出来的数据看，这一差距可能会在本年度缩小。

---

① 此处数据来自辽宁省海洋与渔业厅。

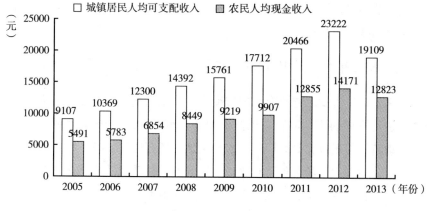

图1 2005~2013年辽宁省城乡居民收入对比

（六）农业机械化大幅促进农民增收

按照农业部、财政部《2013年农业机械购置补贴实施指导意见》要求，结合实际，辽宁省农委、省财政厅制定了《辽宁省2013年农业机械购置补贴实施方案》。辽宁省各级政府重视农业机械化发展，加大了资金投入力度，狠抓农业和农机部门内部工作，取得良好效果，2013年是全省农民受益得实惠最多的一年。2013年省政府主抓水稻生产，将实现水稻全程机械化作为战略目标，农业机械化提高土地产出率、农业劳动生产率，提升农业生产标准化程度及农业产业化水平，得到了种植水稻农民的欢迎，全省调动21家企业、796个农机合作社、55.4万户农民的积极性，共同参与实现水稻生产全程机械化，预计水稻生产全程机械化将促进农民增收在21.5亿元以上。

（七）农产品出口发展平稳

2013年1~6月辽宁省农产品出口贸易额为24.8亿美元，比2012年同期增长6.7%，占同期全省出口贸易总额的8.2%。辽宁农产品出口以一般贸易方式为主，2013年的贸易额为14.6亿美元，同比增长6.8%，占同期辽宁省农产品出口总额的58.9%；以加工贸易方式出口农产品的贸易额为8.9亿美元，增长2.9%，占同期辽宁省农产品出口总额的35.9%。2013年1~6月，全省农产品出口总额实现24.8亿美元，同比增长6.7%。出口主导产品中，粮油、蔬菜、畜产品、水产品、水果及干坚果五大出口主导产品占全省农产品出口的93.7%，

其中粮油和蔬菜出口增幅明显，出口额分别为6.7亿美元和1.1亿美元，同比分别增长15%和11%。①

（八）初步形成辽宁模式的土地流转

近年来，辽宁省委、省政府积极转变农业发展方式和传统的农业经营模式，引导农民进行有序的土地流转，规范土地流转市场，已经在35个县（市、区）建立了土地流转市场或交易大厅，为农村土地流转营造良好的平台。在农户自愿的基础上，灵活采用市场价租赁和农地入股等方式，以规模特色农业为主要发展模式，加快农村基本农田、一般农田、林地等土地流转。盘锦农村是辽宁开展土地流转的成功范例，土地流转后与特色农业相结合，进行大规模的稻田河蟹养殖，目前稻田河蟹养殖已经成为盘锦农业的支柱产业。2013年辽宁省阜新市供销合作社开展农村土地流转经营业务试点工作，围绕花生、杂粮、马铃薯、番茄和酒葡萄等重点产业，稳步提高粮食、花生等主要农产品单产和品质，提升全国粮食生产大县和全省花生"一县一业"示范县品牌效应。

（九）县域经济增速发展

发展县域经济是繁荣农村经济的重要保证。2013年1~6月，辽宁省44个县（市）地区生产总值实现5955.7亿元，同比增长10.1%，高于全省增速1.1个百分点，县均135.4亿元；公共财政预算收入实现530.7亿元，同比增长10.8%，高于全省增速5.1个百分点，县均12.1亿元；固定资产投资完成4377.3亿元，同比增长24%，高于全省增速2.9个百分点，县均99.5亿元。

（十）设施农业发展迅速

设施农业既缓解北方冬季蔬菜匮乏的难题，又增加农村就业和农民收入。辽宁积极引导鼓励农民发展设施农业，2010年，辽宁省设施农业面积超过750万亩，日光温室面积近450.3万亩，日光温室面积和产量均为全国第一。2013年辽宁在完成了千万亩设施农业工程基础上，继续在全省实施设施农业科技培训工程，以行政村或农民专业合作社为基本单元，在49个项目县（市、区）的786

---

① 此处数据来自中华人民共和国沈阳海关网站，http://shenyang.customs.gov.cn/。

个重点村中培训从事设施农业生产和经营的农民3.933万名，对农民进行设施农业生产技能及相关知识培训。

二 2013年辽宁农村经济运行中的问题分析

2013年是落实"十二五"规划各项目标的关键年，辽宁省农村经济总体运行平稳并呈小幅上升态势有利于全省顺利完成"十二五"规划预期。2013年1~7月，辽宁省第一产业完成投资278.7亿元，比上年同期增长14.4%，占全省投资的2%。而2013年上半年，第一产业增加值735.7亿元，占全省地区生产总值12334.7亿元的5.9%，相比第二、三产业，农业的投资回报率更高。2013年，辽宁以县域经济发展为新的经济增长点，在产业结构调整上取得新的进展，通过实施三个"千万亩"工程转变传统的生产方式，给辽宁农业经济带来了巨大的推动力，但辽宁省在农业发展上还存在着科技创新不足、农村社会管理与公共服务水平亟待提高等问题，需逐一解决力争挖掘辽宁省农业发展的更多潜力。

（一）农业科技创新能力不足

农业的发展受到自然条件和社会条件的双重影响，自然条件主要包括土质、气候和自然灾害等，社会条件主要包括政策扶持和科技创新等，相比其他影响因素，科技创新对农业发展的影响尤为突出。在农业领域内，辽宁省已经通过实施农业种子创新工程和千万亩节水滴灌工程等推进了农业科技创新，并取得了可喜的成绩。2012年，省内设施农业面积达到1061万亩，节水滴灌工程完成149万亩，粮食总产量达到414.1亿斤，科技创新对农业的巨大贡献再次得到证明。但辽宁省农业科技发展还处于低端。世界种业已发展到分子育种时代，而辽宁的种业研发还以常规育种为主，虽然辽宁省的玉米和水稻种子已在全国取得领先地位，但蔬菜种子几乎都是靠外国进口，而且不能培育种子，需要年年进口，这不仅是简单的种子问题，更涉及了国家安全问题，必须引起足够重视。

（二）生态农业建设步伐缓慢

资源综合利用水平低影响了农业生产力的持续稳定，农业面源污染严重导致环境污染和土质恶化。长期以来，辽宁省一直坚持生态农业的建设，在生态农业的理论研究、试验示范推广等方面已经取得了很大成绩，但生态农业建设的步伐

还是很缓慢，仍有许多问题限制生态农业进一步发展。首要的是技术体系不健全。生态农业系统是遵循现代生态学理论建立，多种部分组成的复杂的生态农业体系。对于大部分农民们来说，很难进行这种科学设计。在生态农业发展中，服务同样不可忽视，到目前为止，尚未建立有效的服务体系，还无法系统地向农民们提供优质品种、幼苗、肥料、技术支撑、信贷与信息服务。其次是政策措施不完善。建立有效的政策激励机制与保障体系才是生态农业真正的普及和发展的保证。比如，农产品价格不稳定，农民对未来经济效益无法确定时，便不会轻易改变原来的生产方式。

（三）农村社会管理与公共服务水平相对低

随着经济的持续发展，生活水平提高，人们对社会管理与公共服务水平的要求也相应提升，但相应的社会管理与公共服务建设不平衡，呈现"重城区、轻农村"、"重市民、轻农民"、"重硬件、轻软件"的倾向。表现为城乡基本公共服务水平差距较大，农村公共服务渠道不足。辽宁农村存在教育水平相对落后、卫生医疗监管不严、交通公路建完善、"就业难"、"社会保障意识淡薄"等问题。其中主要问题有生产性农村公共服务供给不足，如水利灌溉设施、综合规划和信息系统、科技推广等公共性服务供给欠缺；"重硬件、轻软件"，修整村容村貌等做得相对好，而农村义务教育及社会保障落实效果差。

（四）农村劳动力短缺

根据2012年辽宁省统计局的数据，辽宁城镇人口超过乡村人口。按照城镇化的发展趋势，未来乡村人口会更少，但这种人口上的减少以青壮年劳动力转移为主。这样的影响使农业从业人员的年龄老化，以及农村劳动力资源供应不足，相应地老年人的保障性投入增多，严重影响农村经济发展投资的后劲。更严重的问题是，目前这种农村劳动力向城市的转移是以中青年知识型劳动力为主，农村知识型人才流失导致良种配方、新技术养殖、特色农业种植等农牧业技术在农村难以推广。而城乡收入差距使更多的农民转变身份进入城市，导致农村的新增劳动力越来越少。

（五）设施农业产品粗放式发展

辽宁所处的地理位置决定了冬季蔬菜匮乏、品种稀少，这就凸显了设施农业在辽宁开展的必要。辽宁的设施农业在近几年迅猛发展，从2008年启动1000万亩设施农业工程，到现在已经完成，历时不到五年。快速发展的背后需要更多的完善与矫正，设施农业存在机械化程度低、环境调控能力差、面源污染严重等多方面的问题。随着人民生活水平的逐步提升，对设施农业产品优质化、精细化的需求日益增加，解决温室生产中的问题才能使设施农业得到优质发展。

三　2014年农业农村经济形势展望与预测

（一）农业将保持平稳增长趋势

2008～2012年，辽宁省农业增加值实际增速平均为5.2%，最高为2011年6.5%，最低为2009年3.1%，从趋势上看，农业增加值是逐年增长的；农业增加值占国内生产总值的比重从2008年的9.67%缓降到2012年的8.69%，平均每年下降0.2个百分点，降幅趋缓。可见，农业增长相对平稳不受国民经济增长快慢的影响，宏观经济的冷热对农业的发展影响较小。近几年，辽宁发展农业以农民增产增收为目标，以市场需求为导向，以科技创新、专业化、产业化、规模化为重点，调整区域布局和品种结构，逐步推进设施蔬菜产业的发展。辽宁省在应对农业综合生产能力抵御极端天气等自然灾害冲击上有一定基础，2009年辽宁遭遇60年一遇的严重旱灾，农业增加值仍然达到了3.1%。随着辽宁农业结构不断调整及设施农业的大规模开展，全省的农业综合生产能力进一步加强，2009年全省农业综合开发计划投入财政资金101454万元，2012年增加到146216万元。2013年第一产业完成固定资产投资399.6亿元，同比增长2.9%，对辽宁的农业经济发展有重大的推动作用，2014年辽宁省农业将保持平稳增长趋势。

（二）农业经济面对的机遇与挑战

2014年，辽宁省的农业发展将继续以农民增收创收为目标，缩小城乡居民收入差距，改善农民生活；继续转变传统的农业生产方式，开展设施农业、休闲农业、创意农业，进一步全面实施农业机械化和发展农业现代化；加大农业科技创新投入比例，推动新技术应用，提升农业附加值，继续开展设施农业科技培训工程，培养农业技术性人才；创建现代循环农业科技创新技术转换示范平台，逐

步淘汰粗放型农业生产，促进农产品质量向精细化、品质化转变。农业的发展需要持续性、帮扶性的政策扶持，全省的各市县都在积极努力配合，县域经济、新型城镇化既是经济的新增长点，也是农业发展的新契机。城镇化的发展释放大量投资与消费需求，推动农业规模化、现代化生产方式更快转变。而同时，新型城镇化的发展也给农业经济带来了前所未有的考验，辽宁农业的发展中遇到的最大问题是农村劳动力缺失，而城镇化的发展还将带来大批农民的市民化，这将进一步加剧农村劳力缺失程度。

四 辽宁农村经济发展的对策建议

（一）加快推进城乡基本公共服务均等化

建立城乡统一的劳动力市场和公平竞争的就业制度，为农民发展提供相对公平的竞争环境，健全覆盖农民工的公共就业服务体系，为农民工建立城市公共服务中心，提供给农民市民化的城市服务。在职业教育和职业技能培训工作中把农村发展或农民培训作为专业分支来做，调整培训内容及知识结构，针对农村农业发展的特点开展职业技能专项培训，使其与经济社会发展和农村劳动力转移就业相适应。引导农民学习文化知识，培养健康丰富的娱乐和精神生活，对提高农民素质帮助更大，更有利于农民就业。鼓励剩余劳动力就近就地转移就业，扶持返乡农民工创业。提高农村中小学义务教育学质量，推进中小学标准化建设，普及高标准的高中教育，促进城乡教育事业均衡发展。提升农村基层医护人员素质，增加对基层医护人员医学知识和技能的培训。对欠发达地区县级医疗机构增加财政补助，在偏远、欠发达地区建立健全药品不良反应监测体系。同时，改善农村的不良环境，例如提供农村污水、垃圾处理等基础设施。

（二）鼓励支持农业科技创新

农业科技创新已经给辽宁省的发展注入了生机和活力，如引进的节水滴灌技术使粮食总产量超400亿斤。技术进步节约了劳动时间、降低了劳动强度，传统农业也发展为现代农业，科技创新将更进一步挖掘农业发展潜力、开拓发展空间。提出鼓励和支持农业科技创新，首先，需要加大财政上的投入，财政科技资金主要用于支持市场机制不能有效解决的公共科技活动，并引导企业和全社会科技投入。优化财政科技资金投入结构，协调安排用于基础研究、应用研究、试验发展和成果转化的资金，提高资金使用绩效。其次，重视科研人员的培养与接续。农业科研单位和院校通过建立农业技术研发的激励机制来吸引高技术人才，加强校地合作、校企合作解决基层实用型人才紧缺、水平不高及科研院所无科研基地的问题，培训农村实用技术人才，推广和普及农业科技和实用技术，提高农村生产力水平，实现农民收入的稳定快速增长。

（三）继续开展绿色农业发展

根据持续发展观和产业生态化的原理指导，努力推动绿色农产品基地建设，继续完成绿色农产品发展规划。推动生态文明乡村户建设，设置绿色农业的乡村试点，积极发挥试点示范作用，以生态示范户、示范村、示范乡、示范企业来带动周边发展，形成绿色产业骨干。推动农业技术集成化、劳动过程机械化、生产经营信息化，在试点村培训农业专业技术知识。

从源头控制食品安全，提高农业标准化管理水平及严格执行农产品安全标准，建立健全农产品安全监测体系，客观评价农产品安全状况并及时发现和控制食品安全危害与风险。建立农消对接机制，既缩减渠道成本，又减少流通环节对食品安全的干扰。

（四）规范土地流转相关制度

农业生产率提高释放越来越多的农村劳动力，这部分富余劳动力的就业呈不稳定、不固定特点。经济形势较好的情况下劳动力向城市转移，而在经济增长减缓时农民工则会返乡。土地流转不仅实现农业规模化生产，也帮助这部分农民利用自有土地获得最大收益。所以，完善土地承包经营权流转的相关法律及制度，制定切实可行相关政策措施，尤其是给予农民优惠政策，更能发挥土地流转工作的作用。各级政府应该通过组织讲座或发放宣传册等活动，给农民解释土地流转的相关政策及土地流转对其的利弊，以提高农民参与土地流转的积极性，逐步实现农业规模化，为农业机械化以及科技农业的发展提供有利的条件。

（五）加快农业产业化步伐

农业产业化是引导农民进入市场的有效形式。集中利用资本、技术、人才等生产要素，组织或带动农户发展专业化、标准化、规模化生产，逐步改变传统的

农业生产关系，改变了小规模农户生产与市场运作不相适应状况。首先，培育和发展农业产业化龙头企业，建设和扶持有特色的带动性强的贸工农一体化经营的农业龙头主体，搭建起农产品与国内外市场的生产、加工、销售的桥梁。引导农产品加工业产业集聚，加强生产基础的配套设施建设，促进"一县一业"、"一村一品"的发展。在已有的驰名商标和名牌产品的基础上，培育更多的省内名牌产品，着眼地方特色，打造旅游或纪念名片。其次，重视市场对资源配置的优化作用，依靠市场推动农业产业结构优化和升级。加强产地市场体系建设推行新型的营销方式，支持发展流通服务组织，建设连接国内外农产品市场信息交流平台。再次，积极引导有条件、有意愿的农民组建合作社，宣传合作社的相关法律法规和政策，培训农民掌握专业知识，提高农民素质，帮助合作社模式顺利发展。

（六）围绕县域经济开展特色经济

县域是资源要素供给的基地，县域经济具有很大的市场潜力，应该根植自身资源的比较优势突出重点产业，利用县域得天独厚的资源开发"一县一业"，建设农产品加工项目，发展特色农业生产，拓宽农民的就业和增收渠道，带动一方经济发展，解决农村剩余劳动力安置问题。中小城镇人口压力相对小，制度体制上相对灵活，农民工进城就业和落户的门槛低，较易融入社会，有利于市民身份的转换，吸引农民就近就业，更加适合农村剩余劳动力转入。要从规划、投资、人才、财政等政策方面，给予县域发展更多的支持，统筹发展新型城镇化与产业结构调整、劳动力的转移。在县域经济发展中，尝试引导更多的社会力量参与投入基础设施的建设与改善；逐步进行县域金融改革，缓解农民和小微企业贷款融资难等问题；改善县域整体投资环境，吸引外来资金与技术，打造具有国际竞争力的龙头企业。

（七）提升招商引资的质量

招商引资不仅带来资金、先进技术，还有优秀的管理经验，对农业农村的发展是绝对必要的。吸收招商引资带来的专业技术、开发发展潜力、借用外力带动内在资源的发展，才应该是招商引资的真正目标。首先，加大硬环境和软环境的建设力度，改善农村脏乱差的面貌，完善基础设施，改造排水排污系统，缩短行政审批时间，帮助其了解当地文化及政策，营造良好投资环资，吸引高质量投资。把招商引资与优化产业结构相结合，根据县域发展需要，引导投资进入农业领域，加大对国外农产品精深加工、保鲜、储运等方面技术的引进力度，重点开发辽宁农产品精深加工、商品粮基地建设和农业科技项目等。把招商引资与环境保护和环境治理相结合，严格限制或禁止高耗能、高污染项目的准入，吸引环保产业资金项目的进入。

参考文献

徐刚：《农业产业化迈入发展新阶段》，《农村经营管理》2011 年第 1 期。

倪鹏飞：《新型城镇化的基本模式、具体路径与推进对策》，《江海学刊》2013 年第 1 期。

郭跃宾：《实现农业、农村现代化必须扎实推进农村城镇化》，《现代农业》2013 年第 8 期。

B.9

2013～2014年辽宁工业运行特点与趋势

李天舒*

摘　要：

　　2013年以来，辽宁工业经济运行总体平稳，工业运行质量有所改善。但受国内外有效需求不足的影响，工业增加值增速有所放缓，工业经济运行波动性增强。工业作为打造经济升级版的重要组成部分，必须全面推进创新驱动发展战略的实施。要把工业经济下行压力转化为工业经济转型的动力，在确保工业经济运行处于合理区间的条件下，以工业经济提质增效，熨平经济周期性波动，引导工业经济从高速增长转向高效增长的轨道。

关键词：

　　工业运行　发展环境　高效增长

　　2013年以来，面对严峻复杂的国内外经济环境，辽宁全力化解工业经济运行面临的较大的下行压力。规模以上工业总体保持平稳增长，工业运行质量有所改善，工业发展速度在沿海发达地区中保持领先地位。但受国内外有效需求不足等影响，工业经济增长速度有所放缓，工业自主增长动力仍显不足。在未来经济回升基础尚不稳固的前提下，要进一步深入分析工业经济运行的基础条件，厘清影响工业减速的主要因素，引导工业经济从高速增长转向高效增长的轨道。

一　工业运行的主要特点

　　2013年以来辽宁工业经济运行总体平稳，工业增长速度略高于上年同期水平，略高于全国平均水平，但增速有所放缓。上半年规模以上工业增加值比上年

---

* 李天舒，辽宁社会科学院经济研究所研究员，研究方向：产业经济、区域经济。

同期增长 10.7%，增速比上年同期提高 0.9 个百分点，快于全国平均水平 1.4 个百分点。1～9 月，规模以上工业增加值同比增长 9.7%，增速比上年同期加快 0.1 个百分点，比上半年下降 1 个百分点，快于全国平均水平 0.1 个百分点。在东部发达地区中，高于上海（5.9%）、浙江（8.6%）和广东（8.7%）。实现产销率 97.9%，同比提高 0.3 个百分点。

（一）主要行业保持增长，但持续增长能力有所减弱

2013 年 1～9 月，装备制造业完成工业增加值同比增长 9.6%，比上年同期回落 0.2 个百分点，比上年末回落 0.2 个百分点。冶金行业完成工业增加值同比增长 10.7%，比上年同期提高 0.8 百分点，比上年末提高 0.1 个百分点。石化行业完成工业增加值同比增长 9.7%，比上年同期提高 2.2 个百分点，比上年末提高 2.1 个百分点。农产品加工业完成工业增加值同比增长 9.9 个百分点，比上年同期回落 2.2 个百分点，比上年末下降 2.7 个百分点。

（二）主要产品产量增速放缓，近半数产品产量下降

2013 年上半年，全省重点监测的 68 种主要工业产品中，产量同比增长的品种只有 34 种，占全部产品的比重为 50%。据 1～9 月对全省 68 种主要工业产品的统计，产量同比增长的 35 种，占 51.5%；下降的 33 种，占 48.5%。产品产量增长的品种主要有乙烯（产量增长 25.1%）、塑料制品（产量增长 11.8%）、平板玻璃（产量增长 26.3%）、粗钢（产量增长 15.7%）、钢材（产量增长 13.1%）、十种有色金属（产量增长 6.8%）、汽车（产量增长 22.6%，其中轿车产量增长 10.9%）、移动通信手机（产量增长 46.1%）。产品产量下降的品种主要有金属切削机床（产量下降 9.2%）、铁路机车（产量下降 34.7%）、民用钢质船舶（产量下降 29.1%）。

（三）经济效益平稳增长，盈利能力有所恢复和提高

2013 年 1～8 月，全省规模以上工业企业实现主营业务收入 33609.4 亿元，同比增长 9.5%，比全国平均水平低 1.5 个百分点。实现利税 2502.3 亿元，同比增长 20.3%。实现利润 1278.2 亿元，同比增长 34.4%，比全国平均水平高 20.9 个百分点。至 2013 年 8 月末，规模以上工业亏损企业 2232 户，亏损企业占全部企业比重为 12.8%，亏损面同比增长 0.2 个百分点。亏损企业亏损额 303.7 亿元，同比下降 32.5%。

（四）重点行业主要经济指标基本平稳，冶金、石化行业生产经营呈现好转迹象

重点行业中除装备制造业外，冶金、石化、农产品加工业的利润增长速度均高于主营业务增长速度。2013 年 1～8 月，装备制造业实现主营业务收入 10220.9 亿元，同比增长 10.1%；实现利税 752.9 亿元，同比增长 9.9%；实现利润 477.4 亿元，同比增长 7.7%。冶金行业实现主营业务收入 5993 亿元，同比增长 6.5%；实现利税 371.1 亿元，同比增长 58.5%；实现利润 209.7 亿元，同比增长 127.2%。石化行业实现主营业务收入 6150.7 亿元，同比增长 6.9%；实现利税 505.3 亿元，同比增长 19%；实现利润 59.6 亿元，同比增盈 87.4 亿元。农产品加工业实现主营业务收入 6152.5 亿元，同比增长 14.3%；实现利税 445.7 亿元，同比增长 17.1%；实现利润 302.4 亿元，同比增长 16.2%。在规模以上工业主营业务收入中装备制造业、冶金、石化、农产品加工四个行业分别占 30.4%、17.8%、18.3%、18.3%，合计占 84.8%。冶金、石化行业盈利能力提高，2013 年 1～8 月，全省规模以上工业企业新增利润 327.5 亿元，其中，冶金、石化行业新增利润分别为 117.4 亿元和 87.4 亿元，合计占全省规模以上工业新增利润的 62.5%。装备制造业和农产品加工业新增利润分别为 34.2 亿元和 42.1 亿元，分别占全省规模以上工业新增利润的 10.4% 和 12.9%（见表 1）。

表1　2013 年 1～8 月主要工业行业规模以上工业企业主要经济指标

单位：亿元，%

行业＼指标	主营业务收入		利税总额		利润总额		主营业务利润率
	累计	增长	累计	增减额	累计	增减额	
装备制造业	10220.9	10.1	752.9	68.1	477.4	34.2	4.7
冶金	5993.0	6.5	371.1	137.0	209.7	117.4	3.5
石化	6150.7	6.9	505.3	80.6	59.6	87.4	1.4
建材	2823.6	13.8	215.4	34.7	132.9	21.4	4.7
医药	486.7	19.6	68.4	17.3	44.7	9.2	9.2
农产品加工	6152.5	14.3	445.7	65.2	302.4	42.1	4.9
电子信息制造业	1055.9	3.6	53.5	2.5	38.2	1.2	3.6
全　省	33609.4	9.5	2502.3	421.9	1278.2	327.5	3.8

资料来源：《辽宁统计月报》和相关统计资料，下同。

二 工业发展面临的问题

工业经济运行总体处于增速放缓的状态，工业经济运行波动性增强，长期积累的结构性矛盾进一步显现。特别是中长期潜在增长率下降与短期增长动力不足相叠加，使工业经济发展仍然存在许多不确定性和不稳定性，工业经济企稳回升的基础有待加强。

（一）传统优势产业拉动作用有所减弱

装备制造业总体保持低位增长，下行趋势明显，行业持续发展压力增大。2011年、2012年装备制造业工业增加值增速分别为18.9%、9.8%，预计2013年工业增加值增速与2012年水平相当。机床产量持续下降，船舶、机车、重矿行业仍处于低迷发展状态。石化、冶金行业由于上年同期基数偏低，随着行业生产经营形势的有所好转，呈现阶段性增速加快。但由于产能过剩、有效需求不足问题依然存在，缺乏行业持续大幅增长的基本条件，如2013年1～8月石化行业占全省规模以上主营业务收入的比重达到18.3%，但占利润总额的比重仅为4.7%。农产品加工业在经历数年高速增长后，增速有所下降，2010年、2011年、2012年农产品加工业增加值增速分别为23.9%、17.3%和12.8%，预计2013年工业增加值增速在10%左右。

（二）工业整体盈利水平低于全国平均水平

据2013年1～8月的统计，辽宁规模以上工业主营业务利润率为3.8%，比全国平均水平低1.7个百分点。每百元主营业务收入成本为87.6元，比全国平均水平高1.73元。重点工业行业主营业务率均低于全国平均水平，装备制造业、冶金、石化、农产品加工业的主营业务利润率分别仅为4.7%、3.5%、1.4%、4.9%。由于多数制造业仍然处于产业链中低端，工业产品附加值低，企业利润空间较窄。经营收益主要依赖薄利多销，抵御市场风险能力不强。

（三）治理产能过剩任务比较艰巨

辽宁作为重化工业为主体的工业结构，钢铁、化工等高资源消耗产业所

辽宁蓝皮书

占比重较大，工业领域需要淘汰的落后产能、过剩产能仍然较多。部分传统
工业行业产能利用率偏低问题比较严重，面临严峻的经营环境。主要工业行
业包括装备、钢铁、石化、水泥、有色、造纸等都存在低端产能相对过剩问
题，其主要表现就是常规品种产能增长过快，产能结构性过剩问题比较突出。
产能过剩的系统性风险体现在企业盈利能力下降、产业持续发展能力下滑、
经济发展稳定性下降等各个层面，如果相对过剩行业不能顺利实现优胜劣汰
和转型升级，将在较大程度上削弱中长期增长动力。因此，必须警惕产能过
剩问题带来的相关风险，包括对工业适度增长、就业、银行资产安全、社会
稳定等多重影响。

（四）新兴产业、高新技术产业规模较小

近年辽宁新兴产业、高新技术产业一直保持较快增长，是辽宁工业结构渐进
调整的重要体现，在经济波动调整期对辽宁工业稳定运行发挥了重要作用。如
2013年1~8月，建材行业占全省工业经济总量的比重已经达到8.4%，经济总
量列全省工业第5位，新型建材行业的利润增长速度远高于传统建材行业。但新
兴产业、高新技术产业由于难以较快形成显著增量，无法对全省工业经济发展发
挥支撑性的作用。如2013年1~9月，医药行业主营业务利润率达到9.2%，高
于全省平均水平5.4个百分点，生物制药等新兴产业具有较强的盈利能力。但
2013年1~9月，医药行业占全省规模以上主营业务收入的比重仅为1.4%，占
利润总额的比重为3.5%（见表2）。

表2 2013年1~8月规模以上工业企业经济效益行业贡献结构

单位：%

行 业	主营业务收入	利税总额	利润总额
装备制造业	30.4	30.1	37.3
冶金	17.8	14.8	16.4
石化	18.3	20.2	4.7
建材	8.4	8.6	10.4
医药	1.4	2.7	3.5
农产品加工	18.3	17.8	23.7
电子信息制造业	3.1	2.1	3.0
全 省	100	100	100

三 工业发展环境和影响分析

在持续多年的高速增长后，中国经济由高速增长阶段向中速增长阶段转换，工业经济发展进入结构调整和产业升级的攻坚期和决胜期，正由投资驱动向创新驱动转型。

（一）工业发展环境分析

1. 产业需求面临新的升级

绿色、节能、环保、高品质、智能化等成为未来产业需求的主要方向，知识产权、设计、软件、品牌等对产业竞争力的影响程度提高。未来国际产业竞争将集中体现在对人才、技术标准、平台以及产业链主导权的争夺，信息化促进工业现代化，将对提升工业发展质量和效益发挥重要作用。全球经济仍然处于以信息和通信技术为标志的第五次技术革命时期，大数据、智能制造和无线革命三大变革初步展现了新一轮工业技术革命的面貌。技术创新蕴含了新的经济增长机遇，随着信息技术在生产制造领域的深度应用，数控机床、工业机器人、3D打印等数字化制造将使生产流程变短，工业效率进一步提高，劳动力成本在产业竞争中的地位下降。

2. 工业发展动力再造和切换问题进一步凸显

增强自主创新能力成为推动工业经济增长的关键，必须从要素投入型规模扩张向集约创新型效率驱动增长转变。从本质上分析，工业经济增速下滑带有对工业结构积累的问题进行调整的特征，不仅仅是外部冲击或政策干预导致的周期波动。经济增速的一定程度的下滑，伴随着结构转型，制造业效率会因劳动力、土地、资金等要素价格上升，逐步丧失低成本优势，经济增长的传统动力会减弱。资源换增长、投资换增长效应正逐步衰减。因此，在未来一定时期的工业发展过程中，面临着如何利用好市场的倒逼机制推动工业结构调整转型问题。2012年，辽宁人均生产总值达到56547元，超过9000美元，要素驱动早已进入瓶颈期，投资驱动也已进入稳定期，资源环境刚性约束加剧，劳动力资源供给逐渐趋紧。必须摆脱依赖低端产业、低成本劳动力和资源环境消耗的传统发展路径，重铸新的竞争优势。经济增长能否实现由要素投入、资源消耗型向创新驱动型转变，关系到经济增长的持续性和质量。创新是引领经济发展新阶段的根本性动力，只有

主要依靠提高劳动者素质与技术创新才能驱动经济持续发展。

3. 制造业和生产性服务业深度融合趋势增强

制造业升级越来越依靠生产性服务业的推动和支撑。工业化发展的中后期，制造业结构升级的一个重要支撑和依托就是制造业服务化，以及服务业专业化和外包化趋势。辽宁生产性服务业发展不足，在制造业的服务业投入结构中，运输仓储业等传统生产性服务业占比相对较高，而金融保险业等现代生产性服务业占比相对较低。如何有效推进制造业的服务化是制造业升级面临的一个重要挑战。

（二）工业发展面临的不利因素

1. 工业经济中长期下行压力依然存在

装备制造业外部市场环境没有明显改善，企业同质化竞争激烈的状况没有根本性改观。大企业订货有升有降，总体小幅波动。由于装备制造业对经济形势具有滞后效应，行业整体盈利水平存在继续下滑的可能。受国内化工产品下游市场低迷的影响，石化产品价格总体处于低位，行业整体经济效益水平较低。

2. 实体经济中企业的各种要素综合成本上升较快

国内劳动力、原材料、土地、水资源等要素价格水平持续提高，部分企业生产经营压力增大。在全国劳动力价格攀升和辽宁连续两年上调最低工资标准后，企业仍在消化薪酬增长对企业效益的影响。在"高成本、低需求、低价格"的影响下，进一步挤压了企业的利润空间，传统企业盈利水平普遍较低，使得企业的发展积极性或发展动力下降。

3. 工业固定资产投资等资金来源趋紧

利润下降导致自有资金不足，还贷能力下降，将对后期重大项目和企业技术改造资金形成制约。工业领域产能过剩仍十分严重，制造业投资难有本质性的改观。

（三）工业发展面临的有利因素

1. 生产要素运行较好

部分宏观经济先行指标继续回暖，显示出市场需求转好的积极迹象，支持工业经济稳步回升。工业用电量大幅回升，1~9月，工业用电量完成1092.0亿千瓦时，同比增长5.5%。交通运输形势明显回升，1~9月，全省货运量完成247124万吨，同比增长11.6%。其中，铁路运输完成13279万吨，同比增长

0.9%，实现正增长。公路运输完成 148837 万吨，同比增长 11.9%。港口完成货物吞吐量 75329 万吨，同比增长 13.9%。

2. 工业特别是一些大企业在转型升级、技术创新等方面呈现积极的变化

地方政府和企业层面在推进转方式、调结构方面基本形成统一的认识，有利于工业增长结构和质量向好的方向发展。重点行业内部子行业、各类企业运行质量存在明显的分化，部分重点行业的子行业、重点企业仍然能够在总体偏紧的市场环境中平稳运行和成长。装备制造业中机械基础件行业、石化通用行业、电工电气行业发展态势比较稳定，一些重大高端装备制造产品完成了从研发到市场化应用的过程。如沈阳远大压缩机股份有限公司自主研制的世界最大完全平衡型高转速往复式压缩机组，打破了我国油气田开采领域所需高转速压缩机长期以来依靠国外进口的局面。大连华盈服装集团在贴牌加工订单大幅减少的情况下，创立了童装品牌"奈斯菲尔"，用自主品牌加大了对国内市场的开发力度，逐渐化解了危机。

3. 新建、扩能企业将产生明显的拉动作用

2012 年，辽宁新增规模以上工业企业 1517 户，全省新建、扩能企业有大连恒利石化，年产值预计可达到百亿元以上。抚顺石化公司大乙烯于 2012 年 11 月全面投产，新建扩能企业对工业经济增长将做出新的贡献。工业固定资产投资在建规模仍然较大。2013 年 1～9 月，工业完成固定资产投资 8790 亿元，比上年同期增长 19.9%，占全社会固定资产投资的 41.8%。虽然投资增速有所放缓，但快于全国平均水平 2.2 个百分点。

在下行压力和结构调整压力并存的情况下，辽宁工业经济增长面临增速适度放缓的可能。长期积累的结构性矛盾和问题需要一定的时间来化解，这也是潜在经济增长率下降的原因之一。同时，从经济增长的阶段性特征、现阶段资源禀赋等的支撑条件看，工业增长的结构和质量渐进改善、工业增长的可持续性逐步增强是工业发展的总体趋势。预计辽宁工业经济增速仍将处于潜在增长水平的合理区间，不会发生大幅度的波动。

四 工业发展的建议

把工业经济下行压力转化为工业经济转型的动力，在清晰认识工业经济增长减速原因的基础上，把握供求关系变化的新特点，以工业经济提质增效，熨平经

济周期性波动。致力提高产业层次、资源利用效率和发展的质量效益。使主要工业行业恢复稳定盈利能力，实现产业长期健康发展。提高资本和技术密集型产业比重，形成由优强企业主导的产业格局，建立工业发展新动力和新优势，确保全省工业经济引擎力强劲持续。

（一）保持合理的工业经济增长速度

从近年工业增速与 GDP 增速的相关性看，二者走势存在高度的相关性，制造业增速明显快于国民经济总体增长水平。因此，要创造工业经济保持平稳较快增长的条件和潜力，使工业经济运行总体继续处于平稳、可控的合理区间，防范区域性经济运行的系统性风险。一是加强工业运行的监测分析。充分利用工业经济运行监测系统加强预警预测，密切关注生产要素指标供给、价格等变化情况，随时掌握行业出现的新情况，防止工业运行中生产链条和资金链条的断裂。二是建立产能利用率预警制度。将现行企业统计、景气指数分析与产能利用率评价结合起来，逐步建立统一的行业产能利用评估体系和预警系统，引导投资预期。三是引导企业加强管理，改善企业生产经营运行质量。加强对财务费用、销售费用和管理费用等的控制，有效降低主营业务成本占主营业务收入的比例。有效降低工业企业应收账款增速，提高企业存货资产变现能力，进一步控制企业运行成本。强化市场需求对生产的引导作用，为实现有效供给提供前提条件。引导工业品市场供求关系逐步改善，为下阶段工业经济的持续稳定增长奠定良好的基础。

（二）引导产业结构与需求结构协调升级

产业结构是供给管理，产业升级包括三个层面的内容，即价值链的攀升、技术的升级换代、创建新产业或者是战略性新兴产业。应坚持效益原则，优化现代产业。一是有加有减优化投资结构，增加有效供给。当前工业经济运行中，产能过剩与供给能力不足并存，关键在于保持投资合理增长，提高投资效率。高端制造产业的成长是慢变量，应通过优化工业投资方向，着力发展高科技、高产出、带动性强的增量项目，以新的增量项目牵动工业发展资源整合、重组、优化，把产业配套、基础设施、高素质人才队伍等产业发展条件有效孕育和组合成发展高复杂度人力资本密集行业的新优势。二是优化产业链区域布局，增强核心制造环节与上下游配套企业协同发展能力。传统优势产业寻求在细分行业中的升级空间，在差异化与专业化的细分市场中寻找新的立足点。加强供应链管理，提升工业劳动生产率。如装备制造业向上着力提高基础工艺、基础材料、基础元器件的制造能力，改变关键部件依赖进口的被动状况和成本压力；向下重点发展高端装备以及成套装备中的关键设备，提高高端产能供给能力。三是促进生产性服务业和制造业的融合发展，实现制造业和生产性服务业效率的不断改进和提高。培育一批能够围绕制造业的产品生产和流通，在产品设计、系统集成、工程承包、人员培训、设备租赁、产品升级及设备维护、产品流转等环节开展增值服务的生产性服务业企业。推进信息技术和信息服务在工业领域的深度应用，构建区域性或行业性信息化集成应用平台。鼓励发展系统集成和技术服务、信息技术咨询服务、数据处理、运营及设计开发服务、嵌入式软件服务等。构建高效的现代物流服务体系，发展物流技术装备系统，对运输、仓储、装卸、搬运、包装、流通加工、配送、信息等系统的功能进行完善和优化。

（三）进一步创造产业发展的公平市场竞争环境

扭转长期以来过度依赖行政手段推动产业发展的做法，从制度上限制和制约地方政府在市场性产业发展领域资源运营能力。避免由于政府对经济干预过多，导致资源错配和低效利用。一是确立靠优质的产业发展软环境吸引投资和项目的理念，逐步转变和抑制部分地方政府通过土地、税收、财政等各种过度优惠政策吸引投资和项目的做法。强化市场竞争和市场选择，真正发挥市场供需机制的资源配置和动态调整作用。使投资者以项目本身的发展前景和市场空间作为投资选择的判断标准，而不是出于地方政府无偿划拨土地、矿产等资源的政策优惠而盲目投资或投机投资。促使企业等微观主体内生出适应于现代市场经济的生产经营方式，实现生产要素在比较优势基础上的优化配置。二是建立产业预警机制，更好地引导投资。畅通市场机制传导和调节功能，加强市场在企业退出中的倒逼机制作用，实现经济的自我优化调整。三是更加注重提供平等竞争的市场环境，强化规划、标准、环保等对产业发展的引导和约束作用。中小型企业是工业转型升级的难点和重点，应切实解决中小型民营企业融资难等发展问题。加强公共研发平台、测试平台、信息平台、融资平台、采购平台等建设，为中小型企业进入新兴技术研发及其产业化提供便利条件。

（四）建立治理产能过剩的有效管理方式

产能过剩表现为需求端的疲软和供给端的新增产能的刚性释放导致的供大于

求，应将不同类型的产能过剩细化治理，形成防范和化解产能过剩的长效机制。一是完善产业进入机制，加大产业市场准入标准执行力度。制定先进合理的能耗标准和环保标准，用经济、技术、行政、金融等手段严格控制高耗能、高污染行业和产能过剩行业的投资项目，避免重复建设。二是建立健全落后产能退出机制和相应的援助机制，为无效过剩产能顺利退出经营活动创造有利条件。通过推进节能减排、设置能效、环境指标，加速落后产能的退出，对高耗能、高污染的落后产能采取刚性淘汰原则，为先进产能发展腾出空间。对政策目标需要鼓励退出的企业，设立统一的企业退出扶助基金，给予适当的政策性援助和补偿，使落后企业和产能能够及时退出经营。三是利用市场偏紧、企业主动调整意愿增强的有利时机，引导企业兼并重组。逐步降低高耗能产业在工业生产中所占比重，逐步破解全省经济增长高度依赖资源消耗的局面。

参考文献

傅晓霞、吴利学：《技术差距、创新路径与经济赶超——基于后发国家的内生技术进步模型》，《经济研究》2013 年第 6 期。

黄亮雄、安苑、刘淑琳：《中国的产业结构调整：基于三个维度的测算》，《中国工业经济》2013 年第 10 期。

魏际刚：《优化中国经济增长的动力结构》，《中国经济时报》2013 年 10 月 21 日。

李毅中：《中国特色的新型工业化道路内涵及其基本特征》，《经济学家》2013 年 6 月 8 日。

沈坤荣：《长短结合　培育经济增长新动力》，《求是》2013 年第 19 期。

辽宁服务业发展现状、趋势与对策选择

于 彬*

摘 要：

2013 年，随着辽宁经济的快速发展，辽宁服务产业规模不断扩大，载体建设稳步推进，重点行业也实现企稳回升，服务业对整个经济社会发展的支撑和推动作用不断增强。然而，辽宁服务业发展隐忧仍在，在发展增速、内部结构、企业盈利能力等方面还存在许多问题。未来，辽宁应创新服务业运行机制，继续推进重点领域发展和服务业载体建设，优化服务业发展的区域布局，提高服务业对外开放水平。

关键词：

服务业 载体建设 机制创新

服务业的发展程度是衡量经济、社会现代化水平的重要标志。世界经济的发展历程表明，随着经济发展水平的不断提高，服务业在国民经济中的地位也将日趋重要。一直以来，辽宁作为老工业基地，工业较为发达，但服务业发展水平相对落后，这对辽宁经济的全面振兴产生了明显制约。经过近些年的不断努力，辽宁服务业整体发展水平已有长足进步，但与先进水平相比还有很大差距。对于辽宁服务业的发展状况，我们必须清醒认识、深刻理解，在此基础上找到症结所在和解决办法。

一 辽宁服务业发展现状

近年来，随着辽宁经济的快速发展，辽宁服务业发展水平也逐步提高。进入2013 年，辽宁服务业"稳中有进"，产业规模不断扩大，载体建设稳步推进，重点行业也实现企稳回升，服务业对整个经济社会发展的支撑和推动作用不断增强。

---

* 于彬，辽宁社会科学院农村发展研究所助理研究员，研究方向：产业经济，辽宁省情。

（一）服务业整体发展态势良好

1. 产业总量继续扩大

2013年1～6月，辽宁服务业保持了平稳较快增长，增加值达到5001.6亿元，比2012年同期增长8%，服务业增加值占辽宁地区生产总值的比重继续提升，同比提高0.7个百分点，达到了40.5%。

2. 对投资吸引力不断增强

2013年1～6月，服务业完成固定资产投资6221.8亿元，同比增长25.1%，高于第二产业16.6%的固定资产投资增长速度；服务业固定资产投资占全部固定资产投资的比重达到55.6%，其中，房地产投资完成2721.6亿元，较上年同期增长21.3%，占服务业投资总额的43.7%。1～6月，基础设施建设完成投资1923.7亿元，其中属于服务业的交通运输业完成投资额532.9亿元，增长51.1%；公共设施管理业实现投资额863.8亿元，增幅为35.5%。

3. 对税收收入的贡献率不断提高

服务业的发展为税收发挥经济职能提供了重要保证。随着服务业产业规模的日益壮大，服务业在国民经济中的重要性不断增加，服务业对财政收入的贡献率也呈现增长态势。以地税收入为例，2013年1～6月，辽宁服务业地税收入完成862.2亿元，占全部地税收入的比重为66.2%，较上年同期提高2个百分点，增速高于一季度1个百分点。

4. 对新增就业发挥主要作用

纵观世界各国的发展历程可知，伴随着工业化的启动，劳动力将不断由农业向工业和服务业转移。而进入工业化中期以后，工业对劳动力的吸纳能力逐渐减弱，服务业将取代工业成为吸纳就业的主导产业。以增实名就业为例，2013年1～6月，辽宁服务业新增实名制就业34.9万人，比上年同期增加了5.8万人，占全部新增实名制社会就业人数的65.1%。其中，房地产业，水利、环境和公共设施管理业的从业人员分别增长了12.5%和11.5%。

（二）服务业载体建设取得新进展

1. 服务业集聚区建设稳步推进

2013年，辽宁继续推进100个服务业集聚区的建设，并以其中的60个省级服务业集聚区为建设重点，第二批省级服务业集聚区"七个一工程"建设也正有序展开。2013年1~6月，辽宁在建服务业集聚区实现主营业务收入4052亿元，同比增长18.4%；营业收入超过100亿元的服务业集聚区共有14个，营业收入超过50亿元的服务业集聚区共有27个。

2. 现代服务业综合试点工作走在全国前列

2013年，辽宁以服务业集聚区、公共服务平台、现代物流、电子商务、分离发展生产性服务业等为抓手，培育了一批具有示范性、带动性的现代服务业项目，推动了服务业的发展。在财政部、商务部开展的全国七个现代服务业试点省份的综合绩效评价中，只有辽宁与上海被评为优秀等级。

3. 服务业骨干企业发展平稳

2013年1~5月，辽宁7904家重点服务业企业保持了平稳的发展态势，实现营业收入1262.8亿元，同比增长10.0%；营业税金及附加29.9亿元，同比增长6.1%；应付职工薪酬200.3亿元，同比增长14.2%。在重点服务业企业中，生产性服务业企业共实现营业收入1129.9亿元，同比增长10.4%，在总营业收入中占比最多。其中，交通、运输仓储和邮政业，信息传输软件和信息技术服务业两个行业门类营业收入占到了辽宁重点服务业企业营业收入总额的72.6%；国有控股企业实现营业收入582.0亿元，占重点服务业企业营业收入总额的46.1%，对地方财政贡献最大；外商控股企业实现营业收入165.4亿元，营业利润21.9亿元，占重点服务业企业营业利润的34.3%，盈利能力最强。

4. 城区经济运行质量不断提高

在工业生产采取"退市进郊"布局的背景下，城区逐渐成为现代服务业发展的主要承载区。为促进城区服务业发展，辽宁将项目管理、规划管理、土地管理等市级经济管理权限向城区下放，取得了显著成效，服务业经济活跃度显著提升。2013年1~6月，辽宁56个城区地区生产总值实现8400.3亿元，占辽宁地区生产总值的比重为68.1%；同比增长9.2%，增速高于全省平均水平0.2个百分点；城区（含56个城区和15个开发区）公共财政预算收入和税收收入分别完成903.7亿元和728.2亿元，同比增长8.8%和7.7%。

5. "节日经济"和"夜经济"成为服务业新亮点

"节日经济"和"夜经济"有力地推动了辽宁批发零售流通业、住宿餐饮业以及旅游业的发展。从批发零售流通业来看，元旦、春节、清明、"五一"、中秋、"十一"假期分别实现商品销售额4.14亿元（对68家大中型零售企业监测

的结果）、7.12亿元（85家大中型商贸流通企业）、2.03亿元（63家大中型商业企业）、3.4亿元（63家大中型商业企业）、5.8亿元（100家重点零售企业）以及9.14亿元（100家重点零售企业），同比增幅分别达到20.3%、18.1%、18.5%、19.3%、20.3%以及18.3%；其中夜晚（晚18点以后）销售额占全天销售额的比重分别为30.2%、31.5%、28.9%、29.7%、65.5%以及42.1%，比上年同期分别提高5.4%、6.8%、7.7%、8.5%、7.3%以及5.1%。从住宿餐饮业来看，以元旦假期为例，辽宁省内60家大中型餐饮企业，共实现营业额2611.6万元，同比增长21.2%。其中，夜晚营业额达到1499.1万元，占全天营业额的57.4%，比上年同期提高11个百分点。从旅游业来看，以丹东为例，从大年初一开始市内各大滑雪场和温泉就已经满员，春节期间共接待游客17万人次，旅游收入1.3亿元，夜晚旅游客流同比增长30%。

（三）服务业重点行业企稳回升

1. 商贸流通业回落幅度逐步收窄

2013年1~6月，辽宁社会消费品零售额累计实现5017.4亿元，同比增长12.9%，高于全国0.2个百分点。尤其是进入二季度，商品销售加速增长，当季社会消费品零售额实现2503.8亿元，同比增长13.4%，增速比一季度加快1个百分点。

2. 交通运输业平稳增长

2013年上半年，辽宁货运量共计10.9亿吨，同比增长9.9%。铁路运输货运量共计8825万吨，同比下降3.5%。公路运输货运量完成9.4亿吨，同比增长11.8%；水路运输货运量完成6367万吨，增长4.2%；港口货物吞吐量完成5亿吨，增长14.1%，其中集装箱吞吐量848.6万标准箱，增长20.8%。

3. 旅游业持续向好

在温泉旅游、沟域旅游和乡村旅游迅猛发展的带动下，2013年上半年，辽宁旅游业呈现蓬勃发展态势。完成总收入2256亿元，同比增长18.4%，增速高于一季度0.8个百分点，高于上年同期1.2个百分点。旅游外汇收入15.8亿美元，增长8.6%；接待入境旅游人数243万人次，增长9.5%。

4. 金融业延续稳定增长态势

截至2013年6月末，辽宁金融机构本外币存款余额37990.7亿元，同比增长13.5%；比年初增加2743.7亿元，同比多增89.5亿元。本外币贷款余额

28316 亿元，比年初增加 1958.3 亿元，同比多增 141.5 亿元，增长 14.8%；上半年新增贷款 1958 亿元，同比多增 142 亿元，完成全年 3300 亿元目标的 59.3%。其中，短期贷款比年初增加 1008.1 亿元，同比多增 296.7 亿元；中长期贷款比年初增加 867.9 亿元，同比少增 28.8 亿元。

5. 信息技术服务业保持高速增长

2013 年上半年，辽宁信息技术服务业主营业务收入完成 547.5 亿元，同比增长 22.1%；信息技术服务业出口收入完成 18.6 亿美元，增长 17.4%。电子商务发展迅猛，据对 13 家省级电子商务示范企业调查，上半年实现电子商务交易额 136.9 亿元，同比增长 82.2%。

6. 家庭服务业发展初见成效

自《全省家庭服务业发展提速计划》实施以来，截至 2013 年 8 月，辽宁已建立起 15 个家政服务网络中心，整合各类社会服务资源 8.5 万家；31 个管理规范、服务上乘、影响力大、竞争力强的优秀家庭服务业品牌成为重点培育的对象；5 万多名城镇下岗人员、农民工经过培训成为家政行业的服务人员；辽宁已经有养老院、托老所、日间照料室等各类老年服务机构 1591 个，床位总数达到近 20 万张，每千名老人拥有养老床位达到 27 张，养老服务业体系初步形成。

7. 文化产业重点园区建设顺利推进

2013 年，辽宁"十二五"规划中计划建设的 18 个文化产业重点园区（基地）中的 15 个园区已初见规模，经济效益开始显现。1~6 月，沈阳棋盘山文化产业园区完成地区生产总值 34.2 亿元，同比增长 11.5%；游客量突破 180 万人次，旅游总收入 10 亿元，增长 12%。沈阳华强科技文化产业试验园区主营收入约为 6000 万元人民币，增长 30%，游客量约 38 万人次，增长 35%。沈阳动漫游戏产业基地园区企业实现总产值 0.6 亿元，增长 15%。其他产业园区也不同程度实现了生产总值与营业收入的快速增长。

二 辽宁服务业发展面临的主要问题

辽宁服务业在 2013 年上半年呈现企稳回升的运行态势，但这并不意味着服务业的发展可以高枕无忧。受多种因素影响，辽宁服务业在发展增速、内部结构、企业盈利能力等方面仍存在许多问题。

（一）增长速度逐步放缓

从整体上看，2013 年 1~6 月服务业增速为 8%，比 2012 年全年增速回落 1.9%，比 2012 年 1~6 月增速回落 0.7 个百分点。从具体行业看，消费品零售业、住宿餐饮业、交通运输业、邮政业较上年同期水平增速均出现回落，只有房地产业、旅游业、金融业以及信息技术服务业增速加快。2013 年 1~6 月，社会消费品零售总额达到 5017.4 亿元，同比增长 12.9%，增速比上年同期降低 2.4 个百分点；公路运输货运量增速低于上年同期 4.7 个百分点，水路运输货运量增速低于上年同期 3.2 个百分点；一季度辽宁邮电业务总量增幅比上年同期降低 7.2 个百分点，电信业务总量比上年同期降低 7.9 个百分点；邮政业务总量比上年同期降低 1.2 个百分点。虽然 1~6 月房地产业销售额和销售面积增速分别高于上年同期 17.6 个和 14.2 个百分点，但与一季度相比，增速分别下降 9.8 个和 6.5 个百分点，增长势头回落，对服务业的拉动力也有所减弱。

（二）服务业增加值占比仍然较低

2013 年 1~6 月，服务业增加值占比达到 40.5%，虽然较 2012 年有较大提升，但与 2012 年 1~6 月服务业增加值占比 39.8% 这一数字相比，也仅增加 0.7%。而同期，上海服务业增加值占比达到 61.6%，广东、浙江、江苏、山东占比则分别达到 46.6%、46.2%、42.2% 以及 40.6%，均高于辽宁服务业增加值占比。2013 年 1~6 月，辽宁服务业对经济增长的贡献率为仅为 36.4%，而第二产业的贡献率为 60.3%，远远高于服务业的贡献率，工业仍是推动辽宁经济增长的主导力量。

（三）服务业结构不合理、不均衡问题始终存在

一方面，从服务业内部结构来看，批发零售贸易、餐饮服务和交通运输等传统行业占据了较大比重。尽管 2013 年 1~6 月以金融业、旅游业、信息服务业等行业为代表的现代服务业实现总量与增速的双增长，以批发零售贸易、餐饮服务和交通运输为代表的传统服务业增速放缓，但传统服务业占辽宁服务业比重过高、现代服务业和新兴服务业发展不够充分的局面仍旧没有改变。另一方面，从服务业的地域发展来看，沈阳市与大连市是辽宁综合实力最强、服务业发展相对较好的两个城市，两市服务业增加值占全省服务业增加值近 2/3，其余 12 个城市的服务业增加值仅占 1/3，服务业区域发展极不平衡。

（四）重点服务业企业收入增长缓慢

受国际国内经济增速放缓等因素影响，2013 年 1 ~ 5 月，辽宁重点服务业企业月营业收入虽同比增长 10.0%，但同 1 ~ 2 月相比，营业收入增速放缓，回落 0.2 个百分点。受生产要素成本不断上升影响，辽宁重点服务业企业 1 ~ 5 月营业成本为 911.9 亿元，占营业收入的比重已达 72.2%，同比增长 10.1%。分行业看，交通运输仓储和邮政业、水利环境和公共设施管理业、卫生和社会工作等行业营业成本出现高速增长，增速分别为 15.9%、10.1%、11.3%。在成本上升和费用增加双重推动下，企业盈利空间受到挤压，1 ~ 5 月辽宁重点服务业企业营业利润同比下降 11.0%。总的来看，服务业中除交通运输仓储和邮政业、科学研究和技术服务业、房地产业（不含房地产开发）、居民服务修理和其他服务业、卫生和社会工作业外，其他行业营业利润均呈现下降趋势。其中，信息传输软件和信息技术服务业、水利环境和公共设施管理业、教育业等行业利润明显下滑，同比分别下降了 10.9%、17.2%、58.8%。

（五）服务业发展长期制约因素依然存在

辽宁服务业还面临着一些长期性、根本性问题，其中比较突出的是市场化、国际化程度较低问题。首先，较高的准入门槛严重束缚了服务业的发展。高门槛导致"进不来"，降低了服务业的市场化程度，导致许多潜在的投资者被拒之门外，这就降低了服务业对各类资源的吸纳水平。其次，行业垄断对服务业的发展产生了严重制约。近年来，随着我国经济体制改革的不断深入，许多自然垄断和行政垄断领域的市场准入门槛开始放宽、外资进入限制逐步减少，但目前辽宁的很多服务行业，如金融、电力、铁路、航空等依旧带有很强的行政垄断色彩，国有企业占据主导地位，个体、私营以及外资企业很难与国有企业进行公平竞争。再次，辽宁服务业的国际化程度较低。与广东、上海等发达地区相比，辽宁服务业对外交流较少，关于服务业的国际化交流平台也基本没有建立，服务业在发展中对外部资源的利用还很有限。

三 辽宁服务业发展前景展望

尽管辽宁服务业发展仍然存在不少问题，并将面临许多阻碍，但从总体上

看，机遇大于挑战。随着我国发展环境的不断改善以及辽宁省内部发展潜力的不断释放，辽宁服务业的未来发展有望实现更大的突破。

（一）国内发展环境长期向好

从国内看，我国经济社会发展的基本态势长期向好。2013 年 1～10 月，中国制造业采购经理指数（PMI）从 50.4% 上升到 51.4%，从 2012 年起已连续 11个月处于经济荣枯线 50% 上方，从 7 月份开始，已经连续 4 个月回升，10 月份达到 51.4%，创下了 18 个月以来的新高。这表明我国制造业新订单和产出分布均匀上升，经济处于温和复苏之中。预计 2013 年下半年在全国制造业经济整体表现稳中趋升的态势下，辽宁交通运输、金融业及生产资料市场均将呈现需求稳步上升的运行态势。

（二）辽宁省内服务业发展潜力巨大

首先，辽宁城镇化水平较高，2012 年，辽宁城镇化率达到 65.65%，仅次于广东位居全国第二（直辖市除外），到"十二五"末，城镇化率要达到 70% 左右；同时辽宁拥有沈阳和大连两个特大城市，辽中南城市群是我国几大发展成熟的城市群之一。城镇化的稳步推进以及城市规模的不断扩大，不仅有助于推动以教育、医疗、社保、就业等为主要内容的公共服务发展，也能够推动以商贸、餐饮、旅游等为主要内容的生活性服务业和以金融、保险、物流等为主要内容的生产性服务业的发展。其次，由生存型、温饱型向享受型、发展型转变的消费结构，也为服务业发展提供巨大商机。随着城乡居民收入水平的不断提高，多层次和高效率的服务需求不断成长，为新兴服务行业和新型服务产品的发展提供了契机。再次，辽宁再次上调最低工资标准、提高企业退休人员平均基本养老金等因素均有助于推动消费稳定增长。

（三）政策推动效应持续增强

辽宁省政府先后出台了促进服务业发展的 10 条政策（辽政发［2012］28号）以及包括商贸流通业在内的 10 项重点行业发展提速计划，印发了加强鲜活农产品流通体系建设的通知（辽政办发［2012］21 号），在税收、财政、融资、用地、价格、人才等方面加大了对服务业发展和促进消费的政策支持力度。此外，辽宁还拟定了促进消费的通知及贯彻国发［2012］39 号、国办发［2013］5

号等文件的具体实施意见。在全面贯彻落实商务部《家庭服务业管理暂行办法》的同时，辽宁省服务业委会同省质监部门分别制定出台了家庭服务组织等级划分，医疗陪护、计时工、保洁服务规范等9项家庭服务业地方标准。特别是2013年8月1日起开始实施的"营改增"改革工作，将进一步加快辽宁交通运输业、研发和技术服务业、信息技术服务业、文化创意服务业以及物流辅助服务业等现代服务业的发展。

（四）服务业发展机制建设取得新进展

辽宁在服务业的发展机制建设上取得了不少成绩。首先，服务业9项重点工作正在全面铺开，服务业考核机制逐步健全，运转更加顺畅，现代服务业综合试点进展顺利。其次，城区经济第一个"三年倍增计划"如期实现，城区积累了发展的雄厚基础，向城区放权和区划调整两项改革基本完成，大大拓展了城区经济发展空间，释放了发展活力。最后，服务业集聚区建设卓有成效，评选认定了第二批省级服务业集聚区，开展集聚区建设"七个一"工程，推动集聚区规模和业态的"双提升"，服务业集聚区的标准化和现代化水平有了较大提高。

四　辽宁服务业未来发展的政策选择

辽宁服务业现已具备较好的发展基础，面对未来的发展机遇与挑战，我们应扬长避短、趋利避害，凝聚共识、积聚力量，通过多方位、多角度的努力为服务业的发展创造良好环境，推动整个产业的持续健康发展。

（一）进一步加大体制机制创新力度

在体制机制创新方面，辽宁已经做出了许多努力，取得了一定成效，但面对新的发展需要，还应继续加大体制机制创新力度，具体应做好以下几项工作。首先，顺应国家行政管理体制改革大潮，加大力度推进辽宁服务业管理体制改革，以市场化为导向，不断放宽市场的准入标准，拓展市场的准入领域，鼓励和引导社会各方力量参与到服务业的发展中去。其次，顺应发展潮流，结合现代服务业发展的主要特点，对服务业管理机制进行相应创新，综合运用产业导向、环保标准、财政政策等手段，为服务业发展营造良好环境。最后，服务业自身内在运行机制创新的工作也应加强，特别是要充分发挥行业协会在服务业发展中的重要作用。

（二）适度调低发展目标

《辽宁省服务业发展"十二五"规划》中提出，到2015年，服务业增加值占GDP比重确保达到42%，此目标是以2010年37.1%为基数进行的测算，年均占比提高0.98个百分点。但从目前运行趋势来看，2012年，服务业增加值占比实现37.5%，两年仅仅提高0.4个百分点，若如期完成上述目标，则在未来三年内，服务业增加值占比年均需增加1.5个百分点，服务业增加值增速需年均提高3.8个百分点左右。就目前的发展现状和服务业的发展规律来看，原定发展目标实现难度较大。如果一味地对发展目标盲目追求，很可能会影响发展的质量和效益。因此，应适当调低发展目标，这不仅符合实际的发展态势，也是保证发展质量的需要。

（三）不断优化服务业产业结构

辽宁未来服务业的发展应坚持"两手抓"、"有侧重"，即传统服务业和现代服务业都要努力发展，但应着重发展现代服务业，以此来适应新型工业化和居民消费结构升级的新需要。第一，应加大力度推动传统服务业的"提档升级，通过对餐饮、批发零售、家政服务等传统服务业的改造和升级，提高传统服务业的服务水平和经济效率。第二，应继续坚持重点行业优先发展战略，以服务业9项重点工作为核心，"有的放矢"地以重点行业带动辽宁服务业发展。通过重点工作突破、关键行业提速、重大项目建设以及领军企业的培育的方式，推动金融业、物流业、会展业、电子商务、研发设计等现代服务业的快速发展。

（四）深入推进服务业载体建设

首先，以规划和项目建设为支撑，加快服务业集聚发展。围绕产业集群、工业园区和高效生态农业基地等，规划建设一批综合性生产性服务业集聚区。其次，以向城区放权为契机，全面激活城区经济。辽宁应加强督查工作，确保市级经济管理权限向城区下放到位，赋予所有城区与县相同的经济管理权限，最大限度释放改革红利。再次，以现代服务业综合试点为突破，加速生产性服务业发展。加快推进已支持项目建设，尽快发挥试点效益。推动传统商业模式向现代模式转变，最后，扩大试点效应。推动试点市在出台政策措施上先行先试。抓住国家扩大"营改增"试点的契机，做好工业企业中生产性服务业分离工作。

（五）优化服务业发展的区域布局

辽宁应根据不同地区的经济发展水平，加强对省内整个服务业发展的统筹规划，注重省内不同区域之间的沟通和协作，消除产业同构的弊端。对于经济发展水平较高的地区，如沈阳、大连、鞍山，工业化进程较快，居民收入水平较高，可以侧重发展现代服务业，加快服务业的升级换代。而对于经济发展水平相对落后的地区，例如辽西北地区，应着力发展传统服务业和自身具有一定比较优势的服务业，同时积极承接发达地区的产业转移，以此来快速提升服务业的发展水平。

（六）不断提高服务业对外开放水平

首先，辽宁应抓住机遇，充分发挥自身比较优势，推进服务业的对外开放，特别是对日、韩的开放，不断提升服务业领域利用外资的质量和水平。2013年，中日韩自贸区谈判正式开启。从短期看，中日韩自贸区建设仍将面临不少困难，难以一蹴而就，但从长期观察，中日韩自贸区的建立已是大势所趋。辽宁与日本、韩国隔海相望，贸易外来频繁，经济联系紧密。可以预计，中日韩自贸区的建立必将对辽宁的经济发展产生重要影响。其次，辽宁应加快服务平台建设，为服务业的"走出去"企业提供市场调研、法律咨询等服务。最后，在具体产业选择上，可将承接国际服务外包业务作为辽宁扩大服务贸易的着力点，充分发挥辽宁人力资源优势，积极承接信息管理、数据处理、工业设计等国际服务外包业务。

参考文献

《上半年全省经济形势分析和下半年走势判断》，辽宁统计信息网，http：//www. ln. stats. gov. cn。

《辽宁经济》编辑部：《辽宁省2013年上半年经济运行情况综述》，《辽宁经济》2013年8月15日。

《辽宁省人民政府办公厅关于印发〈辽宁省服务业发展规划〉的通知》，《辽宁省人民政府公报》2008年12月23日。

《2013年1～5月我省重点服务业企业运行简析》，辽宁统计信息网，http：//www. ln. stats. gov. cn。

B.11

辽宁省对外贸易经济运行
情况分析及对策

李佳薇*

摘　要：

2013 年以来，国内外经济形势错综复杂，对外贸易经济发展面临的困难和风险依然较多。辽宁省对外贸易经济运行状况基本稳定，但结构性问题仍然突出。2014 年，辽宁省对外贸易经济面临的发展环境更趋复杂。因此，应当进一步优化对外贸易结构，合理引导外资流向，调整对外投资合作布局，全面提升对外开放水平。

关键词：

对外商品贸易　实际使用外商直接投资　对外直接投资

一　辽宁省对外贸易经济运行总体状况

（一）对外商品贸易稳定发展

2013 年前三季度，辽宁省商品进出口总值 828.8 亿美元，同比增长 7.1%，比全国增速低 0.6 个百分点。其中，出口总值 467.4 亿美元，列全国第八位，同比增长 9.3%，比全国增速高 1.3 个百分点；进口总值 361.4 亿美元，列全国第九位，同比增长 4.3%，比全国增速低 3 个百分点。[①] 从辽宁省近几年的同期指标比较情况看，商品进出口值虽逐年增加，但进出口增幅均逐年下降（见图 1）。

---

*　李佳薇，辽宁社会科学院产业经济与 WTO 研究所助理研究员，主要研究方向：产业经济与对外贸易。

① 本专题使用的数据资料根据大连海关网、沈阳海关网、海关统计资讯网、商务部网站、国家统计局网站、《辽宁省统计月报》、《辽宁统计年鉴》资料整理。

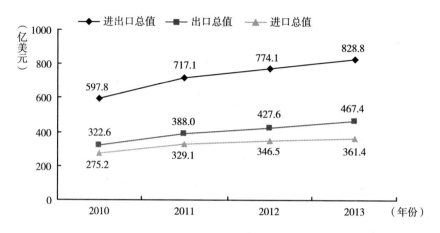

图1　2010~2013年（前三季度）辽宁省商品进出口值变化情况

2013年前三季度辽宁省对外商品贸易运行的主要特点有以下几点。

1. 一般贸易进出口额保持增长，加工贸易进出口走势各异

2013年前三季度，辽宁省一般贸易出口264.0亿美元，同比增长24.7%；一般贸易进口205.5亿美元，同比增长7.4%；加工贸易出口166.2亿美元，同比下降4.2%；加工贸易进口107.6亿美元，同比增长12.2%。从辽宁省近几年的同期指标比较情况看，一般贸易进出口额保持增长，出口增幅逐年下降，2013年前三季度进口增幅略有回升；近两年加工贸易出口额减少，2013年前三季度加工贸易进口额略增（见图2）。

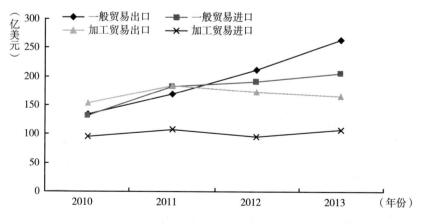

图2　2010~2013年（前三季度）辽宁省按贸易方式进出口值变化情况

2. 私营企业贸易规模增长较快，外商投资企业进出口额减少

从近几年辽宁省情况看，私营企业商品进出口贸易规模增长较快，且进出口比重均逐年增大，2013 年前三季度私营企业出口比重达到 43.1%，超过了外商投资企业居于首位；国有企业进出口比重均逐年缩减，2013 年前三季度国有企业进出口额均略有回升；外商投资企业出口比重逐年降低，2013 年前三季度外商投资企业进口比重降低且进出口额均减少（见图 3 和图 4）。

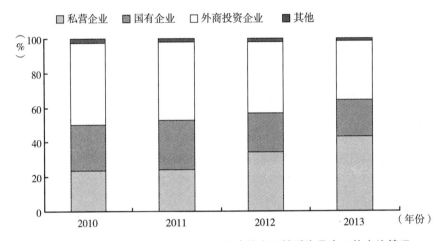

图 3　2010～2013 年（前三季度）辽宁省按企业性质商品出口值占比情况

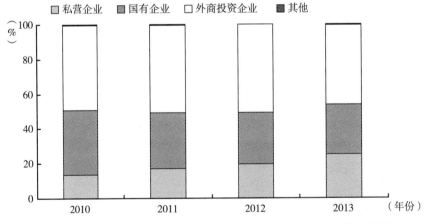

图 4　2010～2013 年（前三季度）辽宁省按企业性质商品进口值占比情况

3. 对东盟出口大幅度增长，对日本、韩国出口下降

2013 年前三季度，辽宁省对东盟、欧盟商品出口增长较快，特别是对东盟出口大幅度增长，同比增长了50%，增速几乎是去年同期的3倍，比全国增速高28.1个百分点，且出口额超过日本位于所有商品出口市场之首；对金砖国家商品出口增长了11.7%，比全国增速高4.3个百分点；对美国出口增速放缓；对日本、韩国出口额减少（见图5）。

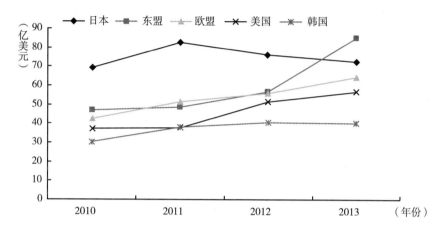

图5 2010～2013年（前三季度）辽宁省主要出口地区出口值变化情况

4. 船舶、成品油出口变化幅度较大，二甲苯进口倍增

从近几年辽宁省部分重点出口商品的同期指标比较情况看，2013年前三季度船舶出口额大幅减少，同比下降了35.8%；成品油出口额大幅回升，同比增长了50.6%；钢材、家具及其零件、塑料制品出口增速放缓；农产品、服装及衣着附件增幅略有上升；高新技术产品出口额略有回升（见图6）。从进口情况看，2013年前三季度二甲苯进口额增幅较大，增长了3.1倍，机电产品、高新技术产品、铁矿砂及其精矿进口额持续下降，农产品、煤进口增幅略有上升，原油、汽车零件、成品油进口增速放缓（见图7）。

（二）实际使用外商直接投资持续增长

2013年前三季度，辽宁省实际使用外商直接投资额200.8亿美元，比上年同期增长9.5%，比全国同期增速高3.3个百分点。从近几年情况看，辽宁省实际使用外商直接投资的总体发展状况表现为以下几个方面。

1. 外商直接投资实际使用额及占全国比重逐年增长，但增速开始下降

2008～2012年，辽宁省外商直接投资实际使用额逐年增长，但增速自2010

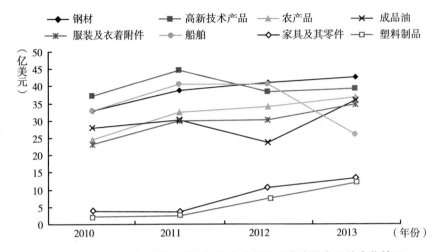

图6 2010～2013年（前三季度）辽宁省部分重点商品出口值变化情况

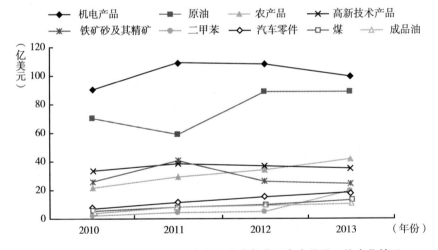

图7 2010～2013年（前三季度）辽宁省部分重点商品进口值变化情况

年开始下降；同时，辽宁省实际使用外商直接投资额占全国同期同类数值的比重呈逐年上升趋势（见表1）。

2. 第一、第二产业利用外资规模扩大，第三产业利用外资比重缩小

从2008年至2012年辽宁省三次产业实际利用外商直接投资情况看，第一产业实际利用外商直接投资额及比重大体呈上升趋势；第二产业实际利用外商直接投资额逐年增大，所占比重也大体呈上升趋势；第三产业自2010年开始实际利用外商直接投资额及所占比重均逐年减少（见图8）。

表1　2008～2012年辽宁省实际使用外商直接投资主要指标变化情况

单位：亿美元，%

指标名称 \ 年份	2008	2009	2010	2011	2012
实际使用额	120.2	154.4	207.5	242.7	267.9
占全国比重	13.0	17.1	19.6	20.9	24.0
增速	—	28.5	34.4	17.0	10.4

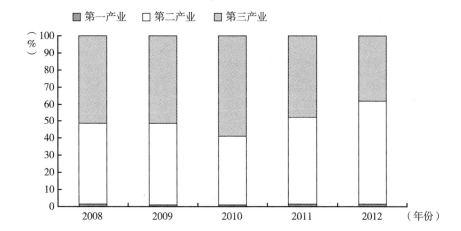

图8　2008～2012年辽宁省三次产业实际利用外商直接投资比重变化情况

3. 外资来源多元化，源自中国香港的直接投资比重降低

从2008年至2011年辽宁省外商直接投资来源地分布情况看，来自中国香港的投资额位列第一且逐年增大，所占比重在43.7%～66.4%，外资来源单一的问题较为突出。但这一情况在2012年有了较大改善，外资来源多元化的趋势初显。2012年，来自中国香港的直接投资额和比重虽然仍居于首位，但比重较2011年减少了11.7个百分点；同时，来自欧美等多个发达国家的直接投资与2011年相比增长较快，来自德国、意大利、西班牙、美国、澳大利亚和新西兰的直接投资分别增长了1.2倍、2.7倍、12.6倍、1.2倍、5.9倍和1.3倍。

（三）对外投资合作企业规模扩大

2013年前三季度辽宁省对外投资合作企业发展的主要特点有以下几点。

1. 对外直接投资企业数量增多，但占全国比重降低

2013 年前三季度，辽宁省共核准对外直接投资企业 123 家，比上年同期增长 18.3%，比全国增速低 9.2 个百分点；辽宁省新核准对外直接投资企业数量占全国同期数量的 3%，比上年同期低 0.3 个百分点（见图 9）。

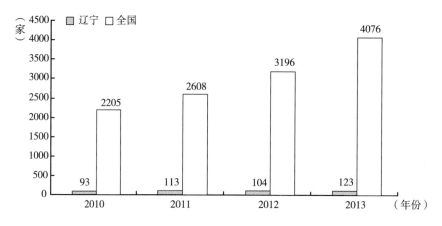

图 9　2010～2013 年（前三季度）辽宁省新核准对外直接投资企业数量变化情况

2. 新增企业投资目的地仍以亚洲和美洲居多，对美国投资新增企业数量列所有国家之首

2013 年前三季度，辽宁省新核准对外直接投资企业中，投资目的地为亚洲的占 47.1%，美洲占 30.1%，欧洲占 13%，非洲和大洋洲均占 4.9%。从 2010 年至 2013 年辽宁省前三季度指标变化情况看，对美洲投资的新增企业数呈上升趋势，特别是对美国投资的新增企业数逐年增加，对美国投资新增企业数始终排在所有国家的前三位，2013 年前三季度对美国投资新增企业数达到 29 家，居所有国家之首，超过了此前一直排在第一位的中国香港地区；对亚洲的新增企业数量增长幅度偏小，2013 年前三季度所占比重下降 6.7 个百分点，其中对东盟的新增企业数量所占比重于 2013 年前三季度骤降至 4.1%，比上年同期下降 9.4 个百分点，对中国香港和日本投资的新增企业数始终排在所有国家的前三位；对欧洲投资的新增企业数量和所占比重在 2013 年前三季度均有回升，其中对欧盟投资的新增企业数量逐年增加，2013 年前三季度对欧盟投资新增企业数量达到 13 家，占所有新增企业的 10.6%，比上年同期增长 1.9 个百分点（见图 10）。

3. 制造业新增企业数量及比重减少，部分行业新增企业数量及比重增加

与 2012 年前三季度相比较，2013 年前三季度辽宁省新核准企业对外直接投

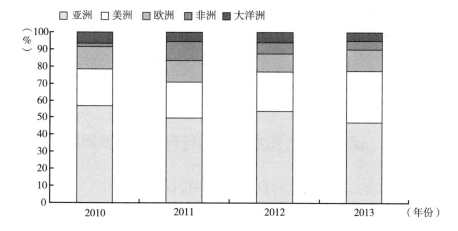

图10 2010～2013年（前三季度）辽宁省新增企业投资目的地分布变化情况

资的领域仍以制造业及批发和零售业为主，但制造业新增企业数量略有减少，且比重下降约7.3个百分点；科学研究和技术服务业，交通运输、仓储和邮政业以及信息传输、软件和信息技术服务业新增企业数量增加，所占比重分别提高约1.0个、1.2个和2.2个百分点（见图11）。

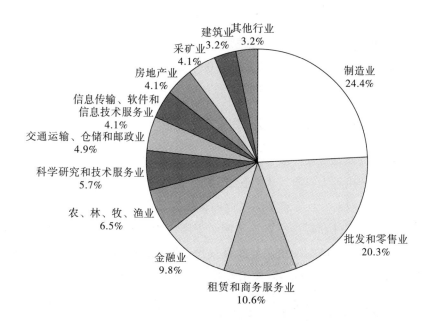

图11 2013年前三季度辽宁省新增对外直接投资企业行业分布情况

4. 对外劳务合作企业数量较多，对外承包工程企业数量较少

截至 2013 年 10 月 26 日，辽宁省共有对外劳务合作企业 113 家，占全国总数的 12.2%，列全国第 3 位；对外承包工程企业 94 家，占全国总数的 2.7%，列全国第 13 位。

二 辽宁省对外贸易经济运行存在的主要问题

（一）对外商品贸易结构有待进一步优化

辽宁省对外商品贸易结构存在的问题是：出口商品中资源性产品增多而高新技术产品比重较低，进口商品中高新技术产品减少。2013 年前三季度，辽宁省资源性产品出口额约为 42.9 亿美元，比上年同期增长了 32.4%，占同期出口商品总值的 9.2%，比上年同期比重高 1.6 个百分点。从近几年辽宁省高新技术产品进出口变化情况看，高新技术产品进出口所占比重均呈下降趋势。2013 年前三季度，辽宁省高新技术产品出口额占辽宁省商品出口总额的 8.4%，比上年同期下降了 0.6 个百分点，比全国同期数值低 21.4 个百分点，占同期全国高新技术产品出口额的 0.8%，比上年同期下降了 0.1 个百分点；而同期辽宁省高新技术产品进口额占辽宁省商品进口总额的 9.7%，比上年同期下降了 0.8 个百分点，占同期全国高新技术产品进口额的 0.8%，比上年同期下降了 0.2 个百分点。

（二）实际使用外商直接投资结构失衡

实际使用外商直接投资结构不均衡，对辽宁省经济的可持续发展和各区域的协调发展都将产生重大影响。从产业结构看，第二产业实际使用外商直接投资增长较快，显示外资对于辽宁省第二产业的市场控制程度有增强趋势；与此同时，第三产业实际使用外商直接投资连续两年下降，2012 年低于制造业。从区域结构看，资源枯竭型地区实际使用外商直接投资所占比一直较低，2013 年前三季度，辽宁省资源枯竭型地区实际使用外商直接投资的比重还不足 10%。

（三）对外直接投资布局仍需调整

对外直接投资布局仍然存在目的地较为集中、投资合作质量不高的问题，需要进一步调整。截至2013年9月30日，辽宁省共核准对外直接投资企业962家，在中国香港、美国和日本三地注册的企业数所占比重达到了42.9%。在美国投资注册的企业共138家，其中专门的研发机构比重约为3.6%；在德国投资注册的企业共26家，几乎没有专门的研发机构，经营范围中涉及研发类的比重约为26.9%。在俄罗斯（38家）、乌克兰（1家）和蒙古（16家）投资注册的企业共55家，投资矿产资源领域的占18.2%，投资经贸领域的占27.3%。

三　辽宁省对外贸易经济发展形势的基本预测

（一）国际市场需求总体偏弱

当前，尽管世界经济复苏总体趋于改善，但经济复苏的基础并不稳固，动力仍然不足。主要发达经济体经济复苏势头虽有所增强，但结构性问题远未解决；发展中经济体经济增速明显放缓，且金融风险加剧。世界经济形势的错综复杂继续困扰全球贸易和跨国投资。贸易方面，一些国家为短期利益倾向于通过保护本土企业并促进就业的方式重振经济发展的内生动力，全球范围内贸易限制措施总量呈上升趋势。根据世贸组织的预测，2014年全球贸易量增长4.5%，低于过去20年5.4%的平均增速。投资方面，众多跨国公司通过资产重组、撤资等方式重新布局全球跨国投资，对外投资更加谨慎，而各国也加强了对外国投资的监管。在全球金融体系结构缺陷及主要经济体政策不确定性等诸多因素的共同影响下，国际市场对商品和资本的需求总体偏弱，因此，辽宁省此前持续多年的出口高速增长态势已不可持续，未来外贸出口的个位数增长或成常态，同时利用外资和对外投资合作的难度也将加大。

（二）产业国际竞争力面临挑战

由于劳动力、原材料等要素成本持续上涨，而东盟及其他发展中国家劳动密集型产品出口竞争优势逐步增强，部分出口订单流失和产能转移的倾向或将导致辽宁省劳动密集型产品的国际市场份额被挤占，吸收跨国资本的比较优势减弱。同时，由于体现战略性新兴产业核心竞争力的关键技术受制于人，而在营销、品牌、服务等方面，辽宁省出口企业与发达国家竞争对手相比差距较大，因此辽宁

省出口的可持续发展能力仍然较弱。在对外投资合作方面，东道国政府越来越倾向于吸引投资者进行重大项目的开发，而辽宁省企业在这一方面经验尚显不足；在承包工程项目上，日本、韩国、土耳其等企业加快了争夺市场的步伐，而欧美承包商也加大了对发展中地区业务的投入，辽宁省对外投资合作企业面临的国际竞争进一步加剧。

（三）开放战略推进带来机遇

2013年，我国实施了更加积极主动的开放战略。中国（上海）自由贸易试验区的启动运行，刚刚与冰岛、瑞士签署的自贸协定，正在进行的与韩国、海湾合作委员会（GCC）①，澳大利亚、挪威的自贸谈判，中日韩自贸区谈判以及《区域全面经济合作伙伴关系协定》（RCEP）谈判，已经完成的与印度的区域贸易安排（RTA）联合研究，以及正在进行的与哥伦比亚等开展自贸区联合的可行性研究，进入实质性阶段的中美双边投资协定谈判和即将开启的中欧双边投资协定谈判，都预示着我国对外贸易经济发展环境将发生巨大变化。开放战略的稳步推进，不仅在降低贸易成本、便利贸易流程和增进贸易利益等方面为辽宁省企业扩大出口提升信心，也将为辽宁省吸收利用外资和对外投资合作带来更多机遇。此外，我国政府还积极与部分国家，如巴基斯坦、沙特、加拿大等签订基础设施建设合作框架协议，这将对促进辽宁省企业在这些国家和地区发展工程承包业务起到非常大的推动作用。

（四）政策措施调整注入活力

2013年初，商务部会同有关部门发布的《关于香港、澳门服务提供者在内地举办营利性养老机构和残疾人服务机构有关事项的通知》和《台湾投资者经第三地转投资认定暂行办法》，为辽宁省进一步扩大吸收和利用外资的深度和广度提供了操作依据；商务部会同环保部发布的《对外投资合作环境保护指南》，旨在指导中国企业进一步规范对外投资合作中的环境保护行为，这将对辽宁省企业在制定海外绿色运营战略、实现对外投资合作业务可持续发展方面起到重要指引作用。7月，国务院办公厅印发了《关于促进进出口稳增长、调结构的若干意见》，旨在通过提高贸易效率，尽量减少国外需求萎缩对中国

---

① 成员国为阿拉伯联合酋长国、阿曼、巴林、卡塔尔、科威特和沙特阿拉伯。

经济的影响，并配合国内经济改革的目标，对贸易制度、贸易方向和贸易内容进行引导性的调整，这预示着辽宁省外贸或将出现结构性的投资机会，逐渐转向电商贸易，提高便利化的专业服务产业、发展中国家的基础设施项目，以及相关的民营外贸企业。同时，9月辽宁省人民政府发布的《关于促进海关特殊监管区域健康发展的指导意见》通过对辽宁省海关特殊监管区域的定位、布局、产业发展及便利通关等方面提出指导意见，强化海关特殊监管区域作为拉动辽宁省开放型经济发展的载体作用，这将进一步提升辽宁省对外贸易运行效率。此外，5月辽宁省发改委会同有关部门印发的《辽宁省诚信示范企业优惠政策》也将为辽宁省外经贸行业中优质企业的经营与发展提供更多便利和保障。

四 辽宁省对外贸易经济深化发展的对策建议

（一）优化进出口商品结构，促进对外贸易平衡发展

2014年，辽宁省应继续深化调整对外贸易结构。一要通过支持并规范跨境电子商务等新型贸易方式和外贸综合服务企业发展，鼓励企业特别是私营企业加大技术创新投入，夯实出口的产业和技术基础，借助国际商务平台和国际营销网络打造国际知名品牌。二要通过初级资源性产品生产行业市场准入和退出机制的有效运作，提高产业集中度，加大高端资源性产品项目的研究并鼓励出口，严格控制初级资源性产品出口，保障辽宁省经济可持续发展。三要进一步明确须向辽宁省内陆地区和海关特殊监管区域集中的加工贸易企业类型及时间进度，加快促进加工贸易转型升级。四要通过研究辽宁省进口来源市场间的差异，选取最佳贸易伙伴扩大其具有国际竞争优势的先进技术设备、关键零部件、战略资源和节能环保产品进口，并积极支持有条件的保税区建设成为国家进口贸易促进创新示范区，加快推动对外贸易平衡发展。

（二）结合产业需求和区域特色，合理引导外商直接投资流向

2014年，辽宁省应当根据《中西部地区外商投资优势产业目录（2013年修订）》对辽宁省鼓励类外商投资产业目录的调整，结合产业需求和地区特色，进一步优化利用外商直接投资的产业结构和区域布局，择优选资并合理引导其流

向，将吸收和利用外商直接投资水平提升到新的高度。从产业结构角度看，投向第一产业的外商直接投资应增强其对于改进农业生产方式和改善生态环境的推动力；投向第二产业的外商直接投资应向技术先进型和出口导向型的农产品加工、城市基础设施建设等领域有所倾斜；投向第三产业的外商直接投资应在教育、医疗卫生和文化等领域有较大幅度增加。从区域布局角度看，目前辽宁省实际使用外商直接投资比重较低的是资源枯竭型地区，对于这类地区的外商直接投资可以从三个方面实施引导。一是对于有较好农业基础的区域，投资流向侧重以该区域农作物为基础的农产品加工业。二是对于有特色资源的，投资流向侧重以该区域代表性资源为依托的先进制造业。三是围绕区域第一、第二产业中主导产业的发展需求对服务业实施引导。除了辅助主导产业发展的仓储、物流等生产性服务业之外，对于以先进制造业为主导产业的区域，由于其需要有相应的先进技术作为支撑，因此应当积极引导外资在当地设立以代表性资源为重点研究对象的先进制造业技术研发中心，并与所在地高校、科研院所和企业建立技术合作战略联盟。产业升级和人才集聚也将提升其他商业服务业的发展空间，进一步增强辽宁省资源枯竭型地区对外资的吸引力，从而全面带动资源枯竭型地区就业，促进资源枯竭型地区的可持续发展。

（三）调整对外投资合作布局，增强对外投资合作的推动力和影响力

2014年，辽宁省应当加大调整对外投资合作布局的力度，进一步增强对外投资合作的推动力和影响力。一方面，有关部门或机构应当根据商务部对外投资合作产业导向和国别指导政策，结合辽宁省产业发展需求，深入开展对外投资合作国别和产业规划布局研究，进一步提高指导辽宁省企业对外投资合作的针对性和有效性。另一方面，辽宁省对外投资合作企业应当提升海外运营能力，在新的运营环境中构建新的核心竞争力。面对对外工程承包项目大型化、规模化、高端化，以及对外工程承包和对外投资相结合的趋势，辽宁省企业对于对外投资合作项目的综合开发能力将受到更为严峻的考验。此外，随着全球范围环保问题受重视程度的提高，辽宁省企业在海外运营中需要面对日益严格的监管要求和日趋激烈的市场竞争，而竞争者中不乏已经在绿色技术和运营管理等方面积累了丰富经验的跨国公司。因此，辽宁省对外投资合作企业尤其需要制定企业海外绿色运营战略，并在绿色运营管理方面加大投入，维护企业的良好形象，为辽宁省企业在海外市场的可持续发展打下坚实基础。

（四）积极利用经贸园区平台，全面提升对外开放水平

2014年，辽宁省应当积极利用各类经贸园区作为对外开放重要载体和平台的作用，全面提升对外开放水平。对于辽宁省境内的开发区、保税区、出口加工区等经济园区，应当提高其各类规划的编制水平，加强吸收外资的针对性和有效性，并开展探索建立自由贸易区的研究。对于辽宁省唯一的边境经济合作区——丹东边境经济合作区，应当借助朝鲜建设"开城尖端技术开发区"所释放出的对外开放信号，进一步发挥自身区位、资源、政策优势，尽快设立海关特殊监管区域，成为辽宁省抢占对朝贸易增长优势的有力抓手。此外，应当积极利用我国16个境外经贸合作区所提供的投资平台，加强与其他省份关联企业的协作能力，同时借助这一新兴模式研究制定由辽宁省企业牵头实施建设的境外经贸合作区的规划和实施措施，进一步拓展辽宁省企业对外投资合作的发展空间。

B.12
辽宁省高新技术产业发展状况分析*

姜瑞春 陈 岩 李秀兰**

摘 要:

面对复杂严峻的国内外环境，2012 年以来，辽宁省高新技术产业保持了生产规模不断扩大的态势，为全省经济稳定增长做出了重要贡献。但是，与一些先进省市相比，辽宁省高新技术产业存在着规模小、附加值低、竞争力还不够强等问题。今后一段时间，辽宁省要抓住国家加快科技创新体系建设的有利时机，从解决企业内部发展条件和外部环境问题入手，努力促进全省高新技术产业健康快速发展。

关键词:

高新技术产业 产业规模 自主创新

高新技术①产业是国民经济的战略性先导产业，是推进经济发展方式转变和产业结构调整的重要力量。2012 年以来，辽宁省高新技术产业保持了稳定的发展趋势，支撑了全省经济的企稳回升。

---

* 基金项目：本报告为国家社科基金项目（12BJL075）的阶段性成果、辽宁省社会科学规划基金项目（L12DJL039）的阶段性成果。感谢辽宁省科学技术厅科技统计中心高洪才、李宁等人提供的数据支持。

** 姜瑞春，辽宁社会科学院产业经济与 WTO 研究所副所长、助理研究员，主要研究方向：产业经济与区域经济；陈岩，辽宁社会科学院产业经济与 WTO 研究所助理研究员，主要研究方向：高新技术产业；李秀兰，大连工业大学副教授，主要研究方向：技术经济。

① 高新技术是一个动态、相对意义上的概念。我国政府部门对高新技术的界定，是从我国国情出发的，由原国家科学技术委员会颁布的《国家高新技术产业开发区高新技术企业认定条件和办法》将下列技术列为国家鼓励发展的高新技术：微电子科学和电子信息技术，空间科学和航空航天技术，光电子科学和光机电一体化技术，生命科学和生物工程技术，材料科学和新材料技术，能源科学和新能源、高效节能技术，生物科学和环境保护技术，地球科学和海洋工程技术，基本物质科学和辐射技术，医药科学和生物医药工程，其他在传统产业基础上应用的新工艺、新技术。

一 辽宁省高新技术产业发展的现状分析

（一）辽宁省高新技术产业的发展现状

2012 年 9 月，辽宁省委省政府提出了《关于加快推进科技创新的若干意见》，明确了辽宁省未来 5 年科技创新的总体要求和发展目标；2013 年 9 月，辽宁省政府又做出了《关于加快高新技术产业开发区发展的意见》，提出了加快省级以上高新区建设，促进高新技术产业发展的具体意见。这一系列的举措，为辽宁省高新技术产业的发展提供了制度保障。2013 年以来，受国内外诸多不确定性因素的影响，辽宁省高新技术产业面临较大的增长压力，全省高新技术产业呈现产业规模扩大、速度趋稳的迹象。

1. 高新技术产业规模持续扩大，对经济发展的贡献不断提高

根据《辽宁省高新技术产业数据（2013）》显示，近年来，辽宁省高新技术产业规模呈现不断扩大的态势（见图 1）。从规模以上工业企业总产值看，2012 年辽宁省高新技术产业总产值达到 15443.1 亿元，按可比价格计算（以下同），同比增长 16.3%，比规模以上工业企业产值增幅高出 1.9 个百分点；从规模以上工业增加值看，2012 年辽宁省高新技术产业增加值达到 4733.3 亿元，同比增长 16.3%，保持较快增长态势。此外，辽宁省高新技术产业对国民经济的贡献不断增强（见图 2）。2012 年辽宁省高新技术产业增加值占 GDP 的比重为 19.1%，比上年提高 1.4 个百分点；全省九大高新技术产业领域中高新技术产值占工业总产值的 31.4%，比上年提高 1.8 个百分点；高新技术产品增加值率为 30.7%，比上年提高 1.1 个百分点，表明高新技术产业拉动全省经济作用明显，同时也呈现产业高新化的良好势头。

2. 高新区产业聚集效应显著，成为高新技术产业发展的重要载体

近几年，辽宁省全力推动高新区建设，支持重点企业发展壮大，加快服务平台和孵化器建设，积极培养和引进各类人才，加快科技金融产业发展，全省特色高新技术产业集群优势日渐凸显。截至 2013 年上半年，全省已有省级以上高新区 13 个，沈阳、大连、鞍山、营口、辽阳、本溪 6 个国家高新区，抚顺、锦州、阜新、铁岭、朝阳、葫芦岛、绥中 7 个省级高新区，以及丹东、盘锦 2 个省级筹建高新区。国家和省级高新区的数量均位居全国第 4 位。2012 年，全省省级以上高新区实

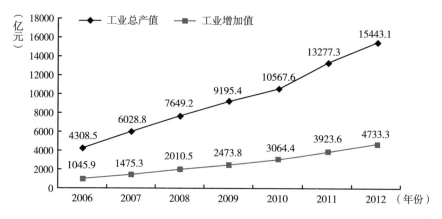

图1 辽宁省高新技术产业工业产值情况（2006～2012年）

资料来源：根据《辽宁省高新技术产业数据（2013）》计算所得。

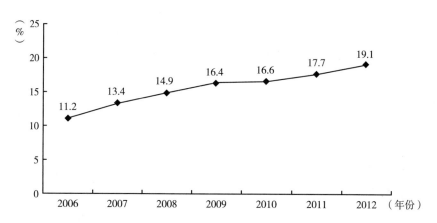

图2 辽宁省高新技术产品增加值占GDP比重情况（2006～2012年）

资料来源：根据《辽宁省高新技术产业数据（2013）》计算所得。

现地区生产总值2703.8亿元，比上年增长16.9%，比全省GDP增幅高出7.4个百分点；高新区拥有工业企业5007家，产值超亿元企业达到640家，实现营业总收入9281亿元，工业总产值7792亿元，高新技术产品产值4528亿元，比2011年分别增长25.7%、22.5%、25.3%。高新区形成了软件和服务外包、IC装备、生物医药、芳烃产业等35个主导特色高新技术产业集群，其中，超100亿元的产业集群达到13个，高新区助推全省高新技术产业发展的作用明显。

3. 高新技术企业增多，先进装备制造引领高新技术产业发展

截至2012年末，辽宁省高新技术企业1023家，比上年增长26.0%，这些高新技术企业在研发活动中表现活跃，展示了较强的科技创新能力，产业总体规模平稳持续上升。据统计，2012年，高新技术企业实现总收入3526.8亿元、工业增加值700.4亿元、出口创汇82.0亿美元，实现净利润256.4亿元，销售利税率达12.5%。此外，先进装备制造、新材料和电子信息三大领域企业始终保持优势地位。全省63.8%的高新技术企业分布在先进装备制造、新材料和电子信息领域，共实现总收入1978.1亿元，工业增加值411.3亿元，分别占比达56.1%和58.7%。

4. 科技特色产业基地发展势头强劲，产业集群示范效应凸显

2012年，科技特色产业基地建设已经成为辽宁省高新技术产业发展的重要手段。截至2012年底，全省13个科技特色基地①累计投入省科技经费12.5亿元，累计完成固定资产投资3147亿元，年均增长46.4%，实现销售收入2173亿元，同比增长33.4%。2013年上半年，虽受到经济下行压力的影响，但仍保持了较快的增长势头，实现销售收入1265亿元，同比增长24.1%。以高新技术为特色的产业基地建设在全省乃至全国产生积极影响和示范作用。其中，本溪生物医药、抚顺能源装备、阜新液压装备、抚顺碳纤维等4个基地被评为国家高新技术产业化基地；本溪生物医药、阜新液压装备、万家数字技术、朝阳新能源电器、盘锦海工装备、昌图换热设备等6个基地被评为国家火炬计划特色产业基地；本溪生物医药、阜新液压装备和海城菱镁新材料等3个基地被评为辽宁省示范产业集群；本溪生物医药、抚顺能源装备、阜新液压装备、海城菱镁新材料、盘锦海工装备、昌图换热设备等6个基地被评为省新型工业化产业示范基地。

5. 重大关键技术攻关取得新突破，装备行业居于国内前列

2012年，辽宁省以发展战略性新兴产业和改造提升传统产业为重点，针对制约先进装备制造、新能源、新材料、电子信息等产业发展的技术瓶颈，集成资源，协同创新，实施了国家数控机床、IC装备和新药创制等重大专项，五年攻克重大关键技术600项，累计完成新产品开发6.1万项，其中1万项达到国际先进水平，有力地提升了全省产业技术水平和产品结构。数控机床、工业机器人、

---

① 全省13个科技特色产业基地：本溪生物医药基地、抚顺先进能源装备基地、阜新液压装备基地、万家数字技术基地、朝阳新能源电器基地、海城菱镁材料基地、营口渤海科技城、盘锦海洋工程装备基地、抚顺碳纤维基地、昌图换热设备基地、沈阳国家大学科技城、鞍山激光科技产业园、新宾焊接材料及装备基地。

大型压缩机、特高压输变电设备等行业的经济规模已居国内首位，IC装备行业已与北京、上海形成三足鼎立之势。

（二）辽宁省与其他省市发展现状的比较①

近年来辽宁高新技术产业保持了较快增长态势，但与广东、江苏、上海、北京等东部省市相比，在投入和产出方面差距明显，这与辽宁省在全国经济中的地位很不相称。

1. 高新技术产业R&D人员结构的比较

辽宁省高新技术产业从业人数最近几年发展迅速，但由于经济、地域等原因，辽宁省对高层次人才吸引力不足（见图3）。在东部10个省市中，2011年辽宁省高新技术产业R&D人数排在第9位，仅为广东省和江苏省科技活动人员数的1/20、1/10。辽宁省有R&D活动的企业数也偏低，在10个省市中仅高于河北省，排在第9位。辽宁省高新技术产业在R&D人员投入方面的不足影响到技术的获取。2011年辽宁省技术消化吸收经费支出仅为技术引进经费支出的1%，远低于国内先进地区；每年取得的重大科技成果属于自主创新完成的很少，尤其在重大关键核心技术的自给率和重大装备的国产化率还比较低。

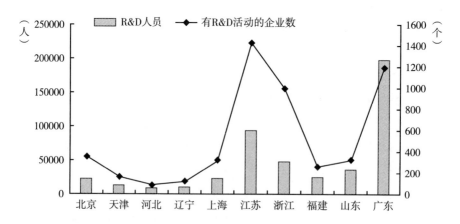

图3 东部省市高技术产业R&D活动人员情况（2011年）

资料来源：根据《中国高技术产业统计年鉴（2012）》计算所得。

---

① 为便于进行量化比较，这里主要使用《中国高技术产业统计年鉴（2012）》数据。

2. 高新技术产业研究与开发资金投入的比较

近年来，辽宁省加大了对高新技术产业的研究与开发（R&D）资金投入的力度。2011 年，辽宁省高新技术产业 R&D 经费内部支出为 57.7 亿元，比 2009 年增长了 1 倍多，新产品开发经费支出达到 54.5 亿元，比 2009 年增加近 1 倍。但由图 4 比较分析可以看出，在东部 10 个省市中，辽宁省高新技术产业的 R&D 经费内部支出和新产品开发经费支出均远低于广东省，也低于江苏、上海等省市，仅高于河北省和天津市，其中广东的 R&D 经费内部支出和新产品开发经费支出分别为辽宁省的 8 倍和 10 倍。

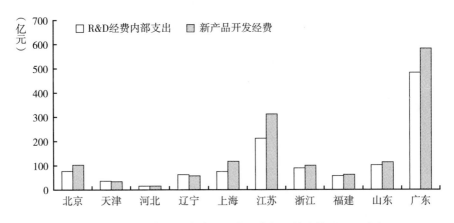

图 4 东部省市高新技术产业研发经费投入的比较（2011 年）

资料来源：根据《中国高技术产业统计年鉴（2012）》计算所得。

3. 高新技术产业规模的比较

辽宁省在高新技术产业的人员投入与经费投入方面存在明显不足，所以在高新技术产业的产出方面与广东、江苏、上海等先进省市相比仍有些差距（见图 5）。2005 年，辽宁省高新技术产业产值为 641.1 亿元，与河北、福建两省水平相近，在东部 10 个省市中排名第 9 位，排名前两位的广东和江苏两省高新技术产业产值分别为辽宁省的 16.7 倍、9.6 倍。2011 年，辽宁省高新技术产业产值达 1884.5 亿元，相比 2005 年增加了 2 倍，但在东部 10 个省市中的排名仍为第 9 位，广东、江苏仍分别位居第一、第二位，高新技术产业产值分别为辽宁省的 12.5 倍和 10.3 倍。

4. 高新技术产品出口状况的比较

近年来，辽宁省高新技术产业出口额保持稳定增长，尤其是大连、丹东、锦州、营口等港口城市增长较快。但是，与东部其他省市相比，辽宁省高新技术产

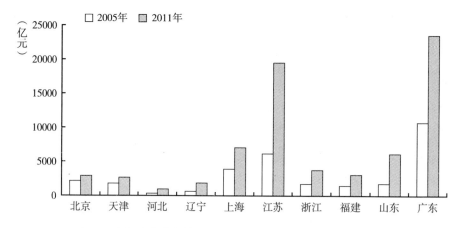

图5 东部省市高新技术产业产值2005年和2011年的比较

资料来源：根据《中国高技术产业统计年鉴（2012）》计算所得。

业出口规模占全国的比重仍然偏低（见图6）。2011年，辽宁省高新技术产品出口交货值约占全国份额的1.0%，在东部省市中仅高于河北省，排名第9位，而位居前两位的广东省和江苏省所占的份额合计超过了60%。

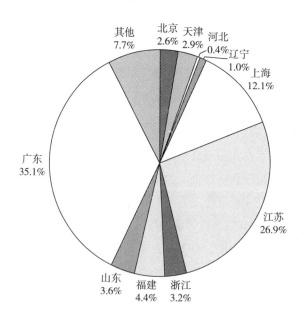

图6 东部省市高新技术产业出口交货值占
全国份额的比较（2011年）

资料来源：根据《中国高技术产业统计年鉴（2012）》计算所得。

通过以上分析，辽宁省高新技术产业经过数年的发展，取得了显著成绩，对全省工业经济发展起到了较大的带动作用，但在高新技术产业的投入与产出方面，与广东、江苏等东部省市相比，仍存在着一定的差距。

二 辽宁省高新技术产业发展中存在的问题

近年来，辽宁省高新技术产业保持了平稳的增长态势，对产业结构优化升级起到了支撑作用，但仍存在短期生产能力下降，附加值相对偏低，长期创新能力不足，出口竞争力较弱等问题。

1. 高新技术产业附加值相对较低，产出效益不够高

2012 年，辽宁省规模以上工业企业高新技术产品增加值为 30.7%，与一些先进省市高新技术产品增加值率一般在 50% 以上有较大差距。在装备制造业、冶金工业、石化工业和农产品加工业等四大支柱产业中，其高新技术产品的附加值率分别为 33.7%、30%、24.4% 和 27.8%，均存在附加值相对偏低的情况。同时，全省的高新技术产品的产出效率也不够高。2012 年，全省规模以上高新技术产品产值利税率仅为 8.05%，远低于东部先进地区平均在 20% 以上的水平。更应关注的是，从工业四大支柱产业看，2012 年冶金工业、石化工业和农产品工业高新技术产品产值利税率比上年均出现不同程度的下降，下降幅度分别为1.74 个、0.75 个和 0.94 个百分点。

2. 部分高新技术领域生产能力下降，高新技术产业整体实力不强

2012 年，在辽宁省九大高技术领域，除新材料、光机电一体化、生物医药和医疗器械、航空航天技术和其他高技术产业等领域实现了产品增加值比上年有不同程度增长外，电子信息、环境保护、软件和新能源、高效节能四大领域的产品增加值比上年出现了不同程度的下降。尤其是软件业领域下降幅度最大，产品增加值比上年下降 63.3%。此外，辽宁省高新技术产业总量还不大，所创造的增加值还不多。与广东、江苏、上海等先进省市相比，辽宁高新技术产业的生产规模差距明显，整体实力较弱。

3. 高新技术产业外向度较低，参与国际市场竞争力较弱

近年来，辽宁省加大了对高新技术产业的扶持力度，鼓励高新技术产品的出口，出口数量逐年提高，出口品种逐步增加。但是，辽宁省高新技术产业出口在外贸出口额的比重仍然偏低，面临的外向度较低的问题还没有明显改善。2012

年，辽宁省高新技术产品出口销售收入下降明显，辽宁省高新技术产品出口占全省出口总额的比例仅为8.8%，远远低于全国29.3%的平均水平，与广东、江苏、上海等先进省市相比差距更大。此外，通过分析2006～2012年贸易特化系数①变化，也反映出辽宁省高新技术产品的国际市场竞争力没有明显改善。2012年辽宁省贸易特化系数为0.026，与以前年度相比高新技术产品的贸易特化系数总体呈下降态势（见图7）。

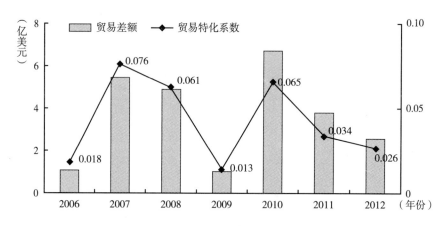

图7　辽宁省高技术产品进出口贸易差额情况（2006～2012年）

资料来源：根据《辽宁省高新技术产业数据（2013）》计算所得。

4. 研发投入强度较低，企业创新能力不足

辽宁省大型国有企业经过近几年的技术改造与搬迁扩建，自主创新能力得到一定提升。但科技研发投入依然偏低，核心技术研发能力不强，具有自主知识产权的产品较少。2012年，辽宁省大中型工业企业研发投入强度仅为1%左右，明显低于东部先进地区的平均水平。这主要是因为辽宁省高新技术产业的融资渠道比较单一，缺乏风险投资。发展高新技术产业的资金来源有银行贷款、自有资金、风险资本与证券市场。由于辽宁在区域金融市场的地位远不能与广东、上海、北京等省市相比，所能提供的风险资金不仅规模严重偏小，结构也不合理，金融短板严重制约着高新技术的产业化与规模化发展。此外，辽宁省高技术产业的许多关键技术还主要依赖引进和模仿，真正具有自主知识产权的高技术成果不

---

① 贸易特化系数=出口与进口的差额/进出口总额。一般而言，贸易特化系数越高，反映高新技术产品国际竞争力越强。

多，导致产业缺乏核心竞争力。据《中国高技术产业统计年鉴（2012）》统计，2011 年辽宁省专利申请数和拥有发明专利数仅相当于广东省的 3.4%、2.1%，差距巨大。

三 促进辽宁省高新技术产业发展的建议

大力发展高新技术产业、扩大高新技术产品的生产能力，是推动辽宁省工业结构优化升级的重要途径之一。当前及今后的一个时期，要从解决企业内部发展条件和外部环境问题入手，努力实现辽宁省高新技术产业加快发展。

1. 促进各项政策落实到位，加快创新体系与运行机制建设

高新技术产业的发展离不开优惠政策环境的扶持，因此，落实各项优惠政策，增强企业技术创新和成果转化能力，是当前及未来一段时间各级政府工作的重点。为此，一是要加大舆论宣传力度。企业技术创新能力的提高，需要企业把握国内外最新的技术前沿，在这方面，政府可以更好发挥作用。比如，通过在全省范围内开展技术前沿培训等，消除企业急功近利和只注重眼前利益的羁绊意识，提高其对技术创新重要性的认识。二是鼓励企业用好用足国家和省内的各项优惠政策。在土地集约利用、人才引进与培养、融资体系、税收政策、财政支持、进出口政策等方面，动态制定和加快落实促进辽宁高新技术产业发展的各类优惠政策，为高新技术企业加快发展提供良好的政策环境。三是建立健全法制发展环境，出台并完善相关的法律、法规，特别是关于高新技术产业知识产权方面的管理制度，以规范高新技术产业发展市场秩序，保障创新企业的主动性和积极性。四是加强创新体系与运行机制建设，加大产学研合作平台建设力度。政府充分整合省内科技资源优势，促进科技创新生产要素在省内跨地区、跨行业自由流通。逐步确立以企业为技术创新主体，各大科研机构、大学、技术服务机构积极参与的"产学研"联合合作模式。以促进高新技术研究成果向实际生产力转化，加快高新技术产业发展速度，确保辽宁高新技术产业持续健康发展。

2. 重视科技与金融的融合，实现投资主体多元化

高新技术产业的研发是企业生存和发展的基础，辽宁省高新技术企业研发的投入强度明显低于东部先进地区的平均水平。在市场在资源配置中起决定性作用的前提下，辽宁省高新技术企业技术创新的意识逐步得到了提高，但总体来说企业技术研发能力还不足，缺少掌握核心技术和自主研发的产品。因此，一方面要

强化企业的科技投入意识，实现由被动科技投入向主动科技投入的转变。另一方面，要为企业发展创造良好的投融资环境，促进科技与金融的深度融合。产业研发离不开金融资本的投入，要逐步形成以政府资金为引导、企业投资为主体、银行金融信贷为支撑、社会资金参与的多元化投融资体系。其一，政府发挥投资引导作用。积极引导金融资本向高新技术产业区聚集。省政府提供资金补助支持建设创新型产业集群的公共研发平台和检测平台，同时用资金补助支持高新区企业引进海外先进研发团队和先进技术，以促进高新区企业的发展壮大。其二，密切与银行、保险等金融机构的联系合作，提升融资担保能力。其三，积极倡导社会资金参与发展高新技术产业，促进社会资本与高新技术产业化项目的结合发展。采取多种方式增加高新技术产业发展的资金投入。

3. 加强国际合作，提高产品和技术的国际化水平

充分利用辽宁省的地缘优势与比较优势，积极与周边国家开展高新技术领域国际合作。其一，积极引进国际上高新技术产业实力雄厚的大公司、财团到辽宁投资兴建企业。重点学习引进其专利技术、生产设备、技术软件等等。同时，注重学习其先进的生产方式、技术工艺和管理模式，以加快自身高新技术产业的升级改造发展，提升科技发展空间。其二，不断加大辽宁高新技术产业产品的出口辐射力度，积极开拓周边市场。计算机集成制造行业、计算机与通信、生命科学及电子是辽宁主要的高新技术出口产品，约占全省高新技术产品出口总额的97.5%。当前，产品出口主要面向美国和日本。积极与毗邻的俄、日、韩等国开展贸易往来合作，以节约运输成本、提高效益、增加收益。其三，积极搭建国际科技合作和经济交往平台。在以俄、日、韩为主的基础上，不断拓展与欧美及中国台湾地区的贸易往来业务。统筹利用国际要素资源，鼓励和引导企业通过合资、合作、购买等方式，积极参与国际科技合作，以提升产品竞争力，增强企业综合实力。

4. 创新人才引进机制，加速人才集聚力度

人才是高新技术产业发展的核心资源，加快创新型人才培养是高新技术产业发展的原动力。首先，加强专业领域领军人才集聚。通过技术入股、高薪高酬、持股入企等多种方式吸引国内外高端领域的专业人才到省内开展高新技术领域的工作。通过提供海外高技术人才回归创业基金，吸引高技术领域人才到辽宁创业发展。其次，加强人才事业平台建设。通过建立创新创业人才联合培养示范基地、科技金融综合服务平台、公共技术服务平台等提供人才发展便利条件，培养发展创新型人才。最后，加强与高校、科研院所的合作，积极引进人才，开展技术合作。辽宁省内拥有丰富的人才技术资源，众多高等院校，诸如大连理工大学、东北大学、东北财经大学等培养了大批高素质人才。企业可以通过高薪积极引进专业人才，增强企业技术研发实力。此外，还可以通过与高校、科研机构联合开展高新技术研发项目等方式，开展多形式、多领域的合作，以促进科研成果市场化的相互转化。

5. 加强孵化器服务功能建设，为产业发展提供技术支持

科技企业创新孵化体系的蓬勃发展有利于促进高新技术产业的发展壮大。因此，应根据辽宁省内高新技术产业的发展实际，大力推进科技企业创新孵化体系的发展。首先，进一步完善建设科技企业创新孵化体系的相关政策体系。制定出台其相关的政策和标准，为科技企业创新孵化体系的建立、发展创造宽松的环境，鼓励社会上建立各类孵化器企业。其次，提供完善的全方位服务。加强孵化器服务功能建设，通过提供资金、设施、管理咨询、创业知识培训、国家科技计划申报等为科技企业创新孵化体系提供大力支持。再次，集中资源配置优势，促进高新技术优势产业的发展。根据辽宁省内高新技术产业发展实际，围绕沈阳新兴装备制造业基地和大连软件产业出口基地，建立一批相关产业孵化器企业，为省内高新技术产业发展提供技术和服务支持，以促进辽宁特色优势高新技术产业的发展。

6. 推进特色产业基地和高新区建设，形成主导产业集群

全省各级政府应加大对世界五百强企业、行业龙头骨干企业招商，并把科技招商与工业地产相结合，实现良性互动发展。完善创新创业服务体系，加强研发中心、公共技术服务平台、孵化器建设和使用，加快引进专业中介机构，降低企业创新风险和成本。积极打造政策"洼地"，争取国家、省、市的资金、政策向基地倾斜，引导基地研究出台支持创新的扶持政策。做大做强特色产业集群，推动基地加强项目管理和企业培育，形成集群发展优势。

省委省政府在《关于加快推进科技创新的若干意见》中，做出促进高新区转型升级、把高新区建设成为高水平创新型区域的重大战略部署，提出到2017年，工业总产值超过2万亿元和高新技术产品产值超过1万亿元，新建公共研发服务平台20个、孵化器及标准化厂房1000万平方米的目标。因此，结合地区特点，充分发挥高新区先行先试的探索功能，以体制机制创新为突破口，在管理机制、用人机制和薪酬机制等方面先行先试、率先突破，打造区域发展的政策

"洼地"，推动科技资源向高新区倾斜、财税政策向高新区倾斜、主动服务向高新区倾斜，形成强大合力，把高新区建设成为科技人才和科研成果等创新要素集聚、科技创新活动活跃、管理体制和运行机制灵活，能够辐射和带动周边区域快速发展的科技先导示范区，实现高新区转型升级。

参考文献

《辽宁省高新技术产业发展专项规划》，辽宁省发展和改革委员会，2006 年 7 月 7 日。

《辽宁省人民政府关于加快高新技术产业开发区发展的意见》，辽宁省人民政府，2013 年 9 月 2 日。

《辽宁省高新技术产业发展年度报告2012》，辽宁省科学技术厅科技统计中心，2012 年 10 月。

B.13
辽宁省信息产业及"两化"
融合发展对策研究

刘新姝*

摘　要：
　　辽宁是工业大省，工业一直是辽宁的支柱产业。近年来，辽宁工业保持着平稳快速的发展，但发展步伐还是落后于先进省份。究其原因，主要是辽宁在工业和信息产业相互促进、共同发展方面做得还不到位。因此，推进"两化"融合的深度发展，以信息化的发展来拉动辽宁工业的发展是辽宁当期可行的战略选择。本报告通过剖析辽宁信息化、工业化以及"两化"融合发展的现状，找出存在的问题，提出了切实可行的对策建议，对促进辽宁的"两化"融合发展具有重要的意义。

关键词：
　　信息化　工业化　"两化"融合

　　自胡锦涛主席在党的十七大上提出"两化"融合以来，经过5年的大力推进，上海、南京等首批融合试验区已初见成效。辽宁作为工业大省，在东北老工业基地的发展战略中，肩负着不可推卸的责任和使命，2011年辽宁沈阳被列为第二批"两化"融合试验区，这对辽宁工业化的发展是一次难得的机遇，习总书记在8月份来辽宁视察时也强调"辽宁要形成信息化和工业化深度融合的产业发展新格局，深入实施创新驱动发展战略，增强工业核心竞争力，为全面振兴老工业基地增添原动力"。

一 辽宁省工业化、信息化及"两化"融合的发展现状

（一）辽宁省工业化的发展现状

经过多年的发展，辽宁省工业实现了跨越式发展，基本形成了独立完整的工业体系，据辽宁省统计局数据显示，2012 年全部工业增加值按可比价格计算（以下同），比上年增长 9.7 个百分点，达到 11712.7 亿元。2012 年规模以上工业增加值比上年增长 9.9 个百分点。四大支柱产业中对拉动经济增长起明显作用的是装备制造业、农产品加工业和冶金业，这三大产业的增加值占规模以上工业增加值的比重分别为 30.1%、19.4%、17.8%，比上一年分别增长 9.8 个、12.6 个、10.6 个百分点。全年规模以上工业企业完成出口交货值比上年增长 2.1 个百分点，达到 3214.9 亿元。全年规模以上工业企业实现主营业务收入比上年增长 11.6 个百分点，达到 47965.1 亿元；利税实现增长 11.7 个百分点，达到 3871.4 亿元；利润实现增长 5.2 个百分点，达到 1906.3 亿元。在 41 个工业大类行业中，实现主营业务收入比上年增长的行业有 38 个，实现利润增长的行业有 30 个。

（二）辽宁省信息化的发展现状

2013 年，辽宁省信息产业紧紧抓住国家振兴东北老工业基地和推进"两化"融合的双重机遇，深化改革，扩大开放，积极推动辽宁信息化的全面发展。2013年 1~8 月，全省信息产业发展保持总体平稳的态势，增长速度呈趋缓的趋势。随着"两化"融合的发展，软件服务业进一步深化，工业软件比重不断提高。1~8 月，全省电子信息产业实现工业增加值 859 亿元，同比增长 17.5%；实现主营业务收入 2859 亿元，同比增长 16.4%；实现利润 181.1 亿元，同比增长14.8%；税金总额 140.1 亿元，同比增长 23.2%；实现出口创汇 88.7 亿美元，同比增长 5.9%。1~8 月软件业务类收入分别为软件产品收入 643 亿元，系统集成和技术服务收入 452.9 亿元，信息技术咨询收入 242.2 亿元，数据处理、运营及开发收入 270.9 亿元，嵌入式软件收入 193.8 亿元，同比增长分别为 25.5 个、24.9 个、27.3 个、28.2 个、22.5 个百分点，占软件业务收入分别为 35.7%、25.1%、13.4%、15%、10.7%。1~8 月主要产品产量分别为液晶电视机 268 万台、激光视盘机126万部、汽车音响693万部、手机1629万部，均实现同比正增长，分别增长27.6个、5.9个、14.7个、71.8个百分点，只有打印机产量下降，产量为46万台，同比下降1.3个百分点。

（三）辽宁省"两化"融合的发展现状

经过多年的发展，辽宁省"两化"融合也取得了一定的成果，部分大中型企业也建立起了自己的信息化体系，但是一些小型企业由于资金和能力的不足，"两化"融合的推进还存在着困难。

1. 技术上的融合

主要是指在工业化的生产设计过程中利用计算机辅助设计工具、软件、信息网络的能力。目前，信息技术在辽宁工业设计领域的推广应用情况是比较好的，大部分企业都采用了计算机辅助设计。目前，80%以上的企业都应用了三维的CAD，CAD已应用在主导产品的主机、辅机、仪控等全部设计工作中。一些大型先进的企业也将CAPP、PLM应用到生产过程当中。但也存在一些中小企业，由于信息化水平不够，还停留在简单局部的工业应用生产阶段。

2. 产品上的融合

主要是指将信息技术植入到工业产品中，以提高产品的附加性能，如数控机床、信息家电、汽车电子等。据粗略调查统计，辽宁省生产的机床数控部分的价值占机床总价值的40%~50%，而国外进口的机床其数控部分价值所占比例达到80%以上，可见我国在装备制造业方面，信息化融合还比较薄弱。消费品方面，如汽车，家电等，表面上看，我国已经实现自主生产，可是产品大部分的核心技术，如芯片等，还都是从国外引进，所以说我国产品自主研发还有很长的路要走。

3. 业务上的融合

主要是指在企业生产、经营、管理的各个环节，将信息技术应用于其中，来达到促进业务创新和管理创新的目的。例如，企业可以通过使用资源规划（ERP）、客户关系管理（CRM）、供应链管理（SCM）等管理软件，来达到提高企业管理效率和管理水平的目的；企业也可以采取电子商务这种营销手段，通过网上交易系统，将信息发布到网上，然后客户可以直接在网上下订单，并最终达成交易。据调查统计，辽宁省企业能将ERP、CRM、SCM等管理软件应用的不到40%，部分使用的也就刚刚达到60%，可见辽宁省企业在业务上的信息化水

平还是偏低。

4. 产品衍生上的融合

主要是指在"两化"融合过程中衍生出来的新的产业，形成一些新兴业态，如工业电子、工业软件、工业信息服务业。2012 年辽宁省软件业务收入 2096 万元，同比增长 43.3%；软件产品收入 701 万元，同比增长 48.6%；信息系统集成服务收入 514 万元，同比增长 42.5%；信息技术咨询服务收入 277 万元，同比增长 40.2%；数据处理和运营服务收入 311 万元，同比增长 43.8%；嵌入式系统软件收入 269 万元，同比增长 35.5%；IC 设计收入 224 万元，同比增长 34.6%。从以上数据可以看出，辽宁省在"两化"融合衍生产品上的业务收入都保持正增长。

二 辽宁省"两化"融合发展存在的问题

近年来，虽然辽宁在工业和信息产业上都得到了较快的发展。但辽宁工业发展表现为工业大而不强，很多核心技术和关键技术要从外部引进，在外部资源和环境约束日益凸显的今天，辽宁工业发展的方式亟须转型。辽宁的信息产业经过几年的发展，已经迈上了新的台阶，实现了跨越式发展，但其发展速度仍跟不上工业发展的步伐，二者的互动发展仍存在很多问题，具体表现在以下几个方面。

（一）保障"两化"融合发展的体制机制不健全，缺乏完整的统计评价体系

"两化"融合的快速可持续发展，需要政府的政策和制度予以指引和保护。目前，辽宁省所处的发展环境中，2011 年沈阳市刚刚进入国家第二批"两化"融合发展试验城市的行列，政府制定"两化"融合发展战略目标时间也不是很久，一方面有关信息化方面的法律和法规的制定还不够完善，没有明确的政策来指引高科技产业的发展；另一方面，"两化"融合发展处于什么样的发展水平和阶段，都需要有一个量化的指标来衡量和评估，但目前辽宁省没有将"两化"融合的关键指标纳入到辽宁省统计局的统计，非常不利于引起政府对"两化"融合的重视，不利于政府对企业绩效的考核，从而部署任务、引导企业，也不利于调动社会各方面对"两化"融合的关注。

（二）信息化建设投入与工业化建设投入不均衡

国家提出振兴东北老工业基地以来，辽宁工业高位运行，2012 年辽宁固定资产总投资 21836.3 亿元，其中制造业投资 7493.1 亿元，占固定资产投资的 34.3%，高出全国平均比例 1.1%，位居全国前列；而信息传输、软件和信息技术服务业投资 133.1 亿元，占固定资产总投资的 0.61%，低于全国平均比例 0.11%，位居全国后列（见表1）。

表1　2012 年全国各地信息产业与制造业固定资产投资比较

单位：亿元，%

地　区	固定资产总投资	信息传输、软件和信息技术服务业固定资产投资	所占比例	制造业固定资产投资	所占比例
北　京	6112.4	162	2.65	414.5	6.8
上　海	5117	121.3	2.37	1080.6	21.1
广　东	18751.5	341.5	1.82	4923.9	26.2
黑龙江	9694.7	124.6	1.29	3026.9	31.2
天　津	7934.8	75.3	0.95	2319.9	29.2
江　苏	30854.2	266	0.86	14792.5	47.9
吉　林	9511.5	69.7	0.73	4150.3	43.6
内蒙古	11875.7	83.1	0.7	3829.4	32.2
浙　江	17649.4	111	0.63	5333.7	30.2
辽　宁	21836.3	133.1	0.61	7493.1	34.3
山　西	8863.3	35.6	0.4	1941.6	21.9
全　国	374694.7	2692	0.72	124550	33.2

资料来源：《中国统计年鉴（2012）》。

从以上数据可以看出，就我国而言对信息产业的投入远远不够，而辽宁省在全国信息产业的固定资产投入又排在后列，虽然对制造业投资很大，但二者的投资不平衡，将严重阻碍两者的融合发展。

（三）工业企业多而不强，信息产业产出效益仍需提高

辽宁是工业大省，到 2012 年，辽宁工业企业数 17347 个，占全国的 5.1%，这些工业企业中还有鞍钢、本钢、沈阳机床、沈阳鼓风、三一重工等这样大型国有企业，但由于这些企业自主创新能力整体不强，关键技术、核心技术不多，高技术装备过多依赖进口，信息化程度总体不高，导致这些企业的主营业务收入不

低，但利润总额却偏低的一个情况，2012年辽宁工业主营业务收入48199.85亿元，占全国的5.2%，可是利润总额只有2435.69亿元，占全国的3.9%。

近年来，辽宁信息产业快速发展，工业软件、工业信息服务业的发展速度也在逐年提高，其总体增速都超过了国家的平均水平，但仔细分析，我们会发现，辽宁省企业的平均产出效益还不是很高，都低于国家的平均水平（见表2），这说明辽宁省信息企业的技术水平还不是很高，虽然总体收入水平每年在以一个较快的速度增长，但企业的平均效益还是偏低的，这就要求辽宁省不单要从数量上加快信息产业的发展，还要从技术上提高信息企业的水平。

表2 2012年1～12月软件产业主要经济指标完成情况

单位：万元，个

地 区	企业个数	企业平均软件业务收入	企业平均软件产品收入	企业平均信息系统集成服务收入	企业平均信息技术咨询服务收入	企业平均数据处理和运营服务收入	企业平均嵌入式系统软件收入
北 京	2752	13125	4820	3316	1157	3454	292
天 津	535	9600	2175	954	1166	582	3068
河 北	252	4958	1145	3508	88	30	178
山 西	146	1577	804	419	147	86	119
辽 宁	3186	6580	2201	1615	872	976	845
吉 林	877	3079	677	749	591	393	668
黑龙江	445	2399	871	577	368	268	312
上 海	2300	9072	3213	1939	1065	1593	457
江 苏	3770	11421	2977	1868	806	1429	3640
浙 江	1503	9388	2563	1355	290	2763	2290
福 建	1336	7907	2411	2486	802	1000	918
江 西	96	5208	1348	2256	756	308	243
山 东	1873	9278	2566	1836	1823	1099	1841
河 南	267	5894	2258	2503	529	262	220
湖 北	847	3191	1537	900	155	301	282
广 东	4167	10137	3759	1499	929	1829	1993
海 南	48	3895	1201	2206	182	172	55
重 庆	461	11982	2001	2789	2515	2328	2304
四 川	856	15301	5998	2638	1932	3568	489
陕 西	1160	4521	1251	1334	1086	185	459
合 计	28327	8833	2856	1846	930	1513	1403

注：辽宁省企业平均软件业务收入＝辽宁省软件业务收入/企业个数。

资料来源：http://www.miit.gov.cn/n11293472/n11293832/n11294132/n12858477/15136108.html。

（四）工业企业科技人才开发力度不够

"两化"融合发展最终是靠人来实现的，尤其是那些优秀的科技人才，在"两化"深度融合中发挥着关键作用。然而，辽宁省在科技人才开发上还落后于很多省份，主要表现在规模以上工业企业研究与试验发展（R&D）活动人员、活动经费、项目数、专利申请数等都落后于发达的省份。从2012年的统计数据看，辽宁省R&D人员全时当量52064人/年，在全国排第14位；R&D经费2894569万元，在全国排第6位；R&D项目数7710项，在全国排第15位；专利申请数9958个，在全国排第14位（见表3）。

表3　2012年各省规模以上工业企业R&D活动及专利情况

地区	R&D人员全时当量（人年）	R&D经费（万元）	R&D项目数（项）	专利申请数（件）
广东	424563	107778634	37460	87143
江苏	342262	10803107	44570	84876
浙江	228618	5886071	35582	68003
山东	204398	9056007	30119	34689
河南	102846	2489651	9349	12503
福建	90280	2381656	9080	14745
上海	82355	3715075	12833	24873
安徽	73356	2089814	11882	26665
湖北	77087	2633099	8062	12592
湖南	69784	2290877	7563	16204
天津	60681	2558685	12062	13173
河北	55979	1980850	7574	7841
北京	53510	1973442	8226	20189
辽宁	52064	2894569	7710	9958

资料来源：《中国统计年鉴（2012）》。

三　促进辽宁省"两化"深度融合发展的对策建议

发展"两化"融合是振兴东北老工业基地的必然选择。辽宁省应该充分抓住并利用好这次机遇，加大工业化和信息化深度融合的推动力度，通过工业化和

信息化的相互促进、相互带动，改变辽宁省工业发展处于瓶颈期的现状，实现工业转型升级。

（一）加大"两化"融合政策力度，健全"两化"融合体制体系

政府在"两化"融合发展中起着极为重要的引导作用，尤其在城市基础设施建设、产业结构优化调整等方面的投入和引导作用更为明显。首先，辽宁省应在法律法规上进行完善，保证"两化"融合的加速实现；其次，应该使税收、财政、投融资等政策差别化，对在信息化方面做得较好的企业给予奖励；再次，对一些重点行业的信息化企业，可以采取税收抵扣政策；最后，要加大对信息化建设的投入，加大对"两化"融合的支持，广泛开展试点示范，带动"两化"融合全面发展。

同时，政府要重视"两化"融合评估指标体系的建立，确定"两化"融合的考核指标，并将关键指标数据纳入到辽宁统计局常规统计，以便于政府对地方和企业考核有据可依，从而更好地把握方向，制定相关政策，正确引导工作。

（二）加大信息化建设投入，提高辽宁工业自主创新能力

信息产业是先进制造业的一部分，更是传统工业转变为先进工业的重要手段。辽宁省应当加大对信息产业的投入，提高信息产业的自主创新能力，企业只有通过自主创造和研发新产品，才能掌握产品的核心技术，使自己在市场竞争中占有主动地位。目前，我国大部分企业都谋求由"中国制造"转变为"中国智造"，而"中国智造"的核心，就是在中国拥有广阔的市场而自主研发能力不强的情况下，通过与国际接轨的方式，来达到整合产业链的目的，从而提升中国企业在全球商业体系链条中的地位。

针对目前的情况，辽宁信息产业必须以创新为主线，改变技术创新模式，由"技术引进型"转向为"引创结合、自创为主"。一方面，"引创结合"可以通过与国外或者国内先进企业联合设计、研发生产重大产品，同时企业也可以在引进先进技术后，再结合自己的特点进行创新；另一方面，企业要加大自主创新能力，加大高技术产品开发能力，打造"辽宁智造"品牌，提高企业在国内以及国际市场的竞争力。

（三）大力发展高新技术产业，加大高端产品开发能力

发展高新技术产业，可以提高产品的附加值，改变辽宁省普遍存在的中低档

次产品供大于求，高技术、高附加值的产品依然短缺的现状。发展高新技术产业，一方面要加强对高新区在发展定位、产业规划、集群发展、科技金融、特色培育、一区多园等工作的推动和指导，加大高新区环境和能力建设力度；另一方面要加强国际合作，充分利用辽宁省的优势，积极引进在国际高新技术产业方面有实力的大公司、财团到辽宁投资兴建企业，同时不断加大辽宁高新技术产业产品的出口力度，大力开发周边的国外市场；第三方面要重点支撑搭建公共信息服务平台，包括国际科技合作和交流平台，提倡辽宁企业之间以及与外部企业之间优势资源共享，促进企业专业化的分工合作，改变传统的低附加值产品的生产，加大高端产品的研发能力。

（四）加强工业企业信息人才队伍建设

加强对信息技术人才培训体制的完善。一方面要注重复合型人才的培养，重点培养信息技术和行业产业技术都熟悉的复合型人才，这样做可以避免信息人员不懂工业生产，引进的信息系统应用不到生产，生产人员只注重单一生产方面，无法发挥整个信息系统的优势。另一方面，要完善人员的激励机制，实行按贡献分配利益的原则，通过物质奖励和一些荣誉上的激励，来发挥人才的最大潜能。

以企业为主导，构建产、学、研联合体系。加强与地方高校、科研院所的合作，搭建技术研发合作平台，根据辽宁工业产业的现状，有计划、有针对性地构建符合辽宁产业发展的研发团队；围绕区域科技发展的需求，加大政府、企业、高校、科研院所互动协作的层面与频率，真正做到生产、学习、研究为一体的产学研体系，积极将科技资源优势转化为产业优势。

参考文献

《信息化和工业化深度融合专项行动计划（2013～2018年）》。

赵继会：《信息化与工业化融合初探》，《经济研究导刊》2011年第14期。

胡虎：《沈鼓集团：中国"云制造"先行者》，中国信息产业网—《人民邮电报》，2013年6月。

高新民：《两化融合提升中小企业竞争的必然选择》ZDNET，2013年10月。

《现阶段推进两化融合存在的问题与建议》，赛迪网，2013年4月。

B.14
辽宁省产业集群发展概况
分析及对策研究[*]

王璐宁 李佳薇[**]

摘 要:

随着辽宁老工业基地振兴步伐的加快,辽宁省产业集群迅速成长,规模化程度逐渐提高,拉动效应愈加显著,支柱产业稳定发展。但是,产业集群在产业布局、公共服务、人才配置等方面尚有不足。2014年,辽宁省产业集群将在产业升级、城市转型和低碳环保等方面发挥更加重要的作用。因此,需要充分发挥政府公共服务职能,统一规划产业集群布局,鼓励中小企业集群发展,完善专业化服务体系,并积极吸引和合理配置人才。

关键词:

产业集群 拉动效应 公共服务

一 辽宁省产业集群发展概况[①]

随着辽宁老工业基地振兴步伐的加快,辽宁省产业集群迅速成长。截至2013年9月30日,已纳入辽宁省经信委统计监测的100个重点产业集群中,有12个产业集群被授予"辽宁省示范产业集群";有31个产业集群被确立为"辽

---

[*] 本报告为国家社科基金项目"资源型地区战略性新兴产业发展研究"(12BJL075)的阶段性成果。

[**] 王璐宁,辽宁社会科学院产业经济与WTO研究所助理研究员,主要研究方向:产业经济与对外贸易;李佳薇,辽宁社会科学院产业经济与WTO研究所助理研究员,主要研究方向:产业经济与对外贸易。

① 本专题报告仅以纳入辽宁省经济和信息化委员会产业集群发展统计监测的重点产业集群为研究对象进行数据梳理和分析。

宁省新型工业化产业示范基地";有 11 个产业集群被确立为"国家新型工业化产业示范基地",占全国获批总数的 4.8%,获批数量与上海、湖南和四川并列第五位。① 从 2011 年至 2013 年前三季度主要指标变化情况看,辽宁省产业集群发展的主要特点有以下几点。

(一)规模化程度逐渐提高

2013 年前三季度,辽宁省重点产业集群销售收入额为 20976 亿元,同比增长 20.4%;固定资产投资额达到 4588 亿元,同比增长 0.8%。从不同时期销售收入变化情况看,辽宁省重点产业集群发展的规模化程度逐渐提高。

1. 季度数值迂回攀升

从 2011 年第一季度至 2013 年第三季度辽宁省重点产业集群销售收入季度变化情况看,辽宁省重点产业集群销售收入额虽有上下波动,但总体呈上升趋势,每年第二季度销售收入额达到当年销售收入的最高峰值(见图 1)。

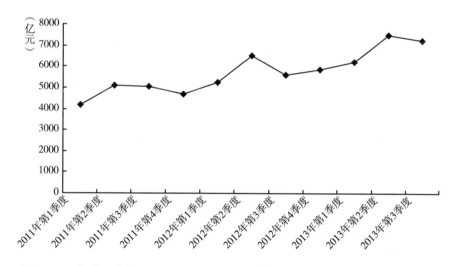

图 1 2011 年第 1 季度至 2013 年第 3 季度辽宁省重点工业产业集群销售收入变化情况

2. 整体规模进一步扩大

2013 年前三季度,辽宁省重点产业集群中销售收入额超百亿元的集群数量为 67 个,比 2012 年同期增长 13.6%;销售收入额超五百亿元的集群数量为 8

---

① 本专题使用的数据资料来源于工业和信息化部网站、辽宁省经济和信息化委员会、《辽宁省统计月报》、辽宁统计信息网及辽宁省科学技术协会网站。

个，比 2012 年同期增加了 3 个。2013 年前三季度销售收入排在第一位的重点产业集群销售收入额达到 911.9 亿元，比上年同期增长了 32.9%，较 2012 年前三季度排在第一位的集群销售收入额增长了 15.9%。2013 年底，辽宁省将有至少 4 个全年实现销售收入超千亿元的产业集群。

同时，从 2012 年前三季度和 2013 年前三季度辽宁省重点产业集群销售收入分数值区间集群数比较情况看，重点产业集群发展的整体规模进一步扩大：在数值较大的区间，2013 年前三季度的集群数量居多，而在数值较小的区间，2012 年前三季度的集群数量居多（见图 2）。

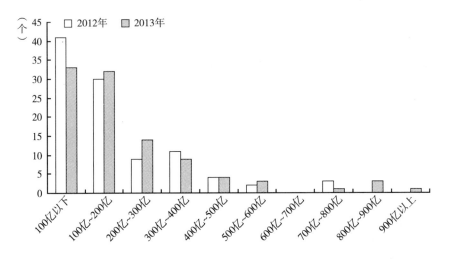

**图 2　2012 年与 2013 年（前三季度）辽宁省重点产业集群
销售收入分数值区间集群数对比情况**

（二）拉动效应愈加显著

产业集群作为加速实施发展县域经济和突破辽西北两大战略的重要引擎，其经济增长极效应愈发显著，具体表现为以下几方面。

1. 县域集群快速发展

2013 年前三季度，辽宁省重点产业集群中有县域集群 40 个，销售收入达到 6003 亿元，比 2012 年同期增长了 25.5%，较同期全部重点产业集群增速高 5.1 个百分点；县域集群销售收入占同期重点产业集群销售收入总值的 28.6%，比 2012 年同期比重提高了 1.1 个百分点（见表 1）。2013 年前三季度，县域集群中销售收入额最高的大石桥镁产品及深加工产业集群销售收入额达到563.2亿元，比2012年同期增长了17.2%。

表1 2012年和2013年（前三季度）辽宁省重点县域产业集群主要指标对比情况

年份\指标名称	集群数量（个）	销售收入（亿元）	占全部重点产业集群销售收入比重（%）
2012（前三季度）	36	4782	27.5
2013（前三季度）	40	6003	28.6

2. 辽西北集群增势强劲

2013年前三季度，辽宁省重点产业集群中包含辽西北地区集群17个，销售收入达到1913元，比2012年同期增长了29.3%，较同期全部重点产业集群增速高8.9个百分点；辽西北地区重点产业集群占同期重点产业集群销售收入总值的9.1%，比2012年同期比重提高了0.6个百分点（见表2）。2013年前三季度，辽西北地区销售收入最高的铁岭专用车产业集群销售收入额达到260.5亿元，比2012年同期增长了38.6%。此外，从辽西北地区2012年上半年和2013年上半年重点产业集群增速与规模以上工业主营业务收入增速的比较情况看，产业集群对辽西北经济发展的拉动作用更为明显：2012年上半年前者高于后者11.7个百分点，而2013年上半年这一差距又提高了6.5个百分点（见图3）。

表2 2012年和2013年（前三季度）辽西北地区重点产业集群主要指标对比情况

年份\指标名称	集群数量（个）	销售收入（亿元）	占全部重点产业集群销售收入比重（%）
2012（前三季度）	16	1479	8.5
2013（前三季度）	17	1913	9.1

（三）支柱产业稳步发展

2013年前三季度，辽宁省重点产业集群中，四大支柱产业销售收入总值为17530亿元，所占比重达到83.6%。从四大支柱产业的比较情况看，主要特征表现为以下几个方面。

1. 装备制造类集群规模优势突出

2013年前三季度，辽宁省重点产业集群中四大支柱产业销售收入分别为：装备制造类7575亿元、石化类4580亿元、冶金类2966亿元、农产品加工类

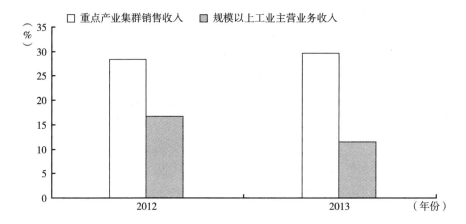

图3 2012年和2013年（上半年）辽西北地区重点产业集群销售收入增速与规模以上工业企业主营业务收入增速对比情况

2409亿元。四大支柱产业集群在全省重点产业集群中所占比重分别为：装备制造类36.2%、石化类21.8%、冶金类14.1%、农产品加工类11.5%（见图4）。装备制造类产业集群销售收入所占比重最大。2013年前三季度，销售收入跻身辽宁省重点产业集群前十位的集群中，装备制造类和石化类的产业集群各占40%，没有冶金类和农产品加工类的产业集群，且排在第一、第二位的产业集群

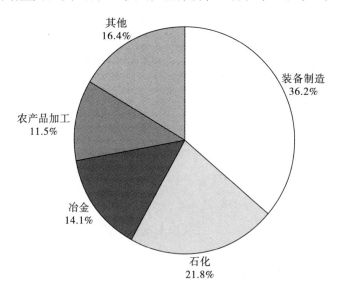

图4 2013年前三季度辽宁省重点产业集群销售收入分行业占比情况

均属于装备制造类集群；固定资产投资额跻身辽宁省重点产业集群前10位的集群中，农产品加工类产业集群有1个，装备制造类、石化类和冶金类产业集群各有2个，且这四类产业集群中排位最靠前的也是装备制造类集群。

在31个获批"辽宁省新型工业化产业示范基地"中，有14个属于装备制造类，比重为45.2%；在辽宁省11个获批"国家新型工业化产业示范基地"中，有5个属于装备制造类，比重达到45.5%。根据2012年国家新型工业化产业示范基地各项指标综合排名情况，沈阳铁西装备制造产业集群在示范产业销售收入、工业总产值、工业增加值和进出口额四项指标综合排名中均进入前20位，分别排名第4位、第3位、第13位和第7位；其中工业总产值、工业增加值和进出口额三项指标在装备制造类基地示范产业排名中分列第1位、第2位和第3位。

2. 农产品加工类集群拉动效应凸显

2013年上半年，辽宁省重点产业集群销售收入同比增长16.4%，较同期规模以上工业主营业务收入增速高出4.6个百分点。就四大支柱产业情况看，农产品加工类集群拉动效应最为明显：2013年上半年，辽宁省重点产业集群中装备制造类集群销售收入总值为4914亿元，同比增长15.1%，较同期装备制造业主营业务收入增速高出0.9个百分点；石化类集群销售收入总值为3078亿元，同比增长27%，较同期石化业主营业务收入增速高出18.4个百分点；冶金类集群销售收入总值为2003亿元，同比增长28.6%，较同期冶金业主营业务收入增速高出21.9个百分点；而农产品加工类集群销售收入总值为1616亿元，同比增长1.8倍，是同期农产品加工业主营业务收入增速的10.3倍（见图5）。

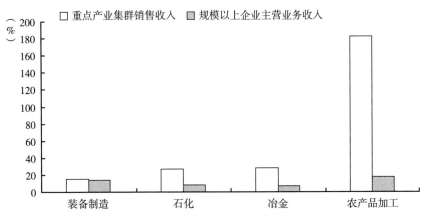

图5　2013年上半年辽宁省分行业重点产业集群销售收入增速与规模以上企业主营业务收入增速对比情况

二 辽宁省产业集群发展存在的主要问题

（一）政府职能作用有待完善

目前，辽宁省在完善发展产业集群的工作机制和政府职能方面仍有很大的提升空间。例如，辽宁省战略性新兴产业多处于起步阶段，发展速度不快。2013年上半年，辽宁省重点产业集群中战略性新兴产业销售收入比重为29.3%，比2012年同期下降了4.3个百分点；战略性新兴产业销售收入同比增长了1.5%，较同期全部重点产业集群销售收入增速低14.9个百分点。政府有关部门在培育和发展战略性新兴产业上需要发挥更大的推动作用。

（二）产业集群布局仍需调整

目前，辽宁省产业集群布局仍存在产业结构趋同的问题。从装备制造业领域看，虽然装备制造类集群销售收入在辽宁省重点产业集群中所占比重最大，2012年前三季度和2013年前三季度均达到36.2%，但同时也是重点产业集群中数量最多的一类集群，数量比例达到37%。以软件为主导产业的大连地区其装备制造类集群数量比例约为42.1%，超过了以装备制造为主导产业的沈阳地区。而从2013年上半年装备制造类集群销售收入的增速看，较同期全部重点产业集群销售收入的增速低1.3个百分点，较同期辽宁省装备制造业主营业务收入增速仅高出0.9个百分点。另外，辽宁沿海经济带中6市均有造船、修船业的发展规划或相应的发展基础。从石化业领域看，大连、锦州、盘锦、葫芦岛都将石化产业作为当地的支柱产业，并建有相应的石化产业园。产业集群之间定位重叠会加剧区域间的无序竞争，降低资源的配置效率，从而阻碍产业集群的健康发展。

（三）中小企业潜力尚待挖掘

产业集群发展需要建立以企业为主体的技术创新体系，中小企业是进行技术创新的新生力量，也是衔接上下游大型企业的桥梁和纽带，中小企业在产业集群中的参与程度，对推动产业集群的健康可持续发展具有重要作用。2011年辽宁重点产业集群企业拥有科研仪器设备约100亿元，占辽宁省科研仪器设备总量的45%；其中大型企业拥有比重为35%，而中小型企业拥有比重仅为10%。许多做低端产品的小企业投资规模和工艺技术水平有限，基本没有自己的研发机构和专门的研发人员，加上税费负担重、融资环境较差、支撑体系薄弱，中小企业未能在辽宁省产业集群发展中充分发挥作用。

（四）服务专业化程度亟须提高

辽宁省产业集群的服务体系尚不健全，服务专业化程度不高，这将会严重影响产业集群的发展速度和质量。决定技术创新能否最终实现的关键环节之一是研发设计类的生产性服务企业，而在辽宁省重点产业集群中，这类企业数量偏少，仅有608家研发设计类生产性服务业企业，占生产性服务业企业总数的1.86%，占重点产业集群企业总数的0.34%。此外，辽宁省多数产业集群没有行业协会，或行业协会发挥作用有限。行业协会建设的滞后，导致集群内部管理和制约的缺位，公共服务仍多依赖政府下属机构提供，服务的专业化程度较低，产业集群发展缺乏有力支撑，发展后劲不足。

（五）研发技术人才配置不足

辽宁省产业集群要想实现高端突破，必须加速推进科技创新，而科技创新的推进离不开创新人才的集聚。但是，由于整体就业机制存在的弊端和就业观念的影响，企业对于人才的吸引力仍逊于政府部门、科研院所和事业单位等。目前，不仅服务于辽宁省产业集群的科技研发队伍缺乏技术专家和高级技术人才，直接参与企业生产活动的技工类人才也十分紧缺。人才的流失与人才结构的失衡使产业集群的成长缺乏内生动力，势必阻碍辽宁省产业集群的健康发展。

三 辽宁省产业集群发展形势的基本预测

（一）产业集群向高端化、新型化转型

2014年，辽宁省产业集群要继续坚持高端化、新型化的发展方向，发展方式从数量扩张向质量提高转变，实现内涵式和科学化发展。在大幅度增加高新技术产业的比重、提高产业加工深度和产品附加值的同时，减轻对资源和能源的依赖，以加速推动辽宁省产业结构优化调整和区域经济不断增长。根据2013年《科技部关于认定第一批创新型产业集群试点的通知》，本溪制药创新型产业集

群被科技部认定为全国第一批 10 个创新型产业集群试点之一，将成为辽宁省创新型产业集群发展的领头者，带动全省产业集群向国际同行业领先水平进发。营口市将大力发展精细镁化工和高档镁建材等产品，全力打造千亿元产值的镁制品及深加工产业集群。

（二）战略性新兴产业在产业集群中的比重逐渐提高

产业集群是战略性新兴产业发展的有效载体，它通过集聚各种推进创新的资源的要素，促进辽宁省战略性新兴产业不断快速发展壮大。2014 年，战略性新兴产业在辽宁省产业集群中的比重将逐渐提高，成为辽宁省产业集群发展的新增长点。大连市将计划争取电子信息、软件、装备制造、新材料等产业集群的销售收入占全市产业集群销售收入的比重达到 40% 以上。沈阳计划将辉山乳品城、生化产业基地等项目建设，向生物制药、生物能源、生物材料等战略性新兴产业升级，建成产值超千亿的产业集群。

（三）产业集群在资源型城市转型中发挥重要作用

在推进资源型城市转型发展的过程中，辽宁省各资源型城市依托自身禀赋和市场特点，充分发挥区位和资源优势，在主导产业基础上构建产业集群，形成新的经济增长点并带动城市转型发展。2014 年，产业集群将继续为辽宁省资源型城市经济快速、稳定增长提供推动力。作为全国第一个资源型城市经济转型试点城市，阜新市将加快推进煤化工产业集群、液压产业集群、氟化工产业集群等十大产业集群的建设和优化升级，向销售收入 2400 亿元的目标挺进。除了阜新市通过发展产业集群带动资源型城市转型成绩显著外，辽宁省其他资源型城市也将产业集群发展作为经济工作的重中之重，鞍山、本溪将致力于发展钢铁产品精深加工产业集群，北票市集中力量发展除尘器产业集群，抚顺市计划深入发展石化产业集群。

（四）低碳化绿色产业集群发展方兴未艾

随着人类经济可持续发展和环保意识的普遍增强，发展低碳化绿色产业集群的重要性日益凸显。作为老工业基地，辽宁省产业集群发展长期以来偏重重化工产业，且多集中于生产制造环节，要靠大量资源消耗和排放污染来实现经济增长，给节能减排造和生态环境造成了巨大隐患。为了实现产业集群转型升级和持续发展，辽宁省未来要以发展低碳化绿色产业集群为目标。大连循环产业经济区作为以资源再生利用为主导产业的国家级重点产业集群，将集中循环再利用企业180家，产值达2000亿元。其他各市，特别是沿海经济带城市圈，也陆续将低碳化绿色产业集群作为产业培育的重点。

四 辽宁省产业集群深化发展的对策建议

（一）充分发挥政府的公共服务职能

在产业集群发展过程中，政府的作用应从直接行政干预向主要提供公共服务转变，政策决策要以促进产业集群发展为宗旨，杜绝为搞政绩工程，盲目对热门产业重复投资建设。政府的公共服务职能主要集中在制定产业集群发展规划、加强集群基础设施建设、维护公平竞争的市场秩序等方面。除此之外，政府也需要对亟须扶持的产业集群项目提供财政支持，包括对战略性新兴产业及中小企业创业提供引导基金，对战略性新兴产业的研发项目提供资金扶持，对节能工程、环保产品等可应用于公共领域的产品进行政府采购，对研发、检测等公共服务平台建设提供优惠政策，针对产业集群发展亟须的专业支持高校和科研院所加强学科建设等。除了促进产业集群发展，政府还应充分发挥监督作用，开展定期检查，保证资源合理使用，避免能源浪费和环境污染。完善相关法律法规，保护技术创新企业的知识产权，防范技术研发的市场风险。

（二）统一规划产业集群布局

辽宁省产业集群的发展，应对各地方产业集群的规模和产业结构进行准确定位与统一布局。各个产业集群要发挥特色优势，根据本地的资源禀赋和产业基础特点，实施差异化招商与建设，注重产业内、产业间的分工协作和整体产业链的配套，避免集群之间恶性竞争。各产业集群之间要积极打造跨集群产业链，推动各产业集群的合作以及资源共享。各个企业在集聚的基础上，选择最能发挥自身优势的生产环节，形成有效的内部竞争与合作，避免资源配置重复和功能趋同，真正发挥产业集群的集聚和辐射功能。鼓励有实力的龙头企业集中力量转向高端核心技术领域，逐渐从低端技术领域退出，从而与普通中小企业错位发展。运用法律法规与产业政策进行产业调控，坚决打击价格扭曲等不正当竞争行为。完善

产业集群相关行业自律组织的运行，建立集群企业信用评级体系，运用行业规范约束企业市场行为。

（三）鼓励中小企业产业集群发展

辽宁省在产业集群建设方面，除了大力培育龙头骨干企业外，还应重视构筑配套型中小企业产业集群，引导中小企业加入产业分工协作体系。特别是要抓住新型城镇化的契机，在中小城镇建立中小企业产业集群。中小企业集群发展应立足于区位和资源优势，因地制宜的发展特色集群产业，共创区域品牌。一方面，在外部关系上，中小企业要通过与大企业协作和提供配套服务，不断提高企业的技术水平和管理水平，提升在高端技术、信息、客户资源以及品牌声誉等领域的"软实力"；另一方面，在中小企业集群内部，要打破各自为政的局面，鼓励各中小企业突破企业规模和市场的局限性，建立战略合作同盟，在一定范围内实现信息、技术和资源共享，有条件的中小企业还可以通过互相参股或吸引外部资本的方式扩大合作范围。

（四）建立和完善产业集群专业化服务体系

为促进辽宁省产业集群发展，应在产业集群内全面建立信息查询、技术研发、质量检测、市场开拓、创业孵化、人员培训等服务平台。服务平台服务方式应由实体服务为主，向互联网、移动互联网和呼叫中心等新型服务方式为主转变，特别是要充分发挥互联网的高效便捷服务功能。改变服务平台由政府下属的企业服务中心独自承办的服务模式，鼓励多元化主体在政府引导下以市场化运作方式参与产业集群服务体系建设。按照国际公认的行业标准和职业信用管理体系，建立服务于产业集群的金融、保险、会计、法律、资产评估、知识产权等中介服务体系，降低企业交易成本。大力发展产业集群内物流、旅游、娱乐、教育、医疗等服务性产业，建立追求创新、鼓励信任合作的文化氛围，为优化产业集群环境和吸引人才打下良好的基础。

（五）积极吸引和合理配置产业集群人才

利用产业集群信息和资源集中的优势，形成有利于吸引和培育创新型人才的制度环境，引进国内外优秀科技和管理人才，特别是国际顶尖水平的人才，是提升辽宁省产业集群创新能力的关键。通过加强集群企业和高校之间的科研创新和生产合作，为产业集群的发展提供人才后备力量。政府部门应结合产业集群发展状况，对人才流动进行合理规划与组织协调。通过相关部门及时公开发布各产业集群的发展规模和空间分布情况等信息，为人才合理流动提供参考依据，以达到集群人才在不同产业间、企业间的均衡分布和在企业内的合理配置。企业应根据自身未来发展目标决定人才引进的层次和数量，充分发挥人才对重点领域和重大项目的引领作用。在吸引人才向产业集群集聚的同时，还要防范当前和未来产业集群可能出现的人才拥挤现象，特别是高端人才不足而低端人才过剩的情况。坚持人才引育并重，加大智力投资和软环境建设，通过课题研究、项目转化、学术交流、外派培养等渠道培养人才。建立有利于人才脱颖而出的科学的人才选拔、考核和评价机制，完善产业集群企业物质激励和精神奖励相结合的人才激励机制。

参考文献

叶青：《产业集聚高地 生态宜居新城》，《沈阳日报》2013 年 5 月 9 日。

冯志、周丽娣：《"十二五"辽宁战略性新兴产业发展的战略布局分析》，《辽宁经济》2013 年第 2 期。

王玲：《基于钻石模型的大连港口产业集群发展对策研究》，《吉林工商学院学报》2013 年第 2 期。

李淑梅：《十大产业集群助辽宁阜新成功转型》，《中国工业报》2013 年 6 月 3 日。

B.15
辽宁财政发展研究

邢文妍*

摘　要：

近年来，辽宁积极推进财税体制改革，促使财政收入规模扩大，财税政策不断完善，财政支出结构趋于合理，财政支农力度加强；但不可否认的是，辽宁财政仍然存在财政依存度低、财政收入结构不合理、财政收支矛盾突出、县乡财政负担较重等问题。因此，本文从优化财税分配体系，确保财政增收；优化财政收入结构，提高财政收入质量；优化财政支出结构，加快推进经济结构调整；加大财政"三农"投入，促进城乡协调发展四个方面提出了深化财税体制改革，促进辽宁财政健康可持续发展的政策建议。

关键词：

辽宁　财政收入　财政支出

一　辽宁财政发展现状分析

（一）财政收入规模扩大，财政运行基础坚实

近年来，辽宁省财政收入规模继续扩大，呈现增长的态势。如表1所示，从总量来看，2012年辽宁财政一般预算收入突破3000亿元的大关，实现3106.4亿元，较2010年的2004.8亿元，增长了54.9%，位居全国第七位；从财政收入占GDP的比重来看，由2010年的10.8%增长到2012年的12.5%，2013年上半年继续上升到14.4%，创出了分税制改革以来的新高点，这表明辽宁财政实力不断提升，财政运行基础坚实。

---

* 邢文妍，辽宁社会科学院助理研究员，主要研究方向：财政理论与政策。

表1 辽宁公共预算收支完成情况

项目 年份	财政预算收入					财政预算支出			
	总量 (亿元)	位次	占GDP的 比重(%)	增长比例 (%)	位次	总量 (亿元)	位次	增长比例 (%)	位次
2010	2004.8	7	10.8	26	13	3194.4	8	19.1	19
2011	2643.2	7	11.9	31.8	13	3905.9	7	22.2	26
2012	3106.4	7	12.5	17.5	19	4558.6	6	16.7	19
2013 上半年	1776	7	14.4	5.7	29	2135.83	6	13.8	12

资料来源:由《辽宁统计年鉴》整理而得。

从财政收入的结构来看,辽宁积极优化财政收入结构,强化税源建设,运用信息化手段,使得税收收入保持了较快的增长态势,主要税种贡献的财政收入总量也呈增长趋势。由表2可知,税收收入占财政收入的比重一直维持在75%左右;2010~2012年,税收收入总量的平均增速为25.2%,略高于同期财政一般预算收入的增速,但2013年上半年增速有所下降,仅比上年同期增长8.6%。2012年税收收入2317.2亿元,主要税种贡献的收入:营业税606.5亿元,同比增长9%;企业所得税242.4亿元,同比增长6.7%;城镇土地使用税221.9亿元,同比增长52.3%。

表2 辽宁财政一般预算收入结构情况

单位:%,亿元

项目 年份	税收收入	增长比例	占财政 收入的比重	非税收入	增长比例	占地方 财政的比重
2010	1516.7	28.1	75.7	488.1	19.9	24.3
2011	1974.9	30.2	75	668.3	36.9	25
2012	2317.2	17.3	74.6	788.19	17.94	25.4
2013 上半年	1322.5	8.6	74.5	453.5	-1.8	25.5

资料来源:由《辽宁统计年鉴》整理而得。

(二)财税政策不断健全,经济结构调整继续深入

辽宁通过财政补贴、贴息、债券、减免税费等手段,积极推动经济结构调整,促进经济健康协调发展。一方面,落实稳定增长的各项财政税收政策,2012年辽宁省财政投入382亿元,引导社会投资向民生工程等社会发展的薄弱环节倾

斜。另一方面，积极支持经济结构调整，转变发展方式。其中，在支持实施区域发展战略方面，2012年投入28亿元支持三大区域发展战略；在支持实施五项工程方面，2012年投入41.1亿元加快推进科技创新，深化国有企业改革；在支持服务业方面，2012年投入11.1亿元重点支持服务业聚集区和商贸物流业发展；在支持生态环境建设方面，2012年投入24.4亿元促进循环经济发展，投入125.9亿元用于生态环保工程建设。

（三）财政支出结构趋于合理，民生支出成为重点

辽宁省不断优化财政支出结构，刚性支出、法定支出、重点支出得到有力保障，切实用于保障和改善民生的重点项目。从财政支出总规模来看，由表1可知，辽宁财政支出规模保持了持续扩张的态势，以适应经济社会需求不断增长的需要。2012年财政一般预算支出4558.6亿元，较2010年的3194.4亿元增长了42.7%，支出总量在全国排名第6位。从财政支出结构来看，2012年主要支出项目完成情况：教育728.8亿元，占比16%，同比增长33.9%；社会保障和就业727.7亿元，占比16%，增长10.7%；农林水事务405亿元，占比9%，增长23%；医疗卫生200.2亿元，占比4.4%，增长10%；科学技术101.2亿元，占比2.2%，增长16.1%；节能环保93.3亿元，占比2%，增长25%。

在保障和改善民生方面，对教育事业发展、就业工作、养老保险制度建设、医疗卫生体制改革、保障性住房建设等投入加大，充分体现了公共财政向民生倾斜的特点。其中，在支持教育事业发展方面，2012年省财政投入24.7亿元用于支持学前教育和义务教育等基础教育发展；在促进就业方面，2012年投入38.4亿元用于推进就业与再就业，促使全年新增实名制就业81.9万人；在养老保险制度建设方面，投入15.9亿元用于全面实施新型农村社会养老保险和城镇居民社会养老保险；在医疗卫生体制改革方面，投入6.8亿元用于完善基层医疗卫生机构补偿机制，不断提升基层医疗机构服务能力；在保障性住房建设方面，投入58.6亿元用于保障性安居工程和扶贫工程。据统计，2012年在改善民生上的支出为3206.4亿元，同比增长20%，高于财政一般预算支出增幅3.3个百分点，占财政一般预算支出的比重达到了70.3%。

（四）财政支农力度加大，县乡财政实力加强

辽宁坚持工业反哺农业，不断加大"三农"投入力度。2010～2012年，一

般预算支出中的农林水务支出的增速均高于同期财政一般预算支出的平均增速，例如，2012 年农林水务支出为 405 亿元，同比增长 23%，高于一般预算支出增速 6.3 个百分点。与此同时，辽宁财政更加注重对支农结构的调整，重点支持现代农业发展和保障粮食安全、水利改革发展以及农产品深加工项目。2012 年投入 73 亿元用于落实各项惠农补贴和农村金融奖补政策；投入 59.9 亿元用于支持现代农业的发展。在支农政策的带动下，农民收入有了大幅度提升，2012 年辽宁省农民人均纯收入达到历史最高点 9384 元，比全国平均水平 7917 元高出 1467元，绝对额排名在全国 31 个省份中列第 9 位。

与此同时，在各级政府的重视下，辽宁县乡财政收入也实现了大幅度的增长，县域经济的短板正在补齐。2012 年为了进一步增强县级政府财政实力，下达转移支付补助资金 156.1 亿元；用于落实支持县域经济发展的各项补助政策投入 6.9 亿元。在支农政策的带动下，2012 年辽宁 44 个县（市）地区生产总值达到 1.2 万亿元，同比增长 13%；县域公共财政收入达到 875 亿元，同比增长24.6%，占全省的比重达到 28.2%，比上年提高 2 个百分点。

二 辽宁财政发展存在的主要问题及原因分析

（一）财政收入增速放缓，财政依存度较低

"十一五"时期，辽宁省财政一般预算收入年均增速达到了 24.3%，2012 年下滑到 17.5%，2013 年上半年仅为 5.7%（见表 1），财政收入增速放缓态势明显，这里的主要原因有三点。首先是经济形势整体放缓的影响。受到国际金融危机以及国内经济增速放缓的影响，中国经济已经由高速增长转为中速增长并进入个位增长阶段，这必然决定了财政收入的增速随之降低。其次是物价涨幅回落的影响。在我国现行税制体系下，70% 以上的税收收入来自间接税，即增值税、营业税、消费税等，这就使大部分税收收入受到了价格的影响，随着近年来物价涨幅回落特别是工业生产者出厂价格下降的影响，辽宁作为工业大省的税收收入增速必然降低。最后是结构性减税的影响。随着"营改增"试点的扩大，2013 年8 月 1 日，辽宁省实施"营改增"改革工作，涉及八大行业。这预示着，作为辽宁地方税的主体税种营业税收入将会减少，而营业税占辽宁地方税收收入的比重一般都在 30% 左右，增值税又是中央地方共享税，这样辽宁地方税收的增速也

会随之降低。

财政收入占 GDP 的比重（又叫做财政依存度）是衡量一个地区经济运行质量的重要指标。一般来说，这个指标值越高，说明地方财力越充足。由表 1 可知，2012 年辽宁此指标达到最高值 12.5%，而当年全国的均值为 22.6%。由此可见，辽宁 GDP 自身产出效应较低，财政集中程度较差，一定程度上影响了政府财政再分配的保障能力，制约着社会公共事业的发展。这里的主要原因是辽宁省经济实力较发达地区差距较大，加上受到资源型城市转型、新兴产业发展缓慢、国有企业经营与发展改革困难以及产业结构调整压力大的影响，税收收入增长乏力，财政增收压力较大。

（二）财政收入结构不合理，收入质量有待提高

财政收入结构主要是指财政收入中税收收入与非税收入的构成。税收是财政收入的主要来源，税收收入占财政收入的比重在一定程度上反映了财政收入的质量和优化程度。由表 2 可知，近年来辽宁税收收入占财政收入的比重一般维持在 75% 左右，但也呈现下滑态势，从 2010 年的 75.7% 降到 2012 年的 74.6%。而 2012 年全国税收收入占财政收入的比重为 86%，深圳税收收入占财政收入的比重为 90%，在多数国家税收收入占财政收入的比重都超过了 90%。由此可见，辽宁税收收入比重偏低，财政收入结构不合理，财政收入质量不高。

税收收入比重偏低的同时，是非税收入的快速增长。因为非税收入具有受到限制少、极易膨胀和难以统筹安排使用的特点，所以非税收入比重越大，地方政府运行的规范性越差，地方政府对微观经济运行的干预越多，企业外部环境越差。由表 2 可知，2010～2012 年非税收入的平均增速为 24.9%，而且 2011 年和 2012 年非税收入的增速均高于同期税收收入的增速，由此可见财政收入结构亟须调整和优化。税收比重偏低或者非税收入增长过快的主要原因是 1994 年分税制改革后，中央财政收入比重提高，地方财政困难成为普遍现象，例如，2012 年我国地方财政收入占全国财政收入的比重为 52.1%，而地方政府财政支出占全国政府支出的比重却高达 85.1%。长期事权与财权的不对称，促使地方政府通过土地出让等形式获得一定的非税收入，但非税收入尤其是土地出让收入是一次性的、不可持续的，而且可能会进一步转化为居民的购房压力，形成房地产泡沫，给经济运行带来风险。

（三）财政收支矛盾突出，财政支出结构仍需优化

财政收支结构性矛盾较为突出，主要表现为财政收入增长乏力，而财政支出却大幅刚性攀升。由表1可知，从绝对值来看，财政收支的缺口仍然较大，2010年财政收支的缺口为1189.6亿元，2011年扩大为1262.7亿元，2012年再扩大到1452.2亿元。从增速来看，虽然2010～2012年辽宁财政收入的增速略大于财政支出的增速，但2013年上半年财政收入的增速远小于财政支出的增速，可见财政收支矛盾加剧。这是因为在收入方面，辽宁财政收入增速趋于放缓，而在支出方面，随着经济社会发展和民生需求的增加，以及稳定经济、调整经济结构、深化改革等多重任务的需要，财政刚性支出增多，财政支出压力增大。

在财政支出结构方面，辽宁财政支出结构有待进一步优化。一是教育支出投入仍需加大。2012年辽宁财政一般预算内教育支出728.8亿元，同比增长33.9％，占辽宁生产总值的比重为3％，仍然没有实现财政性教育支出占生产总值比重4％的目标。二是医疗卫生投入较低。2012年财政性医疗卫生支出200.2亿元，占一般预算支出的比重为4.4％，同比增长10％，此指标不仅占比较低，而且增速也低于一般预算支出的平均增速。三是民生支出仍有提高空间。2012年辽宁民生支出为3206.4亿元，占财政一般预算支出的比重达到了70.3％，而同期江苏省民生支出5314.31亿元，占财政一般预算支出的75.6％，所以辽宁省民生支出仍有继续提高空间。

（四）"三农"支出比例偏低，县乡财政负担较重

虽然近年来辽宁各级政府不断加大对"三农"支出的力度，但是"三农"支出比例仍然偏低。以一般预算支出中农林水事务支出为例，2012年辽宁农林水事务支出为405亿元，占一般预算支出的比重为9％，低于全国同期11％的均值。另外，财政支农投资结构不尽合理，科技三项费用占比偏低，限制了农村科技、种植业和养殖业，以及农产品深加工等相关现代农业产业的快速发展。这里的主要原因是各级财政对"三农"支持的政策体系还不够完善，没有形成长效稳定的增长机制，致使财政支农的比重仍然在低位徘徊。

辽宁县乡财政实力仍然较弱，财政负担较重。一方面，辽宁县乡财政肩负着基层的财力分配，县乡财政供养的人数多，财政支出的范围广，而且随着民生支出等政策性财政支出的快速增长，财政支出压力进一步加大，例如，"三农"支

出除中央的资金支持外还需要地方政府填补配套资金，这就加大了县乡财政压力。另一方面，在转移支付上，辽宁一般性转移支付比重偏小，专项转移支付比重较高。一般来说，一般转移支付能够更好地发挥地方政府了解居民公共服务实际需求的优势，而专项转移支付种类项目繁多，存在项目设置交叉重复、资金投向分散、整合使用相关资金较为困难等问题，这就进一步加剧了县乡财政负担。

三 辽宁财政可持续发展的政策建议

（一）优化财税分配体系，有效发挥政府职能

优化财税分配体系，重点放在适度加强中央事权和支出责任，深化省以下分税制改革，以及完善转移支付机制上，更好的发挥政府职能。

第一，优化政府间财政分配关系，适度加强中央事权和支出责任。在中央对地方、省对市县实行的分税制财政体制保持基本稳定的前提下，合理划分中央与地方、地方各级政府的财权和事权，适度加强中央事权和支出责任，这样才能从根本上解决土地财政、融资平台等关键问题，优化政府间财政分配关系。

第二，优化财政分配体系，要深化省以下分税制改革。对辽宁省来说，要深化省以下分税制改革，推进省直管县，乡财县管等改革措施，增强县乡财政实力。例如，适当降低与土地、房产直接相关的税种收入中市县财政的分享比例；调整优化土地出让金收入分配，集约利用土地资源等。

第三，优化财政分配体系，要完善转移支付机制。对中央政府来讲，要通过转移支付手段调节不同地区之间、上下级政府间的财力分配，弥补地方政府履行地方事权存在的财力不足；对辽宁来讲，要调整优化转移支付结构，提高一般性转移支付比重到50%以上，并严格控制新增专项转移支付项目，对现有专项转移支付项目进行全面梳理和分类，以此缓解县乡财政困境，增强基层政府提供基本公共服务的能力，促进城乡一体化协调发展。

（二）优化财政收入结构，提高财政收入质量

优化财政收入结构就是要进一步提高税收收入占财政收入的比重，提高财政收入的质量，主要从培育地方税种和加强税收征管两方面做起。

第一，培育地方主体税种，完善地方税收体系。一方面，继续实施和优化结

构性减税，推进税制改革。2013 年 8 月辽宁已经开始在八大行业实施"营改增"试点，随着改革效应的逐步显现，可以适时扩大"营改增"的行业范围，例如将邮电通信、铁路运输、建筑安装等行业纳入试点范围。另一方面，随着结构性减税的深入，地方税收收入增速降低，培育地方主体税种势在必行。作为地方主体税种，应该具有税基宽、税源丰富、增长潜力大、便于地方征管的特点，而资源税、房地产税、车船税具有以上特点，是地方主体税种的优选对象，而且这三种税也是国外许多国家地方税的主体。另外，建议适时征收物业税，因为物业税与现行的房产税不同，是对房屋的公允价值课税，这样既为地方政府提供了长期可持续的财政收入来源，而且有助于为过热的房地产市场降温，推动经济社会和谐发展。

第二，加强税收的征收管理，确保税收足额及时入库。首先，加强税收执法，严格控制减免税，坚决制止和纠正越权减免税和擅自出台先征后返政策等变相减免税行为，特别是要加强对区域税收优惠的规范管理，维护税收政策的公平性和权威性。其次，完善非税收入收缴管理。近年来，辽宁省非税收入增长迅速，所占比例也较大，所以规范非税收入的收缴管理迫在眉睫。要建立统一的非税收入收缴管理体系，将所有执收单位和所有非税收入项目全部纳入非税收入收缴改革范围，统一全省非税收入收缴数据，实行非税收入自动分成。最后，加大对中小微型企业的税收减免。通过税收政策鼓励中小微企业做大做强，加大对科技开发税收优惠的力度，并通过降低税率、加速折旧、设备投资抵免、再投资退税等多种形式，减轻中小企业税费负担，提高中小企业竞争力。

（三）优化财政支出结构，加快推进经济结构调整

优化财政支出结构就是将财政支出的重点放在调整产业结构和改善民生福利的重点方面，并推动预算管理改革，促进经济社会和谐发展。

第一，优化财政支出结构，以经济增长带动经济结构调整。首先，财政重点支持现代产业体系建设，通过各项财政政策，全面实施工业"五项工程"，促进产业集群发展，提高工业核心竞争力和综合实力。其次，支持国有企业深化改革和鼓励民营企业发展。进一步探索国有资本退出渠道和退出方式，筹措资金妥善解决留存企业内外债务和职工安置等历史遗留问题。并推动企业兼并重组，鼓励民营企业、外资企业等各类投资主体参与企业改革重组。再次，支持三大区域发展战略。进一步完善沿海经济带产业项目贴息等财政政策，推动沈阳经济区同城

化和一体化建设，加大对辽西北地区产业园区、产业项目和生态环境建设的投入力度。最后，支持节能环保建设，增强可持续发展能力。贯彻落实鼓励节能减排财税政策，加快淘汰落后生产能力，保护环境，发展循环经济。

第二，优化财政支出结构，促进以改善民生为重点的社会转型。首先，健全财政投入保障机制，支持教育优先发展。贯彻落实国家和省中长期教育改革和发展规划纲要，逐步提高财政性教育经费支出占国内生产总值比例达到4%。其次，完善社会保障制度。加大财政投入，支持加快建立覆盖城乡居民的社会保障体系，消除广大群众在养老、医疗等方面的后顾之忧。大力支持保障性住房建设，健全财政扶持政策，完善住房保障政策体系。再次，支持医疗卫生体制改革。深化医药卫生体制改革，加快建立覆盖城乡居民的基本医疗卫生制度，支持全面实施五项重点改革。最后，加大调整居民收入分配力度。充分发挥财政在收入分配中的调控职能作用，大力调整国民收入分配结构，提高中低收入者、退休人员收入水平，提高扶贫标准、最低工资标准和重点优抚对象待遇水平，切实减轻困难群众的负担。

第三，改进预算管理制度，逐步推进预算公开化。预算管理制度的改革，重点是由收支平衡更多地向支出预算转变，并建立跨年度预算平衡机制，增强财政政策的前瞻性和可持续性。辽宁要积极推进"全口径预算"的管理和监督，全面反映政府收支总量、结构和管理活动，并积极推进"阳光财政"建设，逐步完善政府财政信息公开制度，接受人大、政协和社会公众的监督。

（四）继续加大财政"三农"投入，促进城乡协调发展

加大支持"三农"的财政投入，就是要重点放在建立财政支农投入稳定的增长机制、支持农业基础设施建设以及支持城镇化建设上。

第一，建立健全财政支农投入的长效稳定机制，坚持工业反哺农业，按照"三个重点、三个确保"的要求，继续优化财政支农结构，重点放在农业基础设施、农业科技创新推广，农业社会化服务体系建设上，继续加大农业补贴力度，完善财政惠农强农的政策体系。

第二，支持农业基础设施建设，加快发展现代农业。不断加大投入力度，大力支持以水利为重点的农业基础设施建设，切实提高农业水利化水平，并逐步提高农业防洪抗灾能力。加大强农惠农力度，切实转变农业发展方式，构建现代农业产业体系，以农业现代化带动农民增收，促进农业发展。

第三，支持城镇化建设，加快实现城乡协调发展。一方面，以新兴产业、现代装备制造业等主导产业为重点，支持建立一批带动能力强、示范作用大的产业集群，合理有序引导农村人口转移。另一方面，加大城镇供电、供水、供暖、排污、道路和卫生、教育、医疗等基础设施建设支持力度，增强城镇集聚功能，提升城镇的综合承载能力，推动城乡协调发展。

参考文献

《中国统计年鉴（2012）》，中国统计出版社，2012。

《辽宁统计年鉴（2012）》，中国统计出版社，2012。

安徽省财政厅课题组：《深化财税体制改革的若干思考和建议》，《经济研究参考》2012 年第 20 期。

杨雅琴：《中国县级财政困难形成机制分析与案例研究》，《现代产业经济》2013 年第 5 期。

B.16

深入实施突破辽西北战略的
金融支撑研究

张国俊　葛俊忠[*]

摘　要：

突破辽西北战略的实施使辽西北三市金融业取得了较快发展，为地方经济社会发展提供了较强的资金支撑和保障能力，但与省内其他两大区域板块的金融发展差距依然在扩大，固有的金融发展结构失衡问题仍比较突出。在进一步深入实施突破战略中，迫切需要在金融发展战略、金融产业政策等方面给予积极的外部支持，以期逐步缩小与其他两大区域板块的发展差距，同时还需注重加强对口帮扶机制下的金融合作，并切实强化县域金融服务体系建设，以有效提升其金融支撑与服务功能。

关键词：

突破辽西北　区域金融　金融支撑

突破辽西北战略实施五年来，辽西北地区（阜新、铁岭和朝阳三市）基本实现了"三年见成效、五年大变样"的目标，进而三市经济社会实现了持续快速健康发展，辽宁省政府为此于2013年8月召开常务会议，研究部署进一步深入实施突破辽西北战略工作，并原则通过了《辽宁省人民政府关于深入实施突破辽西北战略的若干意见》。10月份召开的中共辽宁省委常委会议对继续深入实施突破辽西北战略又进行了专题安排部署。作为现代市场经济的核心，三市金融业也在突破战略的驱动下也取得了较快发展，并为突破战略第一阶段基本目标的

---

* 张国俊，辽宁社会科学院城市发展研究所副研究员，辽宁省金融学会常务理事，研究方向：区域金融和辽宁省情；葛俊忠，辽宁社会科学院城市发展研究所馆员，研究方向：区域经济。

实现提供了较强的资金支撑和保障能力。但这种支撑和保障能力尚不足以适应突破战略的深入实施，与沈阳经济区和辽宁沿海经济带（以下简称其他经济区）的金融发展差距也依然在扩大，迫切需要以中共十八届三中全会决定所明确的使市场在资源配置中起决定性作用和更好地发挥政府作用为原则，给予辽西北地区金融业积极的外部支持和适度的政策倾斜。

一 突破辽西北战略的金融支撑能力日益提升

（一）银行业金融机构信贷支持功能得以显著增强

突破辽西北战略是在老工业基地振兴战略进入实质性振兴阶段实施的，得益于老工业基地振兴战略和突破辽西北战略的双重驱动，辽西北三市经济社会实现持续快速健康发展，奠定了本地区金融业发展和改革的良好基础，进而驱动本地区银行业金融机构资金实力的提升。截至 2012 年末，辽西北三市金融机构本外币各项存款余额合计为 2546.77 亿元，比突破辽西北战略启动之年的 2008 年末增加 1258.93 亿元，年均增长 18.60%，比 2003~2008 年间的年均增长率高 1.36 个百分点。资金实力的提升以及地区金融生态环境的明显改善，又为金融机构在实施突破辽西北战略进程中加大信贷支持力度创造了基本条件，进而驱动本地区金融机构信贷支持功能的显著增强。截至 2012 年末，辽西北三市金融机构本外币各项贷款余额合计为 1758.60 亿元，比 2008 年末增加 888.01 亿元，年均增长 19.22%，比 2003~2008 年间的年均增长率高 11.10 个百分点（见表 1）。

表 1　2008~2012 年辽西北地区本外币各项存贷款余额统计

单位：亿元

年份	阜新市		铁岭市		朝阳市	
	存款余额	贷款余额	存款余额	贷款余额	存款余额	贷款余额
2008	344.87	235.49	448.56	339.93	494.41	295.18
2009	421.94	300.56	565.53	424.03	579.55	360.42
2010	505.27	359.35	624.93	484.33	705.55	434.80
2011	607.06	434.82	735.52	554.17	883.21	534.01
2012	686.13	529.90	836.48	613.56	1024.16	615.14

资料来源：《辽宁统计年鉴（2009~2013）》。

（二）保险业的经济社会发展保障功能得以不断提高

同银行业的发展状况基本类似，辽西北三市保险经营机构综合实力在两个战略的双重驱动下不断提高，地区保险市场主体日益丰富，保险服务体系日趋完善，保险业改革特别是政策性农业保险全面推进。首先，保费收入的稳定增长使保险业自身进入稳定发展轨道。2012 年，辽西北三市保险业经营机构实现原保险收入 51.24 亿元，比 2008 年增加 12.49 亿元，年均增长 7.23%，其中阜新、铁岭和朝阳三市年均增长率分别为 12.43%、7.62% 和 3.43%。其次，赔款及给付的逐年增加使保险业成为保障本地区经济社会发展的重要力量。2012 年，辽西北三市保险业经营机构赔款及给付 14.72 亿元，比 2008 年增加 4.78 亿元，年均增长 10.31%，高于同期原保险收入增幅，5 年间累计为辽西北三市提供了 68.76 亿元的风险损失补偿和满期给付（见表 2）。其中朝阳市 2009 年首年试办政策性玉米种植保险便突逢 60 年一遇的罕见旱灾，人保财险公司和安华辽宁分公司等两家承办保险公司累计支付理赔款项 2.92 亿元，受益农户 44.11 万户[①]，该项理赔款占朝阳市保险机构当年赔款及给付总额的 39.57%，占财险赔款总额的 64.6%。该项理赔款的及时足额支付尽管导致两家承办保险公司亏损严重（合计超过 2.2 亿元），但在关键时刻农业保险的风险补偿作用还是得到了有效发挥，同时也进一步增强了当地农户的保险意识。

表 2 2008~2012 年辽西北地区原保险收入及赔款给付统计

单位：亿元

年份	阜新市		铁岭市		朝阳市	
	原保险收入	赔款及给付	原保险收入	赔款及给付	原保险收入	赔款及给付
2008	9.85	1.54	12.30	4.20	16.60	4.20
2009	10.56	3.80	15.14	5.90	15.90	7.38
2010	13.38	3.03	17.21	4.25	20.54	4.81
2011	12.52	3.51	16.46	4.60	16.87	6.82
2012	15.74	3.82	16.50	4.60	19.00	6.30

注：2011 年以后保险业相关数据采用《企业会计准则》2 号解释实施后的新口径数据。

资料来源：《辽宁统计年鉴（2010~2013）》，三市 2008 年数据以及铁岭和朝阳两市 2012 年数据来源于当地统计公报。

---

① 刘翠环：《推进农业保险应采取综合措施》，《金融时报》2010 年 8 月 20 日。

（三）地方法人金融机构体系得以初步完善

辽西北地区地方法人金融机构体系主要包括地方股份制商业银行、小型农村金融机构（农村信用社）、新型农村金融机构以及小额贷款公司等四类。其中地方股份制商业银行包括阜新银行、朝阳银行和铁岭银行，这3家银行先是在当地城市信用社的基础上改制成立城市商业银行，此后历经改造重组、整合发展、改革创新并完成监管升级，分别于2009年11月、2011年4月和11月先后更改为现名，从而实现了由地方性银行向区域性银行的转变。在过去的5年间，3家银行各项业务均实现了历史性跨越，存贷款规模不断扩大，资产质量显著提高，核心竞争力明显增强，均是当时经济社会发现的重要推动力量。如阜新银行和朝阳银行2012年末各项贷款余额分别为201亿元和149亿元，在当地贷款余额总量的比重分别达到37.93%和24.23%。

辽西北地区的小型农村金融机构主要是农村信用社。随着全省小型农村金融机构改革的整体深入推进，历史包袱得到实质性消化后的辽西北三市农村信用社资金实力以及"三农"发展金融支撑功能日益增强，进而使其在当地金融支持"三农"发展的主力军地位也得到进一步强化。新型农村金融机构则主要包括村镇银行、贷款公司和农村资金互助社3类，其试点工作自2008年下半年开始陆续展开。经过5年来的试点及深入发展，以村镇银行为主体的新型农村金融机构已逐渐发展成为辽西北地区农村金融体系的重要组成部分。其中铁岭市的村镇银行成立较早，2008年8月即成立了全省第一家村镇银行，目前开业数量居于全省前列，并已于2011年5月实现了县域全覆盖。阜新和朝阳两市先后于2008年12月和2010年5月成立当地首家村镇银行。

小额贷款公司是地方金融发展和改革的重点领域之一。随着辽宁省小额贷款公司自2008年下半年试点工作的正式启动，辽西北三市积极推进试点工作，并在当年内全部启动试点，进入2009年又迅速从试点启动阶段步入快速发展阶段。经过5年来的发展，三市小贷公司均呈现快速稳健的发展态势，并初步完成了机构布局的区域覆盖，对支持当地"三农"发展和中小企业发展起到了积极的推动作用。特别是阜新市获批筹建小额贷款公司数量、开业户数和累计发放贷款额度等指标均居全省前列。截至2012年末，阜新市获批开业小额贷款公司89家，占全省小额贷款公司机构数量的20.51%；贷款余

额 27 亿元，占全省小额贷款公司贷款余额的 12. 12%，其中信用贷款比重达
57. 6%①。

二　金融支撑能力进一步提升的主要制约因素

（一）金融机构贷款余额全省占比有所下降

金融机构存贷款余额占比是衡量一个地区在全国或某个区域范围内金融业发
展地位的重要指标。辽西北地区存贷款余额等主要金融指标纵向比较尽管发生了
较大的积极变化，但横向比较依然落后于其他经济区乃至全省平均水平，特别是
金融机构本外币各项贷款余额在全省的比重近两年虽有回升，但总体上仍呈下降
态势。截至 2012 年末，辽西北三市金融机构本外币各项贷款余额在全省的比重
为 6. 69%，比 2008 年末下降 0. 36 个百分点。这既与存款余额全省占比同期上升
0. 35 个百分点的情况不相协调，也与地区生产总值全省占比同期上升 1. 05 个百
分点的情况不相协调，而存款余额全省占比与地区生产总值全省占比之间同样存
在不协调问题（见表 3）。其中铁岭市下降幅度较大，比 2008 年下降 0. 42 个百
分点，朝阳市微幅下降 0. 05 个百分点，阜新市微幅上升 0. 11 个百分点。

表 3　2008 ~ 2012 年辽西北地区主要经济金融指标全省占比统计

单位：%

年份\n\n项目	2008	2009	2010	2011	2012
各项存款余额占比	6. 86	6. 71	6. 54	7. 22	7. 21
各项贷款余额占比	7. 05	6. 69	6. 52	6. 67	6. 69
地区生产总值占比	8. 83	9. 28	9. 52	9. 75	9. 88

资料来源：《辽宁统计年鉴（2009 ~ 2013）》。

（二）金融相关比率明显低于全省平均水平

金融相关比率是衡量一个国家或地区经济金融化程度（金融发展水平）的

---

① 《阜新市小额贷款余额冲刺百亿元》，辽宁省政府网，http://www.ln.gov.cn/qmzx/senyang/gzdt/
201304/t20130418_1090696.html。

重要指标，一般以某一时点的存贷款总量与同期国内生产总值之比来表示。截至 2012 年末，辽西北地区金融相关比率为 1.75，比 2008 年末降低 0.04（见表 4）。尽管降低幅度不是很大，各年度变化也不是很大，但也表明该地区经济金融化程度有所下降，至少是没有提高。而从横向比较来看，辽西北地区的金融相关比率则明显低于辽宁省及全国平均水平，而且其差距也基本呈现逐年加大的态势。2008 年末，辽西北地区金融相关比率与辽宁省及全国平均水平的差距分别是 0.49 和 0.75，到 2012 年末已分别扩大到 0.73 和 1.22，表明辽西北地区经济金融化程度显著偏低，其金融业发展水平及其对本地区经济社会发展的支持力度明显低于辽宁省平均水平，更不及全国平均水平。

表 4 2008～2012 年辽西北地区金融相关比率比较

项目＼年份	2008	2009	2010	2011	2012
全国平均比率	2.54	3.04	3.09	2.98	2.97
辽宁省平均比率	2.28	2.60	2.58	2.41	2.48
辽西北地区比率	1.79	1.88	1.77	1.73	1.75

资料来源：《辽宁统计年鉴（2009～2013）》。

（三）金融发展的区域差距尚无缩小迹象

辽西北地区与沈阳经济区和辽宁沿海经济带地区的金融发展差距历来较大，突破辽西北战略实施后虽然比以往有更快的发展，有的金融指标差距也在缩小，但核心指标差距仍在扩大，短期内也无缩小迹象。从表 5 所示的主要金融指标区域比值来看，与 2008 年相比，辽西北地区 2012 年存款类金融指标与其他两个区域的差距在缩小或差距扩大幅度不大，其中储蓄存款余额比值分别比沈阳经济区和辽宁沿海经济带地区缩小 0.59 和 0.37；本外币各项存款余额比值比沈阳经济区缩小 0.27，比辽宁沿海经济带地区扩大 0.03。最受关注的贷款类金融指标与其他两个区域的差距则均为扩大，本外币各项贷款余额比值分别比沈阳经济区和辽宁沿海经济带地区扩大 1.25 和 1.15。保险类指标除了赔款及满期给付比值比辽宁沿海经济带地区缩小 2.56 外均为扩大，其中原保险收入比值分别比沈阳经济区和辽宁沿海经济带地区扩大 0.36 和 0.25，赔款及满期给付比值比沈阳经济区扩大 0.22。

表5 2008~2012年辽西北地区主要金融指标区域比值

指标简称	区域简称	2008 年	2009 年	2010 年	2011 年	2012 年
存款余额	沈阳经济区	7.56	7.74	7.85	7.30	7.29
	沿海经济带	6.56	6.84	7.10	6.56	6.59
贷款余额	沈阳经济区	6.56	7.95	7.90	7.85	7.81
	沿海经济带	6.30	6.67	7.01	7.43	7.45
储蓄余额	沈阳经济区	6.02	6.10	5.92	5.54	5.43
	沿海经济带	4.94	5.13	5.06	4.71	4.57
原保险收入	沈阳经济区	5.61	6.04	6.32	6.02	5.97
	沿海经济带	5.11	5.13	5.39	5.57	5.36
赔款及给付	沈阳经济区	6.43	5.38	6.61	6.11	6.65
	沿海经济带	7.14	2.93	4.44	4.06	4.58

注：辽西北地区为1；沈阳经济区和沿海经济带均含营口市，沈阳经济区和辽西北地区均含阜新和铁岭市。

资料来源：《辽宁统计年鉴（2009~2013）》。

此外，其他一些重要金融指标也都表明，辽西北地区的金融发展与其他两个区域的差距是扩大的。以金融相关比率为例，辽西北地区2008年末与沈阳经济区相差仅为0.02，与辽宁沿海经济带地区相差0.28，到2012年末则分别扩大到0.36和0.62，而且辽西北地区是下降的，沈阳经济区和辽宁沿海经济带地区则是上升的，均上升0.30。

（四）金融发展结构失衡问题依然比较突出

金融发展结构失衡问题是一个长期以来始终存在的普遍性问题，但在欠发达地区表现得更为突出。在辽西北地区，金融领域的各个方面基本上都存在结构失衡问题。一是金融市场结构失衡，金融机构体系布局不完善。辽西北地区金融机构体系的主体是银行业和保险业，证券、期货、信托、基金、金融租赁等金融业态明显薄弱，政策性金融发育也不健全。即使在银行业，也是以国有控股商业银行分支机构和地方小型金融机构为主，全国性股份制商业银行和外资银行分支机构极少，有的地区还是空白。二是信贷投放结构失衡，中小企业融资服务欠缺。同全国很多地区一样，辽西北地区信贷投放主要集中在大客户和大项目，特别是大型基础设施建设项目和基础产业项目，面向中小企业和民营企业的融资服务体系虽有改善但还很不完善。这不仅制约了中小企业和民营企业的发展，也使地区金融资源配置效率无法得到有效提升。三是金融产品结构失衡，金融创新明显不足。辽西北地区金融产品仍集中在信贷等传统业务领域，中间业务以及创新业务不足，即使是传统业务也不能为客户提供全方位服务的金融产品。特别是一些大型商业银行的分支机构，即使是有创新金融产品也主要是由上级机构推出，并不完全符合当地需求，而本地机构一般没有研发能力，也没有研发资金支撑，因此其生存与发展空间无法得到有效拓展，综合竞争能力也不能得到有效提高。

三　有效提升辽西北地区金融支撑能力的重点方向

（一）启动实施适度超前的金融发展战略

金融超前发展泛指一个国家或地区的金融发展适度超越经济发展水平。具体来说，就是以金融作为经济社会发展的前导或引擎，利用外部力量人为扶植和拉动金融业的发展，并通过金融中介作用的充分发挥来促进市场经济机制发育，进而推动其经济与社会快速发展。在国际上，很多发达国家和地区的经济加速发展都有着金融适度超前发展、资源迅速聚集的经验。在国内，自西部大开发战略实施后，金融超前发展战略开始受到西部一些省区的高度重视，如贵州省甚至已将金融适度超前发展付诸实践并已取得显著成效。辽宁省也于2012年9月开始实施具备金融产业适度超前发展属性的金融服务业提速计划。

要实施适度超前的金融发展战略，首先要注重质和量的关系协调。作为欠发达地区，辽西北三市迫切需要金融总量的实质性的、较大幅度的提升，需要在实施金融服务业发展提速计划中进一步扩大融资规模，但同时作为后发地区，辽西北三市更需要积极借鉴和吸取其他地区的经验教训，有效提升金融服务业的起点和质量，在地区金融服务体系建设中注重融资结构的进一步改善。同时还要注重金融服务业发展和实体经济发展的关系协调。实施适度超前金融发展战略重在"适度"，重在有效支持实体经济的发展，重在推动实体经济总量和质量的不断提升，特别是要吸取日本在金融超前发展战略实施后期与实体经济发展背离度过大而导致泡沫经济产生的教训，并根据客观经济条件的发展变化及时进行调整。

（二）研究制定辽西北地区金融产业促进政策

辽西北三市金融业的发展和改革长期以来始终与沈阳经济区和辽宁沿海经济

带地区存在着相当大的差距，老工业基地振兴战略和突破辽西北战略的实施虽然推动了三市金融业的快速发展，但差距依然较大，在目前经济社会条件下如果完全依靠市场机制的调节来缩小这种差距，可能需要一个相当漫长的过程，这与实施辽西北突破战略推动辽西北地区经济社会快速发展、尽快缩小与其他经济区的发展差距这一根本目的相背离。如果通过金融产业促进政策对其实施一定程度的政策支持和外部推动，则将会大大缩短这一进程，以期尽快实现全省三大区域板块金融业的协调发展。

事实上，辽西北三市都曾制定过并正在执行各自有关促进金融业发展的相关政策和措施，下一步主要是从省政府层面研究制定促进辽西北突破战略深入实施的较为完善的政策措施。一般来说，一个比较完备的金融产业政策体系至少应包括金融产业与其他产业的关系政策、金融产业结构政策、金融产业组织政策、金融产业布局政策和金融产业技术政策等五部分。在辽西北地区制定完善的金融产业促进政策，重点也在于这五个方面。其中外部促进的重点应集中在金融产业布局上，即在全省金融产业布局规划上适度向辽西北三市倾斜，如地方国有金融资产重点向辽西北三市布局，并借鉴中央汇金模式的做法，必要时为辽西北三市地方城市银行提供注资支持，增强其资本实力，优化其治理结构，推动其不断发展壮大。同时，针对辽西北地区特别是朝阳市旱灾发生频繁、保险风险不可控制的状况，在辽西北地区试点建立农业巨灾风险长效补偿机制，努力分散农业巨灾保险，并进一步提高中央和省财政农业保险补贴资金比例，从政策上进一步加强对农业保险经营机构的支持力度。

（三）注重加强对口帮扶机制下的金融合作

实施突破辽西北战略的一项重要政策措施，就是建立强市对口帮扶机制，即按照帮扶与协作相结合的原则，由沈阳、大连、鞍山市分别帮扶阜新、朝阳、铁岭市，并努力实现优势互补和利益共赢。辽西北突破战略实施五年来，对口帮扶机制正逐渐完善，在园区建设、项目和人才引进、人才培训等诸多方面都取得了实质进展，在金融领域的帮扶与协作虽有积极进展但总体相对偏弱。

金融合作描述的是关联区域内的双方或多方金融主体之间交流、合作、协调、互利的金融关系，是在金融关联或金融联系基础上形成和发展起来的、并突出各方主动意愿的金融互动形式。要注重加强对口帮扶机制下的金融合作，重点是充分发挥金融中心城市的带动作用，鼓励并支持沈阳和大连两市不断增强对辽西北地区的金融辐射，特别是沈阳市要根据加快推进沈阳经济区金融同城化指导意见有关切实承担对经济区金融发展责任的要求，加大对经济区所辖辽西北两市的辐射力度；鞍山的金融业相对于沈阳和大连来说明显偏弱，对铁岭的对口帮扶与协作重点以协作为主，逐步建立全面的金融发展战略协作关系。具体来说，一是通过组建跨区域银团贷款等方式，积极援助和带动辽西北地区金融产业的发展；二是从政策上消除融资行政区壁垒，通过跨区域贷款融资途径缓解辽西北地区与其他经济区间主要金融资源分布不均的矛盾；三是积极寻求跨区域信贷合作的途径，加强对口帮扶与协作城市间金融机构的业务合作和管理人员交流合作；四是加强辽西北三市相互之间在金融发展和改革方面的沟通与协作，逐步建立辽西北地区金融发展合作机制。

（四）切实强化县域金融服务体系建设

县域经济是新时期统筹城乡经济社会发展的重要基础，无论是老工业基地全面振兴的顺利实现，还是突破辽西北战略的深入实施，其关键点主要都在于县域经济的振兴和突破，而县域经济的发展又离不开县域金融的服务和支持，在辽西北地区切实强化县域金融服务体系建设就显得越来越必要。县域经济主体一般具有小型化、个性化和特色化的特点，近年来随着以"一县一业"、"一县一品"为主导的产业集群的兴起和发展，辽西北县域经济也出现了园区化、规模化、现代化的特点，其金融需求进一步呈现为多层次、多样化的发展趋势。针对这些特点及其发展变化趋势，切实强化县域金融服务体系建设应以做实县域为基本原则，以构建服务优质高效、竞争规范有序、开放创新兼备、功能不断提升的现代金融服务体系为总体目标。

做实县域是中央对农村金融体制改革的明确要求，这一原则也应当适用于辽西北地区县域金融服务体系建设。一是要注重大型商业银行信贷资金实质性回流县域。根据国家关于农村金融改革的总体要求以及农村经济发展带来的新机遇，大型商业银行近年来已有回归县域迹象，但分支机构的大规模回归没有可能也不必要，重要的是通过资金的实质性回流强化其县域经济发展的深度支撑能力。其中关键之一就是降低县域信贷审批流程标准，地方政府部门与大型商业银行在战略合作中需要共同推动在辽西北地区实行区域差别化的、与当地经济社会发展状况相适应的信贷审批流程标准试点。二是要注重地方中小金融机构回归服务地方经济发展的本质。其中地方城市商业银行要坚守监管部门明确的立足本地、服务

小微、打牢基础、形成特色、错位竞争的市场定位；农村信用社要切实把改革发展的重点放到县（市）级法人机构建设和乡镇分支机构完善上，逐步强化其本土金融服务功能；村镇银行等新型农村金融机构以及小额贷款公司的发展要进一步完善统筹规划和布局，努力实现机构设置的区域覆盖。

参考文献

魏革军：《努力打造贵州金融发展升级版——访贵州省省长陈敏尔》，《中国金融》2013年第14期。

白钦先、刘刚：《日德金融超前发展战略进程回顾与评述》，《西南金融》2008年第9期。

孙伟祖：《金融产业演进与金融发展》，中国金融出版社，2006。

辽宁金融运行情况分析预测

谭 静 麦英姿 张启峰*

摘 要：

2013 年前三季度，辽宁省金融运行的主要特点：各项贷款投放多增，中长期贷款增长呈现低位回升走势，短期贷款持续高位运行，个人贷款需求旺盛；经济回暖势头得到巩固，各项存款增速回升，单位存款增长加快，个人存款增长放缓。票据融资贷款增长回落明显，中小型银行信贷投放力度增强，利率市场化带来银行同业竞争加剧，中长期贷款受到制约。金融机构不断创新金融产品服务，塑造优质理财品牌，加大对农业及中小企业的支持，辽宁股权交易中心在沈挂牌，沈阳金融商贸开发区成为金融机构积聚地。2014 年应警惕理财产品的陷阱，警惕光大乌龙事件的再次发生，加快民营银行在辽宁的成立步伐。

关键词：

贷款存款 信用体系 金融风险

一 辽宁金融运行背景

（一）国内经济回暖势头得到巩固

2013 年第三季度，各项经济数据向好，经济将保持平稳较快运行。远高于预期的制造业 PMI 数据，进一步降低了短期内中国增长前景的下行风险，未来

---

* 谭静，辽宁社会科学院财政金融研究所研究员，主要从事银行管理、现代金融理论、金融发展与经济增长等方面的研究；麦英姿，沈阳金融学校高级讲师，主要从事银行管理等方面的研究；张启峰，中国长城资产管理公司沈阳办事处副总经理，主要从事产业金融研究。

制造业回暖有望持续，增长走势将相对平稳，GDP 增速仍将在 7.5% 以上运行，经济回暖势头逐步得到巩固。

1. 房地产市场交易持续活跃

我国房地产市场自 1998 年房改后华丽转身，已经持续聚集了 15 年的人气。伴随着住房交易价格屡创新高，房价上涨似乎已经合情又合理，北、上、广这样的一线城市如此，辽宁这样拥有二、三线城市的省份亦不可回避。推动住房交易价格上涨，除了城镇化进程催生的强劲住房需求以及地方政府高价出让土地的依赖之外，人们对财富贮藏的需求也是必须考虑的因素。2013 年以来，70 个大中城市每月均是涨多跌少，房地产市场交易持续活跃。

2. 个人消费意愿持续增强

2013 年第三季度辽宁省储蓄问卷调查显示，选择"更多消费"的居民较同期上升 1.16 个百分点，同时，选择消费信贷的比重较第二季度和同期分别上升 0.66 个和 1.81 个百分点。受此影响，个人贷款持续走高，进而带动了旅游、购物、出行等服务项目，机构报告显示，2013 年个人在数码产品、家用电器的消费方面意愿最高。

3. 人民币升值速度有所加快

近期，中国经济企稳回升，中国 9 月汇丰制造业采购经理人指数预览值为 51.2，创下 6 个月来新高。对中国经济乐观增长的预期，亦促使人民币走强。2013 年 9 月 23 日，人民币兑美元中间价强势突破 6.15 关口，报 6.1475，这是 2013 年人民币汇率 26 次创下汇改以来的新高，标志着人民币兑换美元汇率中间价步入 6.14 时代。美联储意外保持量化宽松政策不变，导致美元走弱，从而迫使人民币走强。

（二）美联储退出量化宽松政策暂缓推出

美债风波牵动中国神经。中国作为美国国债的全球最大单一持有国，美债风波自然牵动中国神经。中国之所以购买大量美债，和美国严格限制中国对美投资有很大关系，美元贬值将造成以美元计价的美国国债实际价值"缩水"，同时美国持有的外币资产升值，这样就可以大大冲销美国债务。中国面临的风险是由于美元的贬值而导致中国财富的大量流失。

正当外界普遍预计 9 月份，美国将退出量化宽松政策之际，9 月 18 日，美联储宣布维持现行宽松货币政策，不削减第三轮量化宽松货币政策规模，这一决定使标普 500 指数和道琼斯指数双双创下历史新高，美国国债价格上扬，国际黄金价格飙升，亚洲指数、日经指数、新加坡海峡时报指数全线上涨，澳大利亚股市创 5 年新高，菲律宾股市、印尼股市、泰国股市均出现大幅上涨。

二 辽宁金融存贷款情况

2013 年前三季度，辽宁省货币信贷运行总体情况：各项贷款投放多增，中长期贷款增长呈现低位回升走势，短期贷款持续高位运行，个人贷款需求旺盛；经济回暖势头得到巩固，各项存款增速回升，单位存款增长加快，个人存款增长放缓。

（一）贷款情况

截至 9 月末，辽宁省金融机构本外币各项贷款余额 29016 亿元，同比增长 14.7%，增幅比 8 月提高 0.2 个百分点，比 2012 年同期低 0.3 个百分点，比 2012 年末低 0.5 个百分点；前三季度各项贷款新增 2658 亿元，同比多增 210 亿元（见图 1）。

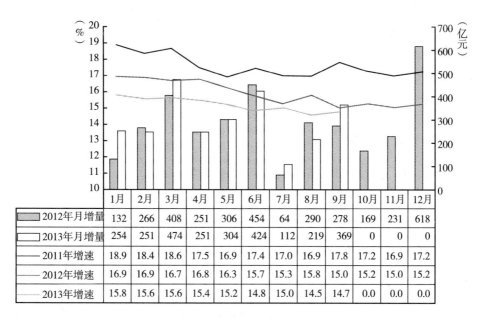

	1月	2月	3月	4月	5月	6月	7月	8月	9月	10月	11月	12月
2012年月增量	132	266	408	251	306	454	64	290	278	169	231	618
2013年月增量	254	251	474	251	304	424	112	219	369	0	0	0
2011年增速	18.9	18.4	18.6	17.5	16.9	17.4	17.0	16.9	17.8	17.2	16.9	17.2
2012年增速	16.9	16.9	16.7	16.8	16.3	15.7	15.3	15.8	15.0	15.2	15.0	15.2
2013年增速	15.8	15.6	15.6	15.4	15.2	14.8	15.0	14.5	14.7	0.0	0.0	0.0

图 1　本外币各项贷款

资料来源：根据中国人民银行沈阳分行调查统计处数据。

1. 短期贷款保持高位运行

9月末，辽宁省金融机构本外币短期贷款同比增长22.5%，比贷款总量增幅高7.8个百分点，比2012年末增幅高1.6个百分点，连续10个月维持在20%以上运行。前三季度短期贷款新增1294亿元，同比多增300亿元。其中，由于消费意愿增强带动的短期个人贷款新增325亿元，同比多增175亿元；由于利率市场化而趋向于短期贷款来降低融资成本而带动的短期经营贷款新增808亿元，同比多增12亿元。

2. 中长期贷款增速低位回升

9月末，辽宁省金融机构本外币中长期贷款余额16747亿元，同比增长11.2%，增幅连续两个月回升，但增速仍然维持在2013年初以来的低位。前三季度本外币中长期贷款新增1325亿元，同比多增37亿元。其中，中长期经营贷款累计新增275亿元，同比多增293亿元；以住房贷款为主的个人消费贷款累计新增430亿元，同比多增174亿元；中长期固定资产贷款累计新增386亿元，同比少增408亿元。

3. 本、外币贷款增速出现分化

2012年以来，人民币汇率双向波动弹性明显增强，特别是9月份美联储退出量化宽松政策暂缓推出，从而导致人民币升值速度加快，外币短期贷款需求增强。9月末，人民币各项贷款余额同比增长13.3%，增幅低于本外币贷款增速1.4个百分点。然而，外币贷款余额同比增长45.6%，增幅高于本外币贷款增速30.9个百分点，本外币贷款增速差距为32.3个百分点，增速分化明显。

（二）存款情况

截至9月末，辽宁省金融机构本外币各项存款余额38882亿元，同比增长14.3%，增幅比同期高0.9个百分点，在经济回暖势头得到巩固的情况下，连续三个月保持回升态势。前三季度本外币各项存款累计新增3635亿元，比2012年同期多增411亿元（见图2）。

1. 单位短期存款多增

9月末，辽宁省金融机构本外币单位存款累计新增956亿元，同比多增194亿元。从结构上看，单位存款前三季度活期单位存款净下降167亿元，同比少降225亿元。另外，由于票据、贸易融资等业务经济资本消耗较低，并能给银行带来保证金存款回报，前8个月辽宁省银行承兑汇票签发5304亿元，同比多签发

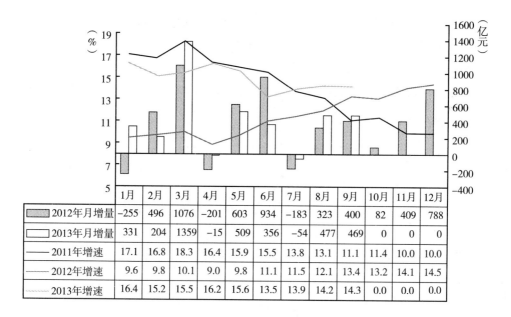

	1月	2月	3月	4月	5月	6月	7月	8月	9月	10月	11月	12月
▨ 2012年月增量		-255	496	1076	-201	603	934	-183	323	400	82	409	788
▢ 2013年月增量		331	204	1359	-15	509	356	-54	477	469	0	0	0
— 2011年增速		17.1	16.8	18.3	16.4	15.9	15.5	13.8	13.1	11.1	11.4	10.0	10.0
— 2012年增速		9.6	9.8	10.1	9.0	9.8	11.1	11.5	12.1	13.4	13.2	14.1	14.5
— 2013年增速		16.4	15.2	15.5	16.2	15.6	13.5	13.9	14.2	14.3	0.0	0.0	0.0

图 2　本外币各项存款

资料来源：根据中国人民银行沈阳分行调查统计处数据。

709 亿元，促进前三季度保证金存款增加 384 亿元，同比多增 139 亿元。

2. 个人存款增速放缓

前三季度，辽宁省金融机构本外币个人存款新增 1941 亿元，同比少增 137 亿元。9 月末，辽宁省金融机构本外币个人存款余额同比增长 13.6%，较 2012 年末下降 2.5 个百分点，增速为年内最低。居民存款增速放缓的主要原因：一是当前居民对未来房价稳定和楼市信心不断增强，房地产投资意愿仍然较高；二是居民理财需求较强，分流储蓄效应持续增强。

三　2013 年辽宁金融发展存在的问题

（一）票据融资贷款增长回落明显

9 月末，辽宁省金融机构本外币票据融资贷款余额同比增长 -8.7%，比同期回落 31.3 个百分点，连续 4 个月负增长。前三季度票据融资新增 1 亿元，同比少增 119 亿元。产生这种结果的主要原因：一是为合理控制表外业务规模，防

范银票业务快速扩张的风险,监管部门对存款保证金比例以及银行承兑汇票占贷款规模的比重做出规定,受此影响,票据融资增速回落速度加快;二是受市场流动性偏紧影响,票据贴现价格上升较快,使得企业通过票据融资意愿减弱;三是部分银行存款增长较慢或信贷额度较少,主动压缩票据转贴现业务来满足一般贷款的增长。

(二)利率市场化带来银行同业竞争加剧

2013 年以来,银行机构的存款竞争不断加大,特别是三季度部分银行开始将长期定期存款利率上浮到顶,存款利率市场化对银行机构带来的压力不断加大,同业市场竞争加剧,致使银行获取资金的成本上升。在未来贷款利率趋降、存款利率趋升的背景下,利息差额呈现逐渐缩小的态势,银行盈利压力将会不断加大。

(三)中长期贷款受到制约

2013 年以来,辽宁省经济景气状况仍显不足,企业投资意愿仍然不强,资金需求仍然以流动资金为主,信贷资金仍然较多地倾向于短期贷款。而且,由于宏观政策导向,房地产业、政府融资平台等传统中长期贷款需求较大的行业已经成为银行信贷结构调整对象,压缩贷款限制了部分信贷需求。同时,目前信贷审批条件、利率水平对中小企业贷款的投放影响亦很大,不能满足中小微企业的中长期贷款需求。

四 2013 年辽宁金融发展分析预测

(一)金融产品服务将不断被创新

工、农、中、建银行等辽宁省分行,以关注民生、服务百姓为宗旨,不断创新金融产品服务。中行建立面向市场、以客户为中心的服务模式,积极推进网点业务流程整合,以"一对一"的模式,为客户量身定做产品和服务,给客户提供差异化、特色化、品牌化的产品与服务。工行辽宁分行网上银行继续保持强劲发展势头,确立了"辽宁第一电子银行"的市场地位。农行辽宁省分行,2013年自助设备布置量同业第一。招行沈阳分行深耕小微企业,创新信贷模式,简化信贷流程，独立专业化经营，创新建立"垂直化、集中化、扁平化"的业务模式，成为小微企业成长的最佳伙伴。2014年的金融产品服务将更加贴近百姓、贴近小微企业，创新产品将不断涌现。

（二）优质理财品牌将不断被塑造

中行辽宁省分行的理财人员一半以上具有 AFP、CFP、EFP 等专业理财资质，另外，又有房产、税务、法律等方面的专业人才不断充实到理财队伍，他们以团队形式为客户提供全方位、个性化理财服务。工行辽宁省分行注重电子银行个人理财服务，每年都有针对性地推出个人网上理财品牌，使客户足不出户就可以轻松办理理财业务。作为中国理财服务和财富管理的领先品牌，光大银行沈阳分行逐渐向高端财务规划和私人理财顾问服务模式迈进，并由此形成高端财富管理品牌——阳光财富。2014年理财产品这块蛋糕将被越做越大，各银行将不断注重金融人才团队建设，通过行内系统培训、全国资质考试、各类理财竞赛、外聘专业人员专题培训等方式不断塑造优质理财品牌。

（三）对农业及中小企业的支持力度依然会不断加大

无论是从事种植、养殖等活动的农户，还是从事生产、贸易等活动的私营企业主，只要材料完整，符合要求，就可以获得邮储银行的授信，农户最高贷款 5 万元，商户最高贷款 10 万元，即使你只需 1000 元这样的小额贷款，银行也会以最快捷的速度给你放款，手续简便，无须抵押。民生银行沈阳分行加强对民营企业客户扶持力度，推出的"商贷通"业务大大缓解了小微企业贷款难的问题，充分发挥民生银行作为全球最大的小微企业金融服务商的特色和优势，真正融于辽宁实体经济的发展。招商银行沈阳分行推出的"配套经营贷"业务，针对在该行办理按揭的商户或企业，只要他们能拿出经营资料，就可以凭着房子的增值溢价再次获得高额贷款。2014 年，对中小微企业以及"三农"的支持力度依然会越来越大，政策倾斜、专项资金支持等特殊待遇会倾向于农业及中小企业。

（四）中小型银行信贷投放力度不断增强

三季度大型银行的信贷份额进一步扩大，分机构看，全国性大型银行机构

前三季度累计新增本外币各项贷款 1190 亿元，同比多增 38 亿元，占全部金融机构新增贷款的 44.8%，市场份额同比下降 2.3 个百分点；中小型银行前三季度累计新增各项贷款 1443 亿元，同比多增 143 亿元，占全部金融机构新增贷款的 54.3%，市场份额同比提高 1.2 个百分点，中小型银行贷款占比提高。2014年，随着利率市场化的逐步放开，存款利率有望在 2014 年实现，中小型银行的信贷投放灵活性的优势将进一步显现，在政策允许的情况下，投放力度将不断加强。

（五）辽宁股权交易中心在沈挂牌，将凸显对中小微企业的支持

畅想多年的辽宁版 OTC（指在证券交易所之外进行证券交易的市场，可为经济发展筹集大量资金，同时也为风险投资提供推出通道）蓝图，终于变成现实，经辽宁省人民政府批准，辽宁股权交易中心于 2013 年 2 月 7 日在沈成立。众多中小微企业借助这一地方性资本市场，通过股权质押融资、定向增资、发行中小企业私募债券及其他各类权益性产品进行融资，有效缓解了中小企业融资难的问题。辽宁股权交易中心将成为沪深交易所和"新三板"的"预科学校"，拟上市公司可在区域性市场先期挂牌进行培育，辽宁股权交易中心允许个人投资者参与市场，但是必须吻合一些条件，比如有证券市场投资经历，并且没有不良记录等，从而使个人及中小微企业获得资金的渠道又增加了，辽宁股权交易中心对中小微企业的支持作用将被不断体现。

（六）沈阳金融商贸开发区成为金融机构集聚地

截至 2013 年 9 月末，区内已经聚集各类金融企业 600 余家，其中，银行、保险、证券期货类机构 146 家，小额贷款、融资担保、融资租赁、保险经纪类机构 151 家，投资管理、咨询、资产管理类机构 318 家，区域性金融商品要素市场 8 家。外资银行 8 家，包括韩亚银行沈阳分行、三井住友银行沈阳代表处、新加坡大华银行、马来西亚大众银行代表处、汇丰银行开发区支行、香港东亚银行、北海道银行沈阳代表处、韩国中小企业银行（见图3）。随着沈阳东北金融中心建设步伐的加快，金融商贸开发区的这种金融积聚功能将越来越强，2014 年仍将不断吸引世界各大金融企业入驻，为辽宁金融发展助力。

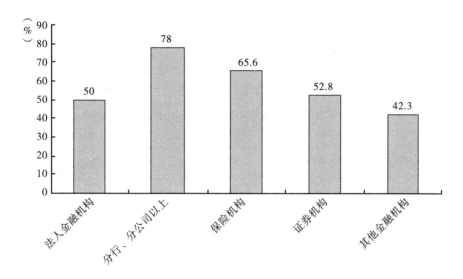

图3 沈阳金融商贸开发区金融机构集聚情况

资料来源：沈阳金融商贸开发区2013年9月公布数据。

五 对策建议

（一）警惕理财产品的陷阱

2013年三季度辽宁省城镇储户问卷调查显示，居民投资理财需求旺盛，投资理财意愿持续增强，如居民投资债券的比重比二季度增加1.43个百分点。但是，应该警惕的是对理财产品应该多几分谨慎，避免跌入陷阱。首先，对于销售理财产品募集的资金去向要有一定的了解，特别是投资组合、实时收益及风险等关键信息。其次，一个系列理财产品的前期收益状况是购买理财产品的参考数据，预期收益绝不是实际收益值。最后，高利率诱惑并不代表理财产品不出问题，银行在代销理财产品过程中只是一个"中间人"的身份，它的实力与信誉与理财产品没有任何直接关系，不要被口头宣传的保本等承诺迷惑，谨慎购买各种理财产品。

（二）警惕光大乌龙事件的再次发生

2013年8月16日，因为光大证券的乌龙事件被人们记住了，这一天上午

11 点过后，沪指突然直线拉升 100 点，涨逾 5%，2 分钟内成交额约 78 亿元。工、农、中、招商银行，中石油，中石化等蓝筹股一度触及涨停板，这一颠覆以往常识的市场表现，将让很多人的生活和职业生涯进入另一个轨道。证监会、上交所、上海证监局开始介入调查，光大自救、内幕交易、操纵市场的断言不绝于耳，光大证券事件责任人、相关高管、追涨者、监管者、被动止损者以及行业规章等都将发生变化，在 8 月 16 日下午做空股指期货，收益率非常诱人，与光大证券存在密切联系的光大期货，8 月 16 日股指期货的合约空单增加 7023 手，光大证券是否存在内幕交易行为，而光大证券的乌龙事件究竟是一个个案，还是普遍存在的行业隐患，值得从业者及研究者加以反思并警惕。

（三）加快民营银行在辽宁的成立步伐

1996 年成立的民生银行，是新中国第一家民营银行，也是改革开放 30 年至今唯一一家民营银行。中国银行业整体经过近 10 年的发展后，国有、国有控股的银行都完成了垄断式的发展时期，垄断式红利期已经结束，应当进入释放改革红利期了，向民营资本开放银行，使非国有资本与国有资本共同推进中国银行业的时期已经到来。2013 年，民营资本设立银行的政策密集出台，6 月 20 日，国务院常务会议首次提出"探索设立民营银行"，7 月金融"国十条"明确表示要引导民间资本进入金融行业，之后，各地纷纷掀起民营银行申办热潮。根据初步统计，2013 年申请或有计划申请筹办民营银行的上市公司或其大股东已达 27 家，且数字仍在不断增长中。辽宁民营经济已占辽宁经济的半壁江山，成立民营银行必将为辽宁经济发展做出更大贡献，因此，应责成相关金融机构抓紧时间论证，组织申报材料，加快民营银行在辽宁成立的步伐。

（四）继续加强信用体系建设

完善的信用评级制度能够有效降低企业的融资成本和商业银行的经营风险，商业银行可以运用信用风险评级技术建立标准化的客户内部评级系统，对客户的信贷业务采取批量化的操作，流水线式的加工、处理数据，把风险评级结果，作为信贷决策依据，提高审批效率，降低信贷业务操作成本。通过信用评级融资技术我们可以对企业贷款者进行一致、快速、有效、准确、成本低廉的风险评估，这意味着银行可以用低廉的成本与企业进行融资交易，降低了企业融资过程中的成本，反过来，增加了贷款者的利润。信用体系建设不局限于银行、企业，证券、保险、黄金白银等交易行为均需要完善的信用体系配套，这样才能避免理财陷阱、光大乌龙事件等的发生，保证金融运行安全。

参考文献

郑永海著《辽宁省中小企业融资困境及策略研究》，中国金融出版社，2012。

B.18

2013 年辽宁居民消费价格指数
分析及调控建议[*]

刘佳杰　兰晓红[**]

摘　要:

2013 年, 辽宁居民消费价格指数 (CPI) 高开低走, 八大类商品呈"七升一降"态势, 总体运行较为平稳。受 CPI 翘尾因素及国内综合成本的上涨影响, 辽宁居民消费价格指数较为温和; 食品类价格呈现回落态势, 但依然是 CPI 的重要推手, 特别是鲜菜价格上涨剧烈。预计 2013 年辽宁能够完成年初制定的 3.5% 的调控预期目标; 尽管 2014 年影响区域经济运行中的不确定因素增多, 但翘尾因素影响减小且农产品供给条件得到有效改善, 2014 年辽宁居民消费价格指数不会出现较为剧烈的波动。建议各级部门继续做好价格监管, 运用各种手段, 通过促进收入分配、减少价格波动为百姓生活带来积极影响。

关键词:

居民消费价格指数 (CPI)　成本上涨　翘尾因素　鲜菜价格

一　2013 年前三季度辽宁居民消费价格
指数运行的基本情况

2013 年 1~9 月, 辽宁居民消费价格指数 (CPI) 总体呈现高开低走的运行

---

* 本文部分内容系 2012 年度辽宁省哲学社会科学基金项目"国内综合成本上涨对辽宁经济发展影响研究"(L12BJY027) 的阶段性成果。

** 刘佳杰, 辽宁社会科学院经济所副研究员, 主要从事公共经济研究; 兰晓红, 辽宁社会科学院经济所助理研究员, 研究方向为农业经济。

态势（见图1），主要商品市场价格波动有限，总体保持平稳。前三季度，辽宁居民消费价格总水平同比上涨2.6%，比2012年同期回落0.3个百分点。其中，城市上涨2.5%，农村上涨2.7%；消费品类上涨2.8%，服务类项目上涨1.9%；食品类上涨4.8%，非食品类上涨1.4%。

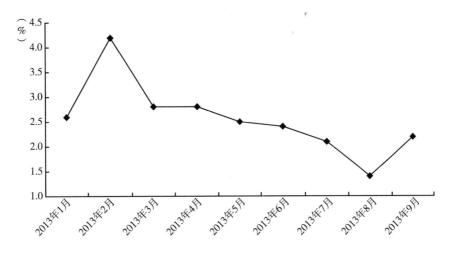

图1 2013年1~9月辽宁CPI对比

资料来源：《辽宁统计月报（2013.2~2013.8）》。

从1~9月各月情况看，分别同比上涨2.6%、4.6%、2.8%、2.8%、2.5%、2.4%、2.1%、1.4%、2.2%，CPI涨幅呈现回落态势。尽管上半年辽宁居民消费价格（CPI）涨幅呈现回落态势，但1~5月居民消费价格涨幅均高于全国水平（见图2），分别高于全国0.6个、1.0个、0.7个、0.4个、0.4个百分点。其中，2月受春节效应及地缘性因素、翘尾因素的叠加影响，辽宁居民消费价格总水平涨幅明显反弹，环比上涨1.1%，成为年度内环比上涨较高的月份（见图3）。

分类别看，居民消费价格所属的八大类商品呈"七升一降"的发展态势。其中，食品类、烟酒及用品类、家庭设备用品及服务类、医疗保健和个人用品类、交通和通信类、娱乐教育文化用品类、居住类分别上涨了4.8%、0.7%、1.5%、1.7%、0.1%、0.5%和2.4%，涨幅分别比上年同期回落0.2%、1.8%、1.5%、0.2%、0.4%、0.6%和3%，只有衣着类上涨2.5%，涨幅比上年同期扩大0.1个百分点。

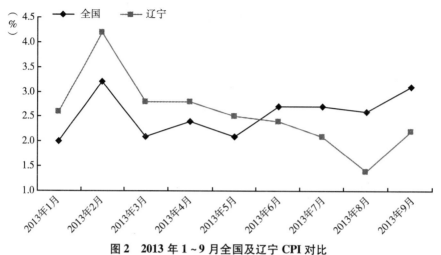

图2 2013年1~9月全国及辽宁CPI对比

资料来源：《辽宁统计月报（2013.1~2013.9）》。

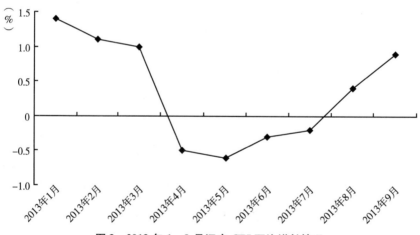

图3 2013年1~9月辽宁CPI环比增长情况

资料来源：由《辽宁统计月报（2013.2~2013.8）》、《华商晨报》、《辽宁日报》等相关公开资料计算并整理。

二 2013年前三季度辽宁居民消费价格指数运行特点

（一）食品类价格涨幅明显回落

截至2013年9月，辽宁食品价格上涨4.9%，涨幅比8月回升2.4%，拉动价格总水平同比上涨 1.6 个百分点。从环比指数看，食品价格拉动价格总水平环比上涨约 0.61 个百分点，分类别看，鲜菜价格环比上涨 10.2%，拉动总指数上涨约 0.28 个百分点；鲜蛋价格环比上涨 10.0%，拉动总指数上涨约 0.1 个百分点；鲜果价格环比上涨 6.2%，拉动总指数上涨约 0.13 个百分点；猪肉价格环比上涨 2.8%，拉动总指数上涨约 0.09 个百分点；粮食价格基本保持平稳，上涨 0.5%，其中：面粉价格上涨 0.7%，大米价格上涨 0.5%。纵观 2013 年辽宁食品价格变化不难发现，辽宁食品类价格涨幅呈明显回落态势。特别是 3～8 月，食品价格始终低位运行（见图 4）。尽管如此，食品类仍是影响 2013 年辽宁价格总水平最主要的因素，拉动 CPI 同比上涨 4.8 个百分点。

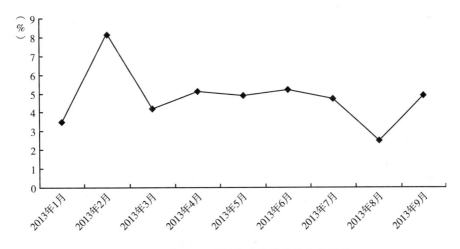

图 4　2013 年 1～9 月辽宁食品类价格变化情况

资料来源：由《辽宁统计月报（2013.2～2013.8）》、《华商晨报》、《辽宁日报》等相关公开资料计算并整理。

（二）鲜菜价格持续上涨

食品类价格因素构成主要包括粮食、油脂、水产品三大类，纵观近几年辽宁食品价格变化不难发现，水产品所属的鲜菜价格变化突出，总体呈直线上升态势，不仅推高了居民消费价格指数，更影响了城乡居民"菜篮子"。统计数据显示，2009～2013 年，辽宁鲜菜价格基本上呈直线式上涨态势（见图 5）。分年度看，2009 年上涨 23.1%，2010 年上涨 23.6%，2011 年短暂下降，2012 年重新上涨至 21.2%，2013 年 1～4 月份上涨 8.8%。自 2009 年以来，与辽宁居民消费价

格指数（CPI）及主要食品（类）价格指数变动比较不难发现，鲜菜菜价格累计涨幅最高，比居民消费价格总指数涨幅高69.2%，比食品类价格指数涨幅高48.1%，更高于米面（31.3%）、猪肉（81.4%）、鲜蛋（31%）、水产品（46.4%）、鲜果（59.5%）等其他主要食品价格指数（见图6）。

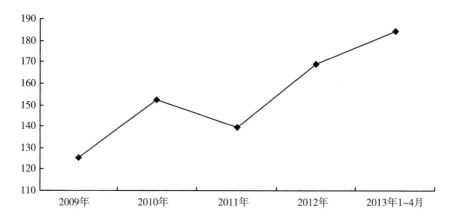

图5　2009年以来鲜菜价格指数变动情况（2008年=100）

资料来源：由《辽宁统计月报》等相关公开资料计算并整理。

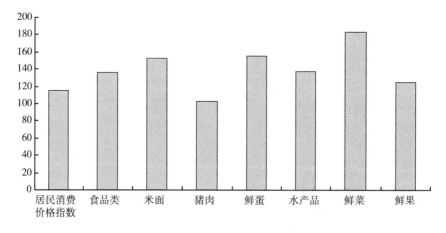

图6　2009～2013年4月辽宁居民消费类价格指数及
主要食品类指数（2008年=100）

资料来源：由《辽宁统计月报》等相关公开资料计算并整理。

受季节性及地缘性因素影响，每逢年节、尤其是春节期间，鲜菜价格上浮极为明显（见表1）。而省内库存有限，外埠调入无疑加大成本，大路菜上涨幅度相对较小，精细菜则大幅上涨（见表2）。以铁岭市为例，在调查的13种鲜菜中，上涨最高的为油菜、韭菜、蒜薹和芹菜，涨幅均在80%以上；涨幅较低的是茄子、萝卜和大白菜，涨幅也分别为20.3%、34.5和36.4%。其他各市情况也大体如此，2009~2013年，抚顺市鲜菜价格平均上涨幅度为49.2%，其中蒜薹、芹菜等上涨较快，接近80%，萝卜、胡萝卜仅上涨8.5%和39.6%。营口市鲜菜价格平均上涨55.7%，其中，蒜薹涨幅为92.2%，油菜涨幅为85.0%，芹菜涨幅83.6%；胡萝卜、茄子、大白菜涨幅较低，分别达到12.1%、22.9%和49.6%。

表1　2009~2013年辽宁省春节期间鲜菜价格变动情况一览

年份	全年蔬菜价格指数	1 月	2 月	3 月
2009	123.1	107.4	101.0	101.3
2010	123.6	136.6	122.8	125.8
2011	91.7	97.7	101.9	99.9
2012	121.2	123.1	107.2	117.4
2013（1~4 月）	108.8	103.0	123.0	99.6

资料来源：由《辽宁统计月报》等相关公开资料计算并整理。

表2　2009~2013年铁岭部分蔬菜各年平均价格对照

单位：元/公斤，%

品　　种	2008 年	2009 年	2010 年	2011 年	2012 年	平均涨幅
西红柿	3.2	2.84	4.37	4.13	4.72	47.5
萝　卜	2.06	1.65	2.7	2.31	2.77	34.5
韭　菜	2.99	3.09	4.53	4.9	5.44	81.9
油　菜	3.04	3.62	4.55	4.4	5.73	88.5
茄　子	3.45	2.69	4.63	4.27	4.15	20.3
芸　豆	5.2	6.82	6.19	7.32	8.35	60.6
青　椒	4.34	5.06	4.81	5.75	7.58	74.7
菜　花	3.57	3.51	4.8	4.51	5.33	49.3
蒜　薹	5.86	7.69	10	10.25	10.61	81.1
芹　菜	2.32	2.36	3.33	3.32	4.26	83.6
胡萝卜	2.55	2.5	3.41	3.6	3.4	33.3
大白菜	1.43	1.33	2.19	1.8	1.95	36.4
黄　瓜	3.22	2.98	4.53	4.3	4.67	45.0

资料来源：由《辽宁统计月报》等相关公开资料计算并整理。

（三）CPI 上涨温和

从目前可获取的公开数据上看，截至 2013 年前三季度，辽宁居民消费价格总水平（2.6%）同比上涨高于全国（2.5%）0.1 个百分点，在全国 34 个省级行政单位中列第 18 位。从全国居民消费价格总水平同比上涨对比上看，西部地区要明显高于东部发达地区；从东北地区对比上看，辽宁居民消费价格总水平同比上涨高于黑龙江省，略低于吉林省。

三 影响辽宁居民消费价格指数总水平变动的主要因素

2013 年，辽宁省各市以"稳中求进"为工作总基调，保证辽宁经济平稳运行、高质高效，物价水平基本保持稳定。有研究表明，推动价格上涨的各种因素不具有持续性，因此，在实际经济运行活动中，各种因素的叠加影响不容忽视。况且，国内价格总水平对宏观政策的变化处理十分敏感，容易直接受制于经济刺激政策。可以说，任何一个地区的物价变动都是一系列的连锁反应。

（一）国内综合成本上涨的大趋势基本不变

社会经济运行过程一般是由生产、交换、消费和管理四个环节组成的，由此便产生了四个方面的运行成本。从生产成本角度来看，劳动力、粮食、资源等商品生产成本上涨将成为长期趋势。特别是次贷危机后，国际原油价格、农产品价格和工资上涨直接导致国内各类综合成本飞快上涨。

从国内看，劳动薪酬的持续上涨已对我国的经济发展、社会稳定产生重要影响。一方面，作为企业生产成本的基本构成，劳动力成本的变动直接反馈于企业的经济效益，关系企业的生死存亡；另一方面，劳动力成本是劳动者付出劳动所换取的应得回报，是其价值的根本体现，劳动力成本的变化直接关系广大居民的生活质量及消费水平，直接作用于居民消费价格指数、国内需求变化等重要指标。2013 年的农村工作会议提出要在"收入倍增"中着力促进农民增收，同时农民收入至少应与城镇居民收入同步增长，并力争超过。因此，拯救从政策上保证了利用价格手段促进农民增收的合理性。伴随城镇居民收入水平的提高，人工成本全面看涨。同时，劳动力价格带动劳动者收入增加，相应的需求也会增加，这也带动了价格的上升。据有关部门调查：2012 年和 2011 年相比，辽宁蔬菜生产成本上涨 19.9%，其中露地蔬菜种植成本上涨 19%，设施蔬菜种植成本上涨 31.1%。设施蔬菜成本上涨幅度大大高于露地蔬菜幅度；从成本结构看，物质与服务费用上涨 15.3%，人工成本上涨 24.1%。人工工资上涨，也推高蔬菜价格，无论是装卸工人还是销售人员的工资上涨，都致使运输、经营成本上涨，最终导致蔬菜价格上涨。例如，大连市双兴综合批发市场跟车装卸工费用从 2011 年每天 100~120 元，上涨到 2013 年每天 220~250 元；目前，场内帮工费用从每天 30~40 元已上涨至每天 70~80 元。抚顺市中顺蔬菜批发市场装卸工人日工资持续上涨，从 2010 年每天 40~60 元上涨至 2012 年的每天 60~80 元，2013 年再上涨至 100~120 元。从辽宁省看，伴随老工业基地振兴的调整及改造，新型工业化、城镇化加速推进，劳动力供不应求，技术型、专业型的劳动力结构性供给不足，劳动力成本增长过快助推商品和服务价格的上涨。

理顺各种价格矛盾一样推动价格总水平的上涨。沈阳市调查，省内运输蔬菜，每市斤货物费用 0.1 元，省外费用 0.4~0.5 元，海南、云南等远途运输，要求温度、湿度等较高条件，费用还会高些，达到每市斤 1 元左右，较前几年大幅度上涨。据大连市调查，2013 年从山东寿光雇用车辆运送货物至大连的费用从每吨 150 元左右已上涨至 330 元左右。据抚顺市调查，从山东、河北进菜，山东购菜车装 50000 斤，运费从 2012 年 7000~7500 元上涨至 2013 年的 8000 元；从河北购菜，车装 26000 斤，运费从 2012 年 2700~2800 元上涨至 2013 年的 3000 元。"十二五"时期，辽宁已加大对水、电、油、气、公用公益事业价格及城市公共服务价格改革力度，侧面推高企业环境补偿成本、节能减排成本，政府对资源价格的改革导致消费价格的调整。居民阶梯电价改革推动居民消费价格总水平上涨的滞后影响依然存在。伴随资源性产品价格改革的推进，资源性产品与服务价格继续缓慢走高。生活成本必然增加，助推了 2013 年的 CPI 上涨。

（二）食品价格变化影响深远

在居民消费价格指数的八大类构成中，食品类价格所占比重最大。同其他省市区居民消费价格指数变化规律类似，辽宁也是以食品类价格领跑 CPI 上涨，主要反映在猪肉及鲜菜的影响。2013 年 1 月，辽宁食品价格环比上涨 3.6%，其直接拉动辽宁省价格总水平上涨 1.2%；2 月，辽宁食品类价格上涨了 8.2%，拉动价格总水平同比上涨 2.78%，仅食品类商品就贡献全省 CPI 70% 的涨幅。

从食品类价格上涨的内部构成上看，鲜菜价格水平上涨成为食品类价格上涨

的直接推手（见表3）。东北地区冬季寒冷漫长，无法全年实现自给，蔬菜无法实现彻底供给。同时，资源类价格改革也使鲜菜生产、流通成本走高，这就导致鲜菜价格长期上涨。鲜菜价格上涨既推高了居民消费价格指数，也增加了居民的消费成本，影响了广大中低收入者生活质量。

表3　辽宁蔬菜价格上涨对消费价格总指数影响

年　份	居民消费价格指数	蔬菜价格指数	蔬菜价格拉动总指数
2010	103	123.6	0.85个百分点
2011	105.2	91.7	-0.26个百分点
2012	2.8	121.2	0.59个百分点
2013（1~4月）	3.1	108.8	0.35个百分点

资料来源：辽宁省统计局。

（三）CPI翘尾因素具有滞后性

2013年前三季度，辽宁CPI的翘尾因素也不容忽视，主要反映在对年初的影响上。翘尾因素是上期价格变动因素对当前造成的延伸性影响。通常而言，上期价格变动时间越早，对下期价格指数变动的影响就越小。2013年2月，辽宁CPI同比上涨4.2%，翘尾因素高于全国1.1%的平均水平，对全省价格涨幅贡献了38.9个百分点，接近四成。换句话说，辽宁CPI的骤然上涨并非是2013年的价格波动，而是2012年3~12月各指标价格上涨的后发影响。从下半年开始，辽宁CPI受翘尾因素影响减弱，价格的变动以新涨价因素为主。

四　2014年居民消费价格指数运行趋势初步预测

2014年影响辽宁物价波动的因素复杂，机遇与挑战共存。从目前看，辽宁实现2013年全年价格调控预期3.5%的目标难度不大。但是，国内外宏观经济运行面临环境的复杂性和不确定性增强；2014年也是全面深入贯彻落实是十八届三中全会精神的开局之年，我国的经济、政治体制改革已到关口，国内外经济社会环境的严峻性与复杂性也前所未有，区域经济运行中的不确定因素较多，价格稳定基础并不牢固。展望2014年，价格调控仍将面临各种机遇及挑战。

（一）辽宁价格调控面临的挑战

1. 外部输入型通胀压力或许卷土重来

2012 年，包括美国在内的众多发达国家为刺激国内经济，不同程度上采取了广发货币的量化宽松政策。这种做法继续呈发酵态势，导致直至目前全球性的流动性货币泛滥，加大了全球性通货膨胀的风险。这就支撑着大宗商品价格存在可能上涨的空间。2014 年，各个经济体"转型"不可避免。国际货币基金组织指出，下调全球经济增长预期是因为主要新兴市场经济体的国内需求明显减弱，经济增长明显放缓以及欧元区的衰退将持续更长时间。世界经济增长缓慢，经济下行风险依旧不减，各种形式的保护主义明显抬头，发达国家失业率居高不下，全球物价上涨和通胀压力加大。一旦国际经济走向恢复性的常规化发展，潜在的流动性过剩以及基金炒作，一定时间或在一定经济区内加大国际大宗商品价格上涨的风险，对我国为代表的发展中国家而言就会形成输入型通胀压力，给调控物价带来一定难度。特别是国内以石油、煤炭等为代表的能源资源，以大豆、玉米等为代表的农产品进口比重增大，我国进口价格有所拉升，国际市场价格在一定程度上决定并制约着国内价格机制的形成。

2. 食品类价格或继续成为 CPI 上涨的首要推手

据畜牧业调查显示，2012 年四季度辽宁生猪存栏较多，造成 2013 年上半年出栏集中、生猪价格走低的局面。但第三季度生猪价格止跌回升，同比上涨 9.0%，拉动农产品生产者价格总水平同比上涨 2.0%，进而拉动了前三季度农产品生产者价格总水平的上涨。根据以往经验，三季度后，集中的节假日加上低温影响，食品价格将会持续走高。猪肉和禽类价格会出现一定幅度的上涨，价格或将推动 CPI 重回上升周期。鸡蛋价格上涨也对食品类价格总水平上涨形成支撑。2013 年一季度持续低温，造成蛋鸡产能下降，加之成本因素推动，导致鸡蛋价格涨势明显，同比上涨 13.6%，进入二季度虽受 H7N9 禽流感疫情影响鸡蛋价格涨幅有所回落，但仍拉动上半年鸡蛋生产者价格较快上涨，从而拉伸 CPI 上涨。稻谷价格的变动是农产品生产者价格总水平变化的主要因素。2013 年 1 月 30 日，国家再次提高稻谷最低收购价，其中，粳稻由 2012 年的 2.8 元/公斤提高到 3 元/公斤，奠定了市场底部价格，同时也支撑了稻谷市场。加之稻谷深加工企业开始纷纷进货，使得稻谷市场需求增加，进而导致稻谷价格出现小幅上涨。

3. 城镇化的推进客观上推动了国内综合成本的上涨

辽宁在国内一直是城镇化水平较高的地区之一，伴随工业化、城镇化进程的逐渐推进，辽宁城市人口总量不断增加，消费结构也在不断升级，各种产品的需求刚性状态将长期存在。辽宁的城镇化基础也并不稳固，劳动力资源要素价格上涨，物化成本及人工成本带来的双向负压力也使工农业生产成本不断上升，农民增收压力依然较大。劳动力成本即便合理上涨也将拉高生产经营成本，并成为推动物价上涨的重要因素。2013 年，伴随资源类价格改革的继续，资源类产品价格呈上涨趋势，资源性产品与服务价格将随改革的推进继续缓慢走高。基础产品价格上涨也必然伴随着生产成本的累加，其相关生活必需品价格也就注定上升。成本上涨压力受市场预期的变化有所增加，工薪层也普遍认为未来物价上涨预期加大，居民消费价格总水平总体依然会保持温和上涨的态势。

（二）辽宁价格调控面临的机遇

随着经济社会的不断发展，已取得共识的是，物价上涨与经济发展阶段和经济社会转型密不可分。2012 年，辽宁地区生产总值增幅高于全国水平 1.7 个百分点，列全国第九位；同时，在平抑价格总水平过快上涨方面举措得力，维系价格稳定成为全省上下一致认可的实实在在的民心工程，各级党委及政府、价格主管部门在调控市场、稳定价格方面发挥积极稳定的作用。2014 年，辽宁居民消费价格指数不会大起大落，主要取决于以下几点。

1. 国内外经济形势仍处于缓慢的复苏阶段

根据国际货币基金组织（IMF）的《全球经济展望》预期，再次下调 2013 年全球经济增长率，仅为 3.6%。各国复苏进程存在不同程度反复，从全球角度上看，经济下行压力依然较大。世界经济发展后劲不足，全球市场需求受到抑制，价格上涨不会过快。从国内的角度看，2013 年中央经济工作会议的总基调为"稳中求进"，国内经济处于弱复苏状态。2012 年末，广义货币（M2）余额97.42 万亿元，同比增长 13.8%，比上年末高 0.2 个百分点，创三年来最低，稳定的货币环境为价格总水平的稳定奠定牢固基础。从 2013 年度的前三季度上看，GDP 7.8% 的增速低于预期，反映出经济形势略微低迷，经济回暖态势并不强劲，"爬坡过坎"反映价格市场的继续低迷。

2. 翘尾因素对价格上涨仅限于年初阶段

受翘尾因素影响，辽宁 2013 年 2 月 CPI 高出全国均值，滞后因素影响高于全国平均水平，在基数上对辽宁的物价指数造成不小压力。从各月情况看，2013年1～6月份翘尾影响分别为4.7个、3.7个、1.6个、0个、-0.7个和-1.1个百分点，呈逐月减少态势，四月份翘尾影响开始消失，5、6两个月连续出现负翘尾。辽宁2013年各月的CPI涨幅持续低位运行，对2014年翘尾影响不会如2013年初明显。从辽宁各个月份的CPI变化规律来看，翘尾影响呈现的是逐月温和的轨迹，仅在年初达到峰值，这就有利于对2013年后期及2014年开局价格总水平的控制。

3. 农产品供给条件改善是稳定物价的基础

2012年，辽宁省粮食生产实现"九连丰"，全省粮食产量达到414.1亿斤，产量增幅全国第一，粮食主产省地位进一步稳固。鉴于当前粮食供给力增强，预计2014年辽宁粮价涨幅将有所收窄，有利于CPI稳定。同时，辽宁不断完善农产品储备制度，继2012年贯彻实施《中共中央、国务院关于加快推进农业科技创新持续增强农产品供给保障能力的若干意见》外，已连续举办四届全省优质农资产品推介展销会，最大限度搭建企业和农民之间的购销平台，确保大中城市农副产品供应，其成效正在陆续显现，为价格总水平稳定提供了基础。针对北方气候特点，2013年10月，辽宁省发改委又下发《关于做好2013～2014年度北方大城市冬春蔬菜储备工作的通知》，保证各地今冬明春蔬菜市场供应，多措并举维护物价稳定。

五 辽宁省近期进行居民消费价格指数调控的
主要措施及建议

（一）继续加强价格监管

严格落实控价目标责任制，强化价格监测预警，充分发挥市场价格调控联席会议作用。加强对价调金使用情况的督查，使价调金使用规范化、制度化。维护市场价格秩序，加大价格检查执法力度，重点整治不正当价格行为，规范收费管理，减轻群众负担。深化资源类产品价格改革，将物价水平维持在可控范围内。继续清理规范经营服务性收费，强化价格监督检查。强化市场价格预警机制。密切关注市场价格动态，建立完善应急预案。加强与新闻媒体的沟通联系，及时发布价格信息，积极宣传介绍各项调控措施，把握舆论导向，客观分析价格变动趋

势，稳定群众心理预期，促进市场价格的基本稳定。建立物价调控行政引导约束和社会监督及自律机制。

（二）扶持农业生产

要积极扶持粮食、蔬菜等农产品生产，切实保证蔬菜等群众生活必需品货源充足、供需平衡，加大对设施蔬菜的支持力度，落实扶持优惠政策。建立健全农民合作组织跨区域的协作机制，统一购进生产资料，统一销售，降低生产、运输、销售成本，实行农超对接，减少流通环节，提高农民合理确定价格话语权，在保证市场供应、平抑价格的同时，不断提高农民的收入水平。加大惠农政策扶持力度，加强政策引导，重视粮食生产，保护农民种粮积极性，建立粮食补贴的长效机制。对重要商品供应需要同时发挥"看不见的手"和"看得见的手"的作用，继续落实"米袋子"省长负责制和"菜篮子"市长负责制。

（三）运用价格手段促进收入分配改革

在提高对食品价格上涨容忍度的同时，也要保障低收入群体和生活困难群体的根本利益。完善辽宁低收入群体价格补贴联动机制，保证覆盖面。依靠动态价格变化完善低收入群体与 CPI 上涨幅度挂钩联动机制，对特殊困难群体补偿实行常态化。探索建设动态的价格补贴联动机制。向困难群体发放春节临时价格补贴，努力缓解困难群众生活因节日物价上涨而受到的影响。确保低收入人群生活质量不下降。

参考文献

宋明建、尹万姣、李德洗：《劳动力成本上升对商品价格的影响研究》，《调研世界》2013 年第 4 期。

《辽宁 2 月 CPI 涨 4.2% 翘尾因素影响大》，东北新闻网，2013 年 3 月 13 日。

虞华、虞丽娜：《2013 年中国物价分析走势及判断》，《天津商务职业学院学报》2013 年第 1 期。

《2013 年 9 月辽宁 CPI 同比上涨 2.2% 低于全国 0.9%》，《沈阳晚报》2013 年 10 月 15 日。

社　会　篇

Social Rreports

B.19

劳动就业整体形势继续保持平稳

王　正*

摘　要：

2013 年，辽宁省继续采取积极就业促进政策，努力创造新的就业机会，就业规模不断扩大，就业市场供需较为平衡，全省就业形势继续保持总体平稳。2014 年及以后的几年中，辽宁省就业的总量和结构性矛盾仍然存在，仍将是影响就业形势的最主要矛盾。同时，就业困难群体就业、农业富余劳动力转移就业和高校毕业生就业等仍将是就业工作的重点和难点问题。实行更加积极的就业促进政策、提高政府就业服务水平将是保持就业平稳形势的基础与保障。

关键词：

就业　人力资源　社会政策

"就业更加充分"是党的十八大提出的新要求。2013 年，辽宁全省各地以

---

* 王正，辽宁社会科学院社会学研究所研究员，研究方向：社会发展与社会问题、就业问题。

"就业乃民生之本"为宗旨，制定和采取了一系列新的促进就业的政策和措施，就业工作取得了显著成果，人力资源市场供求保持基本平衡，城镇登记失业率继续低于全国平均水平。由于诸多原因，辽宁省的就业压力并没有得到根本缓解。辽宁省的就业问题仍然是影响辽宁省未来经济社会发展突出问题。实现更加充分的就业，需要继续付出更大的努力，必须深入实施就业优先战略和更加积极的就业政策，特别是继续加强高校毕业生为重点的青年就业、农业富余劳动力转移就业和就业困难群体就业三个方面的政策研究和实施。

一 2013年辽宁省就业基本状况

2013年，世界经济复苏艰难，风险和变数依然较多。这种大背景对辽宁省国民经济发展产生了一定的消极影响，尤其是对实体经济的影响仍在持续。辽宁省经济增速尽管仍高于全国平均水平，但经济增速放缓，使经济发展对就业的拉动力减弱，对就业产生了不利影响。同时，全省正处于经济结构、产业结构的调整优化重要阶段，城镇化水平迅速提高，在一定程度上造成了就业结构的调整，加大了就业的结构性矛盾。但全省各地通过继续采取积极的就业政策，就业的总体形势未受重大影响，就业工作取得了新的成效，人力资源市场供求平衡，全省城镇登记失业率继续保持低于全国平均水平。

（一）继续推行各种积极的就业政策，保证了就业形势稳定

2013年以来，辽宁省面对经济发展放缓以及经济、产业调整等对就业产生的不利影响，继续把就业作为经济社会发展的优先目标，加大力度实施就业优先战略和更加积极的就业政策，保证了就业形势的稳定。其显著特点是：其一，在认真贯彻实施新修订的《劳动合同法》的同时，根据2012年出台的《辽宁省就业促进条例》，2013年不断完善更有利于促进就业的综合性配套政策，使《辽宁省就业促进条例》更具可操作性，对促进就业提供了政策和法律保障，有效推动了就业工作的开展。其二，以创业带动就业取得新成效。通过实名制扶持创业带头人就业专项资金筹集、推行税收优惠政策和发放小额担保贷款等工作，扶持了一大批劳动者自主创业并带动更多的人实现成功就业。其三，高校毕业生就业工作进一步加强。根据《关于做好2013年全国高校毕业生就业工作的通知》，积极创新工作思路和措施，改进就业服务方式和手段，尤其是做好未就业毕业生

的信息和服务接续工作，并加强了高校毕业生见习等工作，进一步推进了未就业毕业生的就业工作。其四，公共就业服务不断加强。尤其是加强了对重点帮助就业困难人员、残疾登记失业人员就业，以及农村进城务工人员求职提供政策支持和就业服务等等。

通过实施就业优先战略，全省各地千方百计地扩大就业规模，更加积极地推进就业的措施和政策，有力保障了辽宁全省就业形势的稳定。2013年，辽宁城镇实名制就业工作成效显著，城镇登记失业率得到控制。1~9月份，全省实现新增城镇实名制就业近73万人。同时，截至9月底，全省各地城镇登记失业率均在控制范围之内，全省城镇登记失业率为3.7%，零就业家庭保持动态为零。辽宁全省三季度末城镇登记失业率远低于同期全国平均城镇登记失业率4.2%的水平，也反映了全省就业局势的总体稳定形势。

（二）全省人力资源市场供需基本状况

2013年前三个季度，从辽宁省人力资源市场供求状况看，全省人力资源市场供求局势基本稳定和平衡，也反映了辽宁全省就业的总体稳定形势。

目前，辽宁省人力资源市场供求状况体现如下主要特点。

1. 人力资源市场供求关系呈基本均衡状态

求人倍率是指人力资源市场中需求人数与求职人数的比值，它是反映人力资源市场供求状况的基本指标。求人倍率越接近1，表明人力资源供求越均衡。大于1或小于1则表明需求大于供给或供给小于需求。根据全省14个市人力资源和社会保障部门通过各级人力资源市场采集的有效数据，2013年一季度用人单位通过各级人力资源市场用人单位总需求（招聘人数）437506人，进入人力资源市场总供给（求职人数）为434901人，求人倍率约为1.01；2013年第二季度全省人力资源市场用人单位总需求（招聘人数）为561309人，市场总供给（求职人数）为568767人，人力资源市场求人倍率约为0.99；2013年三季度用人单位通过各级人力资源市场用人单位总需求（招聘人数）各类人员479576人，进入人力资源市场总供给（求职人数）为509443人，求人倍率约为0.94。

从供求总量变化来看，前三个季度全省人力资源市场需求人数和求职人数变化有明显的季节性，各季度数量都有变化，三个季度求人倍率不断下降。2013年第一、第二季度求人倍率分别为1.01和0.99，供求总量比例处于基本平衡状态。第三季度，求人倍率较第一、第二季度分别回落0.07和0.05，为0.94，出

现供给大于需求的总体态势。三个季度的求人倍率尽管不断略有降低，但幅度不大，供求缺口仍在正常变化范围内，依然保持较为均衡的供求状态，全省人力资源市场供求局势整体保持稳定。

2. 企业仍占据人力资源市场需求的主体地位

从辽宁人力资源市场需求看，以2013年第三季度为例，企业需求人数占总需求人数的97.38%。其中，私营企业、有限责任公司和个体经营构成用人需求的三大主体。而与此对应，机关事业单位、国有企业的用工需求量较少，仅占全省用工需求总量的2%左右。尤其值得注意的是，民营企业的用工需求近年来占全省人力资源市场总需求的最大比重，吸纳就业作用明显。2012年同期，民营企业用工需求占全省总需求的81.54%。2013年第三季度，全省人力资源市场中以有限责任公司、私营企业以及个体经营为代表的民营企业用工需求共占全省总需求的81.49%。其他依次为外资企业、国有集体企业和机关事业单位，三者所占总需求比重分别为13.37%、2.1%和0.18%。

3. 产业与行业需求明显集中

随着辽宁城市化加速发展，以及土地流转和农业科技进步，第一产业人力资源需求的逐年减少。第二产业也因为种种原因，吸纳人力资源的能力进入明显的平台期，近年来所提供的就业岗位增加较少。从产业需求看，第三产业的用人需求依然占据最主要地位。2013年第三季度全省第一、二、三产业需求人数所占总体需求的比重依次为2.12%、35.36%和62.52%。2012年同期，第一、二、三产业的用工需求比重分别为3.07%、36.12%和60.81%，第三产业为仍为需求主体。第三产业的发展对整个就业形势的影响愈发明显。

全省2013年第三季度用人需求行业划分则主要集中在制造业、批发和零售业、住宿和餐饮业、居民服务和其他服务业四大行业，四者合计占总需求量的72.5%。其中，制造业、批发和零售业、住宿和餐饮业、居民服务和其他服务业分别占全省人力资源市场劳动力总需求的28.63%、17.66%、15.23%和10.98%。

另外，从全省职业需求情况看，2013年第三季度商业和服务业人员、生产运输设备操作工、专业技术人员是用人需求的主体，所占总体需求的比重分别为39.27%、29.98%和13.92%，三者合计占总需求量的83.17%。同时，2013年第三季度，住宿和餐饮业岗位需求旺盛，增加较快。受辽宁旅游业的发展、锦州世博会和"十二运"举行等因素影响，与二季度相比，需求人数增加12791人，所占总需求比重提升4.85个百分点，住宿和餐饮业用工需求环比增长旺盛。第三季度的餐饮业服务业甚至出现了用工短缺的问题。

4. 职业供求存在地区性差异

在全省人力资源市场供求形势整体保持稳定的同时，2013年，省内各市人力资源市场供求状况存在一定差异。由于沈阳、大连旅游业发达，新兴产业发展迅速，人力资源集聚作用显著。其人力资源市场供求总量所占比重最大，居于全省主体地位。相关数据显示，截至第三季度，仅沈阳和大连两市人力资源市场提供的就业岗位占全省总需求数量就超过50%，登记求职的人数也接近全省总求职人数的一半。同时，2013年第三季度，沈阳、大连、鞍山、抚顺等大中城市人力资源市场求人倍率均小于1。而其余各市则表现为求人倍率大于1的状况，就业机会相对较多。辽宁各地职业供求地区性差异较为明显。

5. 人力资源市场供给主体的个人状况对就业求职有明显影响

根据全省人力资源和社会保障部门对各级人力资源市场采集的2013年第三季度数据显示，目前，求职者的性别、年龄、文化程度、技术等级等情况对就业均有明显影响。

目前，男性供需均多于女性。84.1%的需求岗位对求职者的性别有明确要求。其中，对男性的需求比重高于女性，男女需求所占比重分别为45.29%和38.81%。同时，求职者的性别构成分别占求职总量的55.61%和44.39%。男、女求职者的求人倍率分别为0.92和0.97。男性求人倍率偏低，供求压力相对较大。

用人单位对求职者的年龄要求普遍偏低。其中92.54%的需求岗位对求职者的年龄有要求。16~44岁的求职者占总体需求的85.08%，构成用人需求的主体。其中，对16~24岁劳动者的需求占26.47%，对25~34岁劳动者的需求占33.93%，35~44岁劳动者的需求比重为24.68%。16~44岁年龄段的求职者求职相对容易，其中16~24岁求职者求人倍率为1.02，25~34岁求职者求人倍率为1.04，35~44岁求职者的求人倍率为0.91；45岁以上的求职者求职相对较难，求人倍率仅为0.59。

从用人单位对求职者文化程度的要求看。82.46%的需求岗位对求职者的文化程度有要求。其中，对初中及以下文化程度求职者的需求比重为19.19%；对高中文化程度求职者的需求比重为35.29%；对大专文化程度求职者的需求比重为16.9%；对大学及硕士以上文化程度求职者的需求比重为11.08%。

从用人单位对求职人员技术等级要求看，对技术等级有明确要求的用人需求占需求总量的44.42%，主要集中在职业资格五级和初级专业技术职务，所占比重分别为12.26%和10.06%，二者所占比重合计为22.32%。从供求状况对比来看，具有技术等级资格或职称的求职者就业状况保持良好，求人倍率均大于1。其中，求人倍率较大的是职业资格一级（高级技师）、高级专业技术职务和中级专业技术职务，三者求人倍率分别为2.09、1.83和1.83。无技术等级或职称的求职者求人倍率仅仅为0.52。

学历一直是影响就业的重要因素。从供求状况对比看，高中和大专文化程度求职者的供求状况较好，求人倍率分别为0.98和1.04，大学文化程度及以上文化程度的求职者供求状况相对平稳，求人倍率为0.93。辽宁省就业形势出现了高学历求职者就业较难的情况。

综上，2013年全省就业工作的成效显著，全省人力资源市场供需基本平衡，辽宁省就业形势继续保持总体稳定。

二 辽宁省就业存在的主要问题

尽管辽宁省通过努力，就业工作取得了很大成绩，但全省劳动就业工作还面临着诸多问题和严峻挑战。辽宁作为人口大省，就业形势依然严峻。目前辽宁就业工作仍面临着总量压力和结构性矛盾突出、高校毕业生就业压力增大、周期性失业和就业困难群体就业安置任务重、就业公共服务和完善劳动力市场机制有待加强等问题。

（一）总量压力仍继续存在

辽宁就业市场供大于求的矛盾依然突出。2013年辽宁省劳动就业状况仍然处于供大于求的局面。据专家预测，辽宁目前的劳动力供给量（劳动力资源扣除非经济活动人口）约达2600多万人，数字相对较为庞大。从需求增加情况看，在辽宁经济增长速度估计为经济增长8%、就业弹性为0.14的假设下，劳动力供给与需求差额在250万人左右。这就意味着仍有大量劳动人口处于失业状态。即使实现2013年全年新增实名制就业80万人，估计全省2013年全年就业供需缺口仍非常高。其中，新增劳动人口（包括高校毕业未就业）、不断增加的进城务工农民等因素，加之经济增速放缓，经济发展对就业的拉动力减弱的原因，将使辽宁就业市场供大于求的矛盾依然在一个相当长的时期继续存在。

（二）就业结构性问题日显突出

辽宁在经济结构调整、产业转型升级的过程中，结构性失业问题更加突出。招工难和就业难并存逐渐成为普遍现象。因为经济结构调整、产业转型升级固然会创造新的的岗位，但劳动力从低端产业向高端产业的转换也必然带来更多的结构性失业。同时，劳动力无限供给和低劳动力成本的时代正逐步结束，也是加剧就业结构性问题的重要因素。就业结构性问题仍然是影响辽宁就业形势的主要问题。技能人才短缺、高校毕业生就业难的问题，也反映的是就业结构性问题。

辽宁省就业结构性矛盾主要反映在产业构成与就业结构，以及就业需求与供给不相适应两个主要方面。一方面，改革开放以来，辽宁省第一产业劳动力相对过剩问题不断增多。第二产业就业吸纳能力下降，第二产业呈现"高增长、低就业"的局面。与其他沿海发达省份比较，第三产业的发展速度仍显偏低，就业吸纳能力不够，就业比例相对偏低。这种产业发展格局成为全省就业结构性问题产生的重要原因。另一方面，就业需求与供给不相适应也是造成结构性失业问题的主要原因。招工难和就业难并存，技能人才短缺、高校毕业生就业难的问题，反映的是就业结构性问题。高校毕业生专业设置与市场需求不匹配，也造成供给与需求的不平衡、产生结构性失衡。经济结构调整、产业转型和升级，一些高耗能、高污染企业整顿关闭，以及出口导向型企业的萎缩，分流的一部分人员就成为结构性失业人员。大量失业人员缺乏用工需求量较大的新兴行业和技术较强的行业所要求的技能，造成知识技能与岗位不匹配的结构性失业更为突出。另外，就业结构性问题中对辽宁省经济与社会发展影响最突出的是全省高端人才依然紧缺。根据 2012 年在全省 600 余家重点企事业单位进行抽样调查数据，省人才中心发布了全省重点企业、重点项目紧缺人才需求目录。数据表明，未来 5 年内，全省高端人才依然紧缺。其中，基础工业、教育卫生、IT 等领域的专业技术人员需求最为迫切。辽宁省每年的需求总数是目前拥有各类人才的 1.37 倍。从辽宁省人力资源市场状况来看，一方面，普通劳动力供大于求，众多劳动力找不到工作。另一方面企事业单位需要的均技能人才和高技能人才仍然满足不了岗位需求，有些地区甚至出现用工短缺的情况。

总体来说，辽宁经济结构调整和产业结构特点，以及就业群体在文化、专

业、技能结构等方面与市场的需求不相适应是造成结构性失业根本原因。就业结构性矛盾日渐凸显，为我们提出了如何提高劳动力使用效率和增加就业机会的新课题。

（三）高校毕业生就业压力持续增加

高校毕业生就业是就业工作中的重点、难点。2013 年前三个季度，各方面千方百计地促进高校毕业生就业，取得了成效。全省人力资源市场中以高校毕业生为主的高学历人才供求局势平稳。但 2013 年被称为"史上最难就业季"，辽宁省高校毕业生就业压力越来越大。辽宁高校毕业生就业压力持续增加主要表现在高校毕业生毕业规模继续扩大和较高学历求人倍数下降。

从总量变化来看，近年来，辽宁省每年高校毕业生规模不断扩大。2009 年，辽宁省高校毕业生为 23 万。2013 年，辽宁省毕业生人数为 28.5 万人。就目前每年高校毕业生就业率为 92% 左右计算，2013 年高校毕业生有 2.75 万人未能就业。同时，往届未就业及外省到辽宁省就业的高校毕业生估计有 17 万人左右。2013 年第三季度，全省人力资源市场中，大专文化程度的求职者比重为18.11%；大学及硕士以上文化程度求职者比重为 13.72%，说明仍有大量高校毕业生未就业。

自 2013 年第三个季度开始，较高学历求人倍数较前两个季度下降。开始出现学历越高越难成功就业的现象。根据全省人力资源市场采集的数据显示，市场中高中和大专文化程度求职者的供求状况较好，求人倍率分别为 0.98 和 1.04，大学文化程度求职者求人倍率为 0.93，同比下降 0.03，环比持平；硕士以上文化程度求职者求人倍率则为 0.87，同比下降 0.09，环比降低 0.43。数据变化表明，第三季度以高校毕业生为主的高学历求职者供求局势有所趋紧，就业压力相对增加。高学历者求人倍率下降，供求局势有所趋紧。

高校专业设置与市场需求不匹配，造成供给与需求产生结构性失衡。高校专业设置调整、专业转换和求职观念进一步转变仍然是解决高校毕业生就业难问题的重要方式。

（四）公共就业服务实效有待提高

完善公共就业服务体系、提高公共就业服务实效是政府为社会提供的重要公共服务产品。目前，覆盖城乡的公共就业和人才服务体系仍未完善；就业失业动态监测和就业形势分析工作也有待进一步加强；就业工作还存在各类困难地区和薄弱环节，尤其是针对重点群体的特点和需求，健全长效帮扶机制，促进城乡就业困难群体就业；解决进城务工的农民职业技能培训和扶持资助创业等，仍然是推进更加积极的就业政策过程中，扩大就业和实行稳定就业需要解决的重点和难点问题。

三　促进就业的对策建议

目前来看，辽宁省的就业形势继续保持总体稳定，但全省劳动就业形势发展还面临着诸多问题和严峻挑战。在当前和今后一个时期中，辽宁就业压力依然很大。以高校毕业生为重点的青年就业、农业富余劳动力转移就业和失业人员特别是就业困难群体就业三个方面，仍将是辽宁就业工作的最重要部分。2014年辽宁应将继续深入实施就业优先战略和更加积极的就业政策，加快产业结构调整，逐步化解就业结构性矛盾，继续做好重点群体就业工作以促进更充分就业，继续完善公共就业服务体系和提高公共就业服务实效等作为继续保持就业形势稳定和促进就业的基本点。

（一）实施就业优先战略和更加积极的就业政策

就业乃民生之本。"就业更加充分"是党的十八大提出的新要求，同时也是巨大的挑战。要达到"就业更加充分"的要求，应转变注重宏观政策的经济增长与就业并重为就业优先的社会经济发展战略，把促进充分就业作为经济社会发展的优先目标。解决好就业问题，应通过稳定经济增长增加就业岗位。同时，在保持的经济稳定增长过程中，在政府制定经济发展规划和实施的产业振兴规划或进行的大规模投资时，应充分考虑降低失业率的要求，优先考虑扩大就业规模的需要。经济稳定增长过程中，注重提高就业弹性，让经济增长量更多地拉动就业，实现经济社会均衡发展。

"实施更加积极的就业政策，大力发展劳动密集型产业、服务业和小型微型企业，多渠道开发就业岗位，鼓励自主创业，促进充分就业。"这是国家"十二五"规划对扩大就业的政策要求。实施更加积极的就业政策，要求通过综合运用财政、税收、金融、产业等方面的政策，鼓励企业更多吸纳就业，鼓励创业带动就业，开发更多的公益性岗位安排就业困难对象，开发更多适合高

校毕业生的就业岗位，并鼓励高校毕业生自主创业和到城乡基层、中小微企业就业。

（二）加快产业结构调整以缓解就业结构性矛盾

缓解就业结构性矛盾，必须加快经济转型升级和产业结构调整。一是培育新的就业增长点。瞄准战略性新兴产业的发展，着力发展先进制造业、高新技术产业，以及现代服务业、现代农业等吸纳就业能力强的智力密集型、技术密集型产业，并创造更多适合以高校毕业生为主的青年就业岗位。二是加强信息引导。就业信息的准确发布和对动态状况的统计分析，是解决结构性矛盾的重要措施。三是加强职业培训。经济社会发展、产业结构调整需要一大批拥有实用技能的劳动人口的支撑。进一步健全职业培训制度，应特别重视普惠制就业技能培训，使每个劳动者都有机会接受所需的就业技能培训，包括补贴农村劳动力培训等，提高劳动者就业创业能力和职业转换能力和实用技能。高校在根据经济社会发展需求合理调整专业设置的同时，将职业培训作为创业能力、专业转换及技能提升的关键措施。四是根据辽宁的产业结构，继续推进第三产业的发展，以提高生产率和加强就业吸纳弹性。

（三）继续着力做好重点群体就业工作

以高校毕业生为重点的青年就业、农业富余劳动力转移就业和失业人员特别是就业困难群体就业三个方面，是辽宁就业工作最重要部分和关键点。应继续着力做好重点群体的就业工作，通过体制机制改革，进一步拓宽就业渠道。通过增加强化就业服务，针对不同群体采取不同的政策和帮扶措施。强化服务培训，努力增加重点群体就业。特别是对重点群体的就业，应特别注重、充分做好城乡就业困难人员重点群体的就业工作，减少周期性失业。另外，大量就业困难群体需要政府安排就业，但由于辽宁省现在公益性岗位就业人群规模较大，公益性岗位补贴刚性支出比例过大、岗位数量不足，就业困难群体的就业问题会更加突出，需要尽快研究新的应对措施。

（四）进一步全面提高公共就业服务水平

进一步全面提高公共就业服务水平和完善公共就业服务体系的重点，一是完善覆盖城乡的公共就业和人才服务体系，统筹做好城乡失业人员的就业服务。二是进一步落实、完善各项政策措施。发挥政策扶持、创业培训、创业服务的联动作用，健全长效帮扶机制，做好离校未就业毕业生就业服务、就业困难人员和农村转移劳动力等其他重点群体就业工作。三是加强就业信息采集，做好就业失业动态监测和形势分析，为就业政策决策提供基础支撑。四是在推进更加积极的就业政策过程中，积极研究和探索扩大就业和实行稳定就业需要解决的重点和难点问题，及时推出时效性更强的促进就业政策。五是积极采取措施转变职能，把政府主办的人力资源市场从公共服务体系中分离出来，发挥市场在促进就业中的基础性作用。

参考文献

《辽宁省人力资源市场 2013 年第一、二、三季度人力资源市场职业供求状况》，辽宁省人力资源和社会保障厅。

刘洪杰主编《就业·创业》，机械工业出版社，2011。

杨伟国著《转型中的中国就业政策》，中国劳动社会保障出版社，2007。

赖德胜、李长安、张琪主编《中国就业 60 年（1949～2009）》，中国劳动社会保障出版社，2012。

郜风涛、张小建主编《中国就业制度》，中国法制出版社，2009。

曾湘泉等著《"双转型"背景下的就业能力提升战略研究（中国就业战略报告 2008）》，中国人民大学出版社，2012。

田明著《中国就业结构转变与城市化》，科学出版社，2008。

张小建等著《当代中国就业与劳动关系》，中国劳动社会保障出版社，2009。

B.20
辽宁省收入分配现状分析及对策研究[*]

王淑娟　宋帅官　陈雪峰[**]

摘　要：

　　2013 年前三季度辽宁省收入分配状况总体良好，城乡居民收入达到新水平，但仍亟须重视收入分配领域内的分配不公等问题，特别是收入差距还相对较大。造成收入差距的原因主要有体制和制度原因，老龄化、居民消费价格上涨以及城镇化的影响等。2014年辽宁省将处于收入分配结构转型的重要机遇期，农民收入实现增收的潜力和空间较大，与东南沿海发达省份收入差距呈缩小趋势。

关键词：

　　收入分配　收入差距　收入倍增

一　辽宁省收入分配的基本情况

（一）收入分配制度改革取得新进展

　　为推动收入分配制度改革顺利进行，辽宁省政府推出了阶段性的改革思路。2011 年 9 月 1 日起修改后的《个人所得税法》正式实施以来，辽宁省纳税人和个税额有相当数量的减少，这从某种意义上提高了低收入者收入水平，扩大了内需。为缓解辽宁省居民收入增长与经济发展不同步、居民收入差距扩大以及劳动

---

* 本文部分内容作为 2012 年辽宁社科规划基金一般项目（编号为 L12BJL021）和青年项目（编号为：L12CJL030）的阶段性成果之一。

** 王淑娟，辽宁社会科学院经济研究所助理研究员，主要研究方向为公共管理、区域经济；宋帅官，辽宁社会科学院经济研究所助理研究员，主要研究方向为产业经济学；陈雪峰，辽宁石油化工大学马克思主义学院副教授，主要研究方向为劳动经济、思政教育。

报酬在初次分配中的比重偏低等收入分配难题，2012年辽宁省政协十届十八次常委会议通过了《关于深化收入分配制度改革加快城乡居民收入增长的建议案》，并提出了一系列具体对策建议。2013年初，《关于深化收入分配制度改革的若干意见》出台，突出了完善收入分配结构和制度的几个目标，如城乡居民收入实现倍增、收入分配差距逐步缩小、收入分配秩序明显改善以及收入分配格局趋于合理等。这些目标的确定为辽宁省深入城乡收入分配改革创造了条件。

（二）居民收入增长显著

1. 城镇人均可支配收入保持了相对稳定的增长

近年来，总体上辽宁经济保持快速增长的同时，城镇居民收入也有显著提高。据统计，2013年1~9月份辽宁省城镇居民人均可支配收入19109元，同比名义增长10%。"全运"效应加上季节性因素的影响，辽宁省第三季度城镇居民收入略高于全国平均线。另据统计数据来看，"十一五"以来辽宁城镇居民人均收入增长稳定。由表1可见，辽宁城镇居民人均可支配收入基本保持较为稳定的增长，特别是"十一五"期间年均增长11.4%。一般来说，城镇主要靠工资性收入和转移性收入的增长来拉动收入增长，但从各类收入增长速度来看，经营性收入和财产性收入增长速度明显快于工资性收入增长速度，特别是"十二五"开端的两年表现尤为明显。

表1 "十一五"以来辽宁省城镇居民人均可支配收入、各类收入来源及增长情况

单位：元，%

年份	可支配收入		工资性收入		经营性收入		财产性收入		转移性收入	
	绝对数	增长率	绝对数	增长率	绝对数	增长率	绝对数	增长率	绝对数	增长率
2006	10370	13.9	6611	8.3	688	41.6	146	52.1	3784	20.1
2007	12300	18.6	8213	24.2	765	11.2	264	80.8	4196	10.9
2008	14393	17.0	9495	15.6	1483	93.9	248	-6.1	4610	9.9
2009	15761	9.5	10421	9.5	1553	4.7	240	-3.2	5544	20.3
2010	17713	12.4	11713	12.4	1798	15.8	250	4.2	6254	12.8
2011	20467	15.5	13094	11.8	2285	27.1	334	33.6	7167	14.6
2012	23223	13.5	14846	13.4	2710	18.6	493	47.6	7866	9.8

注：各项收入及增长率为名义值，没有扣除价格因素影响，也没有剔除城乡价格不可比的因素（表2同）。

资料来源：依据2013年《辽宁统计年鉴》相关数据整理所得。

2. 农村居民人均纯收入增长较快

近年来辽宁农村人均纯收入逐年增长,据统计,2013 年 1~9 月份辽宁省农村居民人均现金收入 12823 元,同比名义增长 12.1%。在辽宁省农村人均纯收入构成中,拉动收入增长的主要来源是工资性收入和经营性收入,即以在外务工和传统的家庭经营性收入为主。"十一五"期间,辽宁省农村人均纯收入年均增长 9.2%,2012 年农民人均纯收入较 2011 年增速放慢,但也保持了 13.1% 的增长速度,工资性收入、家庭经营收入和财产性收入增长不快,转移性收入获得大幅增长(见表 2)。

表2　"十一五"以来辽宁省农村居民人均纯收入、各类收入来源及增长情况

单位:元,%

年份	纯收入		工资性收入		家庭经营收入		财产性收入		转移性收入	
	绝对数	增长率	绝对数	增长率	绝对数	增长率	绝对数	增长率	绝对数	增长率
2006	4090.4	10.8	1499.5	23.7	2210.8	2.2	141.8	25.3	238.3	18.4
2007	4773.4	16.7	1719.7	14.7	2592.2	17.3	179.4	26.5	282.1	18.4
2008	5576.5	16.8	2035.5	18.4	2931.3	13.1	201.3	12.2	408.4	44.8
2009	5958.0	6.8	2239.8	10.0	3017.3	2.9	205.5	2.1	495.4	21.3
2010	6908.0	15.9	2650.0	18.3	3486.1	15.5	234.2	14.0	537.7	8.5
2011	8297.5	20.1	3179.7	20.0	4271.0	22.5	244.6	4.4	601.2	11.8
2012	9383.7	13.1	3630.2	14.2	4783.4	12.0	246.2	0.7	724.0	20.4

资料来源:依据 2006 年和 2013 年《辽宁统计年鉴》相关数据整理所得。

二　辽宁省收入差距及其原因分析

改革开放以来,随着经济持续快速增长,辽宁居民收入水平总体上是不断提高的。但同时,收入分配领域里也出现一些不平衡和不公平的问题,比如城乡居民收入增速与经济发展不同步、劳动收入占比低等。总体来说,辽宁收入分配领域内的问题较多,比较突出和首要的问题就是收入分配不公,而收入分配不公又集中地体现为收入差距较大。2012 年,按照相对收入不等距九组分,辽宁省城镇居民最低 10% 收入户的人均可支配收入为 7861.16 元,最高 10% 收入户的人均可支配收入为 56328.58 元,相差 48467.42 元。相比 2011 年度数据(6503 元和 53949 元)相差 47446,高低收入差距绝对额增长 1021.42 元,扩大了 2.2 个

百分点。2013年前三个季度辽宁城镇居民人均可支配收入19109元，在全国排第9位，与2012年全年（全国全部省区）的排名一致，收入总量上较全国平均水平差1060元。辽宁城乡之间、地区之间、行业之间的差距表现明显，具体分析存在的差距，并挖掘其存在差距的深层次原因，深刻影响着社会公平和社会和谐的实现。

（一）辽宁省收入差距的主要表现

1. 城乡差距一直存在

"十一五"以来，辽宁省城乡居民收入均各自保持了增长态势，但差距一直存在。统计数据表明，城镇居民人均可支配收入是农村居民人均纯收入的两倍高，城镇化进程的加快并未改变城乡收入差距的现实状态。从2013年前三季度的数据来看，辽宁省城镇居民人均可支配收入19109元，同比名义增长10%，而辽宁省农村居民人均现金收入12823元，同比名义增长12.1%。与2012年度同期相比，城乡人均收入均有不同程度的增长，但收入差距仍很明显（见图1）。

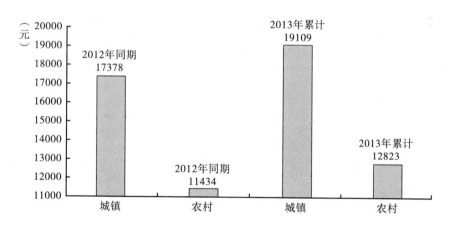

图1 2013年辽宁省1~9月份居民人均收入与上年同期比较

如图1所示，2013年辽宁省前三季度农民收入增速较快，使辽宁城乡居民收入差距有所缓解。但城乡人均收入差距从2012年同期的5944元扩大到6286元，城乡收入比与2012年度同期基本相同，仍然保持1.5∶1的较高比例。

2. 地区差距仍然比较明显

在经济发展基础上，辽宁居民收入差距在逐渐缩短，但受历史和现实因素的

影响，部分地区和城市之间的收入差距仍然较大。从官方统计数据上来看，"十一五"以来，大连、盘锦、沈阳、鞍山和营口等各地区城镇居民始终保持了1万以上的年人均可支配收入。总体上，辽宁各地区城镇居民人均可支配收入均保持上升态势，但地区间差距却逐年拉大。辽宁省平均每人全年可支配收入较低的始终是朝阳和阜新两市。"十二五"的开局之年辽宁城镇居民人均可支配收入最高的城市与最低的城市差距拉大到9318元（大连24276元、朝阳14958元），2012年差距达到10427元（大连27539元、朝阳17112元）。2012年农村居民人均纯收入最高地区与最低地区差距达到（大连15990元、朝阳8689元）7301元。2013年前三季度，大连城镇居民人均可支配收入为22650元，增长9.7%，农村人均现金收入为16892元，增长12%，2013年前三季度朝阳市农民人均现金收入10817元，增长13.5%，虽然增速较稳定，但与大连仍存在差距。总体来说，辽宁地区之间收入差距的存在几乎成为常态。

3. 行业间、企业间收入差距比较突出

虽然2013年前三季度辽宁省收入普增，但不同行业、不同单位工作，收入差距还是很明显。特别是垄断行业和普通行业的收入差距较大。在初次分配体系中，充分竞争行业和垄断行业中的劳动者要素价格差距明显，前者价格偏低，后者价格畸高，垄断行业高工资现象严重。各地工资指导价基本反映了上年度和下年度工资的实际情况。以沈阳为例，2013年9月公布的工资指导价表明，在48个行业中，薪酬第一的为金融行业，平均年薪为71286元，比2012年平均薪酬高出14122元。在公布的257个职业中，企业董事年薪最高，平均达到120687元，不同企业董事薪酬最高差25倍。再如，2013年辽宁省鞍山共发布了284个职位的劳动力市场工资指导价，同样一份工作，月薪高位数和月薪低位数最多相差3万余元。即使是同样的工种，在不同的企业工资差距很大。最高的十大职业排行榜中，前十名中金融行业占四个。其中，位居榜首的是企业董事，平均月薪10812元，平均月薪最低的是物业管理工，为1351元。这些指导价数据深刻反映出目前辽宁省各地行业间、企业间的收入差距现状，亟须调控垄断行业收入，深化收入分配制度改革。

（二）原因分析

1. 体制和制度原因造成的分配不公平

在人力资源市场及生产要素市场还不成熟的背景下，政府相关部门对垄断行业工资畸高问题规范不到位，成为造成一些权力部门寻租行为经常发生和劳动力工资拉大的重要制度性原因。目前一些资源性和垄断性收入的大部分仍然由相关企业自行支配，有些国企的利润流入相关权力部门一些人的腰包。政府一般会对行政性垄断取得更多的财政收入产生偏好，有些垄断性行业对财政收入的增长起重要作用，因此，政府一般对其监管失效的现象比较常见。其中蕴含着造成收入分配不公平的重要体制性原因。产生行业收入差距的重要原因之一还在于在一些行业，如国企和一些行政机关和事业单位的用人双轨制等体制机制的实行。即使是行业内劳动者工资待遇也实行"双轨制"，在企事业单位内，仍然存在"老人老办法、新人新办法"的编制论，"同工不同酬"现象屡见不鲜，这一不成文的规定也是致使不同收入阶层之间差距扩大的重要方面，严重影响社会稳定。很多大学毕业生在寻找工作过程中更多尝试进入体制内的"事业编制"，这种社会异象由来已久。这种体制不公平带来的收入差距不但严重挫伤了劳动者劳动和创造的积极性，而且从长期来看，对社会发展也有严重的消极影响。一般情况下，为了建立健全企业职工工资正常增长机制，企业按照工资指导线制度来调整职工工资，2013 年辽宁省企业货币工资增长基准线定为 12%，上线为 17%，下线为 5%，与 2012 年度相比，上线下降了 2 个百分点。但从实际运行效果来看，这一工作指导线制度并未起到有效调控企业工资分配、促进职工工资适度增长的作用。

此外，辽宁城乡分割的二元体制意味着城市和农村居民因各种机会的不公平造成了不同阶层和不同个人之间发展起点和权利的不公平。二元体制下辽宁省城乡资源分配不均则直接造成了城乡居民机会的不公平。一般情况下，辽宁农民的收入主要来源于土地收入和外出务工收入。制度上政府对城市工业化建设的政策倾斜，政府对土地的投入不足以及对农民耕地的保护不够，加上大部分农民知识素质不高，无法准确掌握相关技术，造成农民的土地产出效率不高。农村居民相对于城市居民缺少受教育和培训的机会，外出务工一般从事的都是城市里的建筑工、清洁工等没人愿意从事的工作，收入相对较低。农民工子女教育问题已经成为严重的社会问题，一旦形成贫富"代际转移"局面，很难在短期内得到改善。

2. 老龄化扩大了居民收入分配差距

辽宁老龄化进程加快，2013 年 9 月的《2012 年辽宁省老年人口信息和老龄事业发展状况报告》显示，截至 2012 年末，辽宁省总人口为 4254 万人，60 岁及以上老年人口 751.7 万人，占总人口 17.67%，与全国 14.3% 的比例相比，高

出 3.37 个百分点，人口老龄化明显，所带来的问题也比较复杂和严峻。特别是空巢老人、无子女老年人和失独老年人数量激增。截至 2012 年末，省内空巢老人达到 340.6 万人，占老年人口的 45.31%，较 2011 年度净增 36.6 万人，增加了 3.33 个百分点。这给部分居民造成了巨大的生活压力，使居民收入差距进一步扩大。很多低保户的自身养老和赡养家中老人问题更加复杂，2013 年 7 月 1 日起关于城乡居民最低生活保障标准调增幅度的新标准开始执行，新规定要求按现行标准的 10% 左右提高城市低保标准，按不低于现行标准的 10% 提高农村低保标准。这一提高幅度在现有老龄化背景下是否有改善居民收入的明显效果，还有待实践检验。

3. 就业难题成为扩大居民收入差距的重要推手

一般来讲，就业水平直接影响居民的收入总量和收入差距。一方面，一个社会的就业状况良好甚至达到充分就业，创造的财富总量就会增加，反之，在就业状况差的情况下，可分配的财富创造不足，居民总体收入水平必然因此降低。另一方面，就业是最基本的民生问题，失业或者就业困难意味着劳动者无法获得基本的收入，陷入贫困的可能性较大，与稳定就业者的收入差距就会明显增大。2012 年末辽宁省城镇登记失业人员 38.1 万人，登记失业率 3.6%。这一数据尚不包含实际失业但未做登记者，不包含流动进程的很多农民工群体的实际失业数据，同时也不包含大量的大学毕业生群体和"4050"大龄就业困难人员等就业困难者。2013 年辽宁省预计高校毕业生人数 27.2 万，比 2012 年增加 8000 人，高校毕业生就业仍面临较大压力。同时，研究生就业总量和结构性问题也很突出。辽宁省 2013 年第三季度用人单位招聘各类人员总数为 479576 人，而进入人力资源市场的求职者为 509443 人，求人倍率约为 0.94，职位尚处于供不应求的状态。与第二季度相比，求人倍率减低了 0.05。总的来说，虽然总体上 2013 年前三个季度辽宁省就业市场基本稳定，但结构性就业问题突出，就业总量压力也将长期存在，这成为辽宁省居民收入差距的重要推手，不可忽视。

4. 居民消费价格上涨和城镇化加剧了收入差距

辽宁农村居民收入主要来源是经营性收入和工资性收入。农民的经营性收入受引进技术、推广良种、提高集约化水平以及自然条件等各方面的影响，经营性收入有增长态势，但相对于较高的物价水平，收入仍然很低，从而扩大了城乡收入差距。2013 年前三个季度，辽宁省居民消费价格比 2012 年同期上涨 2.6%，城市上涨 2.5%，农村上涨 2.7%。广大农村居民内需不足表现明显。

此外，随着城镇化进程的加快，辽宁农村劳动力人口特别是青壮年从经济发展水平低的地区流动到相对发达的城市和地区，直观地产生了三方面的主要影响。其一是从农村流动到城市的农村人口通过努力成为城市一员，特别是从不发达城市流动到比较发达的城市中，虽然为城市发展创造了庞大的社会财富，但所从事的工作收入一般不高，从而降低了相应城市居民收入增长速度，扩大了地区之间的收入差距；其二是农村青壮年劳动力离开家乡到城市，留在农村的一般是老年人和儿童等，相对地减少了农村居民的经营性收入水平，从而进一步拉大了城乡收入差距；其三是城镇化导致的"居住隔离"也加剧了收入差距。城镇化中住宅商品化过程中，政府保障性住房建设地点一般选取在地价相对较低的城郊，导致居住隔离现象的出现。农民工等城市困难群体居住条件和收入状况与普通市民形成了鲜明对比，这也体现出二次分配的不公平等问题。

三 2014 年辽宁省收入分配状况的预测分析

（一）辽宁省正处于收入分配结构转型的重要机遇期

从国际形势看，世界经济增长缓慢，经济下行风险较大，从国内形势看，虽然我国增长预期下调，但增速仍然高于绝大部分国家和地区。伴随全国性的居民收入分配制度改革进程加快和党的十八大居民收入倍增计划目标的制定实施，辽宁省在保持 GDP 稳定增长的同时，要尽量努力实现居民的收入增长更快一些、收入分配结构更合理一些，面临良好的国内环境，才能更快实现居民收入倍增。辽宁收入分配制度正逐步倾向于民生改革，凸显以人为本的科学发展观，也为辽宁省收入分配转型创造了有利条件。当前辽宁 GDP 水平在以往较高水平基础上提高不是十分容易。在这种世情、国情和省情的大背景下，缓解收入分配差距拉大的重要方案就是努力实现辽宁收入分配结构转型。即首先解决辽宁省表现比较明显的城乡收入差距问题，通过提高农民收入、低收入者的收入水平等来加快居民收入的提高，让低收入者分享改革的成果，进而促进分配公平，这也是辽宁经济发展的客观要求。

（二）辽宁省农民实现增收的潜力和空间较大

据统计，2013 年前三个季度辽宁城乡居民的收入增速较快，平均水平高于

全国。具体来看，全国农民人均现金收入7627元，同比增长12.5%，辽宁农民人均现金收入同比增长12.1%，略低于全国平均水平。从目前辽宁发展的实际来看，政府重视三农、推动社会主义新农村建设的政策落实，加快了务农种粮的农民增收目标的实现。此外，随着城镇化进程的加快，政府对进城务工农民就业和社会保障等各方面的政策支持，以及调控物价力度的加大，农民工资性收入有望得到明显提高，进而农民相对收入得到增加。近年来辽宁卖地收入可观，政府尝试从产权改革开始，让农民也能够成为市场的主体，通过土地确权提高农民的财产性收入的实践，明显有利于缩小城乡收入差距。总的来说，农村居民人均纯收入会继续提高，农民增收潜力和空间较大。亟须探索一种实现辽宁农民增收的机制，既可以加快实现统筹城乡收入分配，同时又可以推动辽宁经济又好又快地发展。

（三）辽宁省与东南沿海发达省份收入差距呈缩小趋势

辽宁省居民收入与东南沿海发达省份存在一定差距，从2013年前三季度收入统计数据来看，差距有缩小的趋势。辽宁城镇居民人均可支配收入平均比东南沿海发达省份低5806.9元，辽宁农村居民人均纯收入平均比东南沿海发达省份高出768.2元。从城乡收入比来看，辽宁城乡收入比为1.49，低于东南沿海发达省份2.1的平均水平。不难看出，辽宁省与东南沿海发达省份的收入正逐步接近。随着辽宁省委、省政府在城乡居民收入增加方面加大投入力度，并尽量使改革的成果惠及大多数人的改革措施的实行，辽宁居民收入正逐步达到并超越东南沿海发达省份水平。

四　完善辽宁省收入分配制度的政策建议

针对目前辽宁省收入分配领域内存在的收入分配不公，特别是收入差距问题，确定改善辽宁收入分配的主要目标是必要的，即调节收入差距，特别是将收入差距调节到群众普遍接受的程度，促进社会公平。总的来说，一是要发展经济，这是解决一切问题的根本。应继续按照省委、省政府的决策部署，将发展新兴产业作为辽宁调整产业结构、转变发展方式的重要载体，作为推动辽宁经济又好又快发展的动力。二是要在落实国家政策基础上，协调地方收入分配格局，抓住辽宁老工业基地自身的特点，在充分调研基础上，建立健全可行的惠民收入分配制度体系。为此，应着眼于辽宁当前实际，突出以实现辽宁城乡居民收入倍增为落脚点，主要从以分配过程中的机会是否公平和分配结果是否公平为重点，拟定合理的对策建议。

（一）加强法治建设，规范收入分配秩序以推动实现公平分配

灰色收入、非法收入等隐性收入的规模庞大，情况复杂，很难界定其在一次分配领域还是在二次分配领域，做精确的数量推断也比较难，因此也就没有具体可靠的统计数据。但是这项收入对于辽宁收入分配造成恶劣影响是不容置疑的。因此，加快民主法治建设步伐，通过严格的刑法来惩治贪污或者受贿是调节收入差距的必要而迫切的方案，严格的法规配合严格的执法是震慑市场经济条件下不法收入的有效手段。辽宁应依据省情，推出整顿和规范收入分配秩序的具体规范，提高违法成本。一是针对手中掌握权力资源的官员出台明确的监管和惩罚措施；二是通过法律规定公开透明纳税来规范行业和高阶层收入以及各类灰色收入；三是借鉴国外经验，如日本法律规定垄断企业员工收入不超过社会平均工资 12 倍，辽宁省可以尝试通过法律规定将垄断企业高管和员工收入设置封顶线的做法；四是对部分生活条件改善的"低保户"群体，应加强监管办法的制定，以推动低保退出机制建设。可以参照辽宁大连 2013 年出台的《大连市居民经济状况核对办法》，为规范居民经济状况核对工作开展提供重要的政策依据，从而使政府的救助审批更加符合实际，最终实现公平分配的目的。

（二）扩大就业，推动居民收入实现稳定增长

扩大就业是推动辽宁城乡居民收入实现稳定增长的根本，是一种非常重要的调节居民收入差距的再分配手段。要加快推动辽宁城乡居民收入水平提升，一方面是要重点解决城镇困难群体就业难题，另一方面是要解决农村剩余劳动力合理转移问题。具体地说，要打破体制内就业认识误区，政府等相关部门发挥好就业导向作用，尝试改变不合理的竞争机制，尽量实现分配过程中的机会公平。高校应注重培养大学生实践能力，加强校企合作和就业信息维护等，为大学毕业生实现充分和高质量就业提供平台。此外，辽宁农村人口数量庞大，合理引导农村剩余劳动力转移，加快转移速度，提供就业信息和就业技能培训等，为农民进城打工提供更好的条件，这是提高农民收入的重要途径。

（三）打破城乡分治的二元格局，消除社会歧视以统筹城乡收入分配

长期以来，辽宁省始终实行城乡分治的收入分配模式，致使城乡收入差距一直存在并日益凸显。要想解决辽宁省收入差距扩大的难题，必须着眼于打破城乡二元的户籍制度、僵化的土地制度等，特别是要正确处理失地农民在土地转让中的定价权问题，要尊重农民意愿，按照农民容易接受的方式进行土地流转，不但加快了土地的规模化、集约化经营，而且农民就地就近就业的方式有利于农民增收目标的实现。打破城乡分治的二元结构，需要打破城乡劳动力的障碍，消除社会歧视，建立一个统一的开放的市场，以实现劳动力资源自由地在各部门、各地区、各企业优化配置，这将是提高农民工收入作为收入分配结构转型的重要内容。此外应注意的是，政府将农民的教育、医保等问题处理好，统筹城乡教育，改变不公平、不合理的竞争机制以推动机会公平的实现，也是在一定意义上提高农民收入的重要举措。特别是随着城镇化进程的加快，进城务工的农民增多，打破他们的各类社会保障藩篱，使农民工逐渐向真正的城镇市民转变，是从根本上缓解城乡收入差距的重要方面。

（四）深化收入分配制度改革，协调各利益群体关系以缩小收入差距

辽宁省应继续深化收入分配制度改革，积极寻求在各个利益群体之间的协调，进而实现缩小收入差距的目标。除了要建立健全一个公开、透明、统一的财政体制，通过土体确权，保障收益真正落实到农户之外，应加强对天然垄断行业监管，减少地区行政保护，促进市场竞争。应加强对行政部门的监管力度，以防止腐败和相应寻租行为的发生。初次分配如何协调企业与劳动者关系，二次分配通过税收等来加强民生工程建设，是收入分配制度改革的关键。具体地说，加快推进辽宁省收入分配制度改革，为达到收入倍增计划目标，按照2013年企业职工平均工资增长线17%的标准，调整行业、企业收入分配成为当务之急。收入分配制度改革触及政府、企业和居民多方利益，在协调三者关系过程中，增加居民收入，将提高中低收入者收入作为改革的重要内容，以增加中低收入者购买力，从而实现收入分配与经济增长协调发展。

辽宁省社会保障发展现状与对策建议

张 媛 王爱华*

摘 要:

2013 年，辽宁省的社会保障事业发展迅速，社会保险与社会救助水平整体提高，切实发挥了社会保障在保障民生方面的重要作用，有效地促进了全省城乡经济社会的协调发展。但是，一些制度性、机制上的问题还没有从根本上得以解决，需要在今后的工作中不断加以完善。辽宁的社会保障发展应着眼于优化社会保障模式、完善社会保障制度、理顺社会保障管理体制和加强社会保障基金监管，从而更好地保障全省广大人民群众的基本生活。

关键词:

社会保障 社会保险 社会救助

2013 年，辽宁省委省政府高度重视社会保障工作，以保障人民群众生产生活、提高全体人民的生活质量和幸福指数为出发点和落脚点，实施了一系列改善民生的重要举措。这些制度和措施不仅使广大人民群众的物质生活得以改善，而且使他们增添了更多的安全感。同时，这些制度和措施本身对完善辽宁的社会保障制度、推动和谐幸福新辽宁建设发挥着重要的作用。

一 2013 年辽宁省社会保障事业的主要成绩

（一）社会保险工作整体推进

2013 年辽宁省进一步完善了各项社会保险制度，扩大社会保障覆盖面，扎

---

* 张媛，辽宁社会科学院社会学研究所助理研究员，主要研究方向：社会保障水平与收入分配理论；王爱华，沈阳工程学院法律系副教授，主要研究方向：社会保障。

实推进城乡社会保障体系建设向纵深拓展，适度提高社会保障待遇水平

1. 养老保险的保障功能进一步健全

2013 年，辽宁省的养老保险实现了真正意义上的省级统筹，规范实施了职业年金制度，企业退休人员养老金实现了"九连调"。

（1）继续调整企业退休养老待遇

2013 年，辽宁省按照上年度全省平均水平 10% 的标准，继续上调企业退休人员基本养老金，这是自 2005 年以来辽宁省连续第 9 年调整企业退休人员基本养老金。调整后，企业退休人员基本养老金月人均达到 1828.2 元，上涨 166.2 元。

作为我国重要的老工业基地，辽宁的产业结构特点决定了其养老负担沉重。目前，辽宁有 451 万名企业退休人员，参保离退休人员总数始终居全国之首，占全国退休人员总量的 8%。近些年来，辽宁不仅实现了连续 9 年提高企业退休人员基本养老金水平，而且实现了养老金连续 12 年按时足额发放。

（2）启动基本养老保险扩面征缴"百日行动"

为强化企业基本养老保险征缴行为，切实维护广大劳动者合法权益，基本实现企业基本养老保险应保尽保、应收尽收，2013 年 5 月，辽宁省启动了企业基本养老保险征缴"百日行动"。到年底，全省企业养老保险参保人数预计将达到 1625 万人，新增参保人员 110 万人，征缴企业养老保险统筹基金 737 亿元。

这次企业养老保险征缴"百日行动"的重点群体是商饮服务业从业人员、交通运输企业从业人员、建筑施工企业招用的临时季节性从业人员，那些与原单位解除劳动关系后没及时接续养老保险关系的人员、新成立且符合参保条件的用人单位从业人员、城镇中没有固定单位（场所）的自由职业者以及灵活就业人员也被纳入扩面征缴重点。那些应保未保企业，故意少报缴费人数、缴费基数的企业和拖欠保险费的企业是重点征缴对象。

"百日行动"的主要措施一是开展资源排查，以全省为排查范围，彻底查清那些应参保而未参保的企业和个人，督促其尽快参保缴费，同时对企业劳动关系加以理顺，实现劳动者稳定就业。二是核查缴费基数，对所有参保单位的缴费基数、缴费人数和缴费金额的真实情况进行核清，对瞒报、少缴的养老保险进行追缴。三是加强基金清欠，对企业长期拖欠的养老保险费进行清缴。四是发挥新闻舆论的监督作用和舆论功能，对有缴费能力但拒不缴费的企业和法人进行深度曝光。五是加大执法处罚力度，人社、地税、工商、住建、交通运输、审计、法院等部门联合执法，依法严肃处理违法违规的用人单位。

2. 医疗保险体系和运作机制更加完善

2013 年，辽宁省继续完善城镇居民医保门诊统筹政策，将政府补助标准提高到每人每年 280 元。着力推进城乡居民大病保险，特别是启动了农村居民大病保险，同步提高城镇职工大病医保的待遇，采取措施保证大额医疗费用补助办法与大病保险的有机衔接和相互协调，推进城镇职工医保门诊统筹。

（1）实现医保异地就医即时结算

2013 年，辽宁省加快推进医保异地就医即时结算工作进度。目前除大连和丹东两市因医保卡设置问题，正在积极改造外，省内其他 12 市均已实现了医保异地就医即时结算。异地就医可以概括为以下三种情况：一是在参保地医院看病，但医疗水平无法满足治病所需，需要转院治疗的；二是在外地出差或者旅游期间发生意外、突发疾病等情况，需要在当地住院治疗的；三是退休后投奔异地子女，长期在异地居住的。

具体操作上，准备异地就医的参保人员首先应向参保地的医保部门申请办理省内异地就医即时结算，选定异地就医定点医院，得到批准之后就可以在异地就医，而医保报销政策仍按照原参保地政策执行，患者出院仅需承担个人应负担的部分。这意味着，参保患者在省内异地就医时，无需自己垫付医药费，也不用再往返两地报销了，可以直接划自己的医保卡对医药费进行报销。目前，沈阳已经确定了 10 所省内异地转诊转院定点医院，包括中国医科大学附属第一医院、中国医科大学附属盛京医院、辽宁省人民医院、辽宁省肿瘤医院、沈阳军区总医院、沈阳市第四人民医院等。

（2）推动城乡居民大病保险

为减轻全省广大居民的大病医疗负担，切实解决城乡居民因病返贫、因病致贫问题，辽宁省政府全力推动城乡居民大病医疗保险进程。2013 年 3 月，全省正式启动了农村居民大病保险工作，仅运行一个多月就为省内 440 名新农合大病患者补偿 149.6 万元，人均补偿 3400 元，受到了农民患者的普遍欢迎。为做好全省农村居民大病保险工作，辽宁省明确：全省农村居民大病报销全部执行新农合合规自付金额 1 万元以上部分按 50% 赔付的政策，确保省内不同地区的参合农民公平享有获得补偿的权利；同时不设赔付封顶线，以切实帮助参合患者减轻看病负担。在实际工作中，辽宁省农村居民大病保险工作已逐步探索出"四统一"的运行模式和工作方式，即统一补偿政策、统一承办机构、统一经办服务、

统一监督管理。

辽宁省政府采购中心通过公开招标的形式，依据承办大病保险业务的商业保险公司的准入条件，最终确定由中国人寿保险股份有限公司辽宁省分公司来承办全省农村居民大病保险业务。另外，全省农村居民大病保险经办业务实行"一站式"服务，保险公司改变一贯的业务工作流程，实行先赔付、后做卷，以确保参合农民在获得新农合补偿的同时及时获得大病保险赔付。

3. 调整工伤保险待遇

为切实保障企业工伤人员及其家属的基本生活，2013 年 8 月，辽宁省调整了企业工伤人员的伤残津贴、生活护理费和工亡职工供养亲属抚恤金三项待遇。

一至四级工伤人员伤残津贴的调整：一级伤残每月增加 200 元，二级伤残每月增加 190 元，三级伤残每月增加 180 元，四级伤残每月增加 170 元。调整后的最低伤残津贴标准为：一级伤残 1850 元/月，二级伤残 1750 元/月，三级伤残 1650 元/月，四级伤残 1550 元/月。五至六级工伤人员的伤残津贴，由用人单位按照本单位职工工资增长水平的一定比例进行调整，伤残津贴实际金额不得低于当地最低工资标准。

工伤人员的生活护理费的调整：生活完全不能自理的每月增加 160 元，生活大部分不能自理的每月增加 130 元，生活部分不能自理的每月增加 100 元。调整后的最低护理费标准为：生活完全不能自理的 1450 元/月，生活大部分不能自理的 1200 元/月，生活部分不能自理的 1000 元/月。

工亡人员供养亲属抚恤金，每月增加 120 元。调整后的最低供养亲属抚恤金标准为：工亡人员的配偶 850 元/月，其他供养亲属 800 元/月。

4. 调整失业保险缴费基数

2013 年，辽宁省调整了失业保险缴费基数，单位以上月工资总额为缴费基数，按基数的 2% 缴纳失业保险费；职工以本人上年月平均工资为缴费基数，按基数的 1% 缴纳失业保险费。同时，将事业单位职工、公益性岗位的人员，以及农民工都纳入到失业保险保障体系。此次缴费基数调整，主要是与养老保险缴费基数相统一，便于失业保险费的征缴，为将来养老保险、医疗保险、失业保险、工伤保险、生育保险"五险合一"提供条件。对个人来说，缴费额度变化不大。

（二）社会救助水平整体提高

2013 年，辽宁省高度重视事关百姓利益的民生问题，整体提高社会救助水平，使社会救助在保障百姓生活，特别是保障低收入困难群体生活方面发挥着越来越重要的作用。

1. 提高医疗救助水平

2013 年，辽宁省着力健全完善医疗救助制度，逐步提高医疗救助水平，切实有效缓解了贫困居民看病难的现实问题。在全额资助农村低保对象、五保对象参加新型农村合作医疗的基础上，2013 年上半年全省 11 个市实现了全额资助城市低保对象参加居民医保，全省 7 个市统一了城乡医疗救助标准，6 个市开展了重特大疾病医疗救助试点。在医疗救助与居民医保和新农合衔接后，为简化报销和救助手续，从而方便贫困群众就医，全省推行"一站式"结算工作，即在定点医院就医的参保参合救助对象就医时只交纳个人负担部分，其余的保险补偿和医疗救助部分由医院先行垫付，相关机构和民政部门定期与医院进行结算，目前全省 74% 的县区实现了医疗救助"一站式"结算服务，其中沈阳、大连、本溪、辽阳、铁岭、葫芦岛（农村）全市实现了"一站式"结算服务，年底前"一站式"结算县区比例将进一步提高。

辽宁省医疗救助实行门诊救助（包括特病门诊救助）和住院救助相结合模式。在居民医保、新农合进行报销和补偿基础上，医疗救助不设救助起付标准线，政策范围内的个人自负费用在最高限额内，按比例实施救助。其中门诊救助的最高限额在 40～300 元，救助比例达 50%～80%；而住院救助的最高限额在 2000～8 万元，救助比例最高可达 80%。

2. 提高最低生活保障标准

2013 年，辽宁省将提高全省最低生活保障标准作为为城乡困难群众办实事的重要举措狠抓落实。各市民政部门按照本级政府安排，统筹考虑支付能力，遵循最低生活保障标准与物价上涨挂钩联动机制，细致科学地测算本地区低保提标幅度。在本次提标过程中，各地普遍按照城市 10% 左右、农村不低于 10% 的标准进行提标，有效缩小了城乡低保待遇差距。截至 9 月初，全省 14 个市、2 个省管县已全部完成提标工作。

从低保标准增幅来看，辽宁省城市低保平均标准由 370 元/月提高到 412 元/月，增长 11.4%；农村低保平均标准由 2448 元/年提高到 2737 元/年，增长 11.8%。各地城乡低保标准增幅均达到省政府要求。其中，城市低保增幅最高的是大连瓦房店市、普兰店市和庄河市，均由原来的 400 元/月提高到 530 元/月，增幅达 36%；农村低保增幅最高的是大连市和鞍山市，分别由原来的 3010

元/年和 2400 元/年提高到 3600 元/年和 2880 元/年，增幅均达 20%。

从全国来看，辽宁省城市低保标准居第 8 位，农村低保标准居第 9 位。在省内，低保标准最高的是大连市，城乡低保分别为 530 元/月和 4500 元/年。

从困难群众受益面来看，截至 2013 年 7 月底，全省低保制度覆盖城乡低保对象 105.3 万户、188.5 万人，其中，城市 53 万户、100.2 万人，保障面 4.6%；农村 52.3 万户、88.3 万人，保障面 4.2%。累计发放保障金 24.52 亿元，其中，城市 17.63 亿元、农村 6.89 亿元。

3. 深入推进扶贫开发

2013 年 6 月，辽宁省委、省政府下发了《关于做好新时期全省定点扶贫工作的意见》。《意见》强调，要扎实深入推进新农村建设和扶贫开发，在巩固稳定温饱成果的基础上，着力增加贫困农户收入，逐步改善贫困地区生产生活条件。

过去的 5 年，辽宁省定点扶贫工作取得显著成效。省（中）直帮扶单位由 2008 年的 210 家增加到 2012 年的 234 家，5 年共派出定点扶贫挂职干部 1965 人次；为贫困地区累计投入、引进资金（含物资折款）38.33 亿元，受益贫困人口达 392.7 万人；实施工农业项目 8422 个；资助贫困学生 27491 名；开展各类培训 2511 班次，共培训 164813 人。这些举措，为促进贫困地区产业结构调整、加强基础设施建设、改善提高当地群众生产生活条件、增加农民致富本领以及加强基层党组织建设发挥了重要作用。目前，全省农村年人均纯收入在 3200 元以下的建档立卡低收入贫困人口有 93 万户，合计 314 万人，占农村人口的 14.8%。

（三）社会福利水平进一步提高

1. 提高养老服务质量

（1）建立高龄老人补贴制度

辽宁省的养老保障待遇全面提升，养老服务质量得到切实保障。2013 年，辽宁省高度重视老龄工作，着力打造独具辽宁特色的"敬老文明号"，开展"敬老月"和"银龄行动"等活动；组织开展"孝亲敬老楷模"、"敬老模范单位"评选；同时，针对目前人口老龄化日益严重的现实，积极开展应用对策研究。

辽宁省政府还将"大力发展养老服务事业和产业，建立生活困难老人养老服务补贴制度"列入了《政府工作报告》，并在全国率先将老龄工作纳入了年度省政府对各市政府绩效考评指标体系。全省各项惠老政策得到进一步落实，省内 14 个市均建立起了 90 岁以上高龄老人和百岁老人生活补贴制度，对 70 岁以上老年人就医实行免收普通门诊挂号费。

（2）资助养老服务机构建设

2013 年，全省各地结合自身实际采取积极措施支持民办养老机构的发展，沈阳、大连、鞍山、铁岭、葫芦岛五个市制定出台了政府直接资助民办养老院开办费的新政策，丹东市实施了民办养老服务机构设施改造扶持计划。2013 年上半年全省新建 50 家民办养老院，床位增加近 5000 张。进一步扩大农村互助幸福院试点范围，试点村已达 265 个。

为提高养老服务机构的服务能力，切实保障广大老人的身心健康，2013 年 4 月，辽宁省启动了养老服务机构紧急救援管理系统建设示范项目。该示范项目为省内约 150 个养老服务机构安装无线呼叫系统，当老年人遇到紧急情况或者需要特殊服务时就可随时启用该系统，全省万余名老人将因此受益。该项目为辽宁省社会福利协会所承接的 2013 年中央财政支持社会组织参与社会服务的示范项目，项目资金总规模为 100 万元，其中中央财政支持 50 万元，省级配套解决 50 万元。示范项目充分体现了党和政府对养老服务事业的大力支持和对老人的深切关怀，旨在提高养老服务机构的服务质量和服务水平。

2. 加强残疾人无障碍改造

过去 5 年中，辽宁省共筹措 8500 余万元的改造资金，对全省社区和残疾人家庭实施无障碍改造，共改造社区 2136 个、残疾人家庭 29620 户，切实方便了残疾人生活，提高了残疾人的生活质量，为残疾人参与经济社会活动创造了便捷条件。省、市及 20 个县（市、区）图书馆建立健全了盲人阅览室，省及 9 家市级电视台开播了手语新闻节目，有效推动了信息无障碍建设。省残联还积极协调多个部门推动残疾人考取机动车驾照工作，截至 2013 年 7 月，全省已有 1500 余名残疾人实现了驾驶汽车的愿望。

二 辽宁社会保障建设存在的问题分析

辽宁省的社会保障工作尽管取得了显著成绩，但我们也应该看到，一些制度性、机制上的问题还没有从根本上得以解决，需要在今后的工作中不断加以完善。

（一）养老保险制度亟须改革

2005 年至今，国家已连续 9 年提高企业退休人员基本养老金水平，辽宁省

企业退休人员基本养老金由 2005 年的 618 元，上调到了 2013 年的 1828.2 元，名义涨幅达到了 1.2 倍。从表面上看，养老金"九连涨"幅度确实不小。但是，如果考虑到 9 年来的通货膨胀因素所导致的货币购买力严重下降的事实，养老金的实际增长水平就打了折扣。同时，养老保险替代率即基本养老保险退休金对在职职工平均工资的比率正呈现逐年下降的趋势，这意味着养老金的增长幅度落后于工资增长水平，这也是造成退休生活水平降低的重要因素。另外，目前所实施的养老金"双轨制"并不公平，企业人员缴纳保险费高，而个人无需缴纳社保的公务员养老金替代率连年保持在 100% 左右，两者退休后的生活质量差别巨大。养老金"双轨制"已经成为养老制度改革的最大障碍，养老待遇的不公加剧了国民收入分配格局的失衡，不利于社会的稳定，此外，财政负担着巨大的公务员养老金压力，也间接影响了企业退休人员养老福利的提升。

（二）社会保障体系亟须健全

辽宁社会保障体系的整体协调性还有待进一步完善。对城镇而言，城镇居民社会保险在制度设计、运行机制以及覆盖程度上还有待进一步加强；对农村而言，新型农村合作医疗的保障标准和范围还有待扩展，广大农民对新型农村养老保险的认可程度和参与热情还有待进一步挖掘。农民工的社会保障范围和程度还很有限，特别是农民工在城市中的社会救助与社会福利问题还没有从根本上得以解决。同类保险中，城镇职工养老保险、城镇居民养老保险与新型农村养老保险，城镇职工医疗保险、城镇居民医疗保险与新型农村合作医疗保险这些同类保险之间缺乏制度衔接，在保障待遇、缴费方式等方面存在较大差异，容易造成部分人群重复参保或应保未保。低保救助方面，由于部分人群存在隐性收入，界定核算难度较大，造成城乡低保对象确定不够准确，另外低保待遇与物价关联程度不够，造成低保作用难以真正落到实处。

（三）社会保障管理体制亟须理顺

当前，辽宁乃至全国的社会保障管理体制都存在着管理分散、系统性协调性不足等问题。如养老保险等社会保险事务归社会保障部门管理，社会救助、社会福利等事务归民政部门管理，新型农村合作医疗事务归卫生部门负责。如此众多的管理机构共同行使社会保障事务的管理功能，容易造成多头管理，管理渠道衔接不畅，难以形成合力，整体协调性大大降低。另外，社会保障管理的专业化和社会化程度偏低，对社会保障基金的监管不够专业和到位，社会保障基金在筹集、管理和运营等方面的规范化程度难以得到保证。社会保障经办部门的信息系统分割，业务数据共享程度低，信息化建设亟待整体提升。

三 对策建议

2014 年，各级社会保障部门应总结经验，查找问题，逐步完善相关制度，加强监督管理，确保社会保障工作真正发挥保障民生的应有作用。

（一）优化社会保障模式

增强政府财政责任，提高社会保障能力。建立完善、科学、合理的社会保障投入分担机制及转轨成本偿还机制，根据市县财政能力合理确定各级政府在社会保障投入方面所承担的责任。省级财政在转移支付时，应对经济欠发达地区特别是辽西北地区给予足够的政策倾斜和财力支持。社会保障项目的统筹层次非常重要，它直接涉及社保资金的调剂能力和抗风险能力，应切实提高各项社会保障项目的统筹层次，逐步实现县级统筹向市级统筹过渡、市级统筹向省级统筹过渡，为向全国统筹过渡打下基础。

（二）完善社会保障制度

与任何一项社会建设一样，社会保障制度建设是一个在探索中逐步完善的过程。辽宁应积极探索适合城乡各类人群的养老保险和医疗保险政策，逐步缩小和解决同类保险中因身份差异所导致的不同人群在缴费方式、享受待遇、保障程度等方面的差异，统筹城乡协调发展。在养老保险制度方面，应在国家加快推进养老金"双轨制"改革的趋势和政策下，逐步缩小和消除公务员、事业单位职工与企业退休人员之间的差距，统一城镇职工、城镇居民以及农村居民养老保险在缴费方式、支付待遇等方面的政策标准，可根据辽宁目前情况设置不同的缴费档次和支付档次，让城乡居民自由选择适合自身的档次水平，将缴费水平、缴费年限等与支付水平相挂钩，提高社会成员的参保积极性。在医疗保险方面，应将城镇职工医疗保险、城镇居民医疗保险和新农合这三项医保政策进行调整归并，在基本用药范围和报销比例等方面加以统一，缩小城乡居民在医保待遇上的差距。

在低保制度上，应加强对低保对象收入的科学核算，建立弹性低保制度，对有劳动能力的低保对象，应积极为其提供就业机会，鼓励其通过自身劳动改变生活状况。

（三）理顺社会保障管理体制

针对社会保障管理体制的专业化程度低、管理分散、效率不高等问题，辽宁必须积极优化社会保障的管理体制。首先，应该建立和发展专业性的社会保障管理机构，安排熟悉社会保障业务、精通金融保险知识、具有较强服务意识的专业人员从事社会保障基金管理、社会保障事务经办等工作，提高社会保障管理的效率。其次，建立渠道畅通、信息共享、统一高效、规范有序的社会保障综合性管理体系，优化工作流程，减少多余环节，提高工作效能和服务质量。最后，在专业化和综合化的基础上，尤其加强基层社会保障管理机构建设。基层工作最贴近百姓生活，应提高基层平台建设和公共服务窗口建设水平，为城乡群众提供优质高效均等服务。

（四）加强社会保障基金监管

社会保障基金是社会保障制度运行的生命线，必须制定严密的制度措施，确保基金安全和效益提高。全省社会保障基金管理的各个级别和各个部门之间应保持管理渠道的衔接和畅通，提高管理的信息化程度，确保信息共享和数据完整真实。安排专业人员进行管理，必须健全严密的社会保障基金监管机制，资金收入一律上缴当地财政部门的社会保障基金专门账户，资金的支出要严格把关、逐级审批，严格实行"收支两条线"管理，防止对社保基金的挤占挪用，保证资金的安全。同时，应积极研究实施可行的社保基金运营方法和投资策略，确保社会保障基金在安全的基础上实现收益最大化，提高基金的保值增值水平。

参考文献

王丹：《统筹城乡社会保障制度建设的政策选择——以辽宁为例》，《地方财政研究》2012年第11期。

杨玲：《吉林省与辽宁省保险发展的比较研究》，《税务与经济》2011 年第 9 期。

欧阳琼：《我国地区社会保障水平适度性研究》，《中国劳动》2011 年第 4 期。

刘海宁：《辽宁农村基本养老保险适度保障水平分析——基于生存公平的思考》，《社会科学辑刊》2011 年第 9 期。

翁钱威：《社会保障水平与经济发展的适应性——基于辽宁省社会保障的调查》，《党政干部学刊》2010 年第 10 期。

辽宁省农村社会救助研究

李哲 王磊 潘敏*

摘 要：

2013 年，辽宁省继续加大农村社会救助的力度，提高了农村居民最低生活保障标准和五保供养标准，积极推进医疗救助"一站式"结算工作，在"8·16 抚顺洪灾"中也及时为受灾群体提供救助。但辽宁省在农村社会救助方面依然存在着一些问题，例如，城乡救助水平差异过大、农村社会救助投入不足等。辽宁省应该继续加大在农村社会救助方面的投入力度，提高救助标准，丰富救助内容，早日实现城乡救助一体化。

关键词：

农村社会救助 贫困人口 城乡一体化

一 辽宁省农村社会救助实施现状分析

农村低保、五保供养、医疗救助以及临时灾害救助是农村社会救助的重要组成部分，以下分别对这些内容的实施状况进行分析。

（一）辽宁省农村低保实施现状

2013 年，辽宁农村低保标准持续提高。辽宁省政府办公厅于 2013 年 5 月 3 日下发了《辽宁省人民政府办公厅关于提高城乡居民最低生活保障和农村五保对象供养标准的通知》，《通知》中指出，不仅将现行城市低保标准提高 10% 左

---

* 李哲，南开大学社会学系硕士研究生，研究方向：社会分层与社会流动；王磊，辽宁社会科学院社会学研究所副研究员、副所长，研究方向：社会保障；潘敏，辽宁大学经济学院讲师，研究方向：应用经济学。

右，还要按不低于现行标准的 10% 提高农村低保标准。在农村五保对象供养标准方面，将现行的农村集中供养五保对象供养标准提高 8%，将现行农村分散供养五保对象供养标准提高 10%。提高后的新标准已于 2013 年 7 月开始正式实施。

在新标准中，全省的农村低保平均标准由 2448 元/年提高到 2737 元/年，增长幅度为 11.8%，而城市的低保平均标准增幅为 11.4%。全省农村低保的保障人数为 52.3 万户、88.3 万人，保障面为 4.2%。与全国情况对比来看，农村最低生活保障标准居全国第 9 位，比上年的第 7 位有所下降。从民政部规划财务司提供的第二季度各省农村最低生活保障标准数据来看，排在辽宁省前面的分别为北京（6258 元）、上海（6000 元）、天津（5112 元）、浙江（4418 元）、江苏（4349 元）、内蒙古（3259 元）、海南（2937 元）、广东（2934 元）。从省内对比情况来看，农村低保标准增幅最高的地区是大连和鞍山，大连由 3010 元/年提高到 3600 元/年，鞍山市由 2400 元/年提高到 2880 元/年，增幅均在 20% 左右。

近年来，辽宁省高度重视民生问题，每年都把切实提高全省人民的生活水平作为政府的重点工作，城乡最低生活保障标准连年提升。以大连市为例，自"十一五"以来，大连市先后七次提高了城乡最低生活保障标准，其中农村低保标准每人每月净增加 156 元，增幅达到 108%。而全省在农村最低生活保障方面的投入也越来越大，以近五年的前三季度辽宁省农村最低生活保障的支出为例，辽宁省农村最低生活保障支出呈明显上升趋势，其中 2011 年和 2012 年都比前一年明显地加大了投入，2013 年前三季度辽宁省的农村最低生活保障支出比 2009 年同期增加了 146.22%（见图 1）。

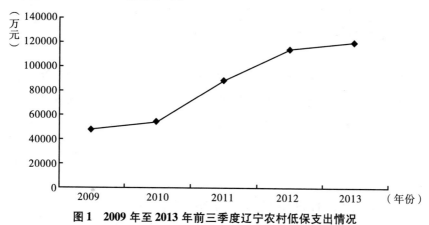

图 1　2009 年至 2013 年前三季度辽宁农村低保支出情况

资料来源：根据民政部规划财务司网站，统计季报 - 省级数据整理。

（二）辽宁省农村五保供养实施状况

2013 年，辽宁省继续提高农村五保供养标准。如大连市的农村五保对象集中供养标准由原来的 6300 元/年上升到 6900/年，上升幅度为 9.52%，而分散供养标准由 3132 元/年上升到 3720 元/年，上升幅度达 18.77%。丹东市的农村五保对象集中供养标准由原来的 3960 元/年上升到 4560 元/年，增幅为 15.15%，分散供养标准由 2720 元/年上升到 3320 元/年，增幅为 22.06%。从农村五保供养的人数上来看，根据国家民政部公布的 2013 年部分月份的辽宁省农村五保供养人数，2013 年辽宁省农村五保供养总人数有减少的趋势，但是幅度不大，而集中供养人数占供养总人数的比例也基本稳定，一直维持在 1/4 左右（见表 1）。但同期全国的集中供养比例要高于辽宁省，稳定在 33.8% 左右的水平。

表1　辽宁省 2013 年部分月份农村五保供养人数

单位：人，%

月份＼类型	农村五保供养人数	农村五保集中供养人数	农村五保分散供养人数	集中供养比例
1 月	140421	36455	103966	25.96
2 月	140362	36435	103927	25.96
4 月	139387	35542	103845	25.50
5 月	139535	35750	103785	25.62
7 月	139403	35713	103690	25.62
8 月	139303	35684	103619	25.62

资料来源：根据民政部规划财务司网站，统计月报－省级数据整理。

在农村五保供养机构的建设上，2013 年辽宁省启动了农村五保供养服务机构星级评定活动，从敬老院的机构设置、人员配置、配套设置和服务管理等各个方面对五保供养服务机构进行打分，每两年评定一次，不搞终身制，评定的有效期为四年。对获得星级评定的农村五保供养服务机构，将在相关的资金分配中予以重点倾斜。

（三）辽宁农村医疗救助实施状况

我国目前的农村医疗保障体系主要是以新型农村合作医疗和农村医疗救助为

主。农村医疗救助作为最后一道保障线，应该和新型农村合作医疗制度进行良好的衔接。这个衔接主要体现在两点：一是医疗救助应该资助救助对象参加新型农村合作医疗；二是在救助对象享受新农合后依然存在经济困难的给予二次救助。2011年辽宁省民政厅下发了《关于加强城乡医疗救助工作的指导意见》，《意见》中要求全额资助农村低保对象参加新型农村合作医疗。仅2013年上半年，全省共资助农村低保对象99万人次参加新农合，基本实现了农村低保对象全额资助参合。辽宁省多个市还积极推进"一站式"结算工作，农村医疗救助中需要政府支付的部分不再需要特困家庭垫付，而由医院向政府结算，从"医前垫付、医后报销"转向"随来随治、随结随走"的一站式结算。截至2013年10月，全省实行"一站式"结算服务的县区达到70%，沈阳、大连、本溪、铁岭、辽阳、葫芦岛（农村）全市实现了"一站式"结算服务。全省同时全面开展重特大疾病医疗救助试点项目，将医疗救助制度与医疗保险制度更加紧密地结合起来，将重特大疾病患者经医疗保险补偿后仍然难以负担的部分医疗费用纳入农村医疗救助部分支付。2013年省以上财政安排医疗救助资金共计3.33亿元，其中包括城市1.76亿元、农村1.57亿元，上半年，医疗救助资金支出3.09亿元，救助人次达到190万人次，其中城市72万人次，农村达到118万人次（含资助参合人次）。沈阳、本溪、锦州、丹东、营口、盘锦、辽阳七市提高了农村医疗救助水平，实行了城乡统一的住院救助最高限额，有效地推进了城乡医疗救助标准一体化。

（四）辽宁省农村临时灾害救助状况

近年来，辽宁省农村临时灾害救助制度不断完善，从而最大限度地降低了突发自然灾害对农村居民生活和生产影响。2013年8月15日至17日，辽宁省抚顺地区遭受了暴雨袭击，暴雨使得抚顺市各内河流域河水暴涨，从而形成了特大的洪涝灾害，其中浑河清原段尤为严重。根据辽宁省民政厅的统计上报，"8·16"暴雨洪水灾害造成辽宁省受灾人口180万人、因灾死亡63人、失踪101人，紧急转移安置灾民19.9万人；农作物受灾面积达17.38万公顷，绝收面积为3.14万公顷；倒塌的房屋共3723户、10130间，严重损坏的房屋达13125间，本次洪涝灾害造成直接经济损失85.6亿元。

灾害发生后，辽宁省减灾委启动三级响应，辽宁省委省政府领导奔赴灾区第一线，负责救灾的指挥工作。辽宁省民政厅及时地派出了三个工作小组深入清

原、新宾两县核查灾情，以掌握灾区第一手资料，为后续的灾害救助工作提供重要的依据。为使灾民获得良好安置，辽宁省民政厅紧急向受灾地区调运了帐篷1300顶、棉被褥3.3万套、迷彩服8000套、折叠床1000张，对紧急转移的灾民采取集中安置和分散安置相结合的方式，全省一共设立了98个集中安置点，集中安置了1.17万受灾群众。民政部紧急为辽宁省调拨了帐篷3000顶、单人床2000张、棉被5000套、睡袋3000个。此外，辽宁省红十字会、辽宁省总工会、辽宁省妇联等也为灾区人民的安置和重建工作做出了贡献。

目前，抚顺地区的灾后恢复共建工作已经取得了明显进展，部分受灾严重的乡镇卫生院和村卫生室已经开诊，受灾学校已经全部开学。抚顺市政府已经制定灾后恢复重建工作实施方案，修复和重建水毁房屋工作被放在了优先位置并已全面展开，以确保受灾群众能够温暖过冬。

二　辽宁省农村社会救助问题分析

（一）城乡救助水平差异依然巨大

长期以来，我国的城市社会救助制度和农村社会救助制度是截然分开的。近年来，辽宁省委省政府一直致力于缩小城乡的社会救助水平差距，在2013年下发的《提高城乡居民最低生活保障的通知》中指出，按现行标准的10%左右提高城市低保标准，按不低于现行标准的10%提高农村低保标准。逐渐缩小城乡社会救助水平差距将成为辽宁省社会救助制度发展的一种趋势。但就现状来说，辽宁省的城乡社会救助水平依然有着比较大的差距，以城乡最低生活保障标准为例，我们将2012年人均GDP和辽宁省最为相近的两个省份——广东省、福建省以及略高于辽宁省的两个省份——浙江省、江苏省与辽宁省进行城乡低保标准的相关比较发现，辽宁省农村低保标准比较低，而且城乡低保标准差距较大（见表2和图2）。

辽宁省农村低保标准仅是城市的57%，而辽宁省与广东省、浙江省、江苏省差距较大，农村城市低保标准比最高的为江苏省，达到了81.46%，高出辽宁省约24个百分点，而与辽宁省经济发展水平相当的广东省也比辽宁省高出了13个百分点。因此，辽宁省在经济发展的同时，在农村社会救助方面也应该向经济发达地区逐渐靠拢，继续加大力度缩小城乡救助水平的差距。

表2 全国部分省份2013年9月城乡低保标准

单位：元/年

地 区	农村低保标准	城市低保标准
辽 宁	2742.58	4811.4
广 东	3120.7	4449.12
福 建	2336.99	4207.32
浙 江	4588.05	6057.36
江 苏	4671.00	5734.2
全 国	2347.44	4340.28

注：各地区农村低保标准、城市低保标准均为2013年9月的标准。

资料来源：城乡低保标准根据民政部规划财务司网站，统计季报－保障标准数据整理。

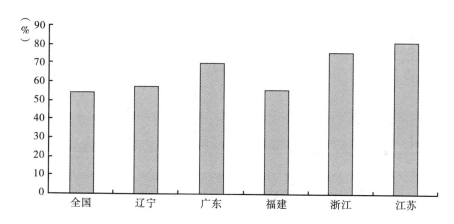

图2 全国及部分省份农村低保标准占城市低保标准的比重

（二）农村社会救助资金投入不足

在农村社会救助的支出方面，辽宁省依然还有加大投入力度的空间。2013年1~8月份辽宁省全省的公共财政预算收入达到2253.1亿元，同比增长率为7%；全省公共财政预算支出完成2807.5亿元，同比增长率为11.6%，而同期辽宁省农村最低生活保障支出为10.91亿元，同比增长率为5.0%，与公共财政预算收入及公共财政预算支出的同比增长率相比还有一定的差距。

2013年前三个季度，辽宁省全省社会服务经费实际支出79.90亿元，在农村社会救助方面，农村最低生活保障金方面共支出12.08亿元，农村集中五保供养支出1.34亿元，分散五保供养2.39亿元，农村医疗救助（含资助参合）

3346.2万元，其他农村社会救济支出1236.4万元，农村社会救助共支出16.28亿，占社会服务经费总支出的20.38%，比2012年同期略低。与全国其他地区相对比，辽宁农村社会救助投入经费数额稍高于福建省，低于江苏、浙江、广东，并与之存在着比较大的差距。在农村社会救助经费占社会服务经费的比例方面，辽宁省是几个省中最低的，也低于全国水平（见图3）。可见，在辽宁省的社会服务方面，农村社会救助并没有被放在十分重要的位置，与经济发展情况相当的和略好的其他省相比，辽宁省的农村社会救助被重视的程度较低，辽宁省还是把更多的资源放在了城市救助方面。

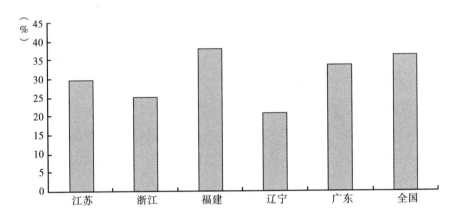

图3　辽宁省与全国及部分省份社会救助经费投入情况

（三）医疗救助范围小，无法解决根本问题

2013年，辽宁省将医疗救助的工作重点放在继续推进重特大疾病医疗救助试点项目以及医疗救助资助参合两个方面。新型农村合作医疗虽然在一定程度上解决了农村居民的医疗问题，这个制度只是报销一定比例的医疗费，剩余比例的医疗费对一些贫困的农村居民来说，依然是无法负担的。因此，新农合医疗保险制度被一些专家学者认为是一种对相对富裕的农村居民有利的制度，对十分贫困的农村居民来说，新农合依旧无法解决他们的医疗问题。农村医疗救助制度则应该在某种程度上弥补这个缺陷，辽宁省在这方面主要采取了重特大疾病医疗救助。在重特大疾病医疗救助试点的工作方面，依然存在着很大的缺陷。重特大疾病医疗救助试点项目的救助范围非常窄，很多非重特大疾病的开销也是巨大的，大部分农村贫困居民不在救助范围内。

对这个问题，辽宁省正在逐步解决中。如本溪市在 2012 年 11 月开始实施的《关于完善特大疾病医疗救助政策的通知》中提出，在一个救助年度内，不分病种，当城乡低保及边缘对象在定点医疗机构进行就医时，医院救助、特病门诊达到年最高限额，将对个人负担医疗费用超过 5000 元（包括 5000 元）的城乡低保对象给予 1500~35000 元 12 个档次的一次性医疗救助金。对于患 20 种重特大疾病的符合标准的救助对象，将在相应救助档次的基础上增加 500 元的救助金。改善后医疗救助政策的救助范围明显扩大了，但是救助水平依然偏低。以个人负担医疗费用 5000 元为例，经过医疗救助政策补贴之后，个人依然需要支付 3500 元。而辽宁省现行的农村最低生活保障标准为 2737 元/年，也就是说当个人负担医疗费达到接受医疗救助的资格后，个人实际需要支付的医疗费用对于把最低生活保障金作为家庭主要收入的极度贫困家庭来说依然无法负担。

（四）救助过程中忽视受助者能力培养

辽宁省现有的社会救助仅是一种维持贫困家庭的基本生活的被动救助。目前，辽宁农村社会救助的形式主要都是以物质救助为主，最低生活保障、医疗救助、临时灾害救助等都是以救助金或实物的形式给予受助者的。只有五保供养制度会提供一些供养服务进行救助，但其救助的对象往往是老年人和残疾人，提供这些供养服务也并不能改善他们的自身脱贫能力。研究发现，有相当一部分农村贫困人口是具有一定的自身脱贫潜力的。国务院扶贫办主任刘坚曾在 2006 年于《人民日报》撰文指出，在农村两千多万尚未解决温饱问题的贫困人口中，只有 7% 是丧失劳动能力的，而 93% 是具有劳动能力并可以通过自身能力发展脱贫致富的。[①] 我们不应该忽视农村贫困人口的自身脱贫潜力开发。但在现有的社会救助中，医疗、教育、工作技能等培养农村贫困者自身脱贫能力的救助往往未受到应有的重视。拥有健康的体魄、远离疾病的困扰是农村贫困居民通过自己劳动真正脱离贫困的必要条件；同时，农村贫困人口往往缺乏现代社会中工作所需的知识和技能，他们的知识和工作技能往往还停留在第一产业方面。因此，只有让他们远离疾病困扰，接受良好的教育，培养一定的工作技能才能适应社会产业结构的变迁，从根本上脱贫致富。在人口红利逐渐消失殆尽的今天，我们可以预见到未来将会出现相当规模的劳动力短缺，因此农村社会救助的救助方式也应该有所转变。

① 刘坚：《开发式扶贫是消除贫困的根本方针》，《人民日报》2006 年 11 月 29 日，第 9 版。

三 国外社会救助发展经验及对辽宁的启示

（一）从"福利到工作"的转变

1996年英国政府不堪巨大财政压力的重负着手对社会救助政策进行改革，改革的重要目标之一就是激发个人责任感、提高就业，因此英国政府在社会救助的政策中引入了越来越多的就业促进因素，将受助对象的主体慢慢调整为不具备工作能力的人，鼓励有劳动力的贫困居民加入工作。

而常常被称为自由主义福利模式代表的美国，其社会救助的相关政策也有关于受助者要进行工作的要求。例如美国的"贫困家庭临时援助"（TANF）救助政策中就有着明确的工作要求，要求单亲父母在领取救助金的两年之内必须每周工作20个小时。再比如美国的食品券救助政策，对救助对象也有一定的限制条件，其中一条就对有劳动能力的成年人有一定的工作要求。

将工作要求加入到社会救助政策中，一方面可以将社会救助的重点更加偏向于那些无劳动能力的贫困人民，另一方面还可以培养贫困群体及边缘群体的就业能力，做到从根本上脱贫，同时也避免了人力资源的浪费。

（二）救助内容的多样性

美国被认为拥有世界上最复杂的救助体系，而救助内容具有多样性是其显著特点。美国政府根据贫困人群的不同特点及需求确定了不同的救助内容，与中国农村社会救助制度相对单一相比，美国的社会救助制度都是城乡一体化的，所有城乡居民在教育、医疗、食品、住房等多个方面都可以获得社会救助，例如食品方面的"食品券"政策，提高贫困家庭子女教育水平的"教育券"政策，为贫困的工作家庭所设立的"收入所得税抵免"政策等。与此同时，很多社会救助项目的享受资格都是相通的，做到受助者可以系统享受多个救助项目，从而解决了贫困居民生活的各项基本问题，加强了救助项目的反贫困效果，同时也有利于其可持续发展。

（三）重视对儿童的社会救助

国际上，一般把儿童和教育作为社会救助制度制定的重要落脚点，这在很大程度上可以防止贫困的代际转移，促进正常的社会流动。儿童是一个国家的未来，中国自古也有种说法叫"少年强则国强"，这个"强"主要体现在两个方面，一是拥有健康的身体，有茁壮成长的条件，二是接受良好的教育。而国外关注少年儿童成长的社会救助政策也主要保障少年儿童这两个方面的利益。

巴西的"家庭补助计划"主要就是向有小孩（15岁以下）或孕妇的贫困家庭提供补助，同时也向极端贫困的家庭提供现金补助，贫困家庭的补助标准按照其小孩和孕妇的人数而定，获得了儿童补助的家庭则被要求必须保证儿童的上学时间。这样既对有儿童的家庭进行了补贴，让儿童有更好的生活环境，同时也让儿童必须接受到教育，这是一个具有长期效益的反贫困手段。

美国的"贫困家庭临时援助"政策的救助对象主要就是失业家庭和单亲家庭里的孩子，这项救助政策也规定了孩子必须按相关规定入学，家庭才能享受这项救助。为了保证贫困家庭儿童的健康成长，美国还有为低收入家庭的母亲、婴儿与儿童增加特别营养进行补助的社会救助项目。关注少年儿童成长的社会救助项目对国家的发展，以及社会的正常流动都有非常重要的作用。

（四）发挥社会组织的积极作用

在很多国家的社会救助工作中，社会组织都扮演着一个非常重要的角色。在智利的救助体系中，教会和民间组织等非政府组织（NGO）扮演着非常重要的角色。一些社会组织会参与到政府救助计划的贯彻和落实中，他们还拥有着自己的救助计划，为一些需要帮助的人提供一定的支持与帮助。很多西方国家的非营利医疗卫生组织与社会服务组织都已经成为了对贫困群体进行社会救助的主要力量，他们的资金主要靠民众捐赠和政府拨款，有些社会组织兴建了医院、学校等公益设施，还为残疾人、老人、儿童等提供特定的社会服务和物质资源。社会组织的救助具有救助范围广、救助内容多样、救助标准弹性等多项特点，这些救助的资金往往来自公益慈善，这也在一定程度上调动了民众的社会责任感，减少了政府的财政压力。

四　辽宁省农村社会救助发展对策

（一）加大农村社会救助投入，缩小城乡救助水平差距

辽宁省城乡社会救助依然呈现二元发展状态，城乡社会救助水平依然有较大

的差距。随着经济的发展、物价的上涨，农村贫困人口的生活水平亟须提高，社会救助是维持贫困居民基本生活最后的安全网，应该加大力度提高辽宁省的农村社会救助水平，缩小城乡救助水平的差距，逐步实现城乡救助一体化。根据财政收入和支出情况，辽宁省在农村社会救助方面还有加大投入的空间，应该增大其在社会服务总支出中的比例，把农村社会救助事业作为解决民生问题的重点项目推进。

（二）丰富救助内容，补充儿童救助

现行的农村社会救助体系往往仅能保证受助者的基本衣食，对于不同类型的受助者也很少给予特别的救助，忽视对贫困家庭中儿童的救助。国外给予贫困家庭儿童的救助政策对辽宁省是一个很好的启发，辽宁省应该将农村贫困家庭儿童的救助在社会救助的内容中补充进去，对于儿童的营养、基本生活用品进行补贴，对农村贫困家庭的失学儿童进行补贴，并且在救助制度中强制其父母保证孩子正常上学，逐步建立一个完善的贫困儿童救助体系，让农村贫困家庭的儿童能够健康成长和发展。辽宁省还应该逐步开展多项救助内容，同时加大力度完善农村医疗救助水平，让受助者的教育、医疗、营养等多个方面的困难都可以得到解决。

（三）注重贫困群体工作能力培养，在社会救助政策中适度加入工作要求

在辽宁农村的贫困家庭中，贫困家庭和收入较低家庭的家庭经营收入67%左右都来自第一产业，比46%的全国平均水平高出很多。因此，若想真正为农村贫困群体脱贫，要从根本上改变农村贫困地区不合理的经济结构，多引入第二、第三产业以增加农村贫困人口的就业渠道和就业机会。另外，更要提高农村贫困群体的工作能力与综合发展素质，不仅仅对他们进行物质上的补助，还应该提供工作能力培训等相关社会服务，让社会救助的受益群体可以可持续地维持生计，逐渐依靠自身脱贫致富。

同时，应该借鉴国外的社会救助经验，在社会救助政策中适当加入工作要求，对于有劳动能力的人为他们创造就业机会，要求他们完成一定的工作量才能够领取社会救助金。这样不仅可以将救助的重点更偏向于无劳动能力的弱势群体，还可以锻炼农村贫困群体的工作能力。

（四）充分发挥社会组织在社会管理中的作用

在我国社会救助体系中往往只能看见政府的身影，社会组织在这个过程中并没有发挥很大的作用。国外社会组织的良好运行是与政府的支持和管理分不开的。我国政府应该适当地鼓励建立一些具有社会救助作用的社会组织，同时让他们适当地参与和监管社会救助的过程。对于红十字会等社会公益组织，应该鼓励其账务公开、救助过程公开，增加这些社会公益组织在社会上的可信度，发挥其在社会救助过程中的积极作用。社会组织发挥其优势，可以有效弥补政府在社会救助上的不足和缺陷，能更好地达到社会救助工作目标。

参考文献

关信平：《论我国农村社会救助制度的目标、原则及选择模式》，《华东师范大学学报》（哲学社会科学版）第 38 卷第 6 期。

姚建平：《中美社会救助制度比较》，中国社会出版社，2007。

郭明霞：《农村社会救助制度的现状及面临的困境》，《社科纵横》第 21 卷第 2 期。

B.23
辽宁农村扶贫开发成效分析与对策建议

魏素蕊 *

摘 要:

        近年来,辽宁贫困人口温饱问题已基本解决,全省扶贫开发工作任务也从解决温饱为主,转入加快脱贫致富、提高发展能力新阶段。面对新形势和新任务,辽宁要在继续加大投入的同时,重点创新扶贫开发体制和机制,努力推动贫困地区加快发展。

关键词:

        扶贫开发   贫困人口   创新

一 辽宁农村扶贫开发工作成效显著

(一)辽宁全面完成 2012 年扶贫开发任务

2012 年,辽宁全面完成贫困人口增收目标,取得新一轮扶贫开发攻坚任务的良好开局,主要有赖于以下几项有力措施。

1. 创新工作机制,逐级落实责任

按照辽宁省委、省政府关于加强"到户扶贫"的工作要求,全省各地坚持目标任务到村、资金项目到户、成效考核到户、扶贫责任到人的"四到"工作机制,加大资金投入、加强责任落实。沈阳、大连、本溪、锦州、辽阳、盘锦继续加大投入力度,多数市都安排了财政扶贫资金。全年市、县安排落实财政扶贫资金 2.8 亿元,投入力度居历年之首。全省各市、县十分重视新一轮扶贫攻坚工作,积极组织,许多地区将扶贫开发列为 2012 年为群众办实事之一。尤其是扶贫攻坚任务较重的朝阳、阜新、铁岭等市和 15 个扶贫重点县,以及绥中、昌图、

---

    * 魏素蕊,辽宁社会科学院科研处助理研究员,主要研究方向:行政管理。

宽甸均制定了具体工作方案，逐级部署任务，层层落实责任。

2. 形成社会多方参与、共同扶贫的新格局

近年来，社会扶贫已成为辽宁扶贫开发工作的重要力量，辽宁省正在形成社会多方广泛参与的大扶贫格局。2012 年，省定点扶贫单位增加到 234 家，重点帮扶 236 个贫困乡镇，省市县三级定点扶贫共协调和直接投入扶贫资金 12.4 亿元，比上年增长 13.5%。除省内对口帮扶工作有序进行外，各市还开展了形式多样的社会扶贫活动，取得了良好成效。如营口市创新开展"东部振兴基础年"活动，组织市、县部门深入实施包乡帮村；丹东市继续开展每个市委常委包一个贫困村、每个市直机关联系一户企业帮扶一个贫困村的"1 + 1"帮扶活动；阜新市整合社会资源，实施"集团帮村"；沈阳、大连成立了扶贫志愿者团队，志愿者人数达到 1 万多人。

3. 加强宣传，营造良好舆论氛围

做好扶贫开发的动员工作离不开广泛宣传和良好的舆论氛围。近年来，省内多家主流媒体多次深入贫困地区进行采访报道，宣传扶贫开发工作的优秀成果和创新办法，为扶贫开发营造了良好的舆论氛围。对这些典型和事迹的宣传，有效激发了社会各界广泛参与扶贫开发的积极性和自觉性。尤其是各级各类定点帮扶活动取得良好收效，据统计，省、市、县三级定点扶贫直接投入资金 9.9 亿元。此外，各地还展开了丰富多样的宣传活动，如沈阳、丹东、锦州市召开扶贫工作表彰大会，葫芦岛市举办"十一五"扶贫开发成果展等。各部门的调研工作也随之展开，并完成预期任务，为扶贫开发工作提供了智力支持。

4. 创新管理办法，积极探索扶贫开发新思路

为了加强对扶贫龙头企业的管理，辽宁省出台了《辽宁省扶贫龙头企业认定及管理办法》，建立了扶贫龙头企业的进出机制，使这些企业加强了自我约束意识，其行为也更加规范。此外，科技和教育扶贫试点工作也正在启动当中，将为辽宁省扶贫开发工作注入新的活力。各市、县结合自身实际情况，积极创新扶贫开发管理办法。如铁岭市强化扶贫资金管理，组织审计部门对全市扶贫资金进行了审计；抚顺市建立了数字化扶贫网络，完善了贫困人口建档立卡，实现了扶贫工作数字化动态管理；阜新市认真准备、积极筹划国家扶贫改革试验区建设。扶贫机制的不断创新，为全省扶贫开发工作的良性运转提供了制度保障。

（二）辽宁扶贫开发改革试点、试验工作顺利进行

2013 年，辽宁扶贫开发工作以省委、省政府提出的"确保 100 万低收入贫

困人口纯收入达到 2500 元以上"为目标,安排到户扶贫 19.59 万户。在继续加大投入,落实专项扶贫各项措施的同时,辽宁省还积极创新扶贫开发思路、探索扶贫改革方法,开展移民扶贫工程试点、创建扶贫改革试验区。

辽宁省移民扶贫工作开始于 2000 年。目前,全省还需要对 4.3 万户共计 15 万困难群众进行移民扶贫。2013 年初,辽宁省下发了《关于开展扶贫康居工程试点及报送实施方案的通知》(辽扶贫办发〔2013〕19 号),计划用时五年对 15 万人、4.3 万农户实施移民扶贫。该工程将对贫困移民实施整体搬迁,集中安置;省、市、县分级投入,提高建房补助标准;新建康居小区配套基础设施等由县通过统筹各类资源予以解决;移民户搬迁后,原有土地、山场所属权不变,原宅基地、道路用地等原则上复耕复绿后转为农用地或恢复生态。2013 年上半年已完成 4.3 万户、15 万人移民扶贫建档立卡工作,省财政投入 4500 万元建设 27 个移民试点小区,计划到年底完成岫岩、清原、建昌等 13 个扶贫工作重点县的 35 个自然村(屯)整体搬迁,实现对 1500 户、5199 人的试点安置,其中集中安置 1432 户,分散安置 68 户。2013 年的试点工作,将为今后顺利开展扶贫康居工程探索经验,起到示范引导作用。

二 辽宁农村扶贫开发工作存在的问题

辽宁扶贫开发工作取得的成绩是值得充分肯定的,但同时,我们还要清醒地认识到,扶贫开发工作仍存在一些比较突出的问题,辽宁全省扶贫开发任务仍很艰巨。辽宁省目前还有农村低收入人口 314 万,贫困发生率为 14.8%。新一轮扶贫开发工作面临的主要问题有以下几方面。

一是城乡之间、地区之间发展差距较大,相对贫困的问题比较突出,尤其是个别经济较发达地区富裕掩盖贫困的问题值得注意。

二是贫困地区发展仍然滞后。水、电、路、通信等基础设施建设欠账较多,大部分贫困地区土地贫瘠,气候恶劣,自然灾害频发,经济社会发展的自然条件差。这些地区的扶贫开发工作更加艰难。

三是农村贫困群体收入仍然偏低,贫困群体自我发展能力仍然较弱。贫困人口综合能力较低,常常因灾、因病、因学等形成复合型贫困,贫困程度较深,脱贫难度大。尤其是近年来,辽宁西部地区旱情严重、中东部地区由于暴雨引发的洪水、泥石流等自然灾害频发,给本来就贫困的地区雪上加霜,刚刚脱贫、走向富裕的地区再次返贫，这给辽宁省扶贫开发工作带来了新的挑战，增加了难度。

四是扶贫机制有待进一步完善，扶贫开发工作没有纳入法制化轨道，缺乏制度保障，相应的考核、评估、监督等配套制度也仍在摸索和试验当中，尚未形成强而有力的约束机制。财政专项投入不足，筹集社会扶贫资金的长效机制尚未建立起来，扶贫资源的配置方式过于单一和陈旧。部分地区对扶贫开发工作重视不够，扶贫模式仍停留在扶贫开发的基础阶段，日常工作仅限于完成上级下达的指标和任务，缺乏积极创新的能动性和自觉性。

三 2014年辽宁农村扶贫开发工作展望

2014年，辽宁将在新一轮扶贫开发工作的良好开端基础上，进一步加大扶贫投入，落实好现阶段扶贫政策的新要求，创新扶贫开发体制机制，为全面完成辽宁"十二五"扶贫开发目标奠定坚实基础。

（一）加强扶贫政策的落实

认真贯彻落实党的十八大和中央扶贫开发工作会议精神以及省委、省政府扶贫开发决策部署，按照《中国农村扶贫开发纲要（2011～2020年）》实施意见，狠抓扶贫开发工作落实。加大扶贫开发投入，确保扶贫开发成效。以责任到人、工作到村、措施到户的分级负责要求，加大市县扶贫开发责任落实；争取社会资金、企业资金、金融资金投入扶贫开发；积极开展小额信贷扶贫。对贫困人口做到应扶尽扶、应保尽保。积极落实各项强农惠农富农政策，确保让贫困人口受益。对全省农村收入在3200元以下扶贫对象实行贫困人口建档立卡，建立动态管理机制。重视对辽西北和辽东贫困山区集中连片地区的扶贫开发。

（二）继续开展专项扶贫

一是开展到户扶贫。以村为平台，将建档立卡确立的贫困户扶持措施进行综合归类，科学制定扶持规划。将各类扶贫资源集中投向贫困农户，实现项目到户、资金到户、措施到户、效益到户。对贫困户相对集中的村，以村为单位选择项目，发展产业。对相对分散的贫困农户，采取移民、培训、产业带动、社会帮扶等措施加以扶持。在有条件的地方，做好培训，提高数字化管理水平。国家给予辽宁省的互助资金奖励资金，将全部安排给管理规范、系统完备、应用较好的

市县，严禁到户扶贫资金平均分配。二是开展移民扶贫。对居住在生存条件恶劣或自然地质灾害易发区的贫困户，在自愿的基础上，实施移民区整体移民扶贫，彻底改善贫困农户的生产生活环境和条件。三是开展产业化扶贫。通过龙头企业、合作社等带动，帮助贫困户发展增收项目，并促进与龙头企业的对接，使产品有销路、有市场，确保稳步脱贫致富。按照《辽宁省扶贫龙头企业认定及管理办法》，辽宁省已完成对省级扶贫龙头企业重新认定的工作，下一步要对扶贫龙头企业实行能进能出的动态管理，落实对省扶贫龙头企业的贷款贴息政策，对扶贫龙头企业贷款贴息进行严格的审计监督。四是开展贫困劳动力就业能力培训。对农村剩余贫困劳动力进行劳动技能和实用技术培训，实现就业增收。贫困劳动力技能培训专项资金将实行项目管理，开展实名制培训，培训机构要建立培训台账，有培训任务的市县要建立学员微机档案。要根据贫困劳动力的培训意愿、市场需求、就业形势和农村主导产业等情况设置培训专业和内容。要按时上报项目实施进度情况。项目实行财政报账制管理，项目完成后以实名台账向市县财政部门按规定标准报账。五是开展科技扶贫。发挥省科技扶贫示范基地优势，注重引进先进、成熟、适用的技术，把治穷与治愚相结合，通过农业、科研、教育三结合等形式，实现自我发展的良性循环。六是开展小额信贷扶贫。对有一定劳动能力但缺乏资金的贫困农户，通过小额信贷的形式为其提供发展资金，帮助发展增收项目，促进贫困人口增收，改善生产生活条件。

（三）做好行业扶贫和社会扶贫

继续组织省（中）直部门开展定点扶贫工作。继续坚持各级领导扶贫联系点制度和帮扶单位定县包乡扶村工作机制。建立社会力量参与扶贫开发的责任机制和目标考核机制，确保帮扶措施直接落到贫困村和贫困户，实现帮扶目标。加强区域间扶贫协作，做好沈阳、大连、鞍山对口帮扶阜新、朝阳、铁岭工作，积极探索发达县（市）与贫困县（市）的对口帮扶新模式。各市、县也要强化定点扶贫工作。广泛动员社会力量参与扶贫开发。

（四）加强扶贫资金管理

加强扶贫资金项目检查监督，定期组织财政、审计部门对扶贫资金使用与管理情况进行检查、审计，发现问题及时纠正，坚决防止各类违纪违法行为发生。针对辽宁省扶贫资金管理使用存在的不规范、不统一问题，省计划出台一个扶贫资金监管办法，规范各地扶贫资金的使用程序。省有关部门将联合组织一次抽查、审计。省财政厅将聘请第三方，对项目到户和移民扶贫专项资金支出实施绩效评价。

（五）开展统计监测

要加快全省扶贫统计监测机构建设。强化培训，提高统计监测人员的业务能力和工作水平。启用辽宁省扶贫统计监测报表系统，各市、县向省报送的各种数据要全部通过该系统向省扶贫统计监测中心报送。省扶贫办继续把扶贫统计监测工作纳入对各级扶贫部门的年度工作目标考核内容。

四　关于辽宁农村扶贫开发工作的对策建议

随着农村扶贫开发的深入推进，扶贫工作呈现许多新特点，这就要求辽宁省不断创新扶贫开发思路与途径。在加大各级扶贫资金和资源供给的同时，应重点增强贫困人口的自主发展能力，充分发挥开发式扶贫的优势和特色，注重生产式开发和人力资本开发相结合的开发模式，在具体实践中需要注意以下几点。

（一）加强对贫困农民的教育和培训

只有掌握科技生产与经营技能的农民才能成为扶贫开发和现代农业发展的真正主体。随着扶贫开发的不断深入，相关部门必须加强对农民的培训教育，这既包括对农民在科技生产和经营管理上的培训，更包括对青年农民文化素质和综合能力的培养，从根本上说，更涉及贫困地区对孩子的系统教育。只有通过全面、有针对性的教育和培训，提高贫困农民的科学素质，造就一批有知识、懂技术、会经营的新型农民，才能使贫困地区真正摆脱贫困，实现扶贫开发工作的长远目标。

（二）挖掘当地人力资源潜力，促进贫困地区发展

随着扶贫开发工作水平的提高，贫困地区的发展需求由单纯的技术服务转向多元服务，而这一过程无疑将需要大量高水平的复合型人才。贫困地区拥有相当数量的本土人才，他们大多是生产经验丰富的技术能手或是有一定经营才干的管理能人。在扶贫开发中应充分挖掘这些人的潜力，通过完善的激励机制和相关政

策支持，充分调动这些优质人力资源的积极性和主动性。同时可以依靠地方政府和相关部门的力量，组织农民充分发挥自身的技术和管理专长，积极参与到扶贫开发之中，在实现自家脱贫致富的同时，还能起到带动和推广作用。此外，可以尝试科技人员以技术参股、资金入股的方式，与龙头企业结成经济利益共同体，实行风险共担、利益共享的经营管理模式。只有这样才能从根本上为扶贫开发在技术上和管理上提供长久的支持，保持农村的发展活力。

（三）建立健全农业社会化服务体系

近年来，由于贫困地区农业发展水平较低，农民组织化程度也不高，农村社会化服务体系不健全，小规模农业的生产组织方式并没有得到根本改变，面临的经营风险也没有得到彻底解决。因此，单纯靠政府相关部门提供的服务已不能满足农民对技术的需求，应建立健全农业社会化服务体系，促进以农技服务组织、龙头企业、农村合作社为载体的组织体系和服务架构的形成。要统筹各方利益，使技术人员、农民和企业之间形成协作互助的新型关系。同时，通过政策引导大批科技素质较高的人才深入基层，结合到户扶贫，为贫困农户提供示范、咨询、培训、合作等科技服务。

参考文献

赵玉：《提高我国扶贫开发效益的对策研究》，《开放导报》2010 年第 2 期。

王浴青：《农村科技扶贫开发与创新路径：重庆例证》，《重庆社会科学》2011 年第 3 期。

帅传敏等：《我国农村扶贫模式及其创新》，《郑州航空工业管理学院学报》2008 年 4 月号。

谢萌等：《关于我国农村参与式扶贫模式的思考》，《河北农业科学》2009 年第 1 期。

B.24

辽宁省社区服务体系建设的现状与展望

王媛媛 *

摘　要：

近年来，辽宁逐步探索建立新型社区服务发展模式，社区服务设施建设步伐加快，设施数量不断增加，覆盖面不断扩大，取得了明显成效。当前，城乡基层社会正在发生着深刻变化，对社区服务体系建设提出了新的要求。辽宁社区服务体系建设仍然存在许多困难和问题，也面临着机遇和挑战。辽宁省政府决定将在未来3年新建、改扩建或购置改造7000个社区服务点，以进一步强化城乡社区自治和服务功能，逐步建立面向全体社区居民，主体多元、设施配套、功能完善、内容丰富、队伍健全、机制合理的社区服务体系。

关键词：

社区服务　运行机制　对策建议

2010年，辽宁省委、省政府召开全省城乡社区建设工作会议，会议明确，到2015年，全省80%以上的城市社区将建设成为和谐社区，农村社区建设覆盖率达到80%以上；到2020年，把全省所有城乡社区基本建设成为管理有序、服务完善、文明祥和的社会生活共同体。2011年，国务院办公厅印发《社区服务体系建设规划（2011～2015年）》，要求到2015年初步建立起较为完善的社区服务设施、服务内容、服务队伍、服务网络和运行机制，有序推进农村社区服务试点工作。2013年，辽宁省政府办公厅转发《关于加强城乡社区服务体系建设的实施意见》，从任务和重点项目等方面对辽宁省社区服务体系的建设提出了明确要求。提出到2015年，城市社区服务设施实现全覆盖，农村社区服务中心覆盖

---

* 王媛媛，辽宁社会科学院社会学研究所助理研究员，主要从事社区建设、社会管理研究。

面达 80% 以上。由此，进一步完善社区服务体系已成为促进基层社会管理创新需要着重研讨的一个重要课题。

一 辽宁省社区服务体系建设的现状

（一）基本成效

多年来，辽宁省委、省政府始终坚持以民为本的理念，把社区服务体系建设作为加强和创新社会管理、维护社会和谐稳定的重要基础工作做好做实，在社区救助、社区就业与保障、社区养老、社区卫生、社区文化、社区便民方面取得实效，逐步构建起覆盖广泛、机制健全、成效显著的社区服务体系。

1. 社区服务设施建设水平显著提升

近年来，辽宁省加大物力财力投入社区"一站四室"（社区服务站、社区办公室、医疗室、警务室、活动室）等基础服务设施建设，全省基本形成公共服务设施为主体、专项服务设施为配套、服务站点为补充的社区服务设施网络，为基层群众提供方便快捷的服务。截至 2012 年 12 月，城市社区公共用房平均面积达 477 平方米，农村社区服务中心建设达标率为 24.7%。全省累计投入近 23 亿元改善基层医院基础设施和设备条件，其中，各级政府投入 17.7 亿元、乡镇卫生院投入 1.44 亿元、村卫生室投入 1200 万元、社区卫生服务机构投入 3.65 亿元，基层医疗卫生机构服务能力大幅提升。全省完成了 142 个新建城市社区卫生服务中心的基本建设，社区卫生服务机构达到 1675 个，其中，社区卫生服务中心 382 个、社区卫生服务站 1293 个，93.5% 的服务中心和 96.4% 的服务站达到了国家设定的建设标准。截至 2013 年 5 月，全省城市社区健身路径覆盖率达到 100%，行政村"农民体育健身工程"覆盖率达 80%。特别值得一提的是，截至 2012 年 4 月，全省新建 254 个棚改新区社区，新增社区公共用房 12 万平方米，棚改社区公共用房面积远超全省社区平均水平。

2. 社区服务队伍进一步壮大

近年来，辽宁省按照专业化、职业化的目标，着力抓好社区工作者队伍建设，社区工作者队伍的状况发生了较大变化。全省城镇社区已开发妇女工作者公益性岗位或配备妇联专干 4063 个，实现全省城镇社区妇女工作者全覆盖。辽宁省社区卫生技术人员 100% 完成了在岗培训和转岗培训。全省社区卫生服务机构组建的 2000 余个社区卫生服务团队，覆盖了 80% 以上的城市社区居民。同时，各地也都逐步提高了社区工作者的收入水平，沈阳从 2011 年 7 月开始进一步提高社区工作者生活补贴，各区社区主任 1700 元/月，社区副主任 1600 元/月，其他社区工作者 1500 元/月。2013 年，大连市城市社区工作人员编配比例由每 300 户配备 1 名提高到每 200 户配备 1 名，各地社区工作人员基本补贴净增 500 元。辽阳也早在 2010 年就提高了社区工作人员收入，每人每月提高 200 元。

3. 社区服务体制机制进一步完善

近年来，辽宁省逐步实现政府行政管理和社区自我管理的有效衔接、政府依法行政和居民依法自治的良性互动，社区服务管理体制机制进一步完善。社区居委会的自我管理、自我服务功能进一步强化，大连等地区通过政府购买服务引进社会组织承担社区公共服务工作，建立居民群众参与社区建设的新机制，构建以社区党组织为核心、社区居委会为主体、社区服务工作站为平台、社会组织协作、居民群众参与的共建共享的社区管理新格局。各地普遍修订和完善了居民自治章程、居规民约，建立了社区居民会议制度、协商议事制度、居务公开制度、民主评议制度、社区居委会及下属工作委员会工作制度等。广泛组织居民开展"居民论坛"、"社区听证"、"居民说事"、"民评官、民评民"等活动，进一步调动了居民参与社区建设的自觉性、积极性和主动性，居民参与意识普遍增强。

4. 社区服务能力不断加强

社区服务是社区建设的生命力所在。近年来，辽宁省各地积极推进就业、社会救助、社会保险、社会治安、医疗卫生、计划生育、文化、教育、体育等公共服务向社区延伸，广泛开展社区居民自助、互助和志愿服务，鼓励各类组织、单位和个人兴办社区服务业。在城市，辽宁社区管理服务信息系统全面使用，全省所有城市社区均设立了社会保障工作站，通过网络与各市的社会保障相关部门相连，居民办理社会保险、查询就业信息等事务在社区内就可以非常便捷地完成。特别是辽宁省社区老年服务逐步完善，（县）区、街道、社区服务中心发展到893 个，社区星光老年之家、日间照料室、托老所等社区老年服务机构 4890 个，年服务人数达到 52 万人次。养老服务超市、老年综合服务中心、养老服务 110信息中心等各类养老中介组织发展到 108 个，年服务 100 多万人次。在农村，各地坚持把农村社区建设与新农村建设相结合、与发展农村社会事业相结合，在大力推进村级社区服务中心建设的同时，不断丰富和拓展社区服务功能，提高了农村社区的凝聚力和亲和力。全省各地均有不同特色的社区服务满足居民多元化的

需求。2013 年，鞍山市积极支持以公建民营、民办公助、购买服务等多种方式发展社会办养老服务机构，引入市场机制，支持和鼓励不同所有制性质的单位和个人以独资、合资、联营等方式兴建养老机构。大连市累计投入近 10 亿元建设社区"幸福圈"，使城乡 1578 个社区普遍拥有了标准规范、功能完备的综合社区服务站（中心），在城市只要 10 分钟、在农村只要 20 分钟，老百姓吃喝等生活问题就能得到解决。沈阳市 9 个城区的 907 个社区共建有文化活动室 901 个，总面积达 18.6 万平方米，平均每个活动室面积 206.5 平方米；拥有各类文艺社团 6600 多个，其中仅广场舞蹈队、民间舞蹈队、秧歌团队就超过 2000 支，合唱团队 1000 余个，城市居民不出社区就能参与文化活动。

（二）发展中的问题

1. 相关政策法规缺乏实施细则

当前，我国关于社区服务方面的法规主要有 2006 年《国务院关于加强和改进社区服务工作的意见》、2011 年《社区服务体系建设规划（2011～2015 年)》；辽宁省关于社区服务方面的法规主要有 2000 年《辽宁省社区建设暂行办法》、2006 年《辽宁省人民政府关于加快发展城市社区卫生服务的意见》和 2013 年《关于加强城乡社区服务体系建设的实施意见》；省内各地有关社区服务方面的法规主要有《大连市加强改进社区服务工作的意见》、《大连市农村社区服务中心建设项目实施方案》，辽阳市《关于调整社区工作人员生活补贴和社区公用经费标准的通知》，丹东市《关于加强和改进社区建设的实施意见》，葫芦岛市《关于在城市社区进一步推进政务公开工作的意见》等等，可见辽宁省及省内各地对全面推进社区服务工作的高度重视。但是，国家和省级有关社区服务法规中的规定是原则性的、宏观的、指导性的，省内大部分市没有及时出台配套的实施细则，缺乏统筹规划和针对性、操作性强的政策措施，缺乏发展和创新社区服务项目的政策法规，社区服务体系的开拓和发展受到很大限制，难以向更高层次发展。各级政府应该结合地方实际制定、出台发展社区服务的规划和实施办法，为社区服务体系的完善创造良好政策环境。

2. 资金投入渠道单一制约社区发展

近年来，辽宁省逐步加大了社区服务设施建设资金的投入，建立健全社区"一站四室"，为社区服务体系的建设提供了坚实的设施保障。但是，社区服务的基本框架虽然已经搭建起来，后续的人力与机制却还没有跟上，社区服务站的工作条件、发展前景依然不容乐观。辽宁省内的社区服务中心因资金问题而形同虚设的不在少数，有的社区甚至在不算宽敞的两三个房间内办理所有服务内容。社区建设投入渠道单一、资金匮乏是社区发展的重要制约因素之一，影响了社区服务体系建设的长远发展。社区服务体系的建设不但需要积极争取政府财政的支持和投入，还应该建立政府与社会相结合的多元投资机制。省内各地尚未形成以政府投入为主、社会支持为辅的多元化资金筹措模式，缺乏政府购买服务的财政支持机制，非政府组织在社区服务中的主体地位和积极作用没有得到确立和发挥。辽宁省社区服务业缺乏龙头企业的带动引导，社区服务业布局零散，难以形成自我积累、自我发展的良性循环局面。

3. 政府干预过多削弱了其他主体的作用

《国务院关于加强和改进社区服务工作的意见》中指出，"充分发挥政府、社区居委会、民间组织、驻社区单位、企业及居民个人在社区服务中的作用"，可见，社区服务需要多元主体之间的良性互动以整合资源形成合力。当前，普遍存在于社区的一个问题是社区居委会工作的"行政化"倾向日趋严重，社区负担过重导致其职能错位，难以正常发挥自治功能。《城市居民委员会组织法》对居委会的性质和职能做出了明确的法律解释，"社区居民委员会是居民自我管理、自我教育、自我服务的基层群众性自治组织"。但在现实中，囿于种种体制制度上的局限，如行政体制改革的滞后、政府职能转变的不到位等，居委会这类群众自治组织，事实上已经逐渐蜕变异化为一种行政化的官方组织。政府干预过多的弊端削弱了社区居委会服务居民的功能，阻碍了社区民间组织的发展，社区成员广泛直接参与社区建设严重不足。社区服务如果没有社区民间组织和社区成员的广泛参与，难以获得持久的动力。

4. 社区服务领域有待于进一步拓展

近年来，随着经济社会的发展和社区建设的推进，社区服务内容从便民服务和福利性服务向公共服务、商业服务、志愿服务等全方位服务转变；服务项目从单一的社会需求服务向创业、就业、健康、医疗、家政、安全、科技等多样化、个性化服务需求转变；服务区域从传统的城市社区逐步向农村社区拓展延伸。当前辽宁省大部分社区的公共服务功能都比较健全，社区服务的领域也得到逐步拓展，社区居民需求得到不同程度的满足。但是由于目前辽宁省救助类、服务类和权益类社区中介组织数量不多、质量不高，特别是经济类、服务类的中介组织还没有发挥吸收社会资金投入、丰富社区服务内容和推进社区服务业发展的作用，

所以依然无法满足社区居民日益增长的物质需求和精神文化需求。当前居民群众普遍关心的金融保险、劳动就业、医疗卫生、心理关怀、社会教育等服务项目还不够普及，居民群众就近地得到服务比较困难。

5. 社区工作者队伍建设有待加强

由于社区工作者工资待遇偏低，社会认知度不高，难以吸收高层次的人才，制约了社区服务水平和创新能力的提高。目前，在社区一线工作的社区工作者，无论是从事社区建设和管理工作的社会工作专业知识，还是实际经验都相对较为缺乏，对新型社区职能缺乏深入理解和认识。这在很大程度上影响了队伍综合素质的提高，制约了社区建设的深化和拓展，削弱了社区服务的创新和发展能力。

二　解决问题的对策

（一）完善法律法规，加大政策扶持

良好的法律制度环境是社区服务快速发展的重要保障。一是我国政府应该尽快修订和完善社区服务的相关法律和政策，各级政府应该尽快研究制定地方配套法规和实施细则，形成较为完善的社区服务法律法规、制度和标准体系，对社区服务发展进行规范和监督。各级地方政府应该将社区服务体系建设纳入地方政府发展规划，将社区服务设施纳入公共设施统一规划，保证社区公共服务用地和用房，为社区服务的发展提供必要的支持。二是出台扶持社区服务业发展的优惠政策。通过优惠政策鼓励和支持商业组织积极投入社区服务业，如降低社区服务业创业门槛，工商部门对社区服务业在注册资金、从业人数、办证手续等方面给予放宽，对于社区内的小微企业，可以免征社区小微企业部分管理费、登记费和证照类事业性收费，为特殊人群服务的社区福利性项目可免征营业税。对社区符合再就业政策的企业、网点可以落实减免税费、资金补贴、小额贷款等政策。

（二）加大资金投入力度，拓宽资金来源

一是加大政府资金投入力度。财政资金向社区服务体系建设倾斜，在社区服务设施、社区工作人员培训等方面加强资金保障，对社区服务重点项目，如针对老年人、残疾人、青少年等群体的困难和对社区服务的需求列支专项经费予以保

障。同时理顺社区公共服务经费投入和管理机制，保证资金使用落到实处。还可以设置社区服务业扶持发展专项资金，专项用于社区服务业项目配套补助及重点城市社区服务业项目补助。二是鼓励民间资本投入社区服务领域。建议最大限度地开放社区服务领域，建立长效投入机制和投资补偿回报机制。不断增加对民间资本进入社区服务领域的财政支持。对民间资本建设的非营利性社区服务机构或服务设施，给予一定的建设补贴或运营补贴。鼓励社会向民间资本举办的非营利性社区服务机构捐赠，按规定享受相关税收优惠政策。

（三）理顺社区服务机制，整合多方资源

政府组织、市场组织和社会组织是社区服务体系建设的三大主体，组织之间建立科学合理的协调运作机制，不但可以整合多方资源，而且可以大大提高社区服务的质量和效率。将社区"管理"、"服务"分离开来，政府负责社区服务的规划、统筹、指导、监督和评估，相关部门各司其职，按照职责分工，参与和支持社区服务。完善政府购买社区服务的机制，扩大政府购买社区服务的范围，对社会组织和以追求社会价值为目标的社会企业加以引导和支持，不断规范社区服务内容和形式，运用市场化手段来推进社区无偿、有偿或低偿服务。积极发展志愿者队伍以补充服务队伍的不足，通过各种媒介营造广泛参与社区服务的社会氛围，鼓励社会和个人自觉参与社区志愿服务。以此，形成政府、市场、社会个人多元提供的社区服务模式，逐步建立起政府主管、市场运作、社会承办、群众参与的社区服务运作机制。

（四）提升社区服务品质，满足居民多元化需求

建立以居民需求为导向的多元社区服务模式。应该调动多方力量汇集社区，使社区服务产品的品种、数量、规模、覆盖面等大幅度延展。鼓励民间资本进入社区服务领域，使社区服务逐步走向专业化、精细化的道路，满足不同人群的多层次、多样化需求。如开展文化教育培训、营养保健咨询与培训、残疾人康复、老年人日间照料、月嫂服务、禁毒人员的回归辅导和心理疏导、单亲家庭子女和青少年成长引导与不良倾向纠正、社区矫正、流动人口服务管理等社区服务项目，特别是社区困难人群，除了对其进行社会救助服务，还应该施以专业的心理辅导和关怀。通过开展多层次多方面的社区服务项目，为社区居民提供更加专业化、细致化和人性化的社区服务。

（五）加强社区工作者队伍建设，为居民提供优质服务

壮大社区专职人员队伍和社区志愿者队伍。一是通过社区居委会成员的选任和社区工作者的招聘，逐步壮大社区工作者队伍。包括增加社区工作者人数，提高社区工作者学历层次，降低社区工作者年龄水平，可以考虑推行职业资格准入制度，以此严格规范社区专职工作者，未来录用的社区专职人员应具备职业资格，现已在岗的也要组织进行分期分批培训，使其获得职业资格证书，同时认真落实社区工作者参加全国社会工作者职业水平考试相关激励措施，不断提高在职社区工作者的综合素质和专业水平。二是规范社区志愿者队伍的招募制度、组织管理与运作。结合社区实际，设定适当的志愿服务岗位以及志愿服务类型，建立健全志愿者招募制度，通过职位招募、临时招募与长期招募等方式不断壮大社区志愿者队伍，制定社区志愿活动具体实施方案，确保社区志愿服务规范、有序地长期运行。逐步使志愿者招募、登记、注册和志愿者交流、服务、统计等方面规范有序，探索出志愿者自我管理和良性运作的有效途径。吸引社区各年龄阶段、各行各业人群加入到志愿服务的行列，特别是通过高等院校与社区共建，激励大学生参与社区志愿服务，激励有专业技能的青年参加到社区志愿服务活动中来，壮大志愿者骨干队伍。在全社会掀起社区志愿服务热潮，营造"人人参与、各方支持"的志愿服务事业的良好氛围。

三　未来的展望

成效虽已初显，探索仍在进行。辽宁省社区服务体系建构随着政府的重视和社会的广泛参与，将迎来充满希望的蓬勃发展时期，未来几年将在如下几个方面得到进一步发展。

（一）城乡社区服务能力将显著提升

国家于2011年下发的《社区服务体系建设规划（2011～2015年）》中，提出了加强社区服务体系建设各项目标任务，这其中包括加强社区服务法规制度建设、加大社区服务体系建设资金投入、完善社区服务扶持政策、健全领导体制和工作机制、积极开展国内外合作与宣传。可以看出，国家从政策指导、法律保障、公共财政、组织机制、国际合作等方面为构建社区服务体系筑牢坚强后盾。

2013 年，辽宁根据《国务院办公厅关于印发〈社区服务体系建设规划（2011～2015 年）〉的通知》要求，结合辽宁省实际，出台《关于加强城乡社区服务体系建设的实施意见》，《意见》提出 4 项主要任务和 3 个重点项目，4 项主要任务分别是大力加强社区服务设施建设、积极推进社区服务发展、壮大社区服务队伍、完善社区服务体制机制；3 个重点项目分别是城乡社区公共服务设施建设项目、城乡社区服务人才队伍建设项目、社区服务信息化建设项目。《规划》和《意见》的出台，旨在引领社区服务体系的发展，大力提升城乡社区服务能力，切实解决人民群众的民生问题，同时也为社区服务体系的构建创造了难得的机遇。未来几年，辽宁将大力推进广覆盖、高质量、可持续的社区服务体系建设，促进政府公共服务、居民志愿互助服务、商业性便民利民服务向社区覆盖，逐步建立起覆盖广泛、配套完善、队伍健全、机制合理的社区服务体系，不断满足社区日益增长的社区服务需求。

（二）社区服务业蓬勃发展

随着家庭小型化、人口老龄化、居民消费结构多元化，居民对养老、托幼、保健、娱乐、家务、青少年教育等物质精神生活方面需求日益增长，社区服务业显现巨大的发展潜力，同时社区服务业所具有的就业容量大、就业方式灵活、劳动力需求层次多的特点在当前更是不容忽视。近年来，辽宁省高度重视发展服务业，把加快服务业发展放在经济工作的重要位置，相继出台了一系列扶持优惠政策，从规模、结构、特色等方面构筑服务业发展格局。这其中，社区服务业是第三产业的重要组成部分，是社会各种力量共同开发服务的领域，对满足居民日益增长的多层次、多种类服务要求具有重要意义。

（三）社区社会组织大量涌现，发挥重要作用

未来社会的管理创新，很重要的一点是党和政府利用社会力量和资源更好地解决社会问题，促进社会的和谐。社区服务体系建设中，社会协同和公众参与是未来发展中最为重要的一个方面，创新点和重点都在于培育社会组织，发展社会组织。西方发达国家的非政府组织发展得比较成熟，有很多宝贵经验值得我们借鉴。以美国为例，它的各级政府主要通过合同形式向非政府组织购买服务为居民提供各种各样的社区服务，其功能涉及就业培训、抚养贫困儿童、成人保健、医疗保健、照看老幼、邻里关系、保护生态、文化娱乐、心理指导等等。西方发达

国家非政府组织的成熟发展得益于政府宽松的政策支持、有效的管理监督和其自身功能的不断拓展与规范。我国已经进入社会转型的特殊时期，公共服务的供需矛盾日益突出，社会组织参与民生服务是社会和谐发展的迫切需求。可以说，社会组织在我国蓬勃发展，其支撑点就是党委、政府的重视。2013 年 3 月公布的《国务院机构改革和职能转变方案》，为社会组织的发展开辟了新的篇章。一方面政府减政放权，积极培育社会组织，改革社会组织登记管理体制，对包括城乡社区服务类在内的四类社会组织，降低准入"门槛"，为社会组织的发展提供了广阔空间；另一方面公平对待社会力量，加大政府购买服务力度，促进社会力量提升社会服务水平。在这样的时代背景和政治环境下，社区社会组织未来将走进春天，大量政府的事务、政府管理的职能，今后要通过购买服务、权力让步等方式，逐渐分解和转移到社会组织中去。将来辽宁会给社会组织提供更多支持和扶持，大量的社区社会组织在社区服务领域中将发挥越来越重要的作用。

（四）职业社会工作者走进社区，提供专业化服务

社会工作者是实现社会管理和服务的最基本力量，也是民政社会服务的新增长点。社区工作涵盖在社会工作的职能范围中，是社会工作的一种重要工作形式。社区工作能够让社会工作者在最基层发挥作用，可以把执政党的民生理念落实到不同阶层的社会成员身上，最直接、最有效地满足人民群众的多元化需求。随着我国社会保障制度的进一步发展和完善，整个社会对专业社工的需求也在增大，未来 5 ~ 10 年，我国将建立庞大的社工队伍，势必提高社工的地位，改善社工待遇。如果义工、志愿者和兼具知识与技能的社会工作者在社区形成合力，那么社区工作水平将会大幅提高。《国家中长期人才发展规划纲要（2010 ~ 2020年)》将社会工作位列 12 项重大人才工程，提升社会工作领域专业技术人才的能力水平被列为重点。这为我国未来社会工作发展和人才培养提供了有力保障。《辽宁省中长期人才发展规划纲要（2010 ~ 2020 年)》明确将社会工作人才培养工程列入全省重点发展工程之一，要求加强社会工作人才队伍建设，各市各地区都有各自的建设任务。按照规划，到 2015 年，全省社会工作人才总量将达 14 万人。2020 年，社会工作人才总量将达到 26 万人。社区需要吸引更多具备专业能力和专业视角的社工人才，可以满足居民多方面的需求。未来几年，辽宁省民政部门将会采取多种措施鼓励社区居委会成员考取社工师和助理社工师资格，提升其为社区居民服务的能力和水平。同时，还会采取购买社工服务的办法，将社工

充实到各个社区工作站的不同岗位，使其充分发挥个性化、多样化服务方面的专业优势，在社会救助、就业辅导、促进精神健康、促进家庭和谐、安老扶幼、帮助青少年成长、社区矫正、戒毒服务等方面发挥重要作用。

参考文献

《国务院办公厅关于印发〈社区服务体系建设规划（2011～2015年）〉的通知》（国办发〔2011〕61号），中华人民共和国中央人民政府网站。

《辽宁省人民政府办公厅转发省民政厅〈关于加强城乡社区服务体系建设实施意见〉的通知》（辽政办发〔2013〕10号），辽宁省人民政府网站。

侯岩主编《中国城市社区服务体系建设研究报告》，中国经济出版社，2009。

王春光、梁晨：《对当前中国大陆社区建设的几点理论反思》，《北京邮电大学学报》（社会科学版）2011年第4期。

林诚彦、王建平：《社区服务在公共领域构建中的作用》，《城市问题》2012年第10期。

B.25

2013 年辽宁省保障性住房建设现状及对策建议

杨成波*

摘 要:

2013 年，辽宁省委、省政府高度重视解决城市低收入家庭及社会"夹心层"住房困难问题，采取了一系列措施，并且取得了良好的效果。经济适用房建设继续推进，廉租房建设效果显著，棚户区改造成效明显，公共租赁住房建设成果明显。但是，也存在动态监督机制不健全、监管成本过高、资格审查难度较大以及准入与退出机制不完善等问题。因此，要从信息公开、监督管理、建立档案、工程质量、准入与退出机制等方面入手，完善辽宁省保障性住房建设。

关键词:

保障性住房 廉租房 公租房

一 2013 年辽宁保障性住房现状与原因分析

(一) 2013 年辽宁省保障性住房现状

1. 经济适用房建设成效明显

2013 年进一步推进廉租房和经济适用房在普通商品房中的配建，解决集中建设经济适用房和廉租房所带来的弊端，孤寡老人、单亲家庭和残疾人家庭等五

---

* 杨成波，辽宁社会科学院社会学研究所助理研究员、法学硕士，主要研究方向：社会学基础理论和发展社会学。

类人群可优先分配。从 2013 年 1 月 1 日起，沈阳市调整了经济适用住房保障收入水平线，从家庭人均可支配月收入 1360 元调整到 1542 元；单身家庭由 35 周岁调整为 28 周岁。对 2008 年以后转让、赠与、征收的房屋计入家庭住房面积，调整为申请之日前 2 年。

2. 廉租房建设效果显著

廉租住房保障以发放货币和租赁补贴为主要方式，以实物配租和公房租金核减方式为辅。对于低收入家庭，解决住房方式是以房屋租赁补贴为主。市、县政府根据地方实际来确定廉租房的住房租赁补贴标准，固定的两人户住房补贴金为 336 元/月，要求在每年的 12 月 25 日前发放完毕。鼓励房地产开发商建设小户型住房向社会出租，廉租房保障范围由人均住房 6 平方米扩大到 16 平方米。从 2013 年 1 月 1 日起，沈阳市对申请廉租住房保障的家庭在转让、赠与、征收的房屋计入家庭住房面积的时间由 5 年改为 2 年。辽阳市 2013 年建设廉租房 1000 套；葫芦岛市 2013 年完成新建保障性住房 600 套，其中新建廉租住房 200 套，并纳入政府采购，投入 1.39 亿元。

3. 棚户区改造成效明显

辽宁省是从 2005 年开始对城市集中连片棚户区进行改造的。采取分阶段逐片改造的方式进行，2005～2006 年进行了 5 万平方米以上城市集中连片棚户区的改造。2007 年进行了 5 万平方米以下、1 万平方米以上城市连片棚户区的改造。2009 年对 1 万平方米以下城市棚户区以及部分煤矿棚户区进行改造。辽宁省国土资源厅在编制住房用地供应计划时，优先安排 443 公顷土地作为各类棚户区改造用地，保障了辽宁省棚户区改造的用地需求。2013 年，辽宁省计划改造城中村和城边村 41 万户。2013 年葫芦岛市工矿棚户区改造共进行 12 个项目，建设保障性住房 5020 套，占辽宁省国有工矿棚户区改造总量的 1/4。2013 年沈阳市皇姑区投入了 70 多亿元对棚户区 2 万多户进行改造，解决 5 万多住房困难群众的住房问题。辽宁省政府启动"母亲安居工程"3 年来，共投资 3000 多万元，解决了辽宁省 3000 多名单亲贫困母亲的住房问题。2013 年辽宁省又拨款 1000 万元，为农村单亲贫困母亲建设 1000 套住房。

4. 公共租赁住房建设成果明显

公共租赁住房租赁合同期限不超过 5 年，超过 5 年的，如果承租人符合规定条件的，可以申请续租。2011 年，国家大力推进公租房建设，要求全国建设 1000 万套公租房，辽宁省承担 9 万套的建设指标。大连市新建公租房 3.5 万套，

面积约 135 万平方米。2013 年辽宁省建设公租房 3.75 万套，其中沈阳建设 24565 套。从 2013 年 1 月 1 日起，沈阳市调整公共租赁住房保障收入水平线，家庭人均可支配月收入由 1700 元调整到 2200 元，单身者调整为 3000 元。对新毕业的非沈阳籍全日制普通高校毕业生，申请公租房的时间由 3 年调整为 5 年。转让、赠与、征收的房屋计入家庭住房面积的时间由 3 年调整为申请之日前。沈阳和大连市承担着辽宁省 6 成以上的公租房建设任务。2013～2015 年，大连市将建设保障性住房 5 万套，到 2015 年保障性住房建设要达到 12 万套，力争城镇保障性住房覆盖面达到城镇居民家庭户数 20% 以上。2013 年辽阳建设公租房 300 套，解决了部分城市低收入家庭的住房问题。

（二）2013 年辽宁省保障性住房取得成绩的原因分析

1. 辽宁省委、省政府高度重视保障性住房建设

2005 年辽宁省率先在全国开展了大规模的棚户区改造工程，得到人民群众的热烈拥护，成为全国先进典型，时任辽宁省委书记的李克强组织实施，取得了显著的成效。在此之后，辽宁省委书记王珉、省长陈政高多次以会议的形式了解保障性住房的建设情况，并下达指示。同时，辽宁省还专门成立了保障性安居工程领导小组，组长通常由常务副省长担任，当前的组长是辽宁省常务副省长周忠轩，可见，在保障性住房建设方面辽宁省政府是非常重视的。

2. 保障性住房法律法规逐步完善

为保证保障性住房建设的顺利开展，2013 年 3 月 1 日辽宁省人民政府出台了《辽宁省保障性安居工程建设和管理办法》，该《办法》对保障性住房的规划、建设、工程质量与安全、分配与运营、监督检查和法律责任等方面都做了明确规定。规定了孤寡老人、单亲家庭和残疾人家庭等五类人群可优先分配。廉租房可以集中建设，也可以在商品房中配建。在外来务工人员集中的地方，应当集中建设单元型或者宿舍型公共租赁住房，出租给外来务工人员。廉租房、公租房承租人经济状况改善，不符合保障条件时，应当在 2 个月内退房。经济适用房购房人条件改变，不符合经济适用住房保障条件时，应当退房或者补交差价。公租房的合同期限超过 5 年的，如果承租人符合保障住房条件的可以续租。购买经济适用房满 5 年，可以转让经济适用房，但应当补交差价，同时政府可以优先购回，并重新分配。

3. 建立绿色通道

采取"以人为本、依法行政、政府主导、市场运作、统筹兼顾、区别对待"的原则，优先安排保障性住房建设用地，实行差别化供地政策，以行政划拨方式供应棚户区改造项目用地，对棚户区中可开发的商品房项目建设用地以招标、拍卖等方式供应；简化办事程序，各级国土资源管理部门要下放权力，最大限度以最快的方式为棚户区改造提供用地保障。以沈阳市为例，申请公租房的家庭在等待公租房摇号配租的过程中，可优先领取公租房的租金补贴，待配租成功后，再停止领取租金补贴；对外地务工人员较多的单位，可集体申请公租房，保障部门提供上门服务。对非沈阳籍的新毕业大学生，毕业 5 年内申请公租房不受户籍和收入限制。

4. 住房公积金支持保障性住房建设

保障性住房建设的最大难题就是资金，如何能够广泛地筹集资金，对保障性住房建设具有重要意义。住房公积金的沉淀资金就是保障性住房建设资金来源的重要方面。这项工作主要由住房公积金中心负责实施，住房公积金中心负责控制保障房建设成本，实行保障房产权抵押，保障房 5 年后可上市出售，保障对象可以优先购买其保障房，出售保障房后获得的资金用来偿还建设贷款。此外，参与缴纳公积金的职工，且符合保障房申请条件，可以享受比市场价更优惠的租金，新就业职工可以享受 70% 租金，前提是租住的房屋是由住房公积金投资建造的。住房公积金支持保障性住房建设的运行模式是住房公积金管理中心负责总协调和贷款投资，住房公积金成立保障性住房投资管理公司，协调政府各部门，监督项目进度和质量并监督建筑企业，以招投标的方式进行市场化运作，建筑企业具体负责保障房的建设，并接受投资管理公司的监督管理。这样以住房公积金管理中心贷款投资为主、以市场运作为核心的公积金支持保障性住房建设的模式形成了。大连市租住公租房允许提取住房公积金。符合条件的公租房租住职工可以申请提取住房公积金，用于支付公租房租金。

5. 保障性住房分配坚持阳光操作

第一，政策公开。通过网络、报纸、广播电视以及宣传栏、公告栏等方式来宣传保障性住房建设政策法规，政策法规主要包括国家出台的保障性安居工程法律法规；省一级政府制定的保障性安居工程管理办法和政策；政府主要领导关于保障性安居工程的重要讲话；各地保障性住房建设以及管理等工作进展情况。做到政策公开，给群众监督提供政策支持，广泛接受监督。

第二，程序公开。保障性住房管理部门向社会公开申请、审核、分配、轮候等程序，采取社区、街道、区（县）和地级市四级逐级进行审核的方式，在街道和市（县）两级政府进行审核结果公示，通过报纸、网站、广播电视和电话等新闻媒介进行公示，社区设立了专门办事窗口，发放《办事指南》和《工作手册》，使整个申请、审批流程公开透明。

第三，房源公开。向社会公众公开保障性住房的建设计划，项目开工和竣工情况，在网络、报纸、广播电视上公开保障性住房项目的名称、地址、户型、地段、面积、交付期限等信息。政府以购买、改建、长期租赁等方式筹集的房源，也要通过各种渠道向社会公开。

第四，过程公开。保障性住房的申请条件、资格审查、排队轮候、公开摇号的过程必须要公开，住房保障主管部门与民政部门协同合作，对申请家庭的条件进行综合评定，从申请保障房到入住的每个环节都要进行公开公示。

第五，结果公开。对已经分配保障房的或者是得到住房补贴的家庭，住房保障部门必须在电视、报纸、网络和社区公告栏上进行公布，并设立公开电话接受全社会的监督。

二 2013年辽宁省保障性住房建设存在的问题

（一）动态监督机制不健全

第一，难以对受保家庭进行有效的监督。受保家庭成员普遍就业率低，而且工作时有时无，断断续续，很不稳定，难以把握其收入状况的变化，导致保障性住房分配不公。

第二，没有建立收入申报及审查制度。多数城市还没有建立一套有效、完整的收入申报制度及收入核查制度，因此，当保障性住房家庭收入发生变化后，只能靠户主自己申请，这样难以把握保障房退出后保障对象的具体情况，因此，很难进行监督管理。

第三，保障性住房机构设置滞后。由于法律法规建设滞后，相对独立的保障性住房的管理机构没有建立的法律依据，在这样的情况下，政府就可以不独立建立住房保障的专门机构，因此，大部分市县的保障性住房机构都是临时性的，完全不独立，没有固定的工作人员，大部分都是兼职的。

第四，信息公开不够。信息公开是社会监督的前提，保障性住房申请人的信息必须对外公开，比如收入情况、家庭背景、社会关系、生活习惯和银行贷款等信息都应该对外公开。有时候管理部门在信息公开时往往以偏赅全，避重就轻，应该公布的信息不公开，这也是社会不满的重要原因。

（二）监管成本过高

由于个人信用系统尚未建立，因此，要想调查清楚家庭的实际收入是非常困难的，目前也就是工资性收入是可以确定的，而工资以外的隐性收入却难以查明。但是即使是工资性收入，单位开具的收入证明也容易造假。并且工资是不断变化的，难以做到动态监控。因此，要想对保障对象的家庭收入进行审查是非常浪费时间和精力的，政府需要花费很多的物力、财力和人力，政府对保障房的户型、居住年限、产权等标准，年年审核，审核之后还要进行监管，监管要花费大量的物力和人力，对一些无固定职业或灵活就业人员的收入难以核准。

（三）资格审查难度大

收入的多元化以及家庭收入不明晰等原因，使受保对象的收入审查难度加大。一是社区审核主要是通过申请者自身提交的材料进行检查，这样很容易造假，由于申请者数量众多，社区人力有限，因此，不能一一地进行实地考察和现场监督，也不能及时地与银行、证券、房产、车管所等部门进行沟通，导致购买保障性住房的资格审查过程中出现大量不公平现象。二是惩罚力度不够，对于弄虚作假骗取保障房的个人和家庭要加大处罚力度，警告、责令退回、取消资格和几千元的罚款难以起到震慑作用，要在终身取消资格的基础上，加大罚款额度，罚款额度应该以占的利益的 10 倍为标准，比如取得廉租房资格的虚假申报者，如果已经入住一年，应该按照同地段市场出租价格的 10 倍以上进行处罚，以此类推，经济适用房和公租房要按照房屋市场价格和出租价格的 10 倍以上进行处罚。同时对政府相关人员的违法行为也要加大处罚力度，对有违法犯罪行为的坚决予以处理。

（四）准入与退出机制不完善

准入与退出的法律程序较为烦琐，多部门管理保障房易产生相互推诿的现象，在具体执行过程中存在暗箱操作现象，在政府默许的情况下擅自加高楼层，

增加建筑面积，甚至将保障房直接在市场上销售。对于提供虚假信息，骗取住房保障的家庭，记入诚信档案，5年内不得再次申请住房性保障，情节严重的将失去申请资格。这种处罚力度只对中低收入家庭有效果，而对收入较高的且拥有住房的人来说，毫无制约效果。当前政府只是规定了退出的标准和程序，对退出后的困难群体如何进一步安置却很少涉及。

三　2014年辽宁保障性住房建设对策建议

（一）信息公开透明

信息公开透明具有全域性和及时性两大特征，所谓全域性，即涉及保障性住房的所有信息，都应向社会全面公开。所谓及时性，即保障性住房的所有信息都应该在第一时间向社会公众公开，而不是发生了一段时间才公开。如果公开时间较长易使民众误解，即使没有弄虚作假行为，公众也会产生不信任的心理。同时，程序要客观公正。保障性住房主要包括廉租房、经济适用房、公租房以及棚户区改造等种类，不同的人群适合不同的保障性住房的类型，因此对保障性住房的不同类型就要求有不同的准入标准。

（二）建立信息共享的多部门联动机制

保障性住房是一项系统工程，不是一个部门就能够完成的，需要多个部门的联动与合作，因此，建立一个多部门联动机制就显得尤为重要，要打破部门之间协作的"瓶颈"，首先要做到信息共享。多个部门当中应该有一个牵头人，或者是主要负责人，在当下城乡住建部门应当起到带头作用，应该赋予其在保障房中的最高权力，它可以要求其他相关部门提供必要的信息资源，统筹兼顾，及时应对申请人的信息变动情况，并对信息的真实性提供保障，同时也要承担相应的责任。其次要建立住房困难家庭电子档案。档案内容主要包括保障资格、收入状况、工作状况、家庭人员变动情况、户籍情况等信息，以及保障房申请进程与时间，从而能有效提高住房保障的管理水平、工作效率和透明度。最后要部门联合行动，统一安排。可以通过联席会议和专项行动的形式确保部门联动的有效性、及时性和稳定性，并且要权责明确，各司其职，协调合作，统一部署，保证保障房建设的有序进行。

（三）健全合理的退出机制

保障性住房的回收再利用也是保障房发挥作用的充分保障，使保障房能够充分的循环往复的使用，最大限度地发挥其保障住房困难群体的住房问题，可见其重要性，因此健全合理的退出机制，尽可能地减少保障性住房使用者的寻租行为，也是政府必须重视的。一是定期巡查保障房使用情况。一旦查证有违规行为要坚决予以收回，特别是利用保障房盈利的行为更是要加大打击力度，杜绝转借、出售、出租现象的发生。二是加大对虚假申报、骗购骗租、转租转售、闲置浪费保障房等行为的惩罚力度，追究法律责任，使真正需要保障的人能住上保障房。三是规范退出程序。需要终止租用保障性住房或者停止货币补贴的家庭，应当及时通知住建部门，由住建部门收回保障房或是停止住房补贴的发放，如果承租人希望在合同期满后继续承租，也应当提前提出申请，如果符合保障条件的可以继续租住保障房，如果不继续申请或者不符合保障条件的应该收回保障房。

（四）加强后期监管

保障性住房的后期监管对于这项民生工程能否发挥其应有的解决住房困难群体的住房问题至关重要。因此，要实行全方位检查，实行动态化的管理。重点监管保障性住房的用途是否是家庭居住、是否存在违规行为、是否真正发挥保障住房困难群体的住房问题，并查明违规的原因，在这里就需要第三方的介入，从而保证监督的客观性，委托第三方机构对保障性住房的使用情况独立进行调查，这样调查的程序会更加公开透明和客观公正，结果也会更加公平，更容易得到社会大众的认可与支持。

（五）建立惩罚机制

一是加大处罚力度。对以虚假信息来骗取保障性住房的各种行为，主管部门除了收回保障房、取消申请资格和几千元罚款等惩罚外，各级地方政府还应该通过网络对寻租者进行曝光，并且将其不良行为记入个人的信用档案。二是扩大处罚范围。不仅仅是对监督对象，即申请人进行全面的监督，还要对保障性住房的管理主体进行监督，对主管部门和具体办事人员存在的违法行为、贪污腐化行为的，要按法律法规严肃处理，严重者要进行刑事处罚。

（六）完善准入分配制度

一是规范申请程序。申请程序采用入户调查、协助调查等为主的审核方式，社区居委会组织入户调查，街道办事处审核，区级政府进行资格认定，最后由市级政府对外公示，各级部门各司其职、权责明确，通过层层审核严格规范申请程序，尽量避免人为因素的参与，确保申请程序的公正性。其他相关部门积极配合，协助调查，因为很多信息是需要多个部门联合行动的，比如户籍需要公安部门，收入需要银行部门，不动产需要房产部门，等等。二是明确申请条件。申请条件主要包括家庭收入状况、现有住房状况、家庭成员的身体状况、信用状况以及户籍问题等。这些申请条件应当通过各种新闻媒介、网络媒体和电话的方式进行公开。

（七）狠抓保障性住房工程质量

实行建设项目招标制度，选择资质高、经济实力强、业绩好、社会信誉高的企业承建保障性住房建设项目。在建设过程中，实行项目化管理，把每个项目落实到个人，详细确定拆动迁、项目开工、竣工等时间点。建立项目责任追究制，对没完成任务进度目标的、工程质量安全出现问题的进行问责。加强审批管理，严格执行国家有关住房建设的强制性标准，确保廉租住房建设项目工程质量。对住房质量问题，实行"零容忍"，严格责任追究。同时，建立保障性住房工程质量投诉举报制度，做好工程质量安全投诉处理工作。

参考文献

王仲彦、申玲：《保障性住房市场公平分配研究》，《制度建设》2011 年第 13 期。

石利：《完善我国社会保障性住房分配环节监督机制研究》，《对外经贸》2012 年第 3 期。

徐炉清：《建立完善的保障性住房管理机制》，《城乡建设》2011 年第 6 期。

《辽宁省保障性安居工程建设和管理办法》，http://www.ln.gov.cn/zfxx/zfwj/szfl/zfwj2011_99987/201301/t20130131_1050111.html。

B. 26

辽宁教育发展现状、问题及对策分析

马 琳*

摘 要:

随着经济社会的飞速发展、高端人才需求量的不断加大,教育的基础作用越来越被人们所重视。2013 年,辽宁加大投入力度,在学前教育和义务教育普及、职业教育发展以及高等教育质量提升方面取得了卓越的成效,然而在学前教育办学规范、义务教育均衡发展和素质教育逐步推进等方面仍存在不足。因此,今后辽宁应加大教育财政投入比例,凸显教育的公益性特征,大力开展农村基础教育设施建设,加强监管,提升教育的整体实力。

关键词:

教育 区域差异 均衡发展

教育是民族振兴、社会进步的基石,教育发展是一个国家和民族不断进步的标志。随着工业化、城镇化、信息化和国际化的不断深入,新的经济社会发展形势进一步凸显了教育的重要性和紧迫性。长期以来,辽宁一直把教育摆在优先发展的战略地位,在学前教育普及、义务教育均衡发展、职业教育完善提高等方面取得了显著的成效。

一 辽宁教育发展现状

(一)学前教育的普及率明显提高

学前教育是终身学习的开端,大力发展学前教育不仅有利于儿童身心全面健

---

* 马琳,辽宁社会科学院农村发展研究所助理研究员,研究方向:农村经济。

康发展，也为教育事业的发展奠定了基础。国家非常重视学前教育的发展，2010年出台的《国家中长期教育改革和发展规划纲要（2010～2020年)》对未来十年中国学前教育制定了明确的目标：到2020年，普及学前一年教育，基本普及学前两年教育，有条件的地区普及学前三年教育，毛入园率应分别达到95%、80%和70%。辽宁省于2011年制定了《辽宁省学前教育三年行动计划（2011～2013年)》，在该行动计划中提出："以政府主导、社会参与、连锁发展、公益普惠、管理创新、普及规范为基本思路，构建公办民办并举的覆盖城乡、布局合理的学前教育网络，普遍改善办园条件，合理配置保教人员，保障适龄儿童都能接受基本、有质量、可选择的学前教育，促进儿童快乐、健康成长。到2013年，全省学前三年毛入园率达到86.5%。"

近几年辽宁采取多种方式普及学前教育，成果显著。辽宁已经形成以社会力量办园为主体，公办、民办相结合的学前教育发展格局。截至2012年底，辽宁省学前教育单位共有9300个，其中8667所为独立设置的幼儿园，比上年增加了6所，公办幼儿园共有2418所，占27.9%；民办幼儿园共有6249所，占72.1%。另有633所为学校附设幼儿班。2012年辽宁省新入园幼儿共计32.3万人，在园幼儿总数达85.9万人，其中民办在园幼儿所占比例为59.7%。幼儿学前三年毛入园率持续提升，2012年达到85.5%，比上年提高了0.1个百分点，提前达到并大大超过国家要求的标准。

（二）义务教育普及程度不断巩固和提高

义务教育是国家依照法律的规定对适龄儿童和青少年实施的一定年限的强迫性的国民教育。一直以来，辽宁省都把普及九年义务教育作为全省教育工作的重中之重，义务教育的普及发展不断巩固和提高。截至2012年底的数据显示，辽宁省共有小学4779所，共有教学点179个，校均规模为395人；初中学校共有1607所，校均规模为671人。2012年全省小学招生35.3万人；初中招生37万人。辽宁省义务教育在校生总规模为326.4万人。其中，小学在校生为213万人，初中在校生113.5万人。全省小学毛入学率为114.1%，小学毕业生升学率为99.5%；初中阶段毛入学率为113.6%，初中毕业生升学率达到92.9%（技工学校采用2011年数据)。全省义务教育巩固率为94.7%。其中56个城区为104.5%，44个县（市）为88.7%。

义务教育质量和师资水平不断提高。辽宁省现有小学教职工共计16.3万人，其中专任教师有 14.5 万人，小学生师比为 14.7∶1；初中教职工共计 12.5 万人，其中专任教师 10.1 万人，初中生师比为 11.2∶1。小学教师学历达标率达到 99.8%，其中 87.2% 的小学教师为大专及以上学历，同比增长了 2.6%；初中教师学历达标率达到 99.3%，其中 76.2% 的初中教师为本科及以上学历，同比增长了 2.7%。

义务教育办学条件不断改善。2012 年，辽宁省小学校舍建筑面积总计 1089.6 万平方米，生均校舍建筑面积为 6.3 平方米，比 2011 年增加了 0.3 平方米；体育场（馆）面积达标学校为 3866 所，占总数的 80.9%；音乐器材配备达标学校为 3445 所，占总数的 72.1%；美术器材配备达标学校为 3503 所，占总数的 73.3%；体育器材配备达标学校为 3664 所，占总数的 76.7%。全省小学计算机与学生之比为 1∶8，同比减少了 1.6 人。普通初中校舍建筑面积总计 715 万平方米，生均校舍建筑面积为 8.8 平方米，比 2011 年增加了 0.7 平方米；体育场（馆）面积达标学校为 1453 所，占总数的 90.4%；音乐器材配备达标学校为 1422 所，占总数的 88.5%；美术器材配备达标学校为 1434 所，占总数的 89.2%；体育器材配备达标学校为 1454 所，占总数的 90.5%。普通初中计算机与中学生之比为 1∶6.2，同比减少了 1.4 人。九年一贯制学校校舍建筑面积为 558.5 万平方米；生均校舍建筑面积 8.6 平方米，比 2011 年增加了 0.5 平方米；计算机与学生之比为 1∶8，同比减少了 1.3 人。

（三）高中阶段教育师资水平和办学条件显著提高

高中阶段是学生个性形成、自主发展的关键时期，接受良好的教育有利于学生形成正确的世界观、人生观和价值观，因此普及高中阶段教育对提高国民素质和培养创新人才具有特殊意义。2012 年，辽宁省共有普通高中 417 所，共计招生 22.8 万人，普通高中与中等职业教育的招生比例为 60∶40。全省高中阶段教育毛入学率为 97.8%，同比增长 2.2 个百分点。全省普通高中在校生 69.6 万人，普通高中与中等职业教育的在校生比例为 59∶41。

高中阶段教师队伍建设不断加强。2012 年，辽宁省普通高中专任教师达 4.7 万人，比上年增加了 1311 人；生师比为 14.7∶1，同比减少了 0.8 人；普通高中具有本科及以上学历的专任教师比例为 98.2%，同比增长了 0.2 个百分点。

高中阶段办学条件显著提高。2012 年，辽宁省普通高中校舍建筑总面积为 821.4 万平方米，比 2011 年增长了 6.6%；生均校舍建筑面积为 13.1 平方米，

比 2011 年增加了 1 平方米。为了促进学生全面发展，大力推广素质教育，辽宁省加大教育基础配备的投入力度，全省普通高中体育运动场（馆）面积达标率为 92.8%；体育器械配备达标率为 92.8%；理科实验仪器配备达标率为 93.3%。共有 381 所普通高中建立了校园网，校园网覆盖率达到 91.4%；普通高中学生和计算机之比为 7.2∶1，同比减少了 0.9 人。

（四）职业教育迎来发展的新机遇

发展职业教育是缓解劳动力供求结构矛盾的关键环节，是推动经济发展、改善民生、促进就业、解决"三农"问题的重要途径。东北老工业基地振兴需要大量的技术型人才，发展职业教育是振兴老工业基地建设的重要一环。辽宁省高度重视职业教育的发展，加大力度调动行业企业办学积极性，推进职业教育办学多元化，加快社会化、市场化进程，利用国内外市场资源，积极吸引社会资本进入职业教育，鼓励企业投资兴办职业教育。

职业教育得到迅速发展。截至 2012 年底的统计数据显示，辽宁省共有中等职业学校 463 所（技工学校采用 2011 年数据），当年中等职业教育招生 15.3 万人（除技工学校外，其他中职学校招生 12.1 万人），中等职业教育在校生 48.4 万人。中等职业教育专任教师有 2.2 万人，生师比为 15∶1；中等职业学校具有本科及以上学历的专任教师比例为 89.4%，比上年提高了 1.7 个百分点，其中普通中专为 92.6%，职业高中为 86.6%。

政府加大对职业教育的扶持政策。以辽宁省大连市为例，2013 年 7 月大连市出台相关文件，规定从 2013 年秋季学期开始，在中等职业学校内，除了对原有的农村学生、城市涉农专业学生和家庭经济困难学生免除学费之外，继续将免学费政策范围扩大到全市各中等职业学校的正式学籍学生。免学费资金由财政补贴职业学校，经测算，大连市约有 5.9 万名学生可享受免费政策。

（五）高等教育质量和水平不断提升

高等教育担负着培养高级专门人才、发展科学技术文化、促进社会主义现代化建设的重大任务，因此，提高教学质量、打造一流大学是高等教育发展的核心任务，也是建设高等教育强国的基本要求。

2012 年，辽宁省有研究生培养机构 50 个，包括 14 个科研机构和 36 所普通高校。全省共有普通高等学校 112 所（含独立学院 18 所），其中中央部委直属 5

所，省属 54 所，市属 18 所，民办 35 所；"985 工程"院校有 2 所、"211 工程"院校有 4 所；如按办学层次分，即本科院校 63 所、高职专科学校 49 所。此外，有独立设置的成人高校 22 所。2012 年，辽宁省共招收研究生 31917 人，比上年增加了 1302 人，增长了 4.3%。其中招收博士生 2930 人、硕士生 28987 人。普通本专科招生 275676 人，比上年增加了 11833 人，增长了 4.5%。其中本科招生 174209 人，高职专科招生 101467 人。成人本专科招生 88243 人，其中本科招生 32839 人，专科招生 55404 人。

辽宁省高等教育现共有硕士学位授权一级学科点 331 个、二级学科点 152 个；博士学位授权一级学科点 113 个、二级学科点 36 个；全省普通高校共有博士后科研流动站共计 89 个，其中国家重点学科（一级）7 个、国家重点学科（二级）56 个、国家重点（培育）学科有 6 个；全省共有国家重点实验室 6 个、国家工程实验室 4 个、国家工程研究中心 6 个、国家工程技术研究中心 4 个。全省普通高校共有两院院士 20 人，其中中国科学院院士 9 人、中国工程院院士 11 人；共有"千人计划"入选者 16 人、"青年千人计划"入选者 3 人、"长江学者奖励计划"讲座教授 22 人、"长江学者奖励计划"特聘教授 40 人、"国家杰出青年科学基金"获得者 55 人。

在重视人才培养的同时，辽宁省在高校基础设施建设方面同样成果卓著。大学城的建立充分优化整合了高等教育资源，以省会沈阳为例，经过十余年的努力，2013 年沈阳已经基本形成东南西北六个大学城。一是沈北大学城，包括辽宁大学、沈阳航空航天大学、沈阳师范大学、沈阳医学院、沈阳工程学院、沈阳北软信息职业技术学院、辽宁美术职业学院、辽宁体育运动职业技术学院等八所高校，是沈阳成立最早、规模最大的大学城；二是浑南大学城，有沈阳理工大学、沈阳建筑大学、沈阳医学院浑南校区、辽宁艺术职业学院等四所高校；三是白塔堡大学城，包括东北大学、沈阳音乐学院、沈阳体育学院、鲁迅美术学院新校区、辽师海华学院、沈阳城市建设学院、沈化科亚学院、辽宁中医杏林学院等八所院校；四是铁西新城大学城，有沈阳工业大学、沈阳化工大学、辽宁轨道交通职业学院；五是东陵路棋盘山大学城，有沈阳农业大学、辽宁何氏医学院、辽宁行政学院、辽宁政法职业学院、辽宁商贸职业学院；六是虎石台职教城，包括中国医科大学新校区、辽宁省交通高等专科学校、辽宁经济职业技术学院、辽宁金融职业学院、沈阳农业大学高等职业技术学院、辽宁城市建设职业技术学院、辽宁装备制造职业技术学院、辽宁现代服务职业技术学院、沈阳汽车工程学校、

沈阳信息工程学校、沈阳化工学校等。大学城的建立不仅为学生提供了良好的学习环境和便利的生活条件，也为各高校提供了完善的基础设施和有力的后勤系统保障。

二 辽宁教育发展面临的问题及原因分析

（一）城乡义务教育非均衡现象依然存在

欠发达地区尤其是农村学校办学条件差。截至 2012 年底的统计数据显示，辽宁省小学校舍仍存在 34.5 万平方米的危房，大部分在农村地区，其中朝阳地区最为严重，为 24.9 万平方米；全省初中校舍危房面积为 17.3 万平方米，朝阳地区仍然居多，为 8.8 万平方米。这与地方经济的发展程度密不可分，地区经济发展的不平衡导致了教育发展的相应失衡。

农村学校师资力量薄弱。这个问题集中体现在教师数量少、年龄大和学历水平不高等三方面。2012 年辽宁省小学专任教师有 144633 人，比上年减少了 824 人；初中专任教师有 101083 人，比上年减少了 400 人。由于农村生源分布零散，有些村落的学生人数已不足以达到开办学校的标准，因此地方政府实施学校合并，从全省的统计数据来看，2012 年全省小学校数为 4779 所，比上年减少了 339 所；初中学校 1607 所，比上年减少了 30 所。这虽然有利于政府集中资金办学，但同时学校合并后，教师编制相应减少，这就促使了辽宁省义务教育专任教师数量的急剧下滑。专任教师老龄化方面，辽宁省小学 46 岁以上的专任教师有 49834 人，占全省小学专任教师总量的 34.4%，而这一数值在 2008 年为 28.2%，短短四年竟上升了 6.2 个百分点。农村艰苦的教学条件和极低的工资待遇是导致年轻教师力量注入过缓的重要原因。在农村教师的学历水平方面，2012 年的统计数据显示，辽宁省小学专任教师专科及以上学历所占比例，城区为 94.2%，农村仅为 79.2%；普通初中专任教师本科及以上学历所占比例，城区为 85.3%，农村为 66.6%。若想提升整体的教学质量，教师素质的提高是极为重要的。

农村学校教育资源匮乏。从全省整体的统计数据来看，辽宁省小学体育场（馆）面积达标率为 80.9%，体育器材配备达标率为 76.7%，音乐器材配备达标率为 72.1%，美术器材配备达标率为 73.3%，数学自然实验仪器达标率为 76.6%。之所以整体比例不高，是因为农村学校"拖了后腿"。城镇学校虽然也是良莠不齐，但最基本的教育设施配备还是能够满足的，而有的农村学校连最基本的教学场所都得不到保障，更不敢奢望这些教育配套设施了。

（二）学前教育办学机构良莠不齐

虽然辽宁省幼儿学前教育普及率较高，但由于幼儿教育没有纳入义务教育的范畴，因此有些地方政府对幼儿教育的投入不够，重视程度仍显不足，导致学前教育办学机构良莠不齐。从目前的状况来看，学前教育的公立办学机构很少，大多是民办机构。由2012年数据来看，公办幼儿园不到30%，而民办幼儿园占到了70%以上。这导致学前教育资源分配严重不均衡，一些好一点的公立幼儿园出现了托关系、花钱也入不了园的现象。同时，民办学前教育缺乏一定的监管，在发展上出现了两极化的现象。有一定资质的民办幼儿园提高托费门槛，一些连锁的双语幼儿园托费贵得离谱，另一方面，派生了许多隐藏在小区内无办园许可和专业幼儿教师的黑幼儿园。这种两极化的发展不利于学前教育的均衡发展。

（三）素质教育推进面临多重阻碍

未来社会需要的是创新型、实用型、复合型人才，我国现如今教育观念仍然相对落后，学生减负呼吁了近二十年，学生课业负担不但没减，反倒有越来越重的趋势，学校考虑更多的是在校际竞争中的成败，很多学校满足于通过培养学生应试能力所带来的短期收益。家长迫于升学的竞争压力，更多关心的还是孩子的学习成绩，而优质的教育资源相对不足，学生和家长的最终目标都是能上好学校，这必然会导致竞争，解决竞争最有效的途径就是考试，而最有利的筹码就是分数。因此，竞争越激烈，减负也就越困难。不减负，素质教育就无从谈起。

（四）教育投入与教育发展需求的差距较大

教育部、国家统计局、财政部联合发布的近三年《全国教育经费执行情况统计公告》的数据显示，国家财政性教育经费占国内生产总值（GDP）的比例，2012年为4%，2011为3.93%，2010年为3.66%。虽然比例在逐年提高，但其实4%的比例最早是在1993年《中国教育改革和发展纲要》中提出的，由于我国GDP增长迅速、财政收入占GDP较低等诸多因素影响，这一目标直到近年才得以实现。近二十年来，世界上多数国家财政性教育经费占GDP的比例都稳定在5%左右，不少发展中国家该比例也在4%以上，印度的比例则高达7.1%。以

我国未来教育发展形势来看，我国现阶段的教育投入与其他国家相比仍存在相当大的差距。辽宁省2012年安排教育支出479.7亿元，同比增长了21%，但跟全省当年2.48万亿的GDP相比，仅占1.9%，远远低于全国平均水平。

三　促进辽宁教育发展的对策及建议

（一）重视农村教育投入，促进城乡教育均衡发展

严格执行义务教育经费预算，并根据城乡间经济发展、居民收入和教育物价的差异，制定向农村有一定程度倾斜的、合理的经费标准。这方面可以借鉴美国的做法。美国实施的是"补偿性"教育政策，美国著名政治哲学家约翰·罗尔斯在其公平理论中"平等性原则"后的"补偿性原则"中阐述，"在事实上存在巨大的社会不平等的现实中，仅仅给予弱势群体'一视同仁'的对待是远远不够的，必须采取向弱势群体倾斜的'补偿性原则'，才能有效地减少不公平"。美国政府在这一理论的指导下，制定了专门针对农村社区教育实行的财政拨款法案，通过对州和学区的差别性专项教育经费资助，帮助拨款不利的农村学区能够更加有效地获取和使用联邦教育资金，从而改善农村地区的教育环境和教学条件，达到城乡教育均衡发展的目的。

（二）大力发展公办幼儿园，引导学前教育的均衡发展

学前教育发展要遵循其公益性和普惠性，在发展学前教育机构尤其是幼儿园的建设方面要坚持政府主导的原则，引导社会力量参与，改变目前"民办大头，公办小头"的现状。在构建覆盖城乡的学前教育服务体系方面，首先应从加强农村乡镇中心幼儿园建设入手，实现区域间、城乡间学前教育均衡发展。其次，加强对学前教育机构的监管，确保学前教育的师资水平和教师队伍的不断发展和完善，打造一个有利于儿童身心健康发展的学前教育环境。

（三）加强队伍建设，提高师资水平

教师素质的高低，直接影响教育教学的质量，高素质、高学历教师除了拥有扎实的教学基础，在教学方式创新方面也会更有主观能动性。针对不同基础的教师，采取不同方式的培养机制：建立教师深造鼓励机制，提高高学历教师比例；

组织专业性、专题性培训，提升低学历教师素质。针对农村学校师资队伍老龄化及教师短缺等问题，可以建立城乡教师定期流动制度，不断地将城市先进的教学理念和优秀的教学经验带到农村，既解决了师资短缺的问题，又在无形中提高了农村学校的教学质量，与此同时，还要鼓励在职教师和应届师范学校毕业生到农村或薄弱学校任教。

（四）扩大义务教育和免费教育范围

由于我国九年制义务教育本身基础脆弱，实行的时间不长，所以人均受教育年限短，人类发展指数（HDI）在全世界仅排在 81 名（2008 年）。而当今世界上许多发达国家已经实现了从九年制义务教育向十二年制义务教育延伸的历史性转变，这大大增加了全社会公民平均受教育年限，提高了这些国家的 HDI。虽然目前来看我国短时间内实现十二年制义务教育的条件还不太成熟，但扩大义务教育和免费教育范围是我国义务教育未来发展的必然趋势。

地区发展，教育先行。义务教育的延伸，无论是向下延伸至学前教育，还是向上延伸至高中教育，都会对辽宁省经济社会未来的发展提供良好的基础。目前我国已在深圳、珠海、浙江、福州、唐山、山东等沿海城市进行了十二年制义务教育的试点，积累了许多有益的经验，辽宁省应该提早做好准备，进一步提高幼儿学前三年入园率，尤其是农村地区的比例，进一步加强高中教育和职业教育的投入，改善教学环境，增强师资力量，为未来实施十二年制义务教育打下坚实的基础。

（五）采取多种方式，努力发展素质教育

当前社会上的用人理念已经逐渐向能力型和素质型转变，而与之相悖的却是根深蒂固的应试教育模式。这与我国目前整体的教育水平和人才选拔方式有着很大的关系。差距颇大的教育环境和师资水平导致有限的高品质教育资源受到热烈的追捧，大多数人仍然认为上一所好学校更为重要，资源越少竞争也就越激烈。而解决竞争的最方便的途径就是考试。根据 21 世纪教育研究院发布的《2013 年英语教育网络调查报告》显示，45758 位网友参与了"学生英语学习状况的家长调查"。调查结果显示：虽然近九成家长认为学语文、学传统文化比学英语更重要，但孩子每天在英语学习上投入的精力依旧超过语文。超过七成的家长认为，孩子学英语就是为升学。

针对素质教育推进难的现象，建议可以从两个方面加以疏导。第一，从素质教育的主体之一——学校的角度，要均衡教育资源，对学校进行规范化建设，不断缩小各学校之间差距。改变单以考试成绩和升学率作为评判学校质量好坏的做法，把学校文化建设、特色发展以及学生多方面能力培养等多种指标纳入评价体系，更加全面地评价学校的管理和教学行为。第二，从素质教育的另一个主体——学生的角度，要使学生从小树立独立、健康的人格，全面开发学生潜力，这就要求学校对学生加强多方位的引导。此外，还需加强职业教育的吸引力，社会各阶层也应予以学生足够大的发展空间与流动机会。

参考文献

辽宁省教育厅：《辽宁教育事业发展综合数据信息统计手册》。

《城乡义务教育均衡发展的国际经验》，《湖北教育（综合资讯）》2012 年第 5 期。

张锦华：《教育溢出、教育贫困与教育补偿——外部性视角下弱势家庭和弱势地区的教育补偿机制研究》，《教育研究》2008 年第 7 期。

刘彦伯、张艳：《辽宁省农村义务教育教师队伍存在的问题与对策》，《观察视界》2011 年第 3 期。

中共中央、国务院：《国家中长期教育改革和发展规划纲要（2010～2020 年)》。

辽宁省教育厅：《辽宁省教育事业发展"十二五"规划》。

辽宁省教育厅：《辽宁省学前教育三年行动计划（2011～2013 年)》。

辽宁文化事业与文化产业发展报告

李晓南*

摘 要:

党的十八大以来，辽宁文化工作在不断改革进取中稳步前进，成效显著。文化事业和文化产业繁荣发展，公共文化服务取得新进展，文艺创作硕果累累，文化管理能力增强。在建设文化强省的同时，还应看到辽宁文化产业总体实力有限、文化发展受制于城市化发展程度、在全国省市中比较优势尚不明显、资源丰富但市场化水平较低等不足。今后一个时期，辽宁将按照党的十八届三中全会精神，进一步深化文化体制改革，完善文化管理体制，建立健全现代文化市场体系，构建现代公共文化服务体系，提高文化开放水平，积极推进文化强省建设，增强全省文化软实力。

关键词:

文化产业 公共文化 文化市场

2013 年以来，辽宁省深入贯彻落实党的十八大精神，积极把握目前文化发展面临的新形势与新任务，扎实推进各项文化工作，作为文化大省，有效利用文化和人才资源，为促进全省文化大发展、大繁荣做出了富有成效的努力，全省文化工作不断开创出新局面。一年来，在省委省政府的领导下，全省大力发展社会主义先进文化，不断夯实社会主义核心价值体系，切实改善文化民生，转变文化发展方式，公共文化服务取得长足进展，文化产业继续保持良好发展态势，文艺创作亮点频出，对外文化交流取得新成绩，为建设文化强省和振兴东北老工业基地做出贡献。

---

* 李晓南，辽宁社会科学院社会学研究所助理研究员，研究方向：文化产业、城市文化。

一 辽宁文化事业与文化产业发展基本状况

（一）文化事业取得新进展

2013 年来，辽宁文化事业把以人为本落到实处，在加强群众文化建设、健全公共文化服务体系等方面取得突出进展，在探索公共文化服务方式等领域做出了很多有益尝试。

公共文化服务基础设施建设成效显著。至 2012 年末，辽宁省有文化馆、艺术馆 122 个，公共图书馆 128 个，博物馆 61 个，档案馆 150 个。年末广播综合人口覆盖率 98.6%、电视综合人口覆盖率 98.7%。年末有线电视用户 906.8 万户，其中数字电视用户 521 万户。全年出版报纸 70 种，出版量 15.5 亿份；杂志 315 种，出版量 1 亿册；图书 10369 种，出版量 1.5 亿册。

公共文化服务运行方式力求创新，群众文化繁荣发展。在 9 月举办的第十届中国艺术节"群星奖"评选中，辽宁省"百馆千站"文化艺术素质提升工程、"对面朗读"——辽宁省图书馆公益文化活动、沈阳市艺术惠民"双百万"工程、大连市图书馆白云系列活动 4 个公共文化服务获得项目类"群星奖"；来自沈阳市法库县、朝阳县北四家乡唐杖子村、铁岭县凡河镇沙山子村、大连市群众艺术馆的 4 名基层文化工作者获得"群文之星"称号。5 月，省第二届群众文化节成功举办，在两个月时间里全省各地举办了多项主题鲜明、形式灵活的文化活动，其中包括"全民全运·美丽辽宁"——辽宁省群众文化节广场展演、"图书馆嘉年华"系列文化活动、高雅艺术"五进"文化惠民演出、非物质文化遗产展示展演月活动等。此外，全省还启动了"文化志愿者基层服务年"系列活动，号召各级公共文化服务单位在全省范围内广泛展开文化志愿者服务基层行动。该活动以"百姓大舞台"、"文化大展台"、"知识大讲堂"为载体，包括公共图书馆、文化馆（站）、博物馆志愿服务，以及各类文化惠民工程，并对文化志愿服务进行理论研讨、经验交流与工作座谈。

文化下乡、走进基层、走进群众活动持续展开，文化惠民讲求实效。如，鞍山市从 2005 年开始举办"希望的田野"农村文化建设系列活动，采取政府主导与社会参与相结合、集中活动与长效运行相结合、提高农民群众文化素质与办实事相结合的方式，为农村群众建立流动图书馆，发放科技信息手册和科技致富资料，举办农民群众喜爱的文艺活动，让文化下乡逐渐变为文化常驻乡。在大连，到 2013 年 5 月，包括市县、街道、乡镇、村级公共图书馆、图书室、文化馆在内的所有公益文化场馆已经全部免费向市民开放，并举办各类展览，为市民提供更多学习知识、欣赏艺术、参与创作的机会。此外，2013 年的全省文化惠民活动更侧重加强艺术演出的公益性。省直艺术团体如辽宁人民艺术剧院、辽宁芭蕾舞团、辽宁歌舞团等单位，在"五一"节假日期间，积极开展公益性演出活动，不但将演出送入基层，还将劳动者邀请进剧场，以丰富多样的方式、高质量的节目，既活跃了演艺市场，又满足了人民群众的文化需求。这些院团在演出中保证精品，实行免费或低价位，并添加有针对性的文化艺术普及工作，坚持公益文化惠及民众的理念。6 月，继文艺演出进基层和进校园后，省文化厅和财政厅又联合组织全省各级文艺院团深入开展公益惠民演出。活动覆盖全省各级艺术院团，充分利用了刚刚成立的辽宁剧院联盟的平台，还针对特殊观众群体制订了详细的演出计划。这些活动让高雅艺术更加贴近生活，服务群众，还扩大了专业艺术团体的知名度与影响力，为建设文化强省的目标贡献力量。

（二）文化产业蓬勃发展，实力增强

在辽宁，文化产业发展已经具备一定规模，2013 年以来实力继续增强，在产业园区、基地建设、品牌培育和开拓市场等方面均有进展。2012 年，辽宁共有文化企（事）业单位 3.54 万个，从业人员 34.8 万人，文化产业实现增加值 262 亿元，比 2011 年增长了 31%，文化产业招商引资达 101.3 亿元。辽宁省文化系统文化产业增加值已经连续三年实现 30% 的增长。到 2013 年底，预计全省文化产业增加值将继续保持 30% 的增长。

一是产业园区、基地建设有新进展。在原有的 14 个省级重点产业园的基础上，锦州市围绕"城市与海，和谐未来"的主题，建成了海上世博园文化产业园。这个园区集中了山地、森林、岛屿、花卉、建筑、桥梁等多种元素，融园林艺术、文化展示与海洋资源为一体，被授予"辽宁省文化产业示范园区"称号。在未来，锦州将牢牢把握世园会的良好机遇，加强旅游、信息、建筑、制造、园艺、休闲、餐饮等多行业相融合，把世博园打造成涵盖文化生态旅游、休闲娱乐等多种体验内容的国家级文化产业园，从而带动多项文化产业项目聚集和以文化为核心的多行业产业集群，促进锦州"大文化"产业发展。在沈阳，沈阳故宫方城改造项目正在进行，沈河区将投资 800 万元，在沈阳钟厂原址建设沈阳首家

文化产业园。文化产业园一期占地 1 万平方米,将建成从清代到民国、新中国成立初期等五个不同时代的典型建筑集群,建筑中设有钟表博物馆,展示不同时期的钟表,中心区域还将建"日冕"。

二是继续强化演艺行业优势,活跃演出市场。中国辽宁剧院联盟于 2012 年 10 月 23 日正式挂牌成立,拥有包含沈阳在内的 14 个市(县)的 22 个联盟成员,建立起全省统一的演艺平台,全年一共演出 70 场,实现产值 1000 万元。全省演艺业 2012 年实现产值 4.7 亿元。2013 年上半年,辽宁剧院联盟启动了"全民全运、美丽辽宁——辽宁省第七届优秀剧目演出季",这也是联盟成立后运行的第一个公益性大型文化惠民演出季。本届活动以联盟成员单位为主,集中辽宁演艺集团的力量,在省内形成多城市联动,继续打造优势品牌"演出季"。47 天的演出季活动中,在 17 家剧院演出了 34 台剧目共 86 场,惠及 7.3 万观众。这种集中优势资源运作市场的尝试,提高了联盟活动的影响力和业务水平,调动了全省多家剧院场馆的工作积极性,为培育行业市场起到了促进作用。

三是继续办好各类文化会展活动,为优秀文化产品和企业搭建平台。通过组织各类优秀文化企业参加省内外多个成熟有连续性的文化会展、博览交易会,提高了辽宁省文化企业、产品的知名度和影响力,也提升了辽宁省城市文化品位和形象。第八届中国锦州古玩文化节 5 月在锦州成功举办。本届展会以"游世园、觅古玩"为主题,设计了海外回流文物精品展销、专题古玩藏品展、公益性现代书画大众竞拍等环节,展会期间艺术品交易火爆,文化交流活动频繁,参展商辐射东北三省和鲁、晋、蒙等省,以及美、英、法、日、比利时、瑞典等国家及我国港澳台地区,据不完全统计共吸引参会者 35 万人次。第五届中国(沈阳)动漫电玩节于 8 月在辽宁工业展览馆举办,博览会以"动漫嘉年华、全民电运会"为主题,设置国际、国内知名动漫品牌展示区、动漫文化活动交流体验区、舞台活动区等六个主题区,共有 150 家全球知名动漫电玩厂商、周边商、运营商等参展。9 月,由文化部、国家新闻出版广电总局、东北三省政府联合主办的第五届中国东北文化产业博览交易会在沈举办,本届文博会重点推介文化创意、动漫、多媒体技术等新兴产业的原创产品、服务项目,其中辽宁重点推广了锦州古玩城、阜新国际玛瑙宝石城和朝阳红山文化产业园等建设项目。文博会还同时在沈阳棋盘山关东影视城、黄寺庙会等地设立了 11 个分会场,展览面积达 15 万平方米,展位数有 6500 个,参展单位超过 1000 家,现场签订了 10 个合作项目,签约额达 427 亿元人民币,照比上届有 58% 的大幅增长。

四是推进"夜经济"发展。通过支持有实力的企业投资娱乐休闲项目，增加影院、剧院夜间演出，实行图书馆、博物馆、文化馆等公共文化机构延时开放等方式，促进文化发展与大众生活相融合。以"大文化"思路经营文化产业，促进文化产业与传统行业的有机融合，提高消费的文化含量，培养更大的文化消费市场。例如，在沈阳钟厂原址建立的文化产业园还将规划进驻几十家沈阳老字号餐饮、主题酒吧和特色影院，将在皇城东部形成涵盖多种业态的独具特色的大文化产业园区。

五是政府部门有效发挥服务职能。在全省范围内建立文化系统文化产业统计指标体系，为文化产业相关政策的制定提供依据。加强文化产业专业人才和领导干部的培养，组织人员接受文化部金融、动漫等方面高级人才培训，并对文化产业统计工作进行业务培训。积极创造合作交流平台，为企业提供信息服务，向国家推荐特色产业园区与发展基地。同时继续研究制定符合辽宁省文化产业发展实际的指标考核系统，以促进全省文化产业进一步健康发展。

（三）艺术舞台繁荣发展，创作能力不断提升

2013 年以来，辽宁继续保持艺术舞台繁荣发展的良好趋势，专业艺术创作能力继续提升。目前，全省在文艺事业领域已经形成良好的文化氛围，省委省政府的重视与支持、省内各职能部门的积极工作、各艺术院团的不懈努力与拼搏、优势资源的联合重组，加之社会各界的相互配合，多种因素使全省文艺事业发展的良性循环态势越来越稳固，全省呈现文化普遍繁荣的景象。同时，在外来艺术民族化以及挖掘地域特色文化等方面也取得了不俗成绩。在专业艺术创作领域，辽宁已经基本形成三年一循环的创作周期，建立起一支比较稳健的创作队伍。

国家舞台艺术精品工程"十大精品剧目"评选中，辽宁省选派的歌剧《苍原》、话剧《父亲》与《凌河影人》、芭蕾舞剧《二泉映月》已获"四连冠"，由此形成的辽宁文艺现象，已在全国受到广泛关注，形成巨大影响，其成功经验开始被广泛推广、吸收。在 2013 年的第十届中国艺术节评选中，辽宁选送三部剧目参展参赛，备受好评，其中话剧《郭明义》、京剧《将军道》获得第十四届文华奖优秀剧目奖。主演李跃民、常东获得优秀表演奖。此外，沈阳市群众艺术馆选送的评书《特殊任务》、本溪市群众艺术馆选送的小品《探亲》获得"群星奖"，四名基层文化工作者获得"群文之星"称号。在 2013 年巴西举办的"中国文化月"活动期间，辽宁芭蕾舞团受文化部委派，担当文化月开幕式演出任务，为巴西人民奉上了包括辽芭原创作品的中外芭蕾精品专场晚会，精彩的演出

受到当地观众的热烈欢迎和政府部门的赞誉。

此外，辽宁还不断探索将舞台艺术与其他行业相结合的方式，将优势文化资源进行内部整合。例如，沈阳市文广局将系列实景演出引入文博旅游景点，以艺术演出吸引更多游客。沈阳故宫博物院与沈阳演艺集团合作，推出大型实景演出《海兰珠归嫁皇太极》，再现清代宫廷礼仪文化；与沈阳京剧院合作，在故宫戏台推出清宫戏台京剧折子戏，让观众体味宫廷看戏的乐趣。沈阳话剧团在张氏帅府博物馆推出实景情景剧《东北王传奇》，重现帅府历史风云。通过加强旅游业和演出行业的有效融合，为沈阳文化旅游增加新内涵，有助于沈阳历史文化名城的深度建设。

（四）文化市场管理工作继续加强

一是继续推进综合执法规划建设，以"权责明确、行为规范、监督有效、保障有力"为宗旨不断完善文化市场综合执法体制。二是以信息化为平台，提高对文化市场领域进行监管和提供服务的水平与质量。在深刻理解党的十八大报告"繁荣文化市场"内涵的基础上，力求精准把握市场动态和趋势，为繁荣文化产业与活跃城乡群众文化生活提供强有力的保障。三是以迎接全运会为契机，进行文化市场各项专项整治。四是对全省2010年以来文化市场行政审批情况开展大检查。并以此次检查为契机，加强公众参与和社会监督，在管理和服务方式上探索创新，加大宣传力度，提高认识，在查找薄弱环节、总结经验的基础上，完善行政审批信息公开制度，提高行政审批人员履职能力。五是开展了全省文化市场行政执法岗位大练兵与技能比武活动。本次活动以"政治强、业务精、纪律严、作风正、形象好"为宗旨，锻炼执法队伍，针对文物执法、网络执法、应急处置能力等进行了培训和办案经验交流，各地文化部门积极动员部署，不但展示了综合执法的建设成果，鼓舞了人心，而且通过相互交流，寻找差距、发现问题，达到了共同提高的效果。

二 文化建设现存问题

（一）文化产业总体实力有限，在全国省市中发展优势不明显

党的十八大报告提出要"建设社会主义文化强国"，辽宁也提出建设文化强

省的战略目标，并提出文化产业增速发展计划，到"十二五"末期，力争实现文化产业增加值占全省地区生产总值比重不低于5%，使文化产业成为国民经济支柱性产业之一。应该说，最近几年来，辽宁的文化产业发展势头良好，到2012年底，已经连续五年实现30%以上的增长，成为新的经济发展增长点。但是，距离成为支柱性产业还有相当大的差距。不仅如此，如果横向比较辽宁与其他省的文化产业发展情况，辽宁成绩尚不算突出。根据中国人民大学文化产业研究院发布的"中国省市文化产业发展指数（2013）"数据来看，截至2012年，辽宁文化产业发展的综合指数在全国省市中排名第十，落后于北京、广东、上海、浙江等东部沿海省份和四川省，在文化产业发展格局中位于第一梯队的末尾位置。总体来说，辽宁对发展文化产业重视程度不断提高，产业发展环境在不断优化，凭借丰富的文化资源与文化人才，文化产业的生产能力也在逐年提升，但产业影响力的提升还落后于生产能力的提高。

（二）深度城市化发展水平不够，制约文化发展水平

最近召开的十八届三中全会提出要建立健全"现代文化市场体系"，构建"现代公共文化服务体系"。一个经济体跨入中等收入阶段后，将会形成较为稳定的中产阶层，而文化在社会发展中的重要性会愈加凸现。在我国东部沿海地区，随着市场经济的发展和城市化进程的不断深入，以城市白领为主的中等收入阶层不断壮大，文化消费形态和特征逐渐体现出中产阶层特点，在这一群体日益增长的文化需求刺激下，文化市场规模逐年迅猛增长。而在辽宁，过去的十年间，受经济发展影响，虽然全省城市化水平不断提高，但城市化程度比东部沿海发达地区却有待加深，现代城市中产阶层的规模和对当地文化发展的引导以及塑造作用都是有限的，因此在文化的影响力方面不及东部发达地区。

（三）文化资源丰富，但市场化程度低

辽宁是文化大省，拥有丰富的各类文化资源，也有一支比较稳定的专业文艺人才队伍。但文化的市场化程度却比较低，无论是创作的文化产品、文化要素或形式、流通渠道、市场化水平都不够高，这样的状态亟须扭转，现代化的文化资本市场和体系有待建立。另外，辽宁文化产业中发展比较好的演艺行业、动漫行业，在本省融入居民生活的程度也不高，而文化创意产业整体与其他实体产业的

融合程度也有限，在文化行业圈子里做文化、停留在文化资源加工阶段的现象比较明显。

三 对策建议

（一）继续推进文化体制改革，增强文化创造力

党的十八大以来，文化体制改革进入新阶段，辽宁文化改革和发展思路越发清晰，改革进度也比较快。十八届三中全会提出要"深化文化体制改革，加快完善文化管理体制和文化生产经营机制，建立健全现代公共文化服务体系、现代文化市场体系，推动社会主义文化大发展大繁荣"。因此，要加快文化体制改革，继续推动全省各级文化行政部门由"办文化'向'管文化"的转变，在以往的改革成果上，应进一步实现行政管理工作由微观向宏观的转变，在行政审批制度等方面进一步简化程序、下放审批权，为文艺创作和文化产业发展创造更加宽松的外部环境，激发文化发展活力。

（二）继续加大对公共文化事业投入

发展文化事业的最高目标是要提升人民群众的精神文化面貌。而发展社会公共文化事业要建立在保障公民基本文化权益的基础上。近几年来，在辽宁，人民群众的基本文化权益不断得到保障，一个覆盖城乡的公共文化服务体系基本建成。未来，应继续加大公共文化服务投入，不断完善现代公共文化服务体系建设，通过全省各级综合文化站、文化信息共享工程、农村电影放映工程、广播电视村村通、农家书屋等文化惠民工程，继续提升服务质量。坚持深入开展公共文化服务场馆免费对外开放工作，充分利用各类文化馆、图书馆、美术馆、博物馆，丰富群众文化生活。同时继续开展基层文化志愿服务活动，扩大文化志愿者队伍，走进基层开展更多活动，惠及更多群众。

此外，还要继续加大对公共文化基础设施建设特别是现代文化传播体系建设的投入。在信息时代，现代化的公共文化服务体系的形成有赖于现代化的信息传播系统的完善。因此，一是要在全省范围内构建起数字化的采编、发行、传播系统，二是要继续整合有线电视网络，建立健全移动终端网络，继续推进广电、电信和互联网的深入融合，创新媒体平台。

（三）继续构建现代文化产业体系

一是要继续在重点领域推行实施重点建设项目，加快文化产业结构调整。继续强化辽宁在新闻出版、印刷、演出、动漫、会展等传统文化产业的优势，同时加快发展数字出版、节目制作、移动多媒体、创意休闲等新兴产业，特别是注重发展网络新技术、新业态，将传统产业与新媒体技术相融合，掌握现代信息传播渠道。支持重点新闻网站的发展，打造出一个或几个在省内外有较强影响力和辐射力的综合性网站。

二是要继续鼓励、扶持一批有实力的国营和民营文化企业，做大做强，形成龙头方阵。通过大企业发展带动中小企业发展，最终实现资源与产业链整合。首先，在政策上对有发展潜力的优质企业进行倾斜，对重点企业、重点项目设立专项基金。在全省各级别、各类别文化产业园或产业基地中，选择合适企业或项目进行重点培育。其次，可鼓励较有实力的企业跨行业、跨地区、跨所有制进入文化产业进行并购、重组，一方面利用大企业的融资优势为文化产业开辟融资途径，另一方面也可培育文化产业领域的投资者。依据十八届三中全会会议精神，放宽市场准入、发展混合所有制经济，在企业改制上市、兼并重组、投资等方面，积极吸引民间资本和战略投资者。未来，一方面国有文化企业的改制和证券化、资本化将会加速，从而产生大量资源整合和企业并购等投资机会；另一方面大文化企业的长线发展机遇增多，这些都为大型文化企业的成长创造更大空间，有希望借此机遇打造更具影响力与辐射度的重量级辽宁文化企业。

（四）加快完善现代文化市场体系

一是要加强内容生产与创新，重点培育图书报刊、电子音像制品、演出娱乐、影视剧制作、动漫游戏等产品市场。二是要形成现代文化市场流通体系，大力发展覆盖全省的连锁经营、物流配送、电子商务等市场化的现代流通组织和流通管道，在现有基础上加快培育大型文化流通企业、建设文化产品物流基地。三是要加快培育产权、技术、信息等要素市场，不断探索文化产权交易，有效管理文化资产和艺术品交易。

（五）以"大文化"思路发展文化产业

在当前，发展文化产业与文化事业，应具有大开发的视野。文化产业与多产

业、行业的整合与渗透，是今后文化产业发展的重要趋势之一。一方面产业精细化发展程度加剧，另一方面行业间区分日益模糊化。产业链不断向多个方向延长，涵盖广度与深度都在拓展。产业升级往往受到科技与文化创意的双重驱动。因此，应该以"大文化"的发展理念布局文化产业，在挖掘区域特色的基础上，加速文化与其他领域的融合，有效推进辽宁传统产业的转型与升级。此外，还可以借鉴台湾文化产业"文化即生活"的发展理念，引导文化创意与现实生活、传统实业的普遍结合。例如，引导创意产业与餐饮、旅游、休闲、轻工业制造、日常消费等深度融合，从而发展壮大休闲经济、夜经济，改变人民群众的文化消费结构，激发人民群众潜在的巨大文化消费需求。

参考文献

温婷：《全会 19 次提文化 文化产业将百花齐放》，中国证券网，2013 年 11 月 14 日。

张涛、滕文飞：《文化产业市场化 传媒搭上"国企改革"班车》，《中国证券报》2013 年 11 月 14 日。

中国人民大学文化产业研究院：《中国省市文化产业发展指数（2013）》，《2012 年辽宁省国民经济和社会发展统计公报》2013 年 11 月 10 日。

B.28
2013 年辽宁省医药卫生体制改革进展与问题分析

姜浩然 *

摘 要：

2013 年辽宁医药卫生体制改革在国家统一部署下稳步推进，各项工作均取得相当进展。但是，医药卫生体制还面临着较多的问题，特别是在改革的协同性、长效稳定的财政投入和筹资增长机制、各级各类医疗机构的协调发展等方面还存在很多问题。今后，各级政府需要围绕改革重点与难点，在管理体制、投入机制、制度建设、人才建设等方面加大力度，并逐步完善相关政策。

关键词：

医药卫生 体制改革 对策

2013 年是辽宁医药卫生体制改革深入开展的时期。辽宁省各级党政部门在国家"十二五"时期深化医药卫生体制改革总体规划思路下，结合辽宁本省实际，有序推进医改工作。基本医疗保障、基本药物、基层医疗卫生、基本公共卫生以及公立医院等重点领域工作取得较大进展。特别是"十二运"期间，辽宁省各级卫生行政部门与卫生机构通力合作，确保赛会期间的公共卫生安全，并提供了优质的健康服务。但是，随着改革进入"深水区"，体制机制改革面临的挑战更大，财政投入和筹资增长机制缺乏制度保障、基层卫生人力资源匮乏、患者向高等级医院集中、基本药物招标采购制度不完善等问题仍然存在，群众"看病难、看病贵"尚未得到根本性的缓解。这些问题的解决需要各级政府和卫生

---

* 姜浩然，辽宁社会科学院社会学研究所助理研究员、硕士，研究方向：社会政策。

部门按照"十二五"深化医改的总体部署，继续加大投入，完善筹资机制，加强信息化建设等，确保医改工作的不断推进和完善。

一 2013 年辽宁医药卫生体制改革取得的成绩

1. 基本医疗保障水平稳步增长

2013 年辽宁省城镇职工基本医疗保险、城镇居民基本医疗保险和新农合三种医保覆盖面保持在 95% 的水平，农村常住人口参合率稳定在 99%。

全省基本医疗补助标准进一步提高。城镇居民基本医疗保险政府补助标准由每人每年 240 元提高到了 280 元。各市按照辽宁省政府的统一要求，对城镇居民基本医疗保险参保人员的政府补助标准个人缴费标准进行了调整。以沈阳市为例，新调整标准，从 9 月 1 日开始执行，在校学生、学龄前儿童、成年居民及老年居民的多缴金额从 20 元到 140 元不等。按照参保者不同身份，调整标准共分为四类。一是在校大学生、中小学生及其他未成年人。政府补助标准由每人每年 240 元调整为每人每年 280 元，个人缴费标准由每人每年 50 元调整为每人每年 70 元。其中低保人员和重度残疾人员，个人不缴费，由政府全额补助（350元）；低保边缘户人员，个人缴费 70 元，政府补助 280 元。二是学龄前儿童及婴幼儿。政府补助标准由每人每年 240 元调整为每人每年 280 元，个人缴费标准由每人每年 100 元调整为每人每年 120 元。其中低保人员和重度残疾人员，个人不缴费，由政府全额补助（400元）；低保边缘户人员，个人缴费 120 元，政府补助 280 元。三是成年居民。政府补助标准由每人每年 240 元调整为每人每年 280元，个人缴费标准由每人每年 455 元调整为每人每年 500 元。其中低保人员和重度残疾人员，个人不缴费，由政府全额补助（780元）；低保边缘户人员，个人缴纳 310 元，政府补助 470 元。四是老年居民。政府补助标准由每人每年 240 元调整为每人每年 280 元，个人缴费标准由每人每年 360 元调整为每人每年 500元。其中低保人员和重度残疾人员，个人不缴费，由政府全额补助（780元）；低保边缘户人员，个人缴纳 310 元，政府补助 470 元。

全省新农合政府补助标准提高到 280 元，达到了人均每年 350 元的筹资标准。同时，继续提高补偿比例。住院费用实际报销比例比 2012 年提高近 5 个百分点。村级门诊报销比例达到 80%，县、乡两级定点医疗机构门诊补偿比例达到 40%。全省利用新农合基金购买商业大病补充保险和商业保险机构参与新农合经办服务的新模式，进一步扩大保障病种和提高保障水平；新农合、城乡医疗救助制度和商业保险制度有效衔接，实现了"一站式"服务；新农合信息化建设进程不断加快，新农合就医"一卡通"得到推广。

2. 基本药物工作扎实推进，高值耗材开始实施集中采购

2013 年，全省继续巩固完善基本药物制度，扩大实施范围。结合新版国家基本药物目录完善省增补药物目录，全省有序推进村卫生室、非政府办基层医疗卫生机构和公立医院实施国家基本药物制度，促进了基本药物的合理使用。基本药物的使用和销售量，二级医院达到了 40% ~ 50%，其中综合改革试点的县医院达到了 50% 左右；三级医院达到了 25% ~ 30%。同时，进一步完善增补药品目录和基本药物采购供应机制，实现了基层和县以上医疗机构基本药物采购政策的衔接。

为了让全省居民寻医问药更加便宜，辽宁省于 2013 年出台了《辽宁省医疗机构高值医用耗材集中采购实施方案》，首次将高值医疗耗材纳入集中采购。这是辽宁省政府采购部门对高值医疗耗材采购的首次尝试。

3. 基层医疗机构整顿工作有序开展，人才建设工作加强

2013 年，辽宁省卫生厅印发了《辽宁省 2013 年基层医疗机构集中整顿工作实施方案》，从 2013 年 3 月起，在全省范围内，开展为期 1 年的基层医疗机构集中整顿工作。

同时，全省重点加强基层卫生人才、高层次专门人才、中医药人才等的培养和培训工作。认真做好住院医师规范化培训、全科医生培训、农村卫生人员岗位培训、继续医学教育等工作。尤其是着力解决实施基本药物制度后的补偿问题和养老保险等问题。进一步完善了促进人才合理流动、向基层流动的政策和机制。对长期服务在基层的卫生技术人员在职称晋升、业务培训、福利待遇等方面给予最大可能的政策倾斜，起到了稳定队伍、吸引人才的作用。

为加强全科医生队伍建设，2013 年 5 月辽宁省卫生厅启动了招收全科医师社会化学员的试点工作，首批招生 50 名，并进行三年脱产学习。此次招生确定中国医科大学附属第一医院等五家三级甲等医院为招生单位，培养对象为高等医学院校临床医学专业应届毕业生或在综合性医院全科医学专科、社区卫生服务中心等医疗机构从事全科医疗服务的临床医师。以全脱产方式培训 3 年。培训期间学员获取一定数额补助，并由培训医院支付养老保险、失业保险、基本医疗保险、生育险和工伤险。培训结束后，学员与培训医院培训关系自然解除，学员持

《住院医师规范化培训合格证书》自主择业。此次试点在培养一定数量的全科医生的同时，也将为辽宁省全科医生的社会化培养探索路径。

4. 公共卫生项目继续开展，信息化建设持续推进

2013年，全省认真做好国家基本和重大公共卫生服务项目，全面实施居民健康促进工程，人均基本公共卫生服务经费标准提高到了30元；继续做好疾病预防控制工作；不断推进疾病预防控制机构规范化建设和绩效考核。同时，重点做好艾滋病、结核病等重点传染病防控工作，充分发挥大医院作用，积极探索建立了重大疾病防治结合的工作模式和机制。

全省继续落实重点地方病防治措施；广泛开展健康教育和健康促进工作，居民健康素养水平提高了3个百分点；卫生应急、妇幼卫生、卫生监督、爱国卫生等对居民健康有重要影响的公共卫生服务工作进一步完善；实施了出生缺陷综合防治和妇女儿童健康的干预项目，同时全面推开提高儿童白血病、终末期肾病等20种重大疾病的医疗保障水平工作，鼓励定点医疗机构通过减免医疗费用等方式提高重大疾病补偿比例；为切实保证农村妇女"两癌"筛查项目的筛查质量，全省在8月开展了项目第二轮省级督导，并组织省级专家赴项目县（区）筛查服务现场进行巡回诊疗和技术指导，安排项目县（区）的技术人员到上级医院进行临床进修。对筛查出的宫颈癌、乳腺癌阳性病例，辽宁省卫生厅组织妇幼保健机构加强对患者的随访和管理，指导其规范治疗，并按照新农合大病保障政策合理报销治疗费用。同时，积极协调妇联组织对全省筛查出的"两癌"患者每人给予1万元的医疗救助，最大限度地减轻患病妇女的经济负担。

在2012年工作的基础上，继续完善区域卫生信息平台，实现互联互通，信息共享。逐步实现医疗服务、公共卫生、医疗保障、药品供应、综合管理等信息系统互联互通，由单项管理逐步转变为实时监督、综合管理。同时，大力推进12320卫生热线建设，将其打造成为卫生系统联系社会和群众的桥梁纽带。2013年3月，沈阳市开始试点居民健康卡发放的新模式，借助社会力量，发挥大型综合医院的优势，试点发放了集金融、新农合报销、健康档案、医院就诊、重点群体服务功能为一体的新型居民健康卡。中国医科大学附属医院成了首家试点医院，取得经验后在全省推广。在全省铺开后，居民持卡便可异地就医，直接异地转诊结算。

5. 公立医院改革取得进展

2013年公立医院改革的重点是抓好县级公立医院综合改革试点工作。全省县级公立医院综合改革试点目前处于探索与积极推动阶段，上半年，加快推进已经启动的 11 家试点医院的各项改革工作，取得了一定成效；下半年，在总结试点经验的基础上，再次启动了一批县医院，已经达到县医院半数以上的规模。同时，探索建立"医联体"的新模式。充分发挥大医院的技术优势和辐射作用，组建医院集团，与社区等基层医疗卫生机构形成稳定、紧密的医疗联合体，带动了基层医疗卫生机构提升水平，真正把小病留在社区。目前，几家省直大医院已经开展了试点工作，形成辽宁经验后，在全省范围内推广。

在全省范围内加强医院的综合治理工作。辽宁省卫生厅在前期调研的基础上，在药品、耗材、设备招标采购，医疗机构运营，治理医药购销领域商业贿赂，过度诊疗和行业作风建设等五个方面，制定了综合治理工作方案，严厉惩治医院的行业不正之风和潜规则。通过综合治理，各级医院加强了内涵建设，拓展了服务能力，提高了技术水平；逐步建立和完善了促进和谐医患关系建设的制度体系和有效措施；同时广泛深入开展"我最喜爱的健康卫士"以及"群众满意的医疗卫生机构"的评选活动，真正提高群众的就医满意度。

二 2013 年辽宁省医改存在的主要问题

2013 年是辽宁省医药卫生体制改革深入推进的关键年份。2009 年国家新医改政策出台以来，经过数年重点改革探索，辽宁省的医疗卫生筹资水平有了大幅提高，基层医疗卫生服务体系的硬件水平有了显著改善，基层医疗卫生服务能力有所提升，这些先试先行的重点改革为继续深入推进医改积累了宝贵的经验。然而，辽宁省医药卫生体制的深层次体制机制问题仍然存在，未能解决和新出现的问题仍然很多，需要分析根源，找出长效解决机制，从而推动持续深远的改革。总体来说，辽宁省 2013 年医改与卫生事业发展中存在的问题主要表现在以下几个方面。

1. 增量改革为主，结构性调整较小

与国家总体情况类似，辽宁省卫生事业的发展表现为"发展"与"改革"并行。而从结果来看，发展方面的进展快于改革方面，或者称之为以增量改革为主。发展是必要的，但改革力度不足则将最终影响发展的长度和深度。增量改革在初期遇到的阻力较小，甚至为大部分人所支持，却不断形成新的既得利益者，当需要对利益分配格局进行调整时，既得利益者也变得异常强大，改革的难度变

得最大。因此，医疗卫生筹资体系与医疗卫生服务体系的增量式改革对于增强体系效果显著，但是对于调整其现有医疗资源配置不合理的方面影响不大。

2. 改革协同性不足

在国家统一部署下，辽宁省医改实施方案分为五个重点领域，即基本医疗保障制度、基本药物制度、基层医疗卫生服务体系、公共卫生服务均等化、公立医院改革试点。出于对改革总体把握的考虑，这些重点改革往往依据行政层级进行层层分解，最终转化为量化的任务指标进行考核。这样的工作模式使改革易于量化和操作。但在实际运行过程中，不同部门、不同级别政府的主要动力是完成本部门既定的任务指标，而长期积累的深层次矛盾等难点问题则易被忽视。这样的改革缺乏系统性、持续性。另外，各级行政部门在长期的行政过程中已经形成了固定的利益格局，部门利益之间存在一定的不协调甚至是冲突，这种现象更加不利于医改这种系统性改革的深入推进。

3. 政府财政投入的长效机制仍未形成

改革以来，辽宁省实现了卫生投入的阶段性较快增长。这对于长期以来我国医疗卫生事业存在的投入不足、历史欠账较多、体系薄弱等问题是有必要且是有效的手段。但要看到，无论是新农合筹资中政府补助的增加，还是基本公共卫生服务经费的补助标准逐年提高，很大程度上依赖于政府决策，对实际医疗服务需求以及发生的费用情况考虑有限。中国的社会保险筹资方式与其他国家社会保险的筹资方式有所不同。我国人口结构以农民为主，该部分人群充分就业较少，收入不稳定，自愿参加医保的筹资来源存在着不稳定因素。因此，政府的稳定投入是该部分人群长效稳定的筹资机制能够建立的关键。

4. 政府主导，市场机制利用不足

深化医改的思路表现为政府和市场相结合，但在实际操作过程中，政府作用过于突出，而市场与社会力量相对不足。行政干预的手段几乎融入改革的所有方面，而市场机制有效发挥的空间受到限制。这种政府主导的思路也使得政府举办的公立医院与基层医疗机构成为改革的主体，而社会资本办医的作用非常有限。公立医疗机构缺乏改革的内在动力和积极性，需要从外部施加影响。

三　深化辽宁省医改的政策建议

医疗卫生问题是关系国计民生的重大社会问题，医药卫生体制改革不只是医药卫生领域内的增量发展，而是社会性的系统改革。辽宁省医药卫生体制的进一步改革应顺应国家宏观政策，加强领域间的协同，根据深化医改筹资、医疗服务、监管之间的联系确定衔接的关键点，建立正确的激励机制、资源导向机制与利益分配机制，点面结合实现改革的总体推进。

1. 加快政府职能转变，完善国家卫生管理体制

按基本医疗卫生制度框架整合政府卫生职能，树立"大卫生"的观念，整合各部门的卫生职能，形成统一的、适应基本医疗卫生制度的行政管理体制，明确、合理划分省、市、区（县）等不同级别政府的卫生管理责权，建立健全决策和问责机制。

2. 建立卫生筹资的长效机制

一方面，要进一步规范和完善政府和社会卫生投入机制。本轮医改过程中，政府在卫生方面的责任已经在政策方案中得以明确，而在实践中，政府的首要责任即是医疗筹资责任，体现在地方政府卫生支出比重上。今后要通过制度创新，以预算或固定比例的政策来增加政府卫生支出，改变卫生发展严重滞后经济社会发展的现状，使卫生总费用占 GDP 的比重逐步接近或达到世界平均水平。

另一方面，要完善现有的医疗保障制度。通过立法确定基本医疗保障的制度安排。明确政府、社会、企业和个人的医疗保障筹资责任，继续扩大医保覆盖面，拓展新的筹资渠道。加快医保机构的整合，有效推动"三医"改革的联动。改革医保付费方式，建立健全合理的付费机制，从按项目、按药品加成付费改革到按人头、按病种和绩效付费。

3. 积极推进公立医院改革

公立医院改革是医改的核心环节，也是最难突破的领域。未来辽宁省的公立医院改革需要系统的设计和整体推进。首先是从顶层设计的角度，把握公立医院改革的本质，从宏观上明确政府如何举办和管理公立医院，从微观上强化医院管理，使医院运行机制与政府的目标相一致。支付方式是医院内部管理、补偿机制、经济运行、绩效考核等一系列改革的突破口，一些省份和地区积极探索支付方式的改革，建立科学的支付制度，促进适宜技术、基本药物、临床路径、双向转诊等改革措施真正发挥作用，取得了良好的经验，值得辽宁省公立医院改革借鉴。

公立医院改革的一个重要方面是理顺公立医院的管理体制和运行机制。积极探索医疗机构全行业属地化管理的形式与路径，解决不同公立医院财产及行政多

头领导，划归地方政府统一协调规划，促进资源有效整合。有条件的城市或地区建立区域性医疗联合体，推进各级医疗资源的整合。积极推进基层医疗机构与三级医院等之间紧密的"纵向联动"、上下转诊。同时要以公益性为核心，重点推进公立医院补偿机制改革，探索医药分开的有效实现方式，有效减轻群众医疗负担。进一步加快推进多元化办医格局，探索和细化社会资本办医的管理方式。

4. 加强人才队伍建设

人才是第一生产力，也是任何改革的核心要素。医务人员的积极性能否充分调动，激励是否正确，是医改成败的关键。调动医务人员的积极性首先要尊重和体现医者劳动价值，探索合理实现医务人员劳动价值的路径。要向关键岗位、骨干力量和贡献大的人员倾斜，体现多劳多得，优绩优酬。医改必须探索新的制度激励医务人员积极性，如建立竞争性的人事制度、合理的收入分配制度、严格的绩效考核制度等，用管理手段来解决医疗服务的效率问题。同时建立医疗责任保险、第三方调解机制，合理调处医疗矛盾或纠纷。加强防范措施保障医务人员安全。

5. 加快医疗卫生服务体系的创新

当前辽宁省医疗总量资源不足与配置结构不合理的问题同时存在。高等级医院就诊比例过高，费用高昂，而基层和二级医院利用率偏低，导致资源浪费，整个系统总体效率低下。改变这种状况需要建立以病人为中心的方便、连续、顺畅的医疗服务流程，通过全科医师责任团队、医联体、医疗集团、一体化等形式，推动医疗卫生机构的整合、协同和联动，通过有效的患者分流机制，引导患者到正确的地方、看正确的医生。明确各级医疗机构的功能，强化基层服务能力建设，加强区域卫生规划，合理医疗机构布局，明确各级各类医疗机构的功能定位，在此基础上建立分级诊疗模式，合理确定医疗服务价格，推行医疗保险，推行支付方式改革，以此正确引导患者就医流向，规避医生逐利倾向，促进医院落实双向转诊制度。发展医疗服务联合体，鼓励一定地域内不同类型、层级医疗卫生机构有机组合，形成协作联盟或医疗集团，成为利益共同体和责任共同体，患者在医联体内，可以享受到基层卫生机构与医院之间的双向转诊、远程会诊等便捷的优质诊疗服务。

6. 完善公共卫生服务体系

有效控制食品药品问题、不良生活习惯、环境恶化等健康危险因素，减少慢性病的危害，加快医学模式转换，是公共卫生体系建设的重大任务。今后一段时间辽宁省公共卫生体系工作的方向是将目前的疾病防控、干预项目、防治经费预算等从单个疾病转移到危险因素控制上来，重点加强危险因素的监测、法律法规、健康教育等。制定有效的行动计划，将健康融入所有经济社会发展政策。借鉴国内其他地区探索"健康城市"的经验（如北京、苏州等），将慢性病防治与危险因素控制纳入整个城市发展建设的方方面面。同时加快公共卫生人才的培养，加强能力建设。公共卫生的干预措施涉及多学科、多领域，应建立一支受过良好教育、具有多学科背景的人员队伍，将其作为公共卫生的技术支撑。

参考文献

饶克勤：《我国医药卫生体制改革进展、难点与挑战》，《中华医院管理杂志》2012 年第 1 期。

牟家梅：《辽宁深化医药卫生体制改革的现状与发展探析》，《辽宁经济》2012 年第 1 期。

赵大海、张智若：《我国医药卫生体制改革对县级财政的压力与对策》，《甘肃社会科学》2013 年第 1 期。

张维斌：《关于医药卫生体制改革工作路径和程序的思考》，《重庆医学》2012 年第 10 期。

B.29

辽宁体育事业发展现状及对策建议

董丽娟　王丽坤*

摘　要：

2013 年，辽宁体育事业取得了长足的进步。群众体育硕果累累，竞技体育综合实力节节攀升，体育产业整体实力不断增强，体育基础设施建设扎实推进。但是也存在一些发展中的问题，比如资金投入不足，城乡、区域体育发展不平衡现象凸显，体育产业发展不平衡，体育基础设施资源分布不均衡，等等，这些问题有待于进一步解决。因此，如何充分利用后全运时代契机，全力做好群众体育、竞技体育、体育产业和体育基础设施等相关工作，实现辽宁体育事业的全速发展，是摆在我们面前的首要课题。

关键词：

群众体育　竞技体育　体育产业　后全运时代

一　2013 年辽宁省体育事业发展取得显著成绩

2013 年，辽宁省各项体育工作取得了长足进步。群众体育蓬勃发展，竞技体育再创佳绩，体育产业稳步提升，体育场馆设施建设取得历史性突破，其他各项体育工作也都取得长足进步，为辽宁省经济和社会发展做出了积极的贡献，也使"十二五"时期辽宁省体育事业发展实现了新的跨越。尤为值得提出的是，2013 年第十二届全国运动会在辽宁省成功举办，本届全运会秉承"厉行节约，反对铺张，开创新风"的思路，不管是在火炬传递模式上，还是火炬手的数量上，抑或是开、闭幕式的演出以及场馆建设上，一改以往追求"空前"的办赛

* 董丽娟，辽宁社会科学院农村发展研究所助理研究员，研究方向：社会学、民俗学研究；王丽坤，辽宁社会科学院办公室，研究方向：社会学、民俗学。

思路，始终贯彻勤俭节约的理念，最大限度地压缩预算资金，办出了一场具有辽宁特色、"回归俭朴，回归体育"简约而又务实的全民体育盛会。

（一）群众体育工作硕果累累

1. 形成了一系列群众体育健身活动品牌

2013 年是第十二届全运会的举办年份，也是辽宁倾力打造全民健身品牌活动、在全省开展"全民健身，共享全运"系列活动的第三个年头。结合辽宁体育的传统和各城市的实际特点，以举办"十二运"为契机，辽宁继续打造"百万市民上冰雪"、"全民徒步走"、"滨海沿河公路自行车快乐骑行"等全民健身活动以及"元旦迎新长跑"① 等全民健身十大品牌项目群。以这些贯穿全年、涵盖全省的品牌群众体育活动，引领更多的百姓投身到全民健身中，提高全省人民的身体素质。

沈阳继续开展以冬泳、滑雪、滑冰等为主要内容的"百万市民上冰雪"活动和"迎全运贺新年全民健康跑"活动，大连开展了以"健康、和平、交流"为主题的第十一届"大连国际徒步大会"、朝阳开展了以"迎全运、爱家乡、建辽宁"为主题的万人健步走活动等等，这些活动激发了广大人民群众健身的积极性和主动性，营造了"全民全运"的浓厚氛围，并融入城市发展的过程，成为城市的亮丽名片。

2. 全民健身工作实现"三纳入"

辽宁 14 个市和 108 个区（县）全民健身工作实现了"三纳入"，即纳入国民经济和社会发展规划、纳入政府工作报告、纳入地方财政预算。资金的保障，使全民健身公共服务体系逐步建立和完善，体育基础设施建设有了长足进步。2013 年全省共安装健身器材 11.3 万件，建设体育公园 96 个、社区运动场 4775 个、健身步道 191 条。城市社区的健身路径实现了 100% 全覆盖，行政村"农民体育健身工程"覆盖率达到了 80%，初步建立起了具有辽宁特色的公共体育场地建设格局。目前，建成"绿茵工程"（笼式足球场）18 个、小篮板工程（小篮球场）200 个。

3. 全民健身工作列入绩效考评

2011 年，辽宁省制定了《2011～2013 辽宁省迎全运群众体育行动规划》，《规划》把 2013 年要实现的各项指标以文本的形式确定下来，省政府与各市政

---

① 姜义双：《全民共享凸显体育惠民新理念》，《辽宁日报》2013 年 7 月 3 日。

府签订目标责任状，逐条落实群众体育行动规划。这就使全民健身设施建设等任务变成了各市政府的工作任务。从 2011 年起，全民健身工作占有 10 个分值。①

4. 体育名城创建活动继续深入

2013 年，辽宁各市、县结合本地传统体育项目和民族民间文化体育活动，大力开展特色体育名城创建活动，积极打造城市体育名片。沈阳市在打造城市特色体育名片活动中，引进了影响力大、感染力强的国家级、国际级的群体活动，各区、县（市）每年举办总计超过 600 场次的各类全民健身活动，吸引全市 400 多万人次参与。大连市则突出国际化和规模化特点，每年以 400 余项的品牌活动为引领，形成了"五位一体"的全民健身活动格局，营造出"年年有创新、月月有品牌、天天有活动"的浓厚氛围②。本溪市高度重视武术事业发展，培养出一大批武术名家和优秀运动员，武术已经成为群众喜闻乐见的健身活动。本溪市提出了创建"武术名城"的目标，借助迎全运的有利契机，努力将武术打造成为城市的一个品牌、一张名片。目前，辽宁省大连足球城、丹东毽球城和阜新篮球城获得国家体育总局命名的"国家级体育特色城"称号，其他各市也都在积极创建中。

（二）竞技体育综合实力节节攀升

1. 辽宁体育健儿在"十二运"上取得优异成绩

第十二届全运会上，辽宁体育健儿充分发挥主场作战优势、以"艰苦奋斗、顽强拼搏、敢打硬仗、勇攀高峰"的辽宁体育精神，获得 56 块金牌、145 块奖牌，总分 3143 分，取得了综合成绩榜金牌第二、总分第一的优异成绩，展示了辽宁体育的整体实力。其中，三大球、水上项目、曲棍球、柔道、击剑等项目均显示了超群实力。在三大球 12 个小项中，辽宁队全部进入四强，取得 17 金、9 银的成绩，其中 U18 年龄组男篮、男足都获得金牌，并涌现了周琦、赵继伟、胡延强等希望之星；本届全运会首次在篮球比赛中增设了 U18 年龄组的比赛，虽然只是青年组冠军，但这是辽宁代表团在全运会 54 年历史上首次拿到篮球项目的冠军，开创了全运会的历史。在辽宁队传统优势项目中，水上项目（赛艇、

---

① 姜义双：《群众体育辽宁模式叫响全国》，《辽宁日报》2013 年 8 月 9 日。
② 姜义双：《全民共享凸显体育惠民新理念》，《辽宁日报》2013 年 7 月 3 日。

皮划艇、帆船帆板）继续保持强势，共获得8块金牌；而男女曲棍球均卫冕成功；柔道从低谷复苏收获4金；击剑取得3块金牌。另外，辽宁队在自己的新兴项目上也收获不小，高尔夫首次进入全运会，辽宁在该项目上夺得全运会上首个男团冠军，载入史册；花样游泳和跆拳道都有1块金牌，沙滩排球也力压上海、江苏高手获得金牌；在艺术体操项目上，辽宁取得了2金1银的好成绩。这些都为辽宁代表团取得金牌第二、总分第一的成绩奠定了坚实基础。

2. 竞技体育人才辈出

第十二届全运会，辽宁以李娜、郭跃等10位奥运冠军领衔的928名运动健儿的强大阵容出征"十二运"，他们参加了全部31个大项277个小项的角逐。辽宁体育代表团总人数、运动员参赛人数、参赛项数均达到了历史最佳，是国内最大的代表团，创下历届全运会之最。运动员最大年龄48岁、最小年龄14岁，平均年龄22.5岁，跨度达到34岁。其中，年龄最大的为男子射击飞碟项目运动员许宏涛；年龄最小的为艺术体操团体项目运动员刘紫欣。

全国运动会的重要功能就是发现、选拔高水平竞技体育后备人才，实现进入国际赛场为国增光的目的。作为体育大省，辽宁体育代表团一直以"全运练兵、奥运增光"的态度，培养高水平竞技体育人才为国效力。多年来，辽宁为国家输送了近万名优秀体育人才。辽宁选手共获得405个世界冠军，其中28名运动员获得了34枚奥运会金牌，排全国第一名。特别是在2008年北京奥运会上，辽宁体育健儿一举夺得8枚金牌、25枚奖牌，居全国各省市第一位。这些骄人的成绩不仅为中国体育事业做出了重要贡献，而且充分体现了辽宁的体育实力，展示了辽宁人民的精神风貌。本届全运会辽宁共有10位奥运冠军出战，分别是击剑奥运冠军李娜、孙玉洁，体操奥运冠军郭伟阳，乒乓球奥运冠军郭跃，羽毛球奥运冠军于洋、杜婧，赛艇奥运冠军唐宾、张杨杨，以及柔道奥运冠军杨秀丽，他们的完美表现都证明了辽宁体育强省、体育大省的不俗实力。

3. 后备人才队伍建设全面加强

2013年，辽宁省认真贯彻执行《辽宁省竞技体育人才培养办法》，对省级优秀运动队进行合理布局、优化结构、统筹兼顾、突出重点、提高效益，促进优秀运动队与业余训练均衡发展。为有效遏止人才不合理的外流，恢复三级训练网的造血功能，辽宁采取有力措施，从体制、机制、政策、经费上全面加强后备人才培养。辽宁成立了青少年管理中心，提高了输送费标准，积极申请建立了国家级后备人才基地和省级后备人才基地。充分利用竞赛杠杆作用，出台政策，加大了

奥运会、全运会成绩计入省运会成绩的奖励力度；调整了项目布局，对有条件的院校和市区配备了编制，调动他们培养输送人才的积极性，这些有力措施使辽宁体育后备人才的数量大幅增加，质量显著提高，辽宁体育人才库重新恢复了造血功能。在"十二运"前，辽宁体育后备人才已经超过了 30000 人。在 2012 年国家体育总局开展的"新周期国家高水平体育后备人才基地"评估认定中，辽宁省有 33 所基层体校达到国家高水平体育后备人才基地争创标准。与上一个周期相比，辽宁省国家级基地体校数量增加了 9 所。县区级体校表现突出，新增加 7 所。

另外，近年来，辽宁省出台了《辽宁省关于进一步加强运动员文化教育和运动员保障工作实施意见》、《辽宁省体育局贯彻落实运动员文化教育和运动员保障工作实施细则》等文件。2013 年，辽宁省第二批退役运动员共计 15 人分别到 8 个训练单位和 3 个直属训练单位进行实习，并圆满完成了实习任务。5 月，辽宁省举办了为期 15 天的优秀退役运动员健身教练转型培训班，来自省内 6 个训练单位 13 个项目的 26 名退役运动员报名参加本次培训。10 月，省体育人才开发中心举办了辽宁省退役运动员职业转型工作联络员、领队培训班，来自 13 个训练单位的 36 名联络员及领队参加了为期 4 天的培训。这些积极解决运动员后顾之忧的举措，都起到了凝聚军心、遏制人才外流的较好效果。

（三）体育产业整体实力逐步增强

2013 年，辽宁省继续贯彻落实国务院办公厅《关于加快发展体育产业的指导意见》的文件精神，紧紧抓住承办第十二届全国运动会的有利机遇，开启了体育产业全面发展的新征程。辽宁已逐步建立起门类齐全、结构合理、特色鲜明、制度先进、管理规范的体育产业发展体系和运行机制，拉动了辽宁省体育消费，优化了产业结构，扩大了就业范围，极大地满足了辽沈乃至东北地区人们日益增长的体育产业需求，为培养和实现辽宁新的经济增长点做出了巨大贡献。

以体育彩票为龙头的体育产业取得了突破性的发展。2012 辽宁体彩年销量实现三年三跨越，由 2010 年的 23.4 亿元、2011 年的 35.8 亿元到 2012 年的 52.3 亿元，屡创历史新高。2013 年辽宁体彩继续巩固强市市场地位，挖掘潜力，改善弱市销售现状；继续做强优势产品。截至 2013 年 9 月，辽宁省体育彩票的总销售量累计 363711.12 万元，与 2012 年同期相比下降 9.4%，全国销量排名第 10

位，综合排名第 5 位①。

全省体彩销售规模也在不断地壮大，销售网点从成立之初的 800 家增加到了现在的 6000 余家，直接安排就业岗位近 2 万个，体彩公益金为辽宁省的体育事业的发展和壮大做出了突出的贡献，尤其在筹备、召开第十二届全运会的过程中，体彩公益金为辽宁省各支队伍提供了雄厚的资金保障。

（四）体育场馆设施建设取得历史性突破

2013 年，辽宁省完成了"十二运"的体育场馆建设。辽宁省在控制场馆建设标准和规模上下了足够的功夫，本着"节俭办全运"的原则，以服务保障"十二运"为中心，始终坚持"能利用的不改建，能改建的不新建，能简修的不大修，能临建的不搞永久建设"②，"十二运"新建比赛场馆 25 个，占 117 个场馆总数的 21.4%，远低于国家要求的 30% 的比例。25 个新建比赛场馆中，9 个建在高校，这是"十二运"组委会的一次尝试，一方面丰富了大学生文化体育生活，另一方面有效解决了赛后持续利用的问题；为了使体育场馆均衡布局，还有 6 个场馆建在了一直没有体育场馆的盘锦市和葫芦岛市，这为两市人民健身娱乐提供了便利条件。其余 10 个场馆是纯粹为全运会新建的，占场馆总数的 8.5%。

沈阳作为"十二运"的主赛区，承担着"十二运"开、闭幕式和 1/3 以上赛事的任务，共需 40 个比赛和训练场馆。除筹备北京奥运会时新建的"一场三馆"和在沈阳 8 所高校新建 9 个场馆外，其他都采用了临建和改建的方式，节省了大量资金。

二　2013 年辽宁省体育事业存在的问题

（一）群众体育发展面临瓶颈

1. 资金投入不足

由于省内各地经济发展水平不同，资金投入多少带来的差距是十分明显的，

---

① 数据来源于《中华人民共和国财政部·2013 年 9 月份全国彩票销售情况》，http://zhs.mof.gov.cn/zhuantilanmu/caipiaoguanli/201310/t20131021_1001153.html，2013 年 11 月 1 日。
② 孙健、何勇：《把节俭全运落到实处》，《人民日报》2013 年 7 月 2 日。

由政府投资新建的体育设施在数量上是不同的，因而人民群众日益增长的体育需求与社会提供的体育资源相对不足的矛盾仍然突出；在专职体育管理人员配备的数量上也存在较大差距；组织的各项活动、赛事也因资金投入不足而出现明显的差距。解决资金投入不足问题是实现群众体育均衡发展的重中之重。

2. 区域、城乡发展不平衡

辽宁城市人口密集，农村人口相对分散，在经济发展水平和思想观念上，城市在发展体育人口上占有明显优势。农村群众体育发展滞后也是由多种原因造成的，一方面经济条件有限，缺乏参加体育锻炼的条件，另一方面健身锻炼的意识较弱，缺乏参加体育活动的主动性和积极性。

3. 社会体育指导员的队伍较小

近年来，辽宁省在培养社会体育指导员方面，做了很大投入，也取得了很好的效果，社会体育指导员的数量呈现逐年递增的趋势，到2015年，预计社会体育指导员数量达到8万人。尽管数量连年增长，但与辽宁省庞大的健身群体相比，依然显得供不应求，无法满足广大健身人群的需要。

（二）竞技体育发展空间有限

1. 人才流失严重

辽宁作为体育大省，在人才储备和人才培养上有着传统构架和优秀梯队，培养了大批优秀的体育人才，成为向国家级、省级运动队输送运动员最多的省份之一。而外省市在体育人才的基础建设上还处于初级阶段，缺少优秀的体育苗子，为了促进本地区体育综合实力的不断增强，通过大幅度提高运动员和教练员待遇的方式，来吸引辽宁籍的运动员，从而导致辽宁省运动员数量逐渐缩水，年龄也出现了断档。比如广东等省的乒乓球项目，江苏等省的竞走、跳远项目，广东的自行车项目、赛艇项目，上海的皮划艇项目等都不乏辽宁籍运动员。这不仅影响具有辽宁特色的体育人才培养和输送机制，而且随着人才的不断外流，进一步降低了教练员培养人才的积极性和主动性，阻碍了辽宁体育事业的可持续发展。

2. 优势项目发展空间有限

重竞技项目水平下滑，球类等集体项目水平有待提高。辽宁省三大球与国内领先战队存在一定差距，篮球表现得最为突出，"十二运"辽宁女篮无缘前三，占据主场作战优势的辽宁男篮，以63比69不敌实力强大的广东队，在全运会史上第4次屈居成年组男篮的亚军；青年组U18女足不敌河南队，成年女足仅获第

4 名；男排并未实现冲金梦想。这些足可以看出，辽宁省在优势竞技体育项目上还有提升的必要。

3. 后备力量亟待提高

辽宁竞技体育的整体实力的确很强，但客观上也存在着后备人才乏力的现实问题。球类、田径、游泳等优势项目后备力量不足日益凸显，梯队建设不尽如人意，培养重心多集中在一线队伍，忽视了后备人才的培养，不能进行源源不断的人才输送，影响了整个队伍可持续发展和总体竞争力。

（三）体育产业基础薄弱

1. 产业结构不合理

在辽宁省体育休闲娱乐产业发展中，产业结构不合理这一问题十分突出，产业结构调整迫在眉睫。产业结构不合理主要表现在：相对于体育用品等行业来说，休闲健身娱乐业和竞赛表演业发展滞后，而两者相比，竞赛表演业又在整体上落后于健身娱乐业；体育休闲娱乐项目开发和建设存在很严重的"低度化"和"同构化"现象，阻碍了体育休闲娱乐产业的发展。

2. 对体育休闲旅游开发不足

在欧美，体育旅游已经形成了巨大的市场。以滑雪旅游为例，瑞士每年接待外国游客 1500 万人次，创汇 70 亿美元[1]。而辽宁的体育旅游资源还处于初级开发阶段，营业收入在整个辽宁体育产业营业收入中所占的比例很少。但应该看到的是，辽宁的体育旅游资源仍具有很大的开发潜力，随着经济社会的发展以及对辽宁体育旅游资源的深入开发，体育休闲旅游定将为辽宁旅游业带来莫大商机。

3. 体育彩票的管理缺乏规章制度

虽然辽宁省体育彩票的发行管理取得了一定的效益，但同其他发达省市相比较，目前在体育彩票管理方面还需建立起完善的规章制度，除了要执行国家体彩中心颁布的发行管理制度，还要有一套针对辽宁的地方性发行管理制度。

4. 体育产业的经营管理人才匮乏

经验丰富的专业管理人才是体育市场营销成败的关键因素。据调查，辽宁省从事体育产业管理的人员中，只有 2% 左右从事体育经济管理专业，而他们之中真正既懂体育又懂管理的人员更是寥寥无几，通过专家问卷调查得知辽宁省体育

---

① 杨振崴：《辽宁体育产业若干问题研究》，《辽宁行政学院学报》2012 年第 1 期。

产业管理人员培训情况，从来没有接受过培训的占67.9%，偶尔接受培训的占30.1%，经常接受培训的占2%①。

（四）体育基础设施资源分布不均衡

随着辽宁省近几年来经济发展水平的不断提高，投入到体育基础设施方面的资金也在逐年递增，很大程度上改变了以往陈旧落后的面貌，新建了一些大型的体育场馆和健身活动场地。但这些明显无法满足人民群众日益增长的体育文化需求和健身文化需求，与其他省份相比，辽宁省人均占有体育场地器材水平较低，而且城市优于农村，沿海强于内陆，存在明显的资源分布不均衡的问题。特别是目前的体育场馆大多类型单一，以服务和保障各项赛事为重点，有的仅仅为竞技体育训练和竞赛专用，有的甚至挪作他用，根本无法满足人民群众的多样化需求。

三 后全运时代辽宁省体育事业发展的对策和建议

（一）广泛开展全民健身活动，把群众体育"做实做亮"

1. 积极推动全省各级政府认真履行体育公共服务职能

加大对贯彻落实《全民健身条例》和《全民健身计划》的检查督导，充分发挥政府的管理和服务职能，制定和实施全面健身发展规划，调整和充实各级全民健身工作委员会，强化群众体育活动的组织保障，努力形成以各级人民政府为核心，体育行政部门协同组织，社会各方支持和参与的工作格局。

2. 加强全民健身组织体系建设

健全以政府为主导，以事业性体育机构为骨干，以社团性体育组织为助手，以群众性体育健身组织为基础的全民健身组织体系。组织建立省、市、县（区）三级社会体育指导员协会；建立健全机关、企事业单位体育组织，充分调动各级工会、共青团、妇联，以及各行业和社会各界办体育的积极性；进一步规范基层体育健身组织，建立健全乡镇、街道的体育工作机构和体育组织，配备专兼职体育干部，完善和提升基层体育健身组织的专业度；构建覆盖乡村、社区、街道的

---

① 杨振崴：《辽宁体育产业若干问题研究》，《辽宁行政学院学报》2012年第1期。

群众体育指导站，打造十分钟健身圈，为百姓健身搭建平台，同时，进一步加强社会体育指导员队伍建设，加大人才培养力度，从专业的角度为百姓健身提供咨询服务和指导。

3. 加强城乡公共体育设施建设

加快全民健身场地设施建设，重点加强辽宁沿海经济带体育健身服务圈和浑河全民健身长廊的场地设施建设，进一步加强公园专项体育设施和社区、村屯健身活动场地设施建设。① 认真实施辽宁省全民健身体系"十个一工程"，积极配合国家体育总局在辽宁省配套实施的"雪炭"工程、"全民健身路径"工程、"农民体育健身"工程等各项工程建设，努力实现行政村"农民体育健身"工程80%覆盖的目标。加大财政支持力度，重点支持社区多功能公共体育场地设施建设，构建集娱乐、休闲、健身于一体的多功能群众体育活动场地。

4. 深入开展群众体育活动

以综合性群众体育运动会、大型群体活动为引导，以精品活动为品牌，以开展群众身边的活动为主体，借助筹备、举办十二届全运会的影响力，举办有规模、有影响、示范性的大型群众体育活动，形成人人参与体育健身活动的局面。通过举办辽宁省首届体育大会、"五点一线"环海自行车接力赛、大连万人徒步大会、鞍山千山登山大会、丹东马拉松比赛等传统特色体育活动，努力打造辽宁省群众体育活动精品；以贴近群众身边体育活动为重点，倾力打造"公园体育"和"广场体育"活动品牌。

（二）进一步发挥优势，把竞技体育"做精做优"

1. 深化改革，完善竞赛体系

充分发挥省运会杠杆作用，进一步完善省运会竞赛制度、竞赛办法，结合奥运会和全运会的规律、特点，在省运会规模、项目设置、竞赛编排、计分办法、管理手段、监督措施等方面进行适当调整，从制度上堵塞可能出现的赛风赛纪问题漏洞，建立科学、合理、规范的省内竞赛管理制度，促进全省体育竞赛健康发展。

2. 发挥优势，调整项目布局

不断巩固和发展辽宁省的优势体育项目，深入探索和把握项目规律，引进国

---

① 钱建容：《沈阳城市体育生活圈"点轴圈"发展战略研究》，硕士学位论文，沈阳师范大学，2012。

内、国际先进的训练理念和方法，改革管理模式，加强科学训练手段，努力提高训练水平，实现突破性进展。进一步加强基础大项和集体球类项目的竞技实力，逐步建立起以省为主、各市为辅、特色体育俱乐部为补充的项目布局体系。充分调动省、市、高校和体育俱乐部的积极性，支持有条件的市、高等院校以及社会俱乐部成立高水平运动队，承担全运会任务，填补辽宁省空缺项目，举全省之力，形成辽宁竞技体育优势项目集群化的发展格局。

3. 突出重点，加强竞技体育人才基地建设

全力推进辽宁省竞技体育后备人才培养工程，坚决贯彻落实辽宁省"十二五"规划中提出的"每年坚持业余训练的总人数达到并保持在 2 万人左右，每年向省优秀运动队输送 200 名左右的优秀体育后备人才"① 的指标。充分发挥辽宁省新建体育场馆设施优势和竞技体育人才资源优势，探索与国家体育总局项目管理中心合作的新模式，最大限度地争取国家体育总局在辽宁省更多地设立体育人才培养基地，同时，要把各级体育行政部门和职业体育俱乐部作为培养后备体育人才的重要基地，为辽宁省竞技体育的可持续发展提供源源不断的人才保障。

4. 夯实基础，加强竞技体育人才队伍建设

认真贯彻执行《辽宁省竞技体育人才培养办法》，注重提高运动员的专业素质和文化素质，尤其加强竞技体育后备人才培养阶段的教育工作，完善优秀运动队的文化教育体制机制，努力打造高水平、综合能力较强的专业体育人才队伍。建立和完善高水平运动员、教练员、裁判员等各类竞技体育优秀人才的选拔、培训、培养制度，加强体育后备人才培养工作，加强和推动各市、县（市、区）体校和俱乐部的建设，加大对县级业余训练工作的扶持力度，制定更加合理的运动员输送奖励办法，充分调动各方面的积极性。

5. 抓住机遇，积极承办国内外重大比赛

坚持政府扶持、体育行政主管部门参与策划、市场运作等手段，激活辽宁省体育竞赛市场。全省各市及县区都要以新建体育场馆为依托，积极谋划吸引各类国际专业赛事到辽宁举办，有效利用全运会体育场馆，力争全省举办世界级体育赛事 1~2 次，承办具有一定影响力、较大规模的洲际或国际赛事 3~5 次，承办全国性体育赛事 30 次以上。通过举办各项赛事，拉动辽宁省体育竞

---

① 《辽宁省体育事业发展"十二五"规划》，2011 年 8 月 25 日。

赛市场，充分发挥体育竞赛的多元社会功能和作用，丰富群众文化生活，促进社会发展。

（三）努力培育体育市场，把体育产业"做大做强"

1. 要建立和完善体育产业组织

全省各级体育行政主管部门切实加强对体育产业工作的领导，要设专门机构，安排专人负责体育产业工作，研究制定体育产业发展规划，加强对体育产业工作的监督、检查和指导。

2. 建设辽宁省体育产业发展体系

在未来五年乃至更长时间，将辽宁体育产业打造成为"东北地区体育产业总部经济区和东北亚体育产业发展聚集区"。建设以职业体育竞赛、体育场馆开发、体育资产融资、体育彩票发行、滨海体育、高校体教结合等政府为主导、本体产业为核心的辽宁体育产业支柱性发展体系；建设以体育健身娱乐、体育无形资产开发、冬季体育产业、体育用品装备制造、体育康复医疗等市场为主导、相关产业为辅助的体育产业市场性发展体系；建设以盘活体育资产为目标、政府与市场相结合、体办产业为补充的体育产业增量性发展体系。

3. 完善相关政策和法规

加大对体育休闲产业的政策倾斜力度，通过完善税费优惠政策，加大投融资力度，建立全方位、系统化的制度保障体系，为体育休闲产业的发展创造良好的环境。同时，进一步完善我国体育产业的立法以及各项法规，根据社会经济形式的变化出台新的法规，根据实践操作不断修订和完善旧法规，使之适应体育产业发展的新需要，从而引导和推动体育产业走上健康发展之路。

4. 做大做强体育彩票市场

充分调动省、市两级体育彩票发行部门的积极性，加强体育彩票投注站建设与管理，改善体育彩票品牌结构，拓宽销售渠道。巩固和发展辽宁省足球彩票优势，研究和开发新的足球彩票玩法。大力推广网上投注、电话投注等新型投注方式，推行在线即开、视频彩票等运行方式。进一步优化全省体育彩票发行管理队伍的人员结构、知识结构、能力结构。推进体育彩票投注站向专业化、专营化方向发展。努力实现体育彩票发行量国内排名与辽宁省经济、社会发展水平相适应的目标。

5. 加强体育服务业市场开发

积极承办常规性国家级体育赛事和联赛；加强体育旅游产业资源开发，与旅游部门合作开发辽宁省集旅游、观光、休闲健身于一体的精品旅游线路，推进区域性经济增长；积极培育体育中介市场，加强体育经纪人队伍建设；强力推进体育广告业、体育博彩业、体育旅游业和体育用品业等相关业态良性互动、共同发展。

（四）加强对全运会场馆的开发利用，把赛后运营管理"做新做活"

1. 引导居民扩大体育消费

公共体育场馆的收入来源在很大程度上依靠居民消费，居民消费水平的高低直接决定着场馆的运营状况。因此，政府应充分发挥导向作用，大力发展竞技体育和群众体育，营造浓重的体育文化氛围。辽宁可以将全运体育场馆向全民健身活动开放，组织全民性质的健身运动赛事，使全民健身事业更上一层楼，同时也提升全民的健身意识，培育体育消费的主体，让体育消费意识深入人心。只有拥有广大的消费主体，体育场馆利用率才能提高，才有持续发展的动力。

2. 改革公共体育场馆的管理体制

体育场馆要想获得持久性的发展力，就要改变现有的行政型管理体制，主动将体育场馆推向社会，推进市场化赛后运营的管理模式。公共体育场馆要逐步向企业化管理模式过渡，逐步实现所有权和经营权的分离。通过签订合同等手段，使体育场馆成为名副其实的自主经营、自负盈亏的法人实体。成立以沈阳奥体中心为领导地位的场馆集团，逐步实施场馆的集团化经营，① 通过承办一些国际性赛事，吸引国内高水平的俱乐部将体育场馆作为训练、比赛基地，出租场馆承办商业演出、会议展览等，实现经营效益的最大化。可考虑将体育场馆作为省内部分职业联赛俱乐部的主场使用。

3. 引进高素质的场馆管理团队

专业场馆管理团队在制定场馆运营计划、扩大场馆的经营范围、培养专业的管理人才等方面具有丰富的经验，能够最大限度地实现大型体育场馆国有资产的保值增值。因此，加大资金投入，引进专业的场馆运营团队，进行人力资源管

---

① 张春宇、冯欣欣：《第十二届全运会体育场馆赛后运营的影响因素及对策研究》，《沈阳体育学院学报》2012 年第 4 期。

理、场地管理、设备维护、物业管理等，形成科学的业务流程，并进行系统的监督和控制。

4. 制定场馆经营扶持政策和倾斜政策

辽宁省可以根据国家现行的法律法规，出台大型体育场馆配套扶持政策，通过降低税收来减轻运营成本压力，也可以利用税收政策，鼓励多渠道资金参与公共体育场馆建设和运营。

5. 加强体育无形资产的开发与利用

积极借鉴国内、国外体育场馆无形资产开发经验，加大全运会场馆无形资产的开发力度。

专题篇

Special Subjects

B.30

中韩（朝）渔业纠纷状况分析及对策

李绍德 满岩*

摘 要:

自20世纪90年代以来，在黄渤海海域中朝、中韩渔业纠纷频繁发生，枪击事件、致人死伤的恶性事件也时有发生，有些事件还倒逼中、朝、韩三国政府不得不动用政府资源和外交手段来解决。中朝、中韩渔业纠纷，还会被某些别有用心的国家拿来当作煽风点火、造谣惑众的口实和把柄，会给我国带来很大的负面影响。因此探究中韩（朝）渔业纠纷的根本原因与对策至关重要。

关键词:

中韩（朝） 渔业纠纷 对策

我国是一个拥有广阔的海洋和长达3.2万公里（1.8万公里大陆海岸线、

---

* 李绍德，辽宁社会科学院边疆研究所所长、副研究员，研究方向：朝鲜半岛问题；满岩，辽宁社会科学院边疆研究所助理研究员，研究方向：朝鲜半岛问题。

1.4万公里海岛岸线）海岸线的国家，在我国的渤海、黄海、东海和南海四大海域中，黄渤海海域是我国传统的四大渔场之一，虽不像东海和南海海域那样与周边国家存有领土纠纷，但这并不是说黄渤海海域就没有问题，特别是近些年来黄渤海海域也并不平静。

一　中韩渔业纠纷的现状及原因

近一个时期，中国渔船和渔民多次与韩国的渔业发生冲突，引发了国际社会和舆论界的普遍关注。中韩渔业纠纷已经形成了一个怪圈。一边是韩国方面以保护资源的名义，加大对中国渔船的管治力度，另一边是迫于生计的中国渔民因利益驱使而屡屡犯规，这就使纠纷短期内难以解决，而且有可能继续升级。

（一）中韩近年渔业冲突回顾

中韩在划分专属经济区中，由于中韩水面宽度不足以达到各自归属的经济区，其中中韩之间大约有9.9万平方公里水面面积重叠，为了划分中韩渔业捕捞区域，中韩双方2001年签订《中韩渔业协定》，它只是一个政府间的捕捞协定，并不是法定专属经济区的划分。自该《协定》签订以来，中国渔民特别是经常在这一区域进行捕捞作业的辽宁省渔民越界捕捞现象逐年增多。抓人、扣船、罚款、暴力抗法等现象时常出现。撞沉渔船、人员伤亡等恶性事件几乎每年都有发生。

2010年12月18日，韩国海警3000吨级执法船，冲撞中国63吨级渔船，致渔船倾覆，渔船上10名船员全部落水，造成中国2名船员死亡，其余8人中的5人被附近的中国渔船救起，另外3人被韩国水警救起；2011年3月3日：韩国海警扣押了两艘涉嫌"非法作业"的中国籍渔船。在登船检查过程中，一名中国船员被韩国海警开枪击伤。据了解，韩国海警向中国船员开枪，是第一次；2011年10月22日，韩国直升机发现了未经许可而进行作业的中国渔船，从直升机上发射催泪弹和照明弹，并通知附近的大型舰艇。中国渔船用铁锹和木棒抵抗，最后韩方扣押了三艘30吨级中国渔船；2012年10月，韩方通报，一名中国渔民被韩国海警用橡皮弹击中死亡。17日，韩国海警扣留中国渔船逮捕多名渔民，因涉嫌"非法捕捞"而被扣留的"鲁营渔"号等两艘中国渔船抵达木浦海警专用码头；2012年11月29日下午3时30分（当地时间），韩国济州海洋警察在济州

市遮归岛西北约 78 公里的海域上，以涉嫌"违反专属经济区法"，扣押了两艘中国大连双拖渔船；2012 年 12 月 27 日，韩国西海地方海洋警察厅表示，两天以来在韩国西海对"非法捕捞"船只进行集中整治过程中截获了 21 艘中国籍渔船。

（二）中韩渔业纠纷原因剖析

不断升级、愈演愈烈的中韩渔业纠纷不仅仅引发中方渔民的强烈不满，也在中韩民众之间带来许多不必要的负面影响。有些事件还迫使中韩两国不得不动用外交资源来解决，这虽然不会给中韩关系、经贸往来、各种交流带来太大的影响和冲击，但其负面效应不容忽视。

1. 中韩渔业纠纷的政治原因

一般来说，渔业纠纷最终可以由双方协商捕捞限额得到解决。但是一些与其他国家存在专属经济区甚至领海主权争端的国家，更借助渔船打"擦边球"，借渔权显示"主权存在"，由此带来的纠纷，便更难处理。东亚海域渔业纠纷和相关海域主权、航道权、石油开采权掺杂在一起，极易引发各国矛盾，成为东亚矛盾冲突潜藏的隐忧。这个渔权之争的背后，映现着敏感的地缘政治和海洋资源与经济权属的国际竞争，绝非几条渔船和单纯捕鱼权的问题。在东海、黄海海洋划界问题上，中国主张公平原则和大陆架自然延伸原则，而日本和韩国则坚持中间线原则。从这个意义上讲，中国有必要从战略高度重视渔业协定问题，而如何处理和应对渔业纠纷，也已经超越了渔业问题本身。

2. 中国渔业资源原因

据报道，到韩国专属经济区捕鱼的中国渔民涵盖山东、辽宁、天津、江苏和浙江等沿海省份，数量非常庞大。这些省份的近海渔场都面临渔业资源萎缩的问题。国家海洋局 2013 年 5 月公布的数据显示，2010 年中国管辖海域有 4.8 万平方公里的近岸海域水质劣于第四类海水水质标准（严重污染海域），较上一年增加了 62%，其中黄海和东海的污染水域增加最多。另外，部分中国渔民使用"绝户网"的细网眼渔网，结果大鱼、小鱼通吃，造成渔业资源的不可再生性破坏。中国海域鱼量越来越少，这和中国渔民用拖网大量捕捞、涸泽而渔、只计数量不计质量的传统作业方式有直接关系。

此外，早在中日、中韩签署渔业协定之前，中国自 1995 年起就在黄海、东海两大海区施行 2～3 个月的休渔期，并在 1999 年延展到南海。然而对大部分鱼来说，休渔期连片刻的美梦都算不上——第二年休渔期到来时，它们还没能成熟到繁育下一代，就可能被扫海捕捞。污染严重和过度捕捞是导致渔业资源减少的重要原因，但相关部门的执法不严，也难辞其咎。渔民们为此纠结不已——他们清楚这种掠夺式开发导致的渔业资源枯竭的恶果迟早也得自己或者子孙承受，但他们却难以眼睁睁地看着别人将手指般粗细的小鱼一船一船地运走，而自己却老老实实地独善其身。渔民希望政府管住污染，希望政府严打违法捕鱼，该休渔的时候休渔。

3. 韩国政府管理原因

按照《中韩渔业协定》中国渔船可以到韩国的专属经济区进行捕捞，但随着在韩国管辖海域捕鱼的渔船越来越多，为保护本国的渔业资源，韩国方面逐渐收紧政策，严格限制中国渔船进入的船只数和渔获配额。2012 年的配额数量定为 1650 艘，捕捞量为 6.25 万吨，比 2011 年有所下降。不仅如此，韩国对中国渔船的准入管理，越来越精细、越来越严苛，甚至具体到对网具网目的尺寸规定、渔获量记载数目、作业日志填写等的检查。就在中国渔船出事前的 12 月初，韩国海警上调了外籍非法捕鱼船保释金，并加大了巡逻力度。据韩联社报道，韩国西海地方海洋警察厅作出决定，针对在韩国专属经济区进行非法捕鱼或违反有关规定而被逮捕的外籍渔船，将保释金从现行的最高 7000 万韩元调高至 1 亿韩元（约合人民币 56.4 万元）。对大多数渔民来说，铤而走险去偷鱼，要比拿到一张许可证容易。

二　中朝渔业纠纷的现状及原因

事实上中朝海洋执法的冲突比中韩更甚，因为中韩媒体都较为透明，两国政府迫于国内压力处理得比较快，但中朝关系则比较特殊。朝鲜此前甚至打死过中国渔民，类似事件的发生频率和冲突性质比中韩还要严重。辽宁省丹东与朝鲜接壤，渔业纠纷呈蔓延的趋势，辽宁政府应加强对渔民的相关教育，渔民要有非常强的法律意识，避免因捕鱼作业酿成国际纠纷，这是渔民的公民责任。同时辽宁省政府对于中朝之间可能发生的问题要有预案和有效的应对措施。

（一）中朝渔业纠纷之冰山一角

中朝海域渔业纠纷虽然没有上升到官方的层面，但是由来已久。特别是近些年

来这种渔业纠纷越演越烈，辽宁省丹东市大东港渔民的反应最为强烈，据当地渔民反映的情况来看，朝方每天都要扣押大东港渔船 3 ~ 5 条，这里原因固然很复杂，但发生纠纷后公之于网上，就会形成一股民间呼声和氛围，倒逼政府动用国家外交资源来解决的中朝渔业纠纷。2012 年年 5 月 8 日凌晨，大连船主张德昌、孙财辉等人的 3 艘渔船在东经 123 度 57 分、北纬 38 度 05 分捕鱼时被不明身份的朝鲜武装人员控制，3 艘船连同船上的 28 名船员被扣，朝方索要每艘船 40 万元的赎金，并威胁限期不交就把船"处理掉"。5 月 21 日，3 艘船脱险归国；2013 年 4 月 22 日早上 5 点，丹东渔船"丹渔捕 3059"号在北纬 38 度 24 分、东经 123 度 53 分作业时，也遭遇朝鲜巡逻艇。船被带到朝鲜的席岛，距设有朝鲜西海舰队司令部的南浦市不远。船上存有卖蟹的 21.5 万元现金，被朝方搜刮一空。

（二）中朝渔业纠纷原因分析

1. 东经 124 度划界因素

虽然没有官方文件，但 20 世纪 90 年代，丹东官方组织的渔民教育大会上，边防人员强调：中朝海洋边界线在东经 124 度 00 分。其实这一划界有其法律和科学依据，也有其地域的含糊型。在辽东，应从鸭绿江口中线，经过辽东长山群岛和朝鲜白瓴岛连线的中线（交于东经 124 度线），划一条海界线，西北为中国，东南为朝鲜。正因为中朝所谓的友好关系，在划界上没有亲兄弟，明算账，导致海疆是一本糊涂账。渔业纠纷，官方媒体没有授权，不敢发言。中朝如果没有明确的海洋界线，国家如果没有明确的态度和切实可行的举措，辽宁、山东的渔民在黄海被劫也仅仅是个开始。中国渔民的被劫持罚款就成了彼边防军人捞钱的摇钱树。而且事态有进一步扩大之势。"辽普渔 25222"的被释放，并不在于中国的外交交涉，而在于崔龙海访中前夕，朝鲜有求于中国，不能不以此示好。中国应明确态度，在捍卫领海主权的同时，在黄海护渔护航，切实保障自己渔民的权益。其实，中朝 12 海里以外的海洋应是两国渔民自由捕捞的区域。这需要两国的协商谈判和互相谅解支持。

2. 某些非官方组织和企业已形成了与朝鲜合作的垄断势力

在 2000 年以前，鸭绿江水域每年都会发生数起中朝渔业纠纷，死人的事件也屡见不鲜，应当实事求是地说，进入 21 世纪以来，鸭绿江流域中朝渔业纠纷虽然没有减少，但重大死人等恶性事件并没有发生，当地渔政管理部门和协会是功不可没的。2010 年开始，宝华公司、润增公司等正式纳入"政府监管，企业主导"模式，每次联捕项目的出海时间、参与作业的船员信息档案等都需报丹东市渔政边防等部门批，而实际上"帮艇费"则逐年水涨船高，决定权仍然掌握在私人企业中。丹东市与朝鲜的这个民间渔业合作项目，已在省渔业厅、边防总队等多个部门备案。中国黄海、渤海一带渔业资源严重匮乏，几乎无鱼可捕，而朝鲜那边因为捕捞生产力落后，渔业资源相对丰富，丹东渔民去朝鲜海域作业，交"帮艇费"，就不算越境捕鱼；没有手续和不交钱，便不允许出海捕捞。参与联捕项目，船主有亏有盈，但好处是可以确保中方船员的人身和财产安然无恙。目前来看已由私人掌控垄断的中朝联捕项目却是减少中朝渔业纠纷的唯一途径，然而由于形成垄断，帮艇费逐年升高，渔民利润减少，铤而走险的赌博式捕捞屡见不鲜。

3. 丹东渔民的生存状况不及大连渔民

丹东的东港渔民对大连渔民是十分羡慕的。首先，大连有大连市海洋渔业协会，这个协会对大连渔业、渔民生存发展起到了至关重要的作用：海洋渔业管理部门的助手作用，政府决策机构的参谋和智囊作用，加强国际民间渔业交往的纽带作用，发挥行业发展的凝聚和自律作用。而丹东不仅做不到这一点，还在联合捕捞收费标准上也远比大连渔民高出很多。现实中，丹东渔船大概有 1000 多艘，而能够进入联和捕捞行列的渔船也就 1/4，这其中的原因固然是多方面的，但缴费高也是一个不容忽视的重要原因。这就造成在大东港渔船有近 3/4 的渔船不按规矩"出牌"，这些渔船是朝方抓扣的主要对象，由于自身有短处，这些渔船的船主大多采取向朝方交些罚款的方式来解决，这也就使得朝方的"胃口"不断膨胀。其次，大东港的渔船大多是 2、3 打头的渔船，他们只有省里渔政部门颁发的渔业执照，只具有地方"粮票"性质，并没有进入全国渔船网站的大名单，因此也就不能享受到"国家粮票"所享受到的优惠政策，对此，大东港渔民也曾经"闹过"和上访过，但并没有达到目的，因此大东港渔民反应非常强烈。当地渔民反映，如果大东港渔民和渔船也能享有大连渔民、渔船生存作业的环境，就满足啦！

三 中韩（朝）渔业纠纷对策探析

（一）中韩渔业纠纷对策探析

1. 中国渔业需要进行根本性改变

从根本上减少"非法捕捞"现象，需要改造中国渔业的整个生态环境。诸

如"康菲"等石油泄漏污染，以及各沿海城市重工业、轻工业排污入海，各地急功近利狠抓 GDP 而忽视环境保护，导致渔业资源进一步衰竭。韩国方面也认为，"高速产业化污染严重导致鱼种枯竭，所以中国渔民经常到韩国专属经济区进行非法作业"。所以，要从根本上减少"非法捕捞"现象，需要改造渔业的整个生态环境，例如让养殖业的比例进一步加大。用加快淘汰旧船、慎发新船执照的方法减少沿海普通渔船的保有量。以培训滩涂养殖技术、发展沿海城市服务行业等方式妥善安置转产渔民。发展远洋捕捞行业。以上所需资金可采取以下措施：①针对目前出海渔船常常获取高额暴利的情况，适当调整管理费用、交易税金，所得资金补贴转产渔民的技术培训或创业无息贷款；②国家拨出专项整顿渔业治理资金，重点资助远洋捕捞船队的建设；③韩方对中国加大渔业治理力度的方式也会表示支持，可以与韩方进行资金、远洋捕捞技术等方面的合作，通过中韩渔业合作既可扭转目前紧张的对立状态，也可缓解我们在渔业治理方面的资金短缺问题。

另外，近年来部分中国渔民使用"绝户网"的细网眼渔网，结果大鱼小鱼通吃，造成渔业资源的不可再生性破坏。中国海域鱼资源越来越少，这和中国渔民用拖网这样大量捕捞、竭泽而渔、只计数量不计质量的传统作业方式有直接关系。而国内市场上并未禁止销售幼鱼，对合格鱼的大小也没有明确规定，而且国内市场竞争激烈，鱼价格差距不大，不像日韩高品质鱼价格也很高，这也是导致我国捕鱼过于粗放化和不可持续性的重要原因，中国渔民这种破坏性捕捞必须得到根本性禁止。

2. 中韩政府需双方协力，迅速展开协商

执法越粗暴，反抗越激烈，这是一个普通的逻辑。如何跳出这样一个恶性循环的怪圈，是中韩双方都需要思考的问题。这次韩国海警身亡事件，毕竟是一件由渔业冲突引起的偶发事件，而韩国媒体却将其定性为"两个民族"和"两个国家"之间的冲突和矛盾，并且要求采取更加强硬的外交手段，是非常不妥的。如果这种激烈的情绪长期持续下去的话，也很难保证中国民间不会出现相应的情绪，这种恶性循环继续下去的话，势必会影响到中韩两国关系的正常发展。目前最好的解决方式就是两国政府间协商，不要伤害到两国业已形成的战略合作伙伴关系。而我们也要求韩方必须保障涉案渔民的全部法律权利，拿出包括完整视频在内的全部合法证据，对案件给予公正审理。所以适时与韩国政府进行协商是必要的。必须向韩方指出，韩方海警越界执法、野蛮暴力执法、对中国渔民动辄高额罚款、罚没渔船甚至拘押渔民都是暴力冲突的诱因。

此外，越界非法捕捞的中国渔船大约有 60% 来自山东省，30%～40% 来自辽宁省，少部分来自浙江省。韩方也表示希望就此事同中国省一级政府接触，主要是希望通过与山东省、辽宁省政府的接触，促使中国地方政府尽快采取措施控制越界捕捞现象。

自《中韩渔业协定》于 2001 年 6 月 30 日正式生效以来中韩渔业争端不断。随着我国近海渔业资源的枯竭与我国渔业生产规模和水平的发展，传统渔区的突然改变，有些地方又没有做好渔民上岸的配套措施，一定程度上导致了中国渔民的铤而走险。可想而知，即便中韩海洋划界可以实现，但是对中国渔民来说只能意味着彻底失去了部分传统捕鱼区，到时候对中国渔民的安抚、安置问题，杜绝渔民铤而走险问题将变得更为严峻。历史上中国渔民的传统捕鱼区划归韩国之后，中国的国家利益已经受到巨大损失，是不是还要继续损害中国渔民的利益。因此，中国政府有必要从维护国家利益角度和渔民切身利益的双重角度来重新审视此协定，与韩国政府积极协商是否可以把这个黄海的专属经济区和渔区应该区分开来。因为专属经济区是沿海国家自己捕捞的，而渔区的范围比较广，它可以涉及历史性的权益，如果这个海域是中国渔民长期捕捞海域，那韩国应该考虑和尊重中国渔民的权益。

3. 要加强海洋维权组织协调及交界水域的渔政巡航管理

我国渔政、海监、海事、边防等海上执法管理部门，应当整合力量有效应对复杂的海上局势，有效履行部门职责。

某些周边国家当前采取的策略，以及中方渔船在相关海域被抓、被扣日渐增多的情况，实际上是企图迫使中国渔船退出传统作业区。必须指出的是，不管在什么海域，外国军、警船冲撞我渔船、以军事手段攻击我渔船，造成人员伤亡都是绝不允许发生的事情，任意扣留中国渔民是非法的，他们实施的"司法程序"也是无效的，我国对此一定要采取对应措施。

4. 要加强中国渔民自我保护与法律意识，保障渔民合法权益

据曾被外国海警处罚过的中国渔民介绍，发生冲突后，他们往往被要求在自己看不懂的法律文件上签字，"都看不懂，更别说维护自己权益了"。目前，中国沿海多个省份已经开展对渔民进行法律法规的知识培训。在舟山等地，渔民远洋捕捞之前需要参加当地组织的关于外国法规的考试。不过，在有些村镇，由于渔民流动性较大，参加知识培训的村民往往不是出海捕捞的渔民，这使得仍有不少渔民处在安全的盲点上。中国渔民在进行作业时往往意识不够、被动盲目。因

此，要进一步加强对渔民进行关于越界捕捞法律法规知识的教育和培训。

此外，近海捕捞量大为减少，为帮助沿海渔民开辟新的捕捞生产基地，在鼓励发展人工养殖的同时，水产部门应协助渔民及时向国家农业部等部门申请，争取到涉外水域进行捕捞的资格，要让更多的合法的渔船走出渤海湾获得涉外渔业资格，到中韩、中日相关水域进行捕捞，争取取得较好的经济效益。另外，还应鼓励并组织远洋渔业船队进入三大洋捕捞生产，例如天津远洋公司近 20 艘远洋渔船前往南太平洋等海域垂钓深海黄金——"金枪鱼"、鱿鱼等市场价值较高的品种，经济效益更为显著。黄渤海海域鱼类有一个特点，幼体多在渔业线中国海域一侧生活，然后游向朝韩海域逐渐长成，渔业线划定极大影响了我国渔民捕捞效益，因为韩国近岸和朝鲜海峡等地，历史上是中国渔民的传统渔区，划归别国之后，中方已经做出了巨大让步。如果这个地方是中国渔民长期在这里捕捞的，那韩国应该考虑尊重中国渔民的权益。关于越界捕捞问题谁合法，谁不合法，这不能单方面来解决，按照国际法的含义、国际法的推断，所有非法与合法之间，应该由涉及纠纷的双边进行妥善的、和平的处理和解决。应从整体上提升我国渔民公民的权利和公民的责任，让我们的渔民不仅具有捕鱼的权利，也具有合理合法的国际海事的观念。

5. 勿让中韩渔业纠纷被外部蓄意利用，耗费外交资源

事实上中国与韩国已有十分成熟的渔业纠纷处理机制，但是"只要有一方希望把小事化大，这就注定会成为外交问题"。比如，韩国媒体在谴责中国渔民时所用语气十分激烈，韩国海警多次发动全国民众为打击中国渔民支招，这些都是不利于大局的做法。如此种种，很可能导致中韩渔业纠纷被"外部某些人蓄意利用"，当时外交部发言人刘为民也曾表示，中韩两国已签署渔业协定，就渔业生产和管理作了相应安排。中方主管部门已多次采取措施，加强对渔民教育和对出海渔船的管理，制止越界捕鱼和违规操作现象发生，同时希望韩方能充分保障中国渔民的合法权益，并给予应有的人道主义待遇。不要让渔民问题最终上升为外交问题，并在各自国内激起民族情绪，这才是两国在一段时间内都需面对的持续性难题。

（二）中朝渔业纠纷解决对策探析

1. 应及时修复渔政监管漏洞

辽宁海监渔业部门表示此地渔政监控系统还没有建成，不好判断渔民是否越界。不像在黄岩岛，一有什么风吹草动，我们海监船马上知道，有监测系统，这个地方还没有监测系统，可是每年牵涉到的渔船，跟韩国也是一样，有300多艘，因此应及时建立海监信息系统，用高科技手段锁定渔民在哪里作业。越界能及时向渔船发出警告。出事以后，有海监船和渔政船去营救。中国政府应明确态度，捍卫领海主权的同时，在黄海护渔护航，切实保障自己渔民的权益。其实，中朝12海里以外的海洋应是两国渔民自由捕捞的区域。这需要两国的协商谈判和互相谅解支持。另外，根据知情人士表示，涉事渔船从注册号上看，获得的是省内临时证，按省内规定不能进行交易。但实际上，通过私下交易渠道，它们的经营者和所有者已经属于大连。加上渔船先从大连出发抵达山东，再从山东出发前往事发海域，丹东渔政部门可能认为监管工作应由实际控制人所在地，即大连方面负责，而大连方面可能认为相关监管工作应由船籍所在地，即丹东方面负责。可见此处的渔政监管如一盘散沙，一旦出事，相关部门互相推诿扯皮，造成解决成本过高的代价。

2. 政府需加大对丹东私人企业垄断行为的干涉监督力度

据农业部网站消息，2013年6月28日，农业部紧急下发通知，暂停2013年朝鲜东部海域远洋渔业项目，所有中国渔船不得赴朝鲜东部海域生产，并要求相关省市渔业主管部门立即通告相关项目企业和渔船船东，做好相关善后工作。6月下旬，朝方突然提出改变以往中方渔船自行安排海上加油的做法，坚持由朝方统一供应中国渔船所需燃油，中国渔船船东和企业认为，朝方上述决定将对中渔船正常生产、经营和作业安全造成严重影响，形成巨大风险隐患，因此双方指定单位无法就2013年捕捞合作条件达成协议。目前已有一批中国渔船通过非法渠道在朝鲜东部海域生产，国内还有个别企业和个人与朝方人员勾结，非法在国内兜售捕捞许可证，违法组织渔船赴朝生产。上述行为严重违反了国内相关法律法规，有关部门将进行严厉查处和处罚。中国黄海、渤海一带渔业资源严重匮乏，几乎无鱼可捕，而朝鲜那边因为捕捞生产力落后，渔业资源相对丰富，丹东渔民去朝鲜海域作业，交"帮艇费"，就不算越境捕鱼；没有手续和不交钱，便不允许出海捕捞。参与联捕项目，船主有亏有盈，但好处是可以确保中方船员的人身和财产安然无恙。然而由于形成垄断，帮艇费逐年升高，渔民利润减少，铤而走险的赌博式捕捞屡见不鲜。建议政府加大对这种私人企业行为的监管力度，对帮艇费、捕捞证的发放管理正规化，并最终把这些企业的私人行为转换成政府行为，这样既保护东港渔民应有的权益，同时也减少渔民非法捕捞行为，化解渔业

纠纷，避免渔业纠纷上升到国家外交层面，耗费外交资源。

3. 灵活维持对朝友好关系，留足保护中国公民生命财产安全的空间

现在有一些人怀疑，以往朝方有些人在陆地及海洋边境地区同中方的"摩擦"受到了迁就，为顾全中朝两国关系，这些"摩擦"常被"大事化小"，从而导致了朝方一些人胆子、胃口越来越大。希望这种说法最终被证明是没有根据的。中国维持对朝友好关系的做法应当更具主动性和灵活性，留足保护中国公民生命财产安全的空间。中国在这方面有强有力的筹码，我们应当敢于使用它们。中国更应通过解救这些被绑船员在东北亚立威，任何人以及任何力量都不得威胁中国公民的人身安全。谁这样做都将遭到坚决回击，他们只会付出代价。中朝友好应当有承受力。我们必须设想一下，如果这件事发生在中国与其他国家之间，各种信息会迅速出来很多。但一遇朝鲜，事情马上变得"很敏感"，这很不正常。我们理解朝鲜的国情有些特殊，但中国船员生命安全的重要性不会因为绑匪跟朝鲜有关就打折扣，中国公众也不可能因为涉及朝鲜就有了更多理解和耐心。如果不让公众看到处理这件事的坚决态度，整个中国官方就会用自己的声誉损失为朝方的问题埋单。

参考文献

詹德斌：《中韩渔业冲突升级探源》，《国际先驱导报》2008 年第 76 期。

何新：《中韩渔争的由来与匪夷所思的〈中韩渔业协定〉》，21CN。

《韩海警"贼喊捉贼"系煽动国民韩政府不应袒护》，环球网，2012 年 2 月 12 日。

《韩媒爆炒"中国渔民刺死海警"》，《环球时报》2011 年 12 月 13 日。

辽宁海洋经济发展研究*

程 娜**

摘 要:

随着海洋总产值的稳步增长,辽宁省的海洋经济地位日益提升,对全国海洋经济发展贡献度日趋增大。但辽宁海洋产业的发展趋势与全国总体形势略有不同,且辽宁海洋三次产业结构与发达地区存在较大差距,传统海洋产业仍处于粗放型发展阶段,海洋新兴产业亟待科学规划,沿海地域海洋经济发展不平衡。要提高辽宁省海洋经济的总体发展水平,应从制定科学合理的海洋经济可持续发展战略规划入手,逐步调整海洋产业结构,提高海洋科技含量,提升沿海地域海洋增长潜力。

关键词:

海洋经济 海洋产业 海洋经济可持续发展

一 辽宁省海洋经济运行总体现状

(一)辽宁海洋总产值稳步增长,海洋经济地位日益提升

辽宁省的海洋经济发展具有悠久的历史,特别是从 1986 年实施建设"海上辽宁"战略以来,辽宁省海洋经济得到了飞速的发展。1985 年,辽宁省海洋经济总产值仅有 40 亿元,占全省国民生产总值中的比重不足 5%,到 1997 年,辽宁海洋经济生产总值已经翻了五倍多,占全省 GDP 的比重涨至 6.9%。

进入 21 世纪后,随着国家对海洋开发的日益重视,海洋科学技术得到了切

---

* 本文海洋类相关数据源自历年《中国海洋统计年鉴》及《中国海洋环境质量公报》。

** 程娜,辽宁社会科学院副研究员、经济学博士。

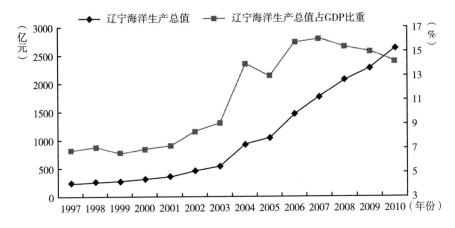

图1 辽宁海洋经济发展状况

实的发展，辽宁海洋生产总值一直呈上升的趋势。由图1可见，辽宁海洋经济的飞速发展是从2001年开始的；2002年，海洋经济总值占总GDP的比重更实现了8%的突破。2003年后辽宁海洋经济增势更是逐渐趋于明显，2005年辽宁海洋经济总值突破了千亿元大关，达1040亿元；2009年辽宁省海洋经济总产值为2281.2亿元，占GDP比重达15%；2010年辽宁省海洋经济总产值增至2619.6亿元。

（二）辽宁海洋经济对全国海洋经济发展贡献度日趋增大

尽管自20世纪90年代开始，辽宁省海洋经济经历了飞速的发展，但与全国其他沿海省市相比，辽宁省主要海洋产业经济增长量仍远落后于很多省市。辽宁省海洋生产总值占全国的比重，总体呈先下降后上升，并逐步趋于平稳的趋势。1997年，辽宁省海洋经济总产值占全国11个沿海地区总值的7.9%，1998年增至8.4%。

进入21世纪后，随着全国各沿海城市兴海战略的相继实施，辽宁也逐步加大了海洋经济发展的步伐，但受海洋资源开发和海洋科技发展所限，辽宁与发达地区的差距仍很明显。辽宁海洋经济总产值占全国的比重在2001年前基本在7.6%~8%波动，2001年辽宁省海洋经济总产值占全国比重仅为5%，尽管之后比重略有回升，在2005年略低，占比为6.1%，2006年升至7.98%，但之后辽宁省的海洋经济地位一直未有大的提高，2010年海洋经济占全国比重仅为6.81%。目前广东省的海洋经济对全国海洋经济的贡献度居全国之首，占全国比重为21%；山东省次之，达18%；上海居第三位，占比为13%；辽宁省与天津市达7%，居于第七位（见图2）。

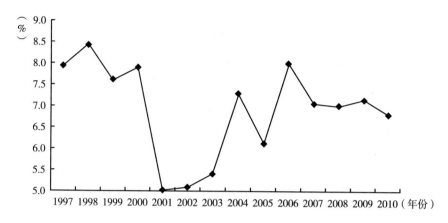

图2　辽宁海洋生产总值占全国比重

（三）辽宁海洋产业的发展趋势与全国总体形势略有不同

按照各类产业对海洋资源的利用以及所从事活动内容的不同，根据《海洋及相关产业分类标准》（GB/T 20794－2006），可将海洋产业细化为十二大产业，以及属于海洋相关产业的海洋科研教育管理服务业。其中，海洋油气业、海洋工程建筑业、海洋化工业、海洋生物医药业、海洋矿业、海洋电力业、海水利用业七大产业属海洋新兴产业，其内的后四大产业是代表着海洋经济未来发展方向的战略性海洋新兴产业（见图3）。

目前全国海洋产业经济地位由高到低的顺序依次是：海洋旅游业、海洋交通运输业、海洋渔业、海洋油气业、海洋船舶业、海洋工程建筑业、海洋化工业。其中滨海旅游业的经济地位居于全部海洋产业的首位，2010年滨海旅游业产值占总海洋产业的34%，2012年比重降至23.72%；海洋交通业次之，占海洋经济总产值的比重由2010年的24.6%降至2012年的16.34%；之前一直居首位的海洋渔业的经济地位逐渐下降，目前已退至第三位，比重由2010年的19%降至2012年的12.42%。

辽宁是我国的海洋大省之一，其水产、造船、海盐和港口等海洋产业在全国具有重要的地位，但是辽宁的海洋经济发展与国内海洋强省相比仍存在着一定的差距。国务院已将山东、浙江、广东三省的海洋新兴产业列入战略性新兴产业

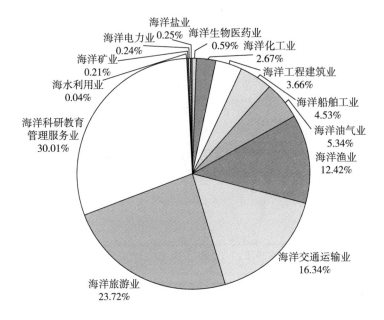

图 3 2012 年全国主要海洋产业增加值比重

"十二五"规划重点中,辽宁尚未制定合宜的海洋战略性新兴产业的发展规划。辽宁海洋产业的发展趋势与全国总体形势略有不同,海洋第一产业的产值大部分来自渔业,而海洋第二、第三产业是辽宁省海洋经济最重要的组成部分,其中滨海旅游、港口运输及船舶制造三个产业是辽宁省海洋经济的主体。值得一提的是,辽宁的海洋交通运输业和海洋船舶业在全国占有着重要的地位,共占全国总量的 11% 左右。其中,辽宁的船舶工业基地一直居于全国首位,2009 年辽宁的造船完工量达 504 万吨,占全国总量 4439.31 万吨的 11.35%;而港口吞吐量达55259 万吨,占全国总量 487371 万吨的 11.34%。

二 辽宁海洋经济发展主要问题分析

(一)辽宁海洋资源相对匮乏,海洋生态环境恶化严重

辽宁省的海域位置非常优越,东濒黄海,西临渤海,海域(大陆架)面积约 15 万平方公里,沿海滩涂面积 2070 平方公里。其中,陆地海岸线东起鸭绿江口,西至绥中县老龙头,大陆海岸线总长约 2178.3 公里,占全国海岸线总长的

12%，居全国第五位。另外，辽宁省约有266个海洋岛屿，约占全国海岛总量的0.24%，全部海岛岸线长约700.2公里，面积约191.5平方公里。由于优越的地理位置，辽宁省海域拥有着丰富的海洋矿产资源、海洋空间资源、海洋生物资源、滨海旅游资源、海洋能资源等。

但由于渤海是四大海区中水深最小、水温最低、海流最弱的浅海水域，其海洋热能和海流能的蕴藏量不到全国海洋能源总藏量的1%，是我国海洋能蕴藏量最少的海区，辽宁海洋资源的开发与利用潜力非常有限。另外，受辽宁海洋科技发展水平的限制，辽宁海洋资源开发与利用的方式偏向于传统的粗放式发展。主要限于海洋渔业和盐业的生产。总体来看，辽宁对海洋资源的开发利用缺乏统一规划、全面安排，致使资源利用不合理甚至遭受严重破坏，资源、环境与生态等各方面的矛盾日益凸显，影响着辽宁海洋产业的健康持续发展，造成海洋经济总体居于落后。

从全国四大海域的污染状况来看，渤海海域的污染程度是最高的。对2010年沿海地区工业废水排放及处理情况进行分析发现，在整个环渤海经济区中，辽宁省的工业废水排放总量约71521万吨，而直接排入海的工业废水量达24919万吨，约占全省总排放量的34.8%，占整个环渤海经济区的71%。在沿海六市中，大连市的污染程度是最高的，2010年大连市的工业废水排放量约27421万吨，约占全省总量的61%，其中直接排入海的工业废水量约22754万吨，占全省入海工业废水量的91%。可见，随着辽宁海洋经济的发展，部分海域生态环境恶化的趋势不能得到有效遏制，海洋环境与经济社会之间的矛盾日益突出，这是制约辽宁海洋经济发展的首要因素。

（二）辽宁海洋三次产业结构与发达地区存在较大差距

一直以来，辽宁海洋经济总产值的增长主要依靠以资源消耗为主的第一产业，而第二、第三产业比重一直较低，这种三次产业比例严重不协调的状况明显落后于辽宁省整个经济的发展状况，阻碍着海洋经济的进一步发展。

由图4可见，在2006年前，辽宁海洋第一产业一直居三次产业的首位，但经济地位逐步下滑，从1996年占比55.54%降至2005年的47.18%，2006年其比重更是降至史前最低点9.9%，2006年后，海洋第一产业的经济比重虽有所提高，但仍未超过15%的水平，居三次产业之末。另外，由图中可看出，在2006年前，辽宁海洋第二、三产业的经济地位交替变化，但自2006年开始，海洋第

二产业稳居三次产业的首位，第三产业次之。但辽宁海洋二、三产业的经济比重在 2009 年差距很小，海洋三次产业大有赶超海洋二次产业的势态。

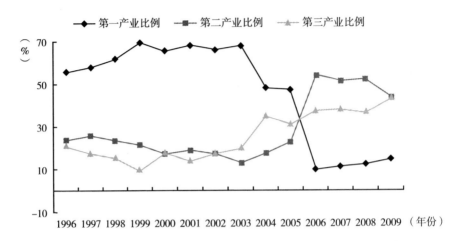

图4 辽宁海洋三次产业比例变化

全国 1998 年的海洋三次产业结构为 54：15：31，2005 年为 17：31：52，2009年为 5.9：47.1：47，2010 年为 5：47：48。相对于全国的变化，辽宁的海洋三次产业结构 1998 年为 41：31：28，2005 年为 22：25：53，2009 年为 15：43：42。可见，随着辽宁海洋经济的继续发展，三次海洋产业结构确实得到了进一步的协调，但与全国乃至世界发达国家的水平仍存在较大差距，辽宁海洋产业结构仍然存在着矛盾，需进一步调整优化。

（三）传统海洋产业仍处于粗放型发展阶段，海洋新兴产业尚未形成规模

过去辽宁省海洋经济主要以海洋渔业和海洋盐业生产为主，随着人们对海洋资源的无序开发和利用，海洋生态环境保护与海洋资源开发间的矛盾日益凸显，逐渐影响着辽宁海洋产业乃至海洋经济的健康持续发展。与此同时，辽宁省的海洋经济发展的基础设施和技术装备相对落后，海洋科技总体水平较低，这些问题都阻碍着辽宁海洋产业的进一步发展。一直以来，辽宁省的海洋经济主要以海水增养殖、海水捕捞、晒盐业、造船业等传统海洋产业为主，而像海水淡化、海洋生物制药、海洋化工、海洋电力和海水利用等以高新技术为支撑的高附加值的新兴海洋产业发展极其缓慢。辽宁省传统的海洋

产业仍处于粗放型发展阶段，一些海洋新兴产业尚未形成规模。因此，辽宁省的海洋产业结构还需进一步调整和完善，需进一步协调三次产业比重，合理进行海洋产业布局，加大对海洋新兴产业的支持力度，以促进全省海洋经济的可持续发展。

（四）沿海城市海洋经济发展不平衡

辽宁以《辽宁沿海经济带发展规划》上升为国家战略为契机，积极招商引资，不断优化海洋产业结构，努力克服金融危机的不利影响，转危为机，全省海洋经济一直保持又好又快的发展势头。但是，在辽宁沿海经济带上存在着严重的经济发展不平衡问题，尤其是从海洋产业内部结构来看，辽宁海洋生产种类单一，沿海地区海洋经济发展不平衡。

辽宁沿海城市主要包括大连、丹东、营口、盘锦、锦州、葫芦岛沿海六市，沿海六市的面积约占全省总面积的38%，人口约占全省总人口的42%，其中主要海洋产业大多集中于大连市。2004年，大连的生产总值占全省生产总值的60.41%，2005～2008年，其比例有所下挫，但比值仍在55%左右。大连市的海洋渔业产量、滨海旅游收入、港口航运量都居全省海滨六市的首位，基本超过50%的比例。在大连市三次产业发展中，第三产业的经济地位一直最高，尽管在2004～2008年，呈逐步下降的态势，但五年间第三产业的平均占比为62.89%，其中滨海旅游业产值一只位居各产业产值之首；第二产业的经济地位次之，五年间平均占比为52.49%，第一产业呈逐步下滑的态势，居于最末端，第一产业由2004年的57.14%降至2008年的42.13%。

对除大连市的其余五个沿海城市的海洋三次产业分析发现，近年来，营口市基本取代盘锦市，其城市生产总值居六省市的第二位，在2008年其占比为10.13%（见图5）。在其他五个沿海城市中，锦州市的海洋第一产业居首位，其次是丹东市、盘锦市、葫芦岛市、营口市；盘锦市的海洋第二产业一直居于首位，且呈逐年下降的趋势，紧随其后的是营口、锦州、丹东、葫芦岛。海洋第三产业的发展，其先后顺序为锦州市、营口市、丹东、葫芦岛、盘锦。其中营口海洋第三产业的发展最为明显，在2005年前，营口与盘锦一直居沿海城市末位，但随着全省海洋经济的发展，营口市的海洋第三产业目前跃居全省第三位，大有赶超丹东市的势头。

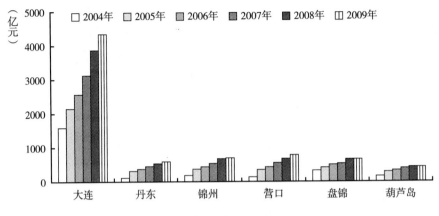

图5 辽宁沿海城市生产总值

（五）沿海县（级市）海洋产业布局相对落后

辽宁共有瓦房店、普兰店、庄河、东港等11个沿海县（级市）。比较各沿海县（级市）的生产总值发现，2008年瓦房店、普兰店、庄河三个大连市周边的沿海县级市的生产总值之和占全省生产总值的55%左右，加上东港市，四大沿海县级市的生产总值占全省生产总值的69%。2005～2008年，普兰店的生产总值增幅最大，由2005年的1682829万元增至2008年的3189435万元，增幅达90%，年均增长率为22%；庄河次之，增幅为83%，其余两市的增长幅度也在76%以上。与四大县级市相比，其他沿海县级市的增长速度也比较快，增长潜力巨大。大洼县由2005年的624586万元增至2008年的1313514万元，增幅达110%，相比较而言，绥中县是所有沿海县级市城中增速最小的，四年间的增长幅度仅为43.9%（见图6）。

在对2008年辽宁沿海县（级市）的产业结构进行分析时发现，对经济发展水平较高的地区来说，其产业结构与全省的总体产业结构基本相符，第二产业占主导地位，第三产业次之，如瓦房店的三次产业结构比例为14.8∶58.7∶26.5，普兰店的三次产业结构比为16.9∶55∶28.1。相对而言，经济发展水平稍落后的地区的产业结构仍不甚合理，如长海县2008年的海洋三次产业结构为74∶14∶12，仍以第一产业为主。对这些经济发展水平稍落后的海岛产业构成进行分析发现，海洋水产业占主要地位，产业结构过于单一，海岛旅游和交通运输业的比重都还很小（见图7）。

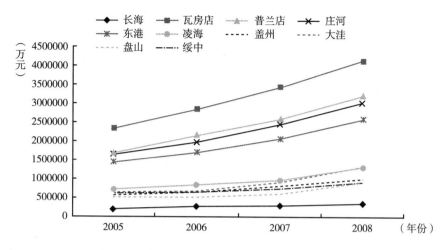

图6　辽宁沿海县（级市）2005～2008年生产总值

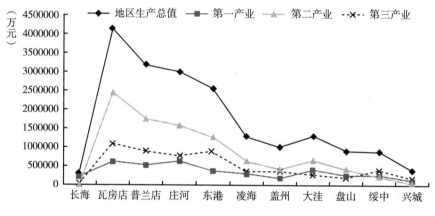

图7　辽宁沿海县（级市）三次产业生产总值（2008年）

三　辽宁省海洋经济发展对策分析

（一）制定科学合理的海洋经济可持续发展战略规划

由于辽宁的海洋经济发展存在着不同于其他沿海城市的许多特征，因此，必须从长远的角度出发，针对辽宁海域自然特征，制定科学而合理的海洋经济可持续发展战略规划。该战略规划应囊括海洋资源的开发与利用、海洋环境的保护、

海洋科学技术的开发、海洋经济制度的创新、海洋经济发展的国内国际合作等几方面内容。其目的旨在以海洋资源的可持续利用为基点，以保护海洋环境为出发点，以海洋科学技术和海洋经济制度为工具，通过海洋事务的合作，最大化地保证辽宁海洋经济的可持续发展。

（二）提高海洋资源集约化利用水平，加强海洋环境保护

近年来，受海洋基础设施和技术装备相对落后、海域管理缺少统一规划、海洋科技总体水平低等因素的影响，辽宁海洋资源的开发与利用一直呈粗放式的落后发展模式。辽宁海洋资源的无谓浪费和过度开发致使海洋环境日趋恶化、海洋资源消耗强度加大、海洋废弃排放物逐渐增多、海洋生态环境负荷过载等问题越来越严重。辽宁海洋经济与资源环境、社会发展之间不相协调问题日益影响着海洋经济的健康持续发展，直接或间接扰乱了海洋经济甚至全省国民经济的正常发展秩序。产生这些问题的最主要原因在于我们在海洋开发过程中只重视海洋的资源功能，而忽视海洋的生态、环境功能以及对海洋经济发展的科学规划。这些矛盾时刻提醒着我们不能再走过去开发陆域资源的老路，应该将可持续发展的理念引入海洋经济发展中来。因此，在对辽宁海洋经济发展进行规划的过程中，应将提高海洋资源集约化利用水平、加强海洋环境保护作为贯穿于全部规划的基本理念。

（三）调整海洋产业结构，提高海洋科技含量

促进海洋经济的发展，需要大力调整辽宁省的海洋产业结构。首先，应借鉴陆域经济的发展特点，在保证充足生活消费的前提下，进一步降低包括海洋渔业、海洋盐业在内的海洋第一产业的比重；其次，要注重对海洋第二、三产业的投入力度，尤其是要加大以高新技术为支撑的海洋生物医药业、海水利用业、海洋油气业等海洋战略型新兴产业的投入，以此推进海洋第二、三产业的发展；再次，适时出台相关法律法规，加强对海洋事务的管理，以保护海洋资源环境为前提，提高海洋第二、三产业的发展速度，由此构建合理的海洋产业发展体系和多元化的海洋经济格局。

（四）调整海洋区域发展，提升沿海县（级市）城增长潜力

辽宁各沿海城市发展不平衡，应就各海洋地域的优势，给予对应的政策倾

斜。在制定辽宁海洋经济可持续发展规划前，首先应对沿海各城市的发展进行准确定位，尤其应着重对除大连市外的其余五个沿海城市的海洋三次产业的发展进行合理规划。

此外，由于辽宁省沿海县（级市）的海洋产业布局相对落后，一方面应从改善海岛基础设施建设、加强海洋能源设施储备、提升港口交通运输等级、完善通信邮电服务入手，开放信息沟通，由此加强沿海县（级市）及海岛海洋经济发展的硬件保障；另一方面应对沿海县（级市）及海岛海洋经济发展中存在的具体问题进行系统分析，并逐步加强沿海县（级市）的科教水平、构建人才引进机制，出台系统而完善的支持政策，充分发挥四大县城之外的沿海县的增长潜力，构建提升该类地域海洋经济水平的软实力，进而提升总体生产总值。

参考文献

徐质斌、牛福增：《海洋经济学教程》，经济科学出版社，2003。

中华人民共和国国务院：《全国海洋经济发展规划纲要》，《海洋开发与管理》2004 年第 3 期。

张颖辉、可娜：《辽宁省海洋经济存在问题及对策研究》，《海洋开发与管理》2005 年第 1 期。

姜旭朝：《中华人民共和国海洋经济史》，经济科学出版社，2008。

韩立民、都晓岩：《泛黄海地区海洋产业布局研究》，经济科学出版社，2009。

B.32
辽宁旅游产业发展现状、问题及对策研究

侯荣娜*

摘　要：

目前，旅游产业作为一项新兴服务产业成为辽宁日益重视的产业之一，在拉动辽宁经济增长、扩大辽宁内需、改变辽宁经济发展方式、构建环境友好型社会等方面起到了非常重要的作用。本文将对目前辽宁省旅游产业发展现状、存在的问题、今后的发展对策等进行系统研究阐述。特别从财政投入、产业发展创新、旅游公共服务体系建设等角度提出了促进辽宁旅游产业发展的对策建议。

关键词：

旅游产业　温泉旅游　旅游法

　　旅游产业是辽宁发展服务业的重要载体，是实现辽宁转变经济发展方式、调整产业结构的一个重大突破口。2013年，辽宁高度重视旅游产业的发展，旅游产业对全省的经济增长贡献率突出，成为辽宁经济增长的重要支撑产业。然而，受政府主导作用不突出、财政投入不足、管理体制弊端等因素影响，辽宁旅游产业发展也存在诸多瓶颈问题，因此，当前和今后一个时期，在全面系统地把握辽宁旅游资源概况的基础上，总结分析辽宁旅游产业发展现状和存在的各种问题，有针对性地提出促进辽宁旅游产业发展的相关政策建议意义重大。

＊ 侯荣娜，辽宁社会科学院农村发展研究所，主要研究方向：农村公共政策、财政政策。

一 辽宁省旅游产业发展现状分析

（一）旅游产业主要经济指标快速增长，旅游产业地位稳中有升

2013年，辽宁旅游产业发展整体迈上了一个新的台阶，主要经济指标快速增长，呈现蓬勃发展态势。2013年1～10月，全省完成旅游收入3999亿元，同比增长18.1%；国内旅游收入3818.4亿元，同比增长19%；旅游外汇收入30.1亿美元，同比增长12.3%；接待国内旅游人数3.5亿人次，同比增长15.4%；入境旅游人数455万人次，同比增长10.6%。截至2013年10月，辽宁省星级以上宾馆达512家，其中五星级宾馆22家；旅行社1197家。全省有国家A级旅游景区244个，其中AAAAA级旅游景区3个；旅游产业地位稳中有升。2012年辽宁旅游产业发展速度远远高于辽宁GDP增长速度，旅游总收入占GDP比重为15.9%，占第三产业比重42.33%，旅游产业对辽宁经济增长和第三产业发展贡献巨大，成为辽宁经济增长的重要支撑产业。

（二）旅游客源市场稳中有快，国内游、入境游板块市场持续升温

巨大而富有潜力的客源市场是辽宁省旅游产业发展的重要保障，2013年，辽宁国内游、入境游旅游板块市场持续升温，保持高速增长趋势。2013年1～10月份，辽宁省接待国内游板块为3.5亿人次，比上年同期增长15.4%；入境游板块为455万人次，比上年同期增长10.6%。其中，入境游板块是辽宁旅游市场非常重要的部分，入境游可直接带来非常可观的外汇收入，根据旅游统计，入境游客基本分为两类：港澳台同胞和外国人。根据2013年1～9月份旅游数据统计，在辽宁入境旅游市场结构中，港澳台入境游客为800129人次，占全省入境游人次的21.02%，同比增长24.17%；外国入境游客为3006262人次，占全省入境游人次的78.98%，同比增长0.75%，接待的外国游客主要集中在亚洲板块的13个国家，占全省接待入境游人次的64.14%，其中韩国、日本、朝鲜入境人次列前三名；欧洲占全省接待入境游人次的10.64%，其中包括英国、法国、德国、意大利、俄罗斯、西班牙、瑞典、瑞士8个国家；北美洲的美国和加拿大占3.1%；大洋洲的澳大利亚、新西兰占1.1%。在入境游整体板块中旅游消费人数增幅比较大的国家和地区分别为澳

门（34.33%）、马来西亚（26.84%）、台湾（24.37%）、香港（21.47）和俄罗斯（20.2%）。

（三）辽宁特色重点旅游产品迅猛发展，国内、国际旅游节会不断推出

2013年，辽宁温泉旅游、乡村旅游、沟域旅游、海洋海岛旅游、遗产之旅、锦州世博园等重点旅游产品迅猛发展。其中，温泉旅游获得突破性进展，迈出了走向世界的实质性步伐；乡村旅游取得新成效，全面实施了《辽宁省乡村旅游发展专项规划》，推出了旅游＋地产、旅游＋农园、旅游＋生态、旅游＋温泉的新模式，丰富了乡村旅游业态；沟域旅游强势崛起。编制《辽宁省沟域旅游发展专项规划》，科学布局辽宁东部山水画廊沟域旅游生态体验区、西部民俗风情沟域旅游度假区、南部阳光海陆沟域旅游康体休闲区、中部河河民俗沟域观光体验区四大发展空间，通过省政府香港沟域旅游项目招商会，引进项目投资额达到901亿元人民币，带动了全省沟域旅游的快速发展。同时，辽宁承办的国内、国际旅游节会活动不断推出。2013辽宁相继举办了"冰雪温泉季"的"滑冰雪、泡温泉、双万人大狂欢"、沈阳国际旅游节、抚顺满族风情旅游节、盘锦旅游湿地周暨第八届东亚国际旅游博览会、丹东中朝旅游资源展和辽宁省冬季赴朝旅游暨丹东万里自驾游宣传启动仪式等13个国家、省级旅游节会活动。此外，辽宁还开展了冬季冰雪温泉、春季踏青赏花、夏季海滨戏水、秋季采摘等100个系列节庆活动，进一步营造浓烈的旅游氛围，树立了辽宁旅游的良好形象。

（四）辽宁温泉旅游产业取得重大突破，向"中国温泉旅游第一大省"的目标迈进

2013年，辽宁温泉旅游产业取得重大突破。据旅游局统计，截至2013年上半年，全省温泉旅游接待人数3620万人次，实现温泉旅游总收入219亿元，同比增长25%，年接待住宿超万人次的温泉酒店达54家，日最大接待量9.2万人次；温泉项目投资取得更大进展，截至2012年底，全省10亿元以上温泉旅游签约项目78个，投资总额1900亿元，1亿元以上的温泉旅游在建项目105个，预计在2013年底前，10亿元以上的温泉在建项目将有20个投入运营，创建了以辽阳弓长岭温泉旅游度假区为代表的8家温泉旅游度假区和20家温泉旅游小镇；同时，辽宁为大力发展温泉旅游，编制了《辽宁省温泉旅游发展专项规划》，明

确了全省温泉旅游发展的战略目标和工作措施，其中沈阳、大连、丹东、营口、辽阳、盘锦等10个市也制定了详细的温泉旅游发展专项规划，推动了全省温泉旅游产业的科学化发展。此外，温泉旅游产业推出了产业集群式发展新路，打造温泉旅游产业集群，把辽阳弓长岭温泉旅游度假区、营口鲅鱼圈省级温泉旅游度假区等5个旅游度假区列入全省现代服务业旅游聚集区。辽宁温泉旅游产业发展正向"中国温泉旅游第一大省"目标迈进，温泉旅游已经发展成为辽宁旅游产业的龙头产业和支柱产业，温泉旅游的发展拉动了建筑、交通、地产等一系列相关产业的发展，成为辽宁经济增长重要一极。

（五）辽宁旅游产业基础设施环境日趋完善，旅游信息化服务网络基本成型

2013年，辽宁旅游产业在旅游政策和财政专项扶持下，旅游产业基础设施环境日趋完善，2013年辽宁旅游的路、海、空基础设施建设也得到了飞速发展，高速公路营运里程突破4000公里，高速公路建设达到国际一流水准，哈大高铁建成通车，助推了"大东北城市群"一体化的形成，相应带动了沿线旅游交通"半日经济圈"的发展；沈阳经济区内形成了"一小时经济圈"和"半小时经济圈"；继大连至韩国仁川客运航线之后，海上运输又开辟了天津至辽宁旅顺海上客运航线；沈阳、大连2013年新开通数条国内、国际航线，尤其辽西地区新开通了中国锦州至韩国首尔首条国际航线，大大拓宽了辽西地区的旅游经济圈的发展。基础设施的大力投入，夯实了辽宁旅游业发展的基础。此外，辽宁旅游信息化服务网络基本成型，建设了辽宁旅游局官方网站等信息服务平台，成立了沈阳经济区（虎跃）旅游集散中心、咨询服务中心、旅游热线等公共服务投入使用。同时，辽宁还在各种主流媒体加大对辽宁旅游的宣传。在中央电视台、辽宁电视台黄金栏目的黄金时段，每天播报辽宁旅游形象宣传片，在北京站、北京西站LED屏连续播放辽宁旅游整体形象及2013锦州世园会等主题形象宣传片，利用辽宁广播电视台的辽宁新闻、经济台、交通台和乡村台、《辽宁日报》和《中国旅游报》等媒体，广泛进行旅游宣传。

二 辽宁旅游产业发展存在的主要问题

2013年，虽然辽宁旅游产业发展增速显著，并且呈现蓬勃发展态势，但是发展过程中仍然遇到一些制约旅游产业发展的瓶颈问题。

（一）旅游产业财政投入总量不足，政府主导作用不突出

财政投入总量不足、政府主导作用不突出一直是困扰辽宁发展旅游产业的核心问题。首先，目前，辽宁省省以下各级财政对旅游产业投入总量严重不足，这将直接制约辽宁旅游产业的发展。财政预算资金是辽宁旅游产业发展一个重要资金来源，虽然辽宁一些市、县（区）设立了旅游发展专项资金，但是资金数量少，扶持力度不够。研究表明，对旅游产业的支出应该保持在占国民经济的5%左右，而辽宁各市、县旅游产业的投资占各级政府经济总量的比例远远达不到这样的水平。其次，在旅游产业发展规划和设计上，政府主导作用不突出。表现在辽宁有些地区对发展旅游认识不足，政府没有制定旅游发展规划，对旅游项目开发缺乏可行性研究分析，旅游项目开发建设基本处于自发、无序状态。还有些城市虽然制定了规划，但是缺乏科学论证，结果导致耗资巨大、低水平重复建设的克隆旅游项目，不仅浪费了公共财政资金，还造成了当地环境和旅游资源的破坏。

（二）旅游产业发展创新动力不足，综合竞争力整体不高

旅游产业发展创新动力不足，直接影响辽宁旅游产业的综合竞争力的提高。首先，辽宁旅游产业整体的市场定位不够准确，旅游同质化现象严重。各个城市发展思路仍然强调的是以资源优势为中心，缺乏市场分析与定位，产业化程度较低，限制了各个城市之间的资源整合，影响了辽宁旅游整体竞争力的提高；其次，从截至2013年9月份旅游统计数据来看，旅游产业的区域发展状态呈现较大的不平衡性，统计显示在辽宁14个旅游城市中，沈阳和大连占据辽宁旅游份额的优势，沈阳和大连两个城市共接待入境旅游者1505363人次，占全省接待游客人次的37%；实现旅游外汇收入99503.1万美元，占全省的36.8%。辽宁城市旅游发展的不均衡性特点导致旅游产业在区域整合速度上发展比较缓慢，从而制约辽宁旅游整体竞争力的提高；再次，辽宁旅游产业品牌整合力欠缺，制约旅游整体竞争力的提高。比如，辽宁的"清文化"文化旅游品牌虽然存在一定的市场号召力，但是消费水平增长速度缓慢，游客人均停留天数逐年下降，这表明辽宁旅游品牌整合力欠缺，缺乏新的旅游主导自主品牌，游客的消费潜力不能充分释放，导致辽宁整体旅游竞争力下降。

（三）旅游产业公共服务能力弱化，制约旅游产业的快速发展

辽宁旅游产业公共服务能力弱化，是目前辽宁旅游产业发展面临的一个突出难题，将直接制约辽宁旅游产业的快速发展。首先，辽宁旅游公共服务体系建设在信息服务、公共基础设施、交通、旅游接待这几个方面都存在不足。在旅游信息服务体系方面，存在着旅游数据库信息不完善的情况和数据库更新速度较慢的问题；旅游基础设施体系方面存在城市建设滞后于旅游资源的开发，比如缺乏以"满韵清风"、"多彩辽宁"为主题的标志性雕塑或地标性建筑等；在旅游交通服务体系方面，存在缺乏交通引导应急预案机制以应付节假日游客大量增加的问题；在旅游接待服务体系方面，旅游集散中心应完善运作模式，实行规模化运作、互联网跨地区经营和跨行业联合。其次，辽宁旅游公共服务建设资金投入不足。主要是在基础设施、劳动力培训和信息服务等方面投入不足。再次，辽宁旅游公共服务缺乏严格的分工机制，特别是在辽宁各级政府之间、各个城市之间，旅游公共服务的分工不明确。正因为分工不是很明确，所以我们缺乏一种对旅游公共服务能力发展的严格的问责机制。

（四）温泉旅游资源开发同质化严重，温泉旅游产业亟待转型升级

目前，辽宁温泉旅游资源开发模式同质化严重，温泉旅游产业亟待转型升级。表现在辽宁大部分温泉在特点、产品功能等方面大都是以洗浴加休闲、养生、度假、会议等开发模式为主。温泉建设项目也大同小异，温泉酒店、露天浴池，再配套一些相关的休闲娱乐项目。这种开发模式一是缺乏对温泉特色的深度挖潜，难以满足日益细化的旅游者需求。二是缺乏对温泉文化的培植，温泉旅游的文化特色是温泉旅游竞争力的关键因素，然而辽宁各个温泉地独有的历史文化背景却没有充分利用起来，极大地降低了辽宁温泉旅游的吸引力。三是缺乏对温泉目的地的整体营销与内涵建设。一旦经营状况不佳后续投入必然不足，这成为制约辽宁温泉旅游产业市场发展的顽疾。四是缺乏对温泉旅游人才的培养。温泉旅游的发展需要硬件的投入，更需要软件的升级，温泉旅游经营管理人员素质、管理水平、服务人员专业程度和服务水平是衡量温泉地软件的重要指标。然而目前辽宁省多数温泉地极度缺乏既懂管理又对温泉旅游比较了解的高素质专业管理人才和专业服务人员，软件建设的不到位直接导致辽宁温泉管理水平低、服务质量差的局面。

（五）旅游产业管理权限难以界定，管理部门条块分割、管理不规范

旅游产业管理权限难以界定，容易引发旅游管理部门条块分割、管理不规范等行业管理问题。首先，旅游产业不同于其他产业，旅游产业范围宽泛，许多行业、部门、机构既有旅游性质，也分属其他领域，产业边界界定比较困难，这导致旅游管理部门的法定职能边界难以界定。其次，部门条块分割体制格局制约。在全省各个局委办中，旅游管理部门设置的比较晚。之前各项权力职能范围基本已划分完毕，而且许多旅游企业都有主管部门，许多旅游要素资源分属不同部门机构管理，这些因素也造成旅游管理部门权能范围比较狭窄，划分也比较困难，这些往往令旅游企业无所适从，影响了旅游产业的健康发展。再次，法制建设滞后。作为新兴产业，辽宁旅游产业起步较晚，相关法律法规和行业规章仍不健全。

三　促进辽宁旅游产业发展的对策建议

（一）加大对旅游产业财政投入力度，科学编制旅游发展规划

第一，辽宁各地财政要结合实际建立和增加旅游发展专项资金，加大对旅游产业的财政投入力度。一是，加大对辽宁旅游重点项目的开发和建设投入，尤其辽宁温泉旅游项目、乡村旅游项目和强势崛起的沟域旅游项目。二是，加大财政对辽宁旅游宣传方面的投入力度，尤其是要加大旅游宣传促销经费的投入，打造辽宁旅游产业发展的国际名片，强化海外客源的市场开拓，进一步提高辽宁旅游产业发展的国际化水平和国际市场竞争力。三是，加大财政对旅游公共服务体系的建设的长期重点支持。包括旅游基础设施的完善、旅游信息服务平台的搭建、旅游交通设施的加强、旅游人才建设培养等公共服务体系。

第二，在加大财政直接专项扶持的同时，还要创新财政支持方式，通过贷款贴息补助、政府投资、转移支付、以奖代补、税式支出等方式，放大财政杠杆作用，同时还要鼓励社会资本投资辽宁旅游产业，拓宽旅游产业融资渠道，构建旅游产业融资平台，发挥财政与金融、税收、价格等扶持政策联动性，采取各类扶持政策的"组合拳"，形成社会各方资金投入旅游业的局面，建立和完善促进辽宁旅游产业发展的市场机制。

第三，目前辽宁旅游项目开发出现自发、无序甚至违规违法等问题，相关部

门必须科学编制旅游发展规划，强化旅游规划对旅游产业发展的指导与约束。一是，规范旅游发展规划的制定程序，实行专家论证、审批听证和公开征询意见程序，吸收行业专家、市场微观主体、广大群众等各方意见，使规划更具科学性与操作性。二是，提高规划的法律地位与"刚性"。对不在旅游规划范围的项目，坚决不予审批；对违法、违建项目，依法予以处罚。三是加强旅游发展规划与其他产业发展规划相衔接与协调，比如避免与城市发展规划、土地利用总体规划等冲突。

（二）加快旅游产业发展创新，提升辽宁旅游产业发展的综合竞争力

第一，狠抓商品开发，促进旅游商品的产业化发展。充分利用辽宁文化资源大省的先天优势，依据当地山水、农村副业及文化旅游资源，集中设计开发一批有影响力的旅游商品。设计理念上要大胆创新，在内涵上深入发掘，在制作工艺上精益求精。同时，要突出资源特色，促进旅游产品的多样化。根据旅游的参与性、休闲性和自然性等特点，推出个性旅游产品。使游客体会到旅游所带来的全新生活情趣，达到放松身心、休闲养身的效果。要突出旅游的自然环境，充分展示旅游的资源特色，让游客感受到身心愉悦。

第二，整合旅游资源，加快区域旅游合作发展。首先，展开省内城市旅游合作。加强沈阳、大连与其他市区的省内区域旅游合作，均衡旅游资源配置。可以使省内区域旅游资源之间有机联合、信息互通、营销互动、优势互补和互惠互利，在省内城市之间打造旅游联合体，促进辽宁各市的旅游企业之间的合作发展。其次，加强东三省的区域旅游合作。目前，珠三角、长三角、京津冀三大经济圈的区域旅游合作取得很好的示范效果。辽宁旅游应配合国家振兴东北老工业基地的大战略，加强与吉林、黑龙江的旅游资源的合作，推进辽宁旅游产业的区域化发展。再次，加强东北亚的区域旅游合作，树立东北亚旅游产业的整体形象。根据彼此的资源优势，加强旅游资源的对接，形成有影响力的世界级的区域旅游网络格局。

第三，加大辽宁旅游品牌和旅游信息的宣传。首先，全力打造辽宁旅游品牌。各市、县（涉农县）每年都要依据当地资源特色举办一次旅游节，全力打造具有较强影响力的旅游知名品牌。其次，积极建立营销网络，纳入各级旅游机构"大宣传、大营销"组织体系，利用多种宣传方式，积极推介辽宁旅游资源，加大电视网络等主流媒体的宣传力度，提高辽宁旅游品牌国际市场号召力和提升

整体旅游形象，加强与国内、国外城市的旅游合作，努力实现国内客源市场和国际客源市场的快速增长。

（三）贯彻执行新《旅游法》，完善旅游产业公共服务体系建设

首先，在旅游公共服务体系建设方面，政府要发挥主导作用。对于具有公益性质的公共服务体系建设，政府要给予资金保障。2013 版新《旅游法》第一次从法律层面明确规定了政府在旅游公共服务体系建设方面的资金保障义务，其中明确规定了县级以上地方财政应根据实际需求配备资金的要求。所以，辽宁县级以上财政要给予城市和乡村公共基础设施和公共服务设施建设的资金保障，以完善辽宁旅游"硬件"建设的需要；给予旅游公共信息和咨询平台建设投入保障。此外，政府要免费提供旅游咨询服务、在旅游集中区设立旅游咨询中心等，完善辽宁旅游信息服务体系建设。其次，建立健全旅游公共服务体系建设机制，促进辽宁旅游建设规范化发展。参照 2013 版新《旅游法》在辽宁建立健全旅游服务标准和市场规则、旅游综合协调机制，明确辽宁旅游相关部门或者机构对本行政区域的旅游业发展管理的统筹协调，以破解旅游产业存在的多头管理问题；建立应急预案机制，以应对旅游突发事件问题。再次，加强推进辽宁旅游公共服务体系建设的区域化和国际化。辽宁应依托良好的区位条件与多区域合作建立跨区域旅游信息共享机制，打造辽宁"旅游云"数据中心，促进辽宁旅游向国际化发展。

（四）加强温泉旅游与周边资源的整合，打造温泉文化内涵建设

首先，辽宁温泉旅游建设要加强与周边资源的有机整合，打造特色温泉旅游产品。在开发温泉产品时应因人群不同而进行有差别的开发，实现温泉旅游产品和服务的创新，使温泉旅游成为一个具有休闲度假、情感沟通、文化体验等多功能、多层次、系列化的时尚旅游产品，以满足日益细化的消费者的需求。其次，打造温泉文化内涵建设。文化是非常重要的，辽宁温泉旅游的深度开发，必须要加强温泉文化内涵的建设，除了打造传统的洗浴文化、理疗保健文化，还可以利用东北特色饮食打造饮食文化等。再次，利用各种媒介加大温泉品牌宣传营销。同时，各相关部门及企业应站在辽宁温泉旅游整体发展的高度，加强联合宣传，开拓市场，扩大辽宁的温泉产品的影响力和市场号召力。此外，还要加强省内温泉专业人才的培养，提高旅游服务质量。

（五）加强旅游产业软环境建设，提高旅游行业管理水平

首先，要加强旅游产业软环境建设，提高旅游人才的地位，加强旅游人才培养的力度。培养一批综合素质高、懂经营、会管理、能创新的专业旅游技术人才，以适应旅游产业转型升级的需要。其次，建立辽宁部门间协调配合的机制，强化经济社会文化各部门对旅游产业的支持和配合。同时要发挥旅游行业组织、中介组织和非政府组织的作用，营造辽宁良好的旅游环境，提高辽宁旅游管理水平。比如强化旅游标准化管理（农家乐服务标准、旅游大棚采摘标准、农村大集活动标准及景点、景区质量标准等），深入开展旅游市场规范整顿工作、规范旅游市场秩序、建立社会监督网络、旅游企业信用评级和建立旅游安全风险提示制度等。

参考文献

辽宁省统计局：《辽宁统计年鉴（2013）》，中国统计出版社，2013。
辽宁省旅游局：辽宁旅游官方统计数据（2013 年 1～10 月）。
法义滨：《辽宁温泉旅游开发存在的问题及对策研究》，《经济研究导刊》2012 年第 18期。

B.33
辽宁沿海经济带重点园区管理体制现状、问题和对策

张春昕*

摘　要：

园区能否建设好，关键取决于对生产要素的吸引能力和优化配置能力，归根到底取决于体制。自2009年辽宁沿海经济带开发开放战略上升为国家战略以来，各重点园区充分发挥了聚集效能和扩散效能，带动整个区域经济实现了飞跃发展。但随着经济社会的不断发展，各园区在行政管理体制方面逐渐出现了体制复归、管委会领导配备超标兼职、部分园区中间管理层次偏多、市级经济管理权限下放不到位等与经济社会发展不相协调的问题，需要我们厘清现状，剖析问题，寻求对策。

关键词：

辽宁沿海经济带　重点园区　管理体制

辽宁沿海经济带是东北老工业基地振兴和我国面向东北亚开放合作的重要区域，位于我国东北地区，毗邻渤海和黄海，包括大连、丹东、锦州、营口、盘锦、葫芦岛6个沿海城市所辖行政区域，陆域面积5.65万平方公里，海岸线长2920公里，海域面积约6.8万平方公里。

自2009年辽宁沿海经济带开发开放战略上升为国家战略以来，45个重点园区充分发挥了聚集效能，实现了飞跃发展。截至2013年9月，沿海重点园区固定资产投资5536亿元，同比增长19%；实际利用外资908664万美元，同比增长22%；公共财政预算收入437亿元，同比增长19%。同时，沿海重点园区充分发

---

* 张春昕，辽宁社会科学院人力资源研究所助理研究员，研究方向：应用经济学。

挥扩散效能，带动周边区域实现了快速发展。截至2013年9月，沿海6市固定资产投资9326亿元，占辽宁省比重44%；实际利用外资1293570万美元，占辽宁省比重64%；公共财政预算收入1166亿元，占辽宁省比重45%。

园区能否建设好，关键取决于对生产要素的吸引能力和优化配置能力如何，归根到底取决于体制。目前，园区之间的竞争已从区位优势竞争和政策优惠竞争，逐渐向体制竞争转变。而沿海经济带各重点园区在行政管理体制方面，仍然面临一些亟须解决的问题，需要我们厘清现状，剖析问题，寻求对策。

一 辽宁沿海经济带重点园区管理体制建设现状

（一）重点园区管理体制基本理顺

辽宁沿海经济带的重点园区成立时间前后相差20余年，整体呈现新老园区并存、所处发展阶段各异、管理体制五花八门等特点，园区管委会与所属市、县政府关系不清，需要进行梳理，并实施分类指导，否则难以保证相关政策的有效性和针对性。

2013年，辽宁省机构编制委员会办公室根据重点园区与市政府的关系，将重点园区管委会管理体制分为独立设置、合署办公、委托管理和合一设置4种类型。

"独立设置型"是指园区管委会直接对市、县（区）政府负责，设有单独的领导班子和工作机构，全面负责重点园区的经济和社会管理事务，属于这种类型的园区有21个，占比50%。"合署办公型"是指园区管委会与所在地政府一个领导班子，管委会一般设有相对独立的工作机构，行使经济管理职能，社会管理职能由所在地政府承担，属于这种类型的园区有8个，占比19.0%。"委托管理型"是指园区管委会由市政府委托园区所在县（市、区）政府管理，管委会对所在地政府负责，设有独立的领导班子和工作机构，行使经济管理职能，社会管理职能由所在地政府承担，属于这种类型的园区有11个，占比26.2%。"合一设置型"是指园区管委会与所在地政府一套机构，两块牌子，一个领导班子，全面负责园区的经济和社会管理事务，属于这种类型的园区包括大连经济技术开发区和营口经济技术开发区两个园区，占比4.8%。其中，合署办公型和委托管理型的重点园区主要集中在大连，市委、市政府派出型主要集中在盘锦，具体内容参见表1。

表1 辽宁沿海经济带重点园区按管理体制类型分类

类　型		个数	园区名称
独立设置型	市政府派出机构	16	大连长兴岛经济区、大连花园口经济区、大连保税区、大连旅顺南路软件产业带、丹东新区、丹东大孤山经济区、锦州经济技术开发区、锦州龙栖湾新区、辽宁(营口)沿海产业基地、营口北海新区、营口市仙人岛能源化工、营口高新技术产业开发区、盘锦辽河口生态经济区、葫芦岛北港工业区、葫芦岛高新技术产业开发区、葫芦岛觉华岛旅游度假区
	市委、市政府派出机构	2	盘锦辽东湾新区、盘锦化工材料产业基地(辽宁北方新材料产业园管委会)
	县区政府派出机构	3	大连湾临海装备制造业聚集区、辽宁东港经济开发区、营口大石桥沿海新兴产业区
合署办公型	市政府派出机构	6	大连旅顺绿色经济区、大连太平湾沿海经济区、大连循环产业经济区、大连长山群岛海洋生态经济区、大连普湾新区、锦州大有经济区
	县区政府派出机构	1	辽宁前阳经济开发区
	未明确	1	辽宁东戴河新区
委托管理型	市政府派出机构	10	大连金渤海岸经济区、大连登沙河产业区、大连生态科技创新城、大连皮杨中心产业区、大连安波旅游度假区、大连瓦房店轴承产业区、大连新兴产业经济区、辽宁海洋产业经济区、葫芦岛兴城滨海经济区、葫芦岛打渔山泵业园区
	市委、市政府派出机构	1	盘锦石油装备制造基地
合一设置型	市政府派出机构	2	大连经济技术开发区、营口经济技术开发区

资料来源：对辽宁省机构编制委员会办公室2013年4月（以当时的42个重点园区为对象）的统计结果进行分析整理后得出，下同。

（二）园区管委会机构性质多种形式并存

总体上，各园区平均设置9个机构。其中，独立设置型管委会内设机构平均10个，合署办公型管委会内设机构平均9个，委托管理型管委会内设机构平均5个，合一设置型管委会内设机构平均25个。

园区管委会的机构性质、级别及规格存在多种形式。

管委会机构性质分为机关、事业单位和尚未明确机构性质三种形式。其中，管委会机构性质属于机关的有28个，占比66.7%，主要集中在大连、锦州和营口；属于事业单位的有7个，占比16.7%，主要集中在葫芦岛；尚未明确机构性质的有 7 个，占比 16.7%，主要集中在丹东和盘锦。

管委会的派出机构级别，属于市政府派出机构的最多，4 种管理类型均涉及，共 33 个，占比 78.6%；属于市委、市政府派出机构的共 3 个，均属于盘锦；属于县（市、区）政府派出机构的共 5 个，占比 11.9%。除此之外，辽宁东戴河新区原为市政府派出机构，现尚未明确由哪级政府派出。

管委会机构规格主要有副厅级、正县（处）级、副县（处级）和未定规格 4 种形式。其中，规格为副厅级的 12 个，占比 28.6%；正县（处）级的 19 个，占比 45.2%；副县（处级）的 8 个，占比 19%；未定规格的 2 个，占比 4.8%。

（三）领导干部和工作人员配备较为完备

42 个重点园区中有 16 个园区的领导级别为副市（地）级，占比 38%；有 18 个园区的领导级别为正县（处）级，占比 42.9%；有 8 个园区的领导级别为副县（处）级，占比 19.0%。其中，11 个园区一把手配备副市（地）级领导干部。

不同类型管理体制的园区对人员配备有不同的要求，相应的，领导干部和人员配备也呈现不同的特征。

管委会领导职数平均数为 5 名，实际配备平均数为 6 人。其中，独立设置型实际平均配备 7 人，合署办公型实际平均配备 3 人，委托管理型实际平均配备 4 人，合一设置型实际平均配备 11 人。园区党政一把手为兼职的有 24 个园区，占比 57.1%，具体内容参见表 2。

人员配备上，除了合一设置型园区外，园区平均实有人员 62 人。其中，独立设置型管委会平均实有工作人员 88 人；合署办公型管委会平均实有工作人员 42 人；委托管理型管委会平均实有工作人员 22 人。

表 2　辽宁沿海经济带重点园区机构设置及人员配置分类统计

单位：人，个

管理体制类型	园区数量	实际设置机构平均数	实际配备管委会领导平均数	实际配备工作人员平均数
独立设置型	21	10	7	88
合署办公型	8	9	3	42
委托管理型	11	5	4	22
合一设置型	2	25	11	—
合　计	42	9	6	62

（四）经济社会管理权限逐步下放

《关于进一步完善辽宁沿海经济带管理体制若干问题的意见》（辽委办发〔2010〕22号）（以下简称22号文件）明确提出，沿海经济带重点区域管委会为市政府派出机构，行使市级政府的经济管理权限和社会管理权限，全面负责重点区域的经济和社会管理事务。

目前，42个重点园区均不同程度地承担经济管理职能，逾六成园区享有市级经济管理权限。作为省级综合改革实验区，大连长兴岛经济区和盘锦辽东湾新区享有部分省级经济管理权限，具体享有的省级经济管理权限包括项目管理、土地管理、环境保护管理等方面。共有26个园区享有市级经济管理权限，占比61.9%，具体享有的市级经济管理权限涉及项目管理、规划管理、土地管理、环境保护管理、建设管理等方面。

承担社会管理职能方面，42个园区有全部、部分和不承担三种情况，承担社会管理职能的园区占59.5%，占比近六成。其中，1个园区明确全部承担，12个园区明确部分承担，2个园区明确承担社会管理职能，17个园区明确不承担。

二　辽宁沿海经济带重点园区管理体制存在的主要问题

（一）近三成重点园区存在体制复归倾向

按照重点园区管理体制类型看，独立设置型园区管委会，通常设有办公室、党群工作部、规划建设局、招商局、经济发展局、财政局、安监局、社会事业管理局等内设机构，一般数量不宜超过10个。合署办公型和委托管理型管委会，通常设有办公室、规划建设局、招商局、经济发展局、财政局等内设机构，因多数起步比较晚，且仅承担经济管理职能，一般内设机构数量不宜超过7个。目前，共有13个园区内设机构超过所属管理体制类型机构设置上限，占比31.0%，近三成。

其中，独立设置型园区机构臃肿问题最为突出，逾1/3独立设置型管委会内设机构超过10个。而合一设置型的2个园区则属于典型的体制复归，已和所属行政区完全合一，内设机构数量最多，均已超过20个。这些园区虽然在最初成立时采用大部制，但在发展过程中，随着经济和社会职能的增多，以及一些地方政府要求上下对口，开始逐渐增加机构设置和人员编制，越设越多，有向传统行政管理体制复归的倾向。

一方面，臃肿的机构设置，过多的人员配备，易导致职能交叉、政出多门、人浮于事、经济社会管理效率低下。另一方面，过多的社会管理事务也分散了园区的精力，导致有限的人力资源未能集中、高效地应用到经济建设管理工作中，不利于园区实现高效运转。

（二）过半数管委会领导配备超标、兼职

一是过半数管委会领导配备超标。目前，重点园区管委会领导实际平均配备为6名，而管委会领导职数平均数为5名，42个重点园区中超标准配备的园区共有24个，占比57.1%。其中，按管理体制类型看，独立设置型管委会领导配备超标问题最为突出，有19个园区领导配备超标，占独立设置型园区的86.4%。这种超出实际标准的配备，不仅增加了管理成本，而且由于职能存在交叉，降低了管理效率。

二是近六成园区党政一把手兼职。园区党政一把手为兼职的有24个园区，占比57.1%。按管理体制类型看，委托管理型园区党政一把手兼职问题比较突出，11个园区有10个园区党政一把手为兼职，占比90.9%。另外，合一设置型的2个园区管委会党政一把手均为兼职。这种兼职使得很多园区党政一把手或是并未真正参与园区的建设发展领导工作，或是难以集中精力、全力以赴开展园区相关工作，不利于园区实现高效运行。

（三）部分园区中间管理层次偏多

减少中间管理层次，优化行政层级是行政体制改革的重要内容。作为现代组织变革的关键词，"扁平化"的核心就是减少中间管理层次，增加管理幅度，克服由于管理层次过多，导致的信息传递过程和时间过长、信息易失真等弊端，并减少决策在时间和空间上的延迟过程，提高行政管理效率，降低行政管理成本。

但目前，部分重点园区存在管理层次偏多的现象，共有9个园区内部设置了二级管委会，虽然在一定程度上解决了干部的安置问题，但却增加了管理层级，降低了管理效率。

（四）近四成园区未享受市级经济管理权限

22号文件明确提出沿海经济带重点园区的管委会作为市政府派出机构，应享受市级经济社会管理权限，但目前该经济管理权限下放不到位，成为削弱园区经济发展活力和自主发展能力的重要因素。尚有38.1%的园区未享有市级经济管理权限，占比近四成。而且，享有市级经济管理权限的这些园区，有很多仅具有规划建设、招商引资等基本职能，没有核心的行政审批权限。

很多园区迫切需要尚未下放的经济管理权限，主要集中在国土、海洋与渔业、林业、交通、建设、环保、工商等方面的项目审批和行政许可权限等方面。涉及国土部门的如土地招拍挂、农用地转用、土地征用权限等；涉及海洋与渔业部门的如50公顷内围填海项目审查权等；涉及林业部门的如征占林地审核权等；涉及交通部门的如港口岸线审批（非深水）等；涉及建设部门的如建筑工程项目质量监督和竣工验收权限、建设工程项目招投标相关审批权限等；涉及环保部门的如建设项目环保审批验收、节能评估报告书的市级审查权限等。

这些行政管理权限未能及时下放到位，加大了园区在项目审批、土地征用、工商注册、行政许可等方面开展工作的难度，提高了园区开发建设的成本，难以保障项目尽快落地、尽早开工、按时竣工达产，不利于园区更好地为驻区企业开展服务，限制了园区实现快速发展。

三 推进辽宁沿海经济带重点园区管理体制创新的对策

（一）整合归并职能相同或相近的部门

实行大部制的关键，在于实现职能有机统一。通过将职能相同或相近的政府机构进行整合归并，实现综合设置，减少机构数量，减少职责交叉；实现工作流程由原来多个系统、多个渠道变成一个系统、一个渠道，压缩工作环节；实现将外部协调变成内部协调，避免推诿扯皮，从而提高政府行政效能。因此，园区管委会设置内部机构时，要将职能相近或相关的部门融合归并，明确部门职责，避免职能交叉。同时，不搞上下对口，不搞因人设岗，建立职能有机统一、机构综合设立和运行机制高效的大部制，健全部门职责体系。

一要继续实行园区党工委与管委会党政合一的管理体制，重点园区党工委只设党群工作部 1 个综合性工作机构。

二要将园区经济管理职能相近或相关的部门进行整合。如可将园区发展改革、外经贸、服务业、统计等部门统一合并纳入经济发展局；将建设、交通运输、燃气等部门统一合并纳入规划建设局。

三是社会管理职能应综合设置为一个部门或采取由所属行政区代管的方式。起步比较早，规模比较大的园区，可以成立社会事业管理局，将人力资源和社会保障、食品监督管理等部门统一纳入；起步比较晚，主要承担经济建设职能的园区，社会管理事务可采取由所属行政区代管的方式。

四是垂直管理部门可以采取派驻的方式，也可以采取并入园区内设机构的方式。如公安、国土、环保、规划、质监、国税、地税、工商、行政执法等垂直管理部门，均可以采取派驻的方式。同时，为便于管理，也可将国土资源、环保部门纳入规划建设局等部门。

五是融合归并后的部门要进一步明确部门内部的职责分工，避免职能交叉，互相推诿，做到责任清晰，各司其职。要做好各环节的有效衔接，加快形成权界清晰、分工合理、权责一致、运转高效的重点园区部门职责体系，进一步提高工作效率。

（二）根据园区发展阶段分类设定机构上限

经过 6 次集中的政府机构改革，我国的机构和编制总量是基本适应经济社会发展和政府履行职责需要的。正是基于这一基本判断，党中央、国务院多次要求现有的行政编制总盘子不能突破，要严格控制总量，盘活存量，既做减法又做加法。例如，职能减了，相应的机构和编制应该减下来；任务增加了，应当促进部门在不增加编制的前提下尽可能进行内部调剂。因此，应严格控制园区管委会机构编制，各市、县（市、区）机构编制部门在精简机构设置时，要结合园区所处发展阶段和管理体制类型，实施分类指导，区别对待，对不同管理体制的园区要分别设定机构设置上限。重点园区管委会按照"精简、统一、效能"的原则，建立机构精干、办事高效的大部制的要求，在机构编制部门核定的机构总额内，可以自行设置工作机构，配置工作职能。

处于开发建设起步阶段的园区管委会，工作机构设置不应超过 3 个，可设有综合办公室、招商局、规划建设局等 3 个部门。随着园区规模扩大，相关社会管

理职能增加，管委会可适当增加工作机构。其中，合署办公型和委托管理型管委会，因通常只承担经济管理职能，工作机构不应超过 7 个。因经济社会发展需要，承担社会管理职能的园区，可增加 1 个机构编制。独立设置型园区管委会，由于兼顾经济管理和社会管理职能，工作机构不应超过 10 个。合一设置型园区管委会，工作机构与所在地党委、政府的工作机构合并设置，工作机构数量不超过所在地党委、政府的机构限额。

（三）按照扁平化管理要求压缩行政管理层级

对设有二级管委会的园区，应按照扁平化管理要求，压缩管理层级。对于起步较早的个别老园区，由于规模较大，确需设立二级管委会的，只能在二级园区内设置 1 个综合性管理机构。而其他园区则应尽可能减少二级管委会数量。考虑到干部安置问题，可以将二级园区合并到一级园区的招商局。二级园区数量较多的，也可设置招商一局、招商二局等内设机构，分区域承担原二级管委会的招商引资职能。建设规划职能统一并入一级管委会的规划建设局。

（四）严格限定领导职数并明确任职年限

领导职数偏多是历次政府机构改革都着力解决的问题。尽管在这个问题上下了很大功夫，但领导职数偏多的问题依然没有完全解决，特别是副职过多，领导之间分工过细且相互交叉等问题依然普遍存在。需要严格限定领导职数，减少管理层次，降低行政成本，提高行政效率。

因此，机构编制部门应根据重点园区管理体制和不同发展阶段的需要，按照总量控制、动态管理的原则，科学核定管委会及所属事业单位的领导职数总额。重点园区管委会应将领导职数的实际配备情况报机构编制部门备案。

一要严格控制管委会领导职数。根据《辽宁省行政机构设置和编制管理规定》（辽宁省人民政府令第 244 号）第二十六条：市、县人民政府行政机构的正、副职领导职数为 2 ~ 3 名。综合、协调任务较重的行政机构可增加副职领导职数 1 名。因此，重点园区管委会正、副主任职数应控制在 2 ~ 4 名。重点园区规模较大、综合协调任务较重的管委会可适当增加副主任职数 1 名。同时，重点园区实现党政合一的管理体制，重点园区党工委和管委会主要领导应尽可能由 1 人担任。

二要明确限定管委会领导任职年限。针对一些园区管委会党政一把手成为安置干部平台的问题，应出台相关文件，明确要求管委会领导职数专门用于在管委会工作的领导干部，不得将其作为解决其他领导干部待遇和职级的途径，并且明确限定党工委和管委会主要领导在该岗位任职年限不得少于 3 年。

（五）根据园区发展的需要分类下放经济管理权限

行政审批制度改革是政府转变职能的突破口，是行政体制改革的重要内容。当前我国进一步深化行政管理体制改革的重点和方向是通过简政放权，深化行政审批制度改革，推动政府职能向创造良好发展环境、提供优质公共服务、维护社会公平正义转变。

各市政府应结合重点园区的发展需要和实际承接能力，深入研究权力下放内容，明确下放具体措施，重点解决权力配套下放问题。

未制定向园区下放权力目录的市，应尽快出台向园区下放权力的目录，明确下放权力名称、实施主体、承接主体和下放方式，设定放权时限，落实放权措施，并对下放权力事项的规范运行做好指导、协调和监督工作。尤其是一些园区迫切需要下放尚未下放的经济管理权限，主要集中在国土、海洋与渔业、林业、交通、建设、环保、工商等部门的项目审批和行政许可等方面经济管理权限，应尽快梳理，尽早下放。

暂不具备承担市级经济管理权限的重点园区，可采用由市或县级政府相关部门派驻人员等方式为企业提供服务，待条件成熟后，再赋予其相应的经济管理权限。

省直相关部门应及时为各重点园区开通审批服务窗口，做好各市下放给园区的经济管理权限的衔接和确认工作，尽可能缩短流程，简化手续，提高效率，为园区行使市级经济管理权限建立绿色通道。

（六）根据园区发展阶段分类、分步下放社会管理权限

园区开发建设起步阶段，不需要承担社会管理职能，相关职能可由所在地政府承担。随着园区规模不断扩大和社会管理需求的增加，独立设置型重点园区，可全部承担区域内的社会管理职能。合署办公型和委托管理型园区，可由所在地政府承担区域内的社会管理职能，也可从为企业服务的实际出发，适当承担部分社会管理职能。合一设置型园区，由所在地政府统一管理区域内的全部社会事务。

积极探索园区行政执法的有效途径，可采取授权、委托、派驻执法等方式在园区开展综合行政执法工作。部分重点园区管委会受事业单位性质的制约，涉及行政执法的权力还难于承接，可以探索在重点园区设立综合执法机构，该机构可由重点园区及市相关部门双重领导，涵盖安全生产、环境保护及规划、建设、土地、城管等执法内容。

（七）进一步办好行政审批服务平台

深化行政审批制度改革，要进一步办好审批服务中心。各市、县（市、区）政府应重视审批服务中心的建设和运作，规范政务服务中心的审批和服务行为，加强对政务服务中心审批的指导和监督。

各重点园区管委会应增强服务意识，创新服务方式，有条件的地区应尽可能建立一个窗口受理、一个窗口收费、一条龙服务的"一站式"审批服务中心，使行政审批实现规范化、公开化。应推行审批代办服务制度，建立重大项目协调机制，改进服务内容，增强主动服务意识，提高服务水平，改善服务质量。

（八）增设省级综合改革实验区先行先试

应寻求突破口，确定试点，先行先试，待摸索出成功经验，总结出成熟模式后再全面推广。目前，大连长兴岛经济区和盘锦辽东湾新区2个园区为辽宁省综合改革试验区，可将原辽宁"五点一线"的另5个园区也增设为省综合改革实验区，作为沿海经济带重点园区管理体制创新工作的突破口，以及下一步工作的重要抓手，先行先试，大力推进。要深入调研，深入了解各园区实际情况，针对各园区的特点，做到各有侧重，如锦州滨海新区可在综合配套改革试验上多做文章。

B.34
辽宁非物质文化遗产工作状况研究

李 阳[*]

摘 要：

2013 年是辽宁非物质文化遗产工作发展的关键一年。全省的非物质文化遗产工作应借助"十二运"影响的余续，充分发挥辽宁地域特色文化的优势，将非物质文化遗产作为一个地域品牌进行全方位的打造。正缘于此，2013 年辽宁省社会文化暨非物质文化遗产保护工作会议，确定了 2013 年辽宁省非物质文化遗产保护以立法工作、生产性保护、代表性项目的评审和认定、宣传展示、专项资金申报和管理等五个方面为工作重点。一年来，辽宁的非物质文化遗产工作取得了卓有成效的进展。

关键词：

非物质文化遗产 生产性保护 立法 文化品牌

非物质文化遗产与物质文化遗产共同承载着人类社会的文明，是世界文化多样性的体现。近年来，辽宁将非物质文化遗产视为建设文化强省的一个重要方向，纳入国民经济和社会发展整体规划之中，并采取了一系列行之有效的保护、抢救与传承发展措施，对非物质文化遗产工作中的多个热点问题进行了有益的尝试。

一 辽宁非物质文化遗产资源概况

（一）民族特点多样化

辽宁省是一个多民族省份，共有 44 个民族。通过长期的文化交流与民族融合，形成了地区特有的多民族文化形态。

---

* 李阳，辽宁社会科学院《社会科学辑刊》编辑部。

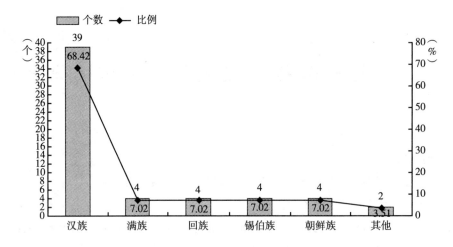

图1　辽宁省级非物质文化遗产项目民族比例

从图1中可以看出辽宁省的非物质文化遗产项目涉及多民族的民俗文化内涵。多姿多彩的民族风情、人杰地灵的生活环境造就了人们卓越的智慧。

（二）内容涉猎广泛

以纳入省级非物质文化遗产保护名录的非物质文化遗产项目为例，辽宁的非物质文化遗产不仅资源丰富，而且内容多样，涉及民间文学、传统音乐、民间舞蹈、传统戏剧、曲艺、民间美术、传统手工技艺及传统医药等多个方面。

从图2中可以看出，辽宁省非物质文化遗产项目分布门类众多、内容多样，涉及社会生活的方方面面，国家级非物质文化遗产项目所设置的所有门类，辽宁非物质文化遗产几乎都有涉猎。以辽宁省级四个批次的非物质文化遗产项目为例，非物质文化遗产项目分布在十大不同门类之中，其中民间文学占10%，传统音乐占13.2%，民间舞蹈占13.7%，传统戏剧占12.1%，曲艺占8.9%，民间美术占17.9%，传统手工技艺占10.5%，民俗占6.3%，杂技与竞技占5.3%，传统医药占2.1%。

（三）分布地域广泛

辽宁省非遗保护项目极具东北地域特色和民族特性，几乎记录了辽宁地区的整个农耕文明的发展历程。从中我们可以发现辽宁的非物质文化遗产项目存在着分布广泛的特点。

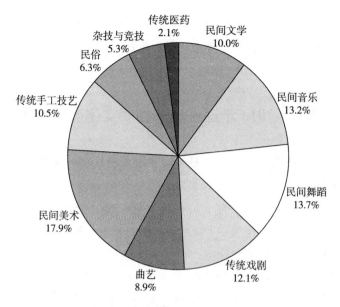

图2 辽宁省非物质文化遗产项目门类分布

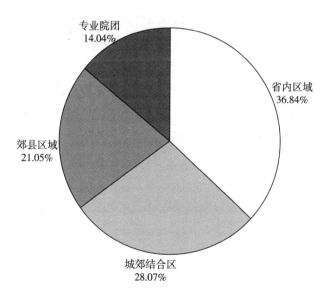

图3 辽宁非物质文化遗产项目区域分布

从图3中可以看到，辽宁的非物质文化遗产目分布比较均衡，从地域上看，省内区域、城乡结合区和郊县区域的非物质文化遗产项目所占比重相差并不悬殊，这里我们还将属于专业院团的非物质文化遗产项目单独提了出来，因为如果

这些非物质文化遗产项目隶属于专业的院团的话，它们的存在状态与所属的地域关系便相对较小，以专业院团率先进入保护行列，使非物质文化遗产更容易得到"生产性"保护，遏制和减缓"静态"中的流失。

二 2012～2013年辽宁省非物质文化遗产工作重点

虽然辽宁的非物质文化遗产项目具有资源丰富、内容多样等先发性自然优势，但是也同样面临着很多困难和挑战，需要合理安排，有效解决。2013年对于辽宁来说，是非常关键的一年。应借助"十二运"余续，充分发挥辽宁地域特色文化的优势，将文化作为一个地域品牌进行全方位的打造。正缘于此，2013年辽宁省社会文化暨非物质文化遗产保护工作会议，确定了2013年辽宁省非物质文化遗产保护五个方面的重点任务。

一是推进省级非遗立法工作，配合省人大做好《辽宁省非物质文化遗产保护条例》颁布前各项工作，力争《条例》早日出台。制定《辽宁省非物质文化遗产保护总体规划》，完成全省60个国家级代表性项目保护规划及部分省级重点项目保护规划的编制。制定《辽宁省国家级和省级非物质文化遗产代表性项目管理办法》和《辽宁省非物质文化遗产代表性项目代表性传承人管理办法》。

二是推进全省非物质文化遗产生产性保护和整体性保护，促进保护、传承和利用。巩固成果，力争一个项目列入国家级非遗生产性保护示范基地。鼓励各地开展国家级文化生态保护试验区的申报和推荐。

三是加强代表性项目的评审和认定，促进项目保护工作健康有序。组织开展辽宁省第四批国家级非遗代表性项目的初选工作，力争有更多项目列入国家级非遗代表性项目。开展第五批省级非遗代表性项目申报。

四是组织开展非物质文化遗产宣传展示活动，全面宣传和弘扬辽宁优秀传统文化。参加全国"春节文化特色地区"评选，对全省各地2013年春节期间开展的有较大影响的传统文化活动向文化部推荐为"春节文化特色地区"。组织优秀非遗项目及节目参加文化部举办的第四届中国成都国际非物质文化遗产节、全国非物质文化遗产传统技艺展示等活动。在第十二届全国运动会期间，举办辽宁省非遗展示展演月活动，组织开展"第八个文化遗产日"宣传展示活动。

五是加强非物质文化遗产专项资金申报和管理。组织各市及项目保护单位做好2013年国家非遗保护专项资金申报。加强非遗专项资金管理和使用督察工作，充分发挥专项资金的使用效果。

以上五点是辽宁省文化厅发布的 2013 年非物质文化遗产工作重点。内容涉及了立法、生产性保护、文化生态试验区建设、代表性项目的评审、宣传展示、非物质文化遗产专项资金申报和管理等多个方面，围绕以上工作重点，辽宁省展开了以下具体工作。

2013 年春节期间，辽宁省非物质文化遗产保护中心分赴沈阳、大连、抚顺、辽阳等地开展"我们的节日·春节民俗调研"活动。此次活动从正月初七持续至正月十六（2 月 16 日至 2 月 25 日），正值全省各地民俗活动高峰。非遗保护中心在 2012 年成功开展"正月看民俗·非遗项目调研"活动的基础上，从全省范围内筛选出较具代表性的民俗活动进行实地调研，分别对沈阳市沈北锡伯族春节民俗活动、大连市旅顺放海灯、抚顺市大琵琶村民俗活动、辽阳市民间艺萃展演活动等 4 个市（县、区）较具代表性的民俗活动进行实地调研。

2013 年 3 月 6 日，辽宁省非物质文化遗产保护中心志愿服务队在沈阳市望湖路小学和辽宁大学开展"非遗进校园"文化志愿者服务活动。这次服务活动以"非遗知识普及、促进活态传承"为主要内容。

2013 年 4 月 18 日，辽宁省非物质文化遗产保护中心又走进沈阳市东北育才学校国际部开展辽宁"非遗进校园"暨文化志愿者服务活动。此次活动采取"技艺展示＋动态展演"相结合的方式，突出动静结合、寓教于乐的活动宗旨。活动突破了传统教室教学的空间限制，将课堂移至图书馆，搭建互动小舞台和布置技艺展示区。一方面通过选择小学生喜欢，且观赏性和趣味性较强的辽西木偶戏（国家级）和螳螂拳（省级）等项目在互动小舞台进行现场展演，进一步活跃现场气氛，拉近非遗与小学生的距离。另一方面，通过选择医巫闾山满族剪纸、丹东糖画、丹东面塑等项目的传承人或项目代表进行现场展示、现场教学，提高活动的互动性和交流性，让广大外国小朋友亲身参与到活动的乐趣之中，在参观、学习和互动中感受非遗的魅力。

2013 年 6 月 4 日，辽宁省将文化生态保护区的建立纳入非遗保护的重点。日前，省非物质文化遗产保护中心深入辽东地区，对文化生态保护区进行工作调研，以期为辽宁省的文化生态保护区建立做好前期工作。调研人员赴辽东少数民族人口聚集地区，深入新宾（清王朝的发祥地，保留了赫图阿拉城遗址、赫图阿拉满族村、清永陵、满族民居等相对完整的满族特色的文化生态环境）、

桓仁和本溪三个满族自治县，全面了解当地的生产生活习惯、地域文化、民族节日等民俗资源情况，并对非物质文化遗产的数量、分布、传承和保护情况进行系统分析。调研中，省非遗保护中心工作人员与基层非遗保护工作者就保护好区域内文化生态系统的完整和平衡，及建立文化生态保护区的现实意义进行了座谈交流。

2013年6月8日，为进一步宣传辽宁省非物质文化遗产保护工作，让广大市民珍视辽宁省丰富多彩的非物质文化遗产，自觉参与非物质文化遗产保护工作，省文化厅将在辽宁大剧院广场举办全国第八个"文化遗产日"辽宁省非物质文化遗产宣传展示活动。

三 辽宁非物质文化遗产工作中存在的主要问题

与国内其他地区相比，辽宁的非物质文化遗产资源丰富，国家级、省级非物质文化遗产项目众多，具有先发优势。然而，非物质文化遗产工作的关键在于活态保护，涉猎社会工作的多个领域。辽宁和全国其他地区非物质文化遗产工作一样，面临生存、保护和发展过程中很多新的情况和问题，形势不容乐观。

（一）非物质文化遗产传承人老龄化现象严重

非物质文化遗产传承人队伍的构成成员是民间技艺的持有人。除了生活在城市的传承人具有一定收入维持生活外，另有相当一部分非物质文化遗产传承人生活在农村，世代以土地为生计，从事农业生产劳动。尽管这些人持有珍贵的非物质文化遗产技艺，却也不得不时刻为生活打拼。为了生计放下手工技艺。因此，技艺被长期搁置或荒废的情况时有发生。

除此之外还有一部分人固守自己的独门绝技，由于难以寻觅到适合传承的对象，或受旧思想的影响，担心技艺外流影响个人的收入，独自依靠拥有的技艺维持生计，使非物质文化遗产传承更多的处于濒危状态，难以实现顺利传承。

当下，尤为严重的现实问题是无论是国家级传承人，还是省级和市级传承人，其整体年龄普遍呈现上升趋势，传承人的老龄化已经严重制约了非物质文化遗产传承，特别是在20~40岁年富力强阶段的传承人，在全省传承人队伍中凤毛麟角、势单力孤，仅占2%，难以完成非物质文化遗产顺利传承的重任。我们从图4中可见，以十年为跨度，50～80岁传承人竟然占全市传承人总数的66%，另有近20%的传承人已进入耄耋之年，传承人年龄老化问题已经直接影响到非物质文化遗产的传承。因此，非物质文化遗产保护中所涉及的传承人保护工作，不但要解决传承人的生活问题，还要解决传承人的健康问题，多角度地保障传承人完成非物质文化遗产"活态"传承的重任。

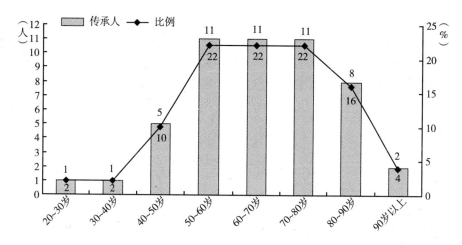

图4　非物质文化遗产项目代表性传承人年龄分布

（二）非物质文化遗产的知识产权保护尚待加强

非物质文化遗产具有作为财产的三大属性即客观性、有用性和稀缺性。非物质文化遗产一经产生后，可以进行传播、使用、留存和复制，它可以脱离创作群体客观存在，从这一点上讲，它与我们传统意义上的财产并没有本质区别。另外，非物质文化遗产还具有有用性。它不但是民族传统文化的记录而且对于文化传承、知识创新都有着巨大的积极作用。在文化软实力竞争日益加剧的今天，非物质文化遗产的经济价值不容忽视，这些承载着高附加值的文化现象是不可流失、不可取代的。非物质文化具有稀缺性。非物质文化遗产是人们经过长时间的摸索和经验总结形成的智慧结晶，其产生所依赖的自然环境、人文环境、大量的人力、物力投入、时间的沉淀等等都是不可复制和再生的。因此，这些非物质文化遗产资源每一项的消失和损毁都是不可逆的，非物质文化遗产的稀缺性显而易见。

当下，我国社会正处于转型时期，对非物质文化遗产的认识尚待提升，为了

经济利益对非物质文化遗产滥用甚至破坏的现象时有发生。非物质文化遗产的知识产权屡屡遭到侵害。目前，依据知识产权相关法律对非物质文化遗产进行保护是比较适合的一种手段。通过立法可以对非物质文化遗产的知识产权归属加以明确，对非物质文化遗产知识产权的内容即精神权利（发表权、修改权、保护作品完整权等）和经济权利（复制权、出租权、表演权、改编权等）进一步的明确。近年来，全球文化交流的常态化，带来文化融合的同时也给非物质文化遗产工作带来了新的问题，非物质文化遗产域外保护的问题日益突出，很多国家和地区知识产权意识的不强造成了非物质文化遗产在毫无保护的状态下，公开交流，被有些国家或者组织、个人无偿使用，甚至通过注册据为己有。① 以此为鉴，我国应积极采取多种措施保护非物质文化遗产，鼓励对非物质文化遗产项目注册商标、登记产权，健全专利申报和保护机制。②

（三）沿海经济带的经济发展与非物质文化遗产保护之间存在博弈

辽宁沿海经济带的建设无疑会加大当地经济开发的深度和广度，当地越来越多的人力、物力、财力会投入到经济带建设当中，对于非物质文化遗产的保护在人力投入、资金投入乃至布局规划、政策倾向等方面都会存在一种竞争性的博弈关系。然而沿海经济带非物质文化遗产资源丰厚，不能为发展经济弃之不顾，因此需要平衡好经济发展与非物质文化遗产保护二者之间的关系，切实采取措施，以实现共赢局面。

四 对辽宁非物质文化遗产保护工作的建议

（一）加强知识产权方面的立法保障

2011 年颁布的《非物质文化遗产法》已经将非物质文化遗产保护提到了法律层面，使非物质文化遗产保护工作有法可依。然而在《非物质文化遗产法》出台之后，我们又面临一些新的问题，即对法律赋予权利的保护途径尚不清晰。《非物质文化遗产法》面对的是宏观的非物质文化遗产整体概念而言的，对于辽

---

① 《中国非物质文化遗产保护的理论与实践》，《文化学刊》2008 年第 6 期。
② 《中国非物质文化遗产保护的理论与实践》，《文化学刊》2008 年第 6 期。

宁的非物质文化遗产项目，还需要有更具备针对性的解读乃至相关条例的出台。

当下，辽宁对非物质文化遗产法律保护问题已经有了比较深刻的认识。在辽宁省文化厅2013年非物质文化遗产工作会议中就将"推进省级非遗立法工作，配合省人大做好《辽宁省非物质文化遗产保护条例》颁布前各项工作，力争《条例》早日出台，并纳入工作重点。制定《辽宁省非物质文化遗产保护总体规划》，完成全省60个国家级代表性项目保护规划及部分省级重点项目的保护规划。抓紧出台《辽宁省国家级和省级非物质文化遗产代表性项目管理办法》和《辽宁省非物质文化遗产代表性项目代表性传承人管理办法》"。加强非物质文化遗产的知识产权保护，不仅是对非物质文化遗产传承人的尊重，也是对传统文化的尊重和保护。

（二）加强对非物质文化遗产项目的实地调研

非物质文化遗产工作要建立在深入调研的基础之上，要在掌握本地区适合生产性保护的非物质文化遗产代表项目的发展状况的基础上，采取有针对性的办法，根据项目的个体特征进行相应的引导，采取个性化的规范措施。

对于可以进行生产性保护，但面临传承困难的非物质文化遗产项目，要以抢救、记录、保存为首要工作，尽快将其纳入正常运行发展的轨道。对于可以进行生产性保护的项目，要积极促成其市场化、规模化经营，保持其自身活态发展的活力。深入开发这些项目的市场潜力，鼓励采取"项目＋传承人＋基地"、"传承人＋协会"、"公司＋农户"等模式。对于已经开展生产性保护而且取得很好效果的项目，要引导传承人在注重经济效益的同时，坚持传统工艺流程的原生性和真实性，促进非物质文化遗产项目社会效益的扩大化。① 对于生产性保护过程中获得的有益经验要及时总结、积极推广。对于忽视保护、传承的非物质文化遗产传承人，要取消其传承人资格，加以处罚，对于过度开发导致的破坏传统工艺流程和核心技艺的，要及时纠正，加强监督检查管理和规范。

（三）实施政府与社会团体协同努力的有效机制

要做好非物质文化遗产工作，政府的引领作用不容忽视。政府要充分发挥自身职能作用，做好规划、布局，保障基础设施的完善，为非物质文化遗产传承人

---

① 《文化部关于加强非物质文化遗产生产性保护的指导意见》，《中国文化报》2012年2月27日。

提供必要的生产、传承、展示的场所和条件。同时也要鼓励非物质文化遗产的持有者根据自身条件创造适合非物质文化遗产项目生存、发展的展示场所和传习场所，鼓励社会力量参与非物质文化遗产保护工作，最大效率地利用已有设施，积极开展宣传、展示和传习活动，有计划地征集非物质文化遗产项目，更有效地、更科学地留存、传承这些传统工艺精品，鼓励传承人在原有技艺基础上不断创新。

除了政府扶持之外，还要充分发挥行业协会的积极作用。鼓励相关的非物质文化遗产项目成立行业协会，支持行业协会开展多角度、多侧面的非物质文化遗产展示、传播、研究、出版和教习活动。鼓励行业协会根据政府有关规定制定与本行业相关的标准和规范[1]，将非物质文化遗产从使用原材料、传统工艺流程和核心技艺等多个方面进行系统化、专业化规范，形成良好的行业监督机制和行业自律。此外，还要充分发挥行业协会行业管理、行业服务、行业维权等积极作用，全面推动非物质文化遗产工作的健康发展。

（四）加强非物质文化遗产传承的人才队伍培养

面对非物质文化遗产传承困难和现有传承人老龄化现象严重的问题，辽宁急需健全非物质文化遗产的传承机制。要研究非物质文化遗产的特点，建立健全符合非物质文化遗产自身规律的传承机制。

在非物质文化遗产项目申报与传承人申报和审定的过程中，要求传承人制定非物质文化遗产传承人培养计划，由相关部门在审核其真实性与可行性的基础上建立传承人培养激励机制，增强代表性传承人履行传承义务的责任感和荣誉感。

为非物质文化遗产传承人开展生产性保护、活态开发、交流传承创造便利条件。对于年老体弱的传承人，应以抢救性留存、记录为主，力求翔实、准确。实施奖惩制度，对于有突出贡献的非物质文化遗产传承人要及时予以表彰、奖励；对于热衷于非物质文化遗产传承的学习者要给予奖学金等帮助措施，鼓励其掌握传统技艺。

对于重点的非物质文化遗产项目可在如职业技术学院等专门学校开设相关专业，招收学员培养具有专业理论知识的相关人才，并可与非物质文化遗产生产性

---

① 《文化部关于加强非物质文化遗产生产性保护的指导意见》，《中国文化报》2012年2月27日。

保护单位签订相关定向培养协议，一方面鼓励非物质文化遗产项目的传承，另一方面也扩大了就业渠道，提升了非物质文化遗产生产性保护的品质。

（五）做好生产性保护，体现地域文化优势

辽宁省总辖 14 个城市。按照经国务院批准的《辽宁沿海经济带发展规划》已经纳入国家发展战略和辽宁省政府构建辽宁中部城市群的发展规划，以省会城市沈阳为中心，周边与之经济社会发展直接相关的就有 13 个城市，几乎可以形成比较完整的互动关系模式。

第一类是具有商品化潜在条件和业已初步形成产业化已经进入市场实现或正在实施产业化的项目，例如，大连市的金州凌源皮影戏、普兰店传统手工布艺技艺、德记号中医药文化，鞍山市的鞍山皮影戏、海城皮影戏、鞍山评书、岫岩玉雕、岫岩皮影戏，岫岩满族民间刺绣和海城苏氏正骨技艺，铁岭市的铁岭二人转、指画艺术、铁岭王千石雕，朝阳市的凌源皮影戏，葫芦岛市的民间香蜡制作技艺等。

第二类是不具备转化为商品或产业化条件的项目。有一些非遗项目或资源，受其自身存在形式等因素制约，暂时很难直接成为商品进入市场进行产业化保护。这样的项目，在沈阳市周边城市的省级非遗项目中颇有存在。例如，大连市的长海号子、庄河民间故事、吹咔乐、金州古琴音乐、梅花螳螂拳（六合棍）、辽南古诗词吟咏、旅顺放海灯，盘锦市的"古渔雁"民间故事，葫芦岛市的辽西太平鼓、建昌鼓乐、兴城满族秧歌等。

第三类是通过整合可以借助沈阳区位优势捆绑进入文化市场的项目。这是发挥沈阳市作为区域中心城市区位优势在非遗资源产业化保护方面可以互动互利取得共赢的。其中，关键在于在沈阳搭建若干种类、多层面的文化市场平台，吸纳周边城市的踊跃参与、合作。这类项目大致有以下几种：

一是适宜展销的工艺类、民间艺术类非遗项目，如，大连市的庄河剪纸、瓦房店东岗剪纸、普兰店传统手工布艺技艺产品、马驷骥根艺、普兰店田家黄酒酿造技艺产品，阜新市的玛瑙雕产品、彰武民间剪纸、蒙古勒津蒙医药，铁岭市的指画艺术品、铁岭王千石雕产品和西丰满族剪纸，朝阳市的建平剪纸，葫芦岛市的民间香蜡制作技艺产品等。

二是适宜展演的演艺类非遗项目，如，大连市的长海号子、复州双管乐、金州龙舞、复州皮影戏、复州东北大鼓、本溪满族民间故事、本溪全堡寸跷秧歌、

京剧（本溪徐派毕谷云）、本溪鼓乐、本溪县太平秧歌，丹东市的丹东鼓乐、丹东单鼓、丹东上打家什高跷、宽甸八河川皮影戏，盘锦市的"古渔雁"民间故事、上口子高跷秧歌，葫芦岛市的辽西太平鼓、建昌鼓乐、兴城满族秧歌、建昌大鼓等。

三是适宜可转化为旅游商品的非遗资源，则从旅游切入。可把一些可作为文化旅游产品的项目纳入沈阳与周边城市互动的相关旅游项目链条，使之作为产业链的一环，合而形成可以长期合作的具有一定规模的文化产业。主要是各地各类"非遗"博物馆和保护点、传习所。例如，大连市的普兰店传统手工布艺技艺作坊、普兰店田家黄酒酿造技艺作坊、德记号中医药文化（诊所、药房），抚顺琥珀雕刻制作工艺作坊，本溪市的桥头石雕作坊、本溪永隆泉满族传统酿酒工艺（铁刹山酒）作坊等。为此，需要积极适宜策划非遗项目展销、展演的大型主题活动和集约性旅游产品，将上述诸类非遗资源通过整合，集约性地有机纳入主题文化活动。

非物质文化遗产生产性保护是一项长期性的工作，功在当代，利在千秋。以人为本、活态传承是非物质文化遗产生产性保护必须要坚持的基本原则。在保护传统工艺流程的整体性和核心技艺的真实性的基础上，保护优先、开发服从，把社会效益要放在第一位，实现社会效益和经济效益有机统一是非物质文化遗产保护工作的最终目的。

辽宁电子商务建设进程、
发展前景及对策建议

韩红 李伟 胡金*

摘　要：

2013年相比传统商业的不景气，辽宁电子商务正在一种渐主流的消费模式、商业模式与经济模式，表现出迅猛的增长势头，对传统商业构成了严重的冲击，并对辽宁区域经济社会产生了重要的影响。辽宁电子商务市场实现了较快发展，传统产业加速与电子商务的融合与深化，线上线下结合（O2O）方式已成为电子商务的典型特征，网上购物已成为部分辽宁网民最主要的购物方式。辽宁网商发展水平在全国31个省市中列第15位，与广东、浙江、上海等沿海省区差距较大。2014年辽宁电子商务将形成规模庞大的区域经济体，并通过与实体经济的切实结合，给社会、经济发展注入动力，呈现高普及化、常态化趋势；传统企业电子商务将集中触网；电子商务的应用领域也将进一步拓宽；电子商务第三方服务商将更加独立而成熟。为加快辽宁电子商务的建设进程，我们建议整合行政和社会资源，避免多头管理，提高电子商务监管水平；对处于萌芽期的电商平台实施"地方保护"政策；引导与扶持电商平台遵循正确的发展路径；重视搭建电子商务发展中的公共服务平台；利用电子商务推动传统产业集群升级转型；强化电子商务园区生态圈建设。

关键词：

电子商务　O2O　网商　网购　平台化

---

* 韩红，辽宁社会科学院城市发展研究所所长、研究员，主要从事产业经济和区域经济研究；李伟，辽宁社会科学院文献信息中心馆员，主要从事互联网信息统计与分析研究；胡金，辽宁社会科学院城市发展研究所助理研究员，主要从事区域经济和生态建设研究。

一 2012～2013年辽宁电子商务主要进展

1. 电子商务市场规模显著增长

电子商务对传统商业的猛烈冲击、对商业模式的革命性创新、相比传统商业的不景气而表现的迅猛的增长势头，以及网民接近疯狂的网购行为等，无一不构成一种主流的消费模式、商业模式与经济模式，这种模式对辽宁区域经济社会产生了重要的影响，也直接带动了辽宁电子商务市场的较快发展。2013年辽宁人在淘宝网共开设网店（淘宝＋天猫）19720家，比上年同期增长了35.71%，增速低于全国平均增速15个百分点，辽宁人在淘宝网上的电商占全国的比例为0.63%，比上年略有下降（见表1）。

表1 2012～2013年淘宝网（淘宝＋天猫）电商总数及变化

单位：家，%

项 目	全国	辽宁	辽宁电商占全国的比例
2012年	2076010	14531	0.70
2013年	3132026	19720	0.63
变化比率	50.87	35.71	-0.07

资料来源：2012年10月与2013年10月通过淘宝网实时数据统计结果。

2013年第一季度辽宁电子商务交易额21.12亿元，比上年同期增长58.2%。仅"双11"一天，辽宁网店销售额和网商销售额共7.6亿，排全国第14位；该指标虽然与全国第一的浙江（20多亿）有着较大差距，但超过2011年"十一"长假省内85家大中型零售商业企业的商品销售总额（12.53亿）的一半。在辽宁网商所销售的商品中，箱包最多，其次为女装，再次为童装、运动用品、食品、男装、女鞋、数码产品等。其中，销售额过百万的商家较上年有所增加（见表2）。

表2 2013年淘宝网平台的辽宁电商的主营业务分布

单位：家

箱包	女装	童装	运动	食品	男装	女鞋	数码	户外	男鞋	童鞋	日用	小计
6085	4589	1976	1477	1110	1085	1022	956	681	347	198	194	19720

资料来源：2012年10月与2013年10月通过淘宝网实时数据统计结果。

2. 政策与平台支撑有效地改善电子商务发展环境

国家以及许多省市已经将电子商务作为战略性新兴产业的重要组成部分。2013 年辽宁省政府工作报告提出，要"大力发展电子商务、现代物流等新兴服务业；服务业增速要高于全省经济增长水平"。反映出电子商务已经进入政府的视野。

作为国家现代服务业综合试点省，辽宁省被列入综合试点的项目，基本涵盖了电子商务、现代物流、信息服务等领域，形成了一批各具特色的服务业集聚区、商贸功能区，产业集群的集聚辐射效应逐步突现。2013 年本溪是继沈阳、鞍山、营口之后全省第 4 个现代服务业综合试点城市，享受配套扶持政策和专项资金支持。2013 年辽宁省为加快推进现代服务业综合试点工作，对 71 个项目给予支持。重点支持以机械装备、钢材、煤炭、农副产品、日用消费品等为交易对象的电子商务平台建设和现代物流项目。对平台的设备购置安装、信息系统软件开发应用等，采取贴息或补助方式给予支持。支持金额不高于 300 万元。服务业专项基金重点支持的企业中，包括电子商务龙头企业，且注册资本 500 万元以上，财政支持环节投资额 1000 万元以上。

由于国家和省级电子商务示范企业试点工程的不断推进，辽宁企业电子商务建设水平有很大的提高。商务部组织评选的 100 家 2013～2014 年度电子商务示范企业中，辽宁迈克集团股份有限公司（EquipmenTimes 网）和东北参茸中草药材市场管理有限公司（绿金在线）成功入选，得到了国家电子商务示范试点工程的政策扶持。2012 年底辽宁省也依托产业优势，命名了 13 家省级电子商务示范企业。其中有大连北良国际农产品交易中心有限公司、辽宁营口环渤海钢材物流有限公司、东北亚煤炭交易有限公司等大宗商品现货电子商务交易平台，沈阳京东世纪贸易有限公司等综合性电子商务交易平台，辽宁恒信粮食集团有限公司、北镇市窟窿台蔬菜批发市场有限公司、东北参茸中草药材市场管理有限公司等专业性电子商务交易平台，辽宁兴隆电子商务有限公司、盘锦供销电子商务有限公司等传统企业电子商务应用平台，大连锦程物流网络技术有限公司、美航凯（阜新）互联网信息管理有限公司、辽宁华世东方物联产业发展有限公司、海城市乾祥营销策划有限公司等借助第三方平台开展经营活动的提供技术或服务的"电商"。

2013 年 7 月，辽宁省经过一年多的酝酿与筹备，成立了辽宁电子商务协会。其宗旨是立足辽宁经济社会和电子商务发展实际，引导企业规范经营，促进行业

管理和自律，维护行业的合法权益，发挥桥梁和纽带作用，为推动辽宁省电子商务健康快速发展营造良好环境。辽宁省电子商务协会的成立，为电子商务发展注入了新的生机与活力，标志着辽宁省电子商务进入了新的发展阶段。

3. 网上购物已成为部分辽宁网民最主要的购物方式

辽宁人网络购物呈现迅猛的增长势头，网络零售成为促进消费的重要抓手。2013 年"双 11"，天猫所产生的快递包裹总数达 1.67 亿个，其中辽宁网民成交额约 10 亿元，达到上年"双 11"5.4 亿元的 185%。其中，高校大学生已成为网购的重要主体。2013 年 9 月支付宝发布了首个大学生网上消费对账单，指出目前全国超过 55% 的大学生加入了网购大军，辽宁的大学生每月在网上支出 558 元，略高于全国高校的平均水平。其中，辽宁本科高校人均支出最高为 2825 元；专科院校月支出排名第一的为 3376 元。《华商晨报》记者调查了沈阳五所大学，人均网购千元以上的成为常态，八成的生活费用是在网上支出的。

4. 线上线下结合（O2O）方式已成为电子商务的典型特征

近一两年来电子商务的猛烈冲击，特别是一些传统百货处于实体卖场顾客经常没有营业员多的被动境地，使越来越多的传统渠道感受到经商低价、高效的重要性，转而重塑价值链，打通线上线下，实现传统商家向电商转型，提升渠道效率。因此，O2O 模式成为一种趋势性的商业模式。包括兴隆大家庭、百联购物中心、新世界百货、五爱市场等在内的沈阳百货巨头几乎都已经开设网上商场，力争在电商市场开辟新市场。

2013 年"双 11"期间，辽宁省内各大城市的除了与天猫联合的品牌店和商场外，本地有很多百货卖场加入了自建 O2O 平台的行列。比如早已有之的苏宁易购、兴隆网上商城，以及一直筹建的中兴云购网等。过往的"双 11"主要是电商自己搭台唱戏，2013 年的亮点将是线上线下（O2O）联动。不少实体百货商城已经沦为网民们的试衣间。

5. 电子商务基础设施及配套产业持续改善

2012 年我国互联网普及率为 42.1%，比上年提升 3.8 个百分点；手机网民4.2 亿，年增长率 18.1%，辽宁互联网普及率达到了 50%，网民普及率列全国第7 位。虽然比上年仅提升了 2.2 个百分点，但仍高于全国平均水平，与俄罗斯和巴西等国家水平相仿。[①] 2012 年辽宁网站数量 4.7 万。手机网络购物成为拉动网

---

① 互联网络信息中心（CNNIC）发布《第 31 次互联网络发展状况统计报告》。

络购物用户增长的重要力量。

物流产业等电子商务服务业配套产业的技术改造与资源整合步伐不断加快。电商京东宣布在北京和沈阳两地投放自提柜业务。消费者可到该自提柜24小时随时取货，以减少二次配送、缓解末端配送压力，同时也增加消费者取货的多样性。

6. 传统产业加速与电子商务的融合与深化

新建商业地产项目不再延续传统的经营方式，而多采用线上和线下结合的方式，将实体经济与电子商务相结合，努力探索城镇化、商业化与信息化结合的新的商业模式。苏宁电器集团已签约，将在浑南新区（东陵区）建设东北地区电子商务中心。亿丰集团在沈抚新城建设以亿丰东北家居建材中心为主体的线上线下结合的超大体量复合型商贸综合体项目；地处沈北新区交通枢纽的东北亚·波特城项目，通过店铺直营和电子商务两种模式经营（O2O），实现服务品牌的集聚。

为老工业基地装备制造业配套的生产性服务业集群，也积极借助电子商务发展高起点的生产性服务平台。沈阳市铁西金谷基于物联网打造开放式的物流协同作业平台，将融合覆盖沈阳市货运车辆总量的50%以上的物流资源，以促进沈阳乃至全省制造业加速从"装备制造中心"向"装备服务中心"转变；上海钢铁服务中心拟在皇姑区建设集实体与电子商务结合的新型钢铁物流集散地；定位为"世界级生产性服务业创新平台"的（沈阳）嘉泰工业装备博览城项目，以五金机电为核心建设生产性服务业配套基地，将实现线下实体店与网络电子平台双线运行；北方煤炭市场由电子商务产业集群、煤炭现货交易平台、北方煤炭市场网三部分组成。实行场内远程交易商及网络会员制。

沈阳市浑南新区文欣苑社区已开始进行电商试点工程，提出建立东北第一家社区便民金融营业厅，以打造15分钟电子商务便民生活圈。社区居民可以利用个人或社区中的电商平台进行网上购物、订票或缴纳各种生活费用。

7. 电子商务产业集聚区发展速度加快

辽宁电子商务产业园区比较成熟的是沈阳浑南电子商务产业园和大连高新技术产业园区。此外，辽宁省营口市电子商务产业园建设项目，由营口市站前区工业园区管委会与国内内贸B2B电子商务服务企业——网库在2012年底就共同构建"辽宁电商谷"达成战略合作框架协议。辽宁电子商务园区以助力老工业基地转型升级为方向。作为全国首批34个示范基地之一，沈阳浑南电子商务产业

园主要定位于借助电子商务平台促进老工业基地转型发展。该园区入驻企业15
家，并产生了首批13家全省"电子商务示范企业"，有10个电子商务平台建设
得到政府的重点资助。2012年13家电子商务示范企业通过B2B、B2C实现销售
额65.4亿元，比上年增长1.6倍。灵狐科技电商研究中心对外公布《电子商务
产业园区发展研究报告（2012）》，就产业园区电子商务发展能力建设工作的进
程与成效进行评价。从数据来看，沈阳浑南电子商务产业园和大连高新技术产业
园区分别处于第19位和第46位（见表3）。

表3　电子商务产业园区发展能力50强中辽宁园区排行榜

单位：分

排行	园区名称	综合得分	政府支持力	企业竞争力	产业链贡献力	支撑体系保障力
19	沈阳浑南电子商务产业园	71.4	69.5	75.3	70.3	70.4
46	大连高新技术产业园区	53.5	75.5	30.6	34.7	70.4

资料来源：灵狐科技电商研究中心对外公布《电子商务产业园区发展研究报告（2012）》。

二　辽宁电子商务发展中的问题分析

目前，网商发展指数已成为衡量区域电子商务产业发展水平的核心指标。
根据阿里研究中心发表的《2011年网商发展指数报告》，可以将辽宁省网商
发展水平与国内其他区域在网商发展规模、普及程度、经营水平、网商生态、
发展趋势等多个方面进行对比，以此判断辽宁网商的发展水平与存在问题
（见表4）。

表4　2010～2011年辽宁网商与全国前五位省市网商发展指数综合排名情况

排名	省（市）	2011年数值	相比2010数值变化	相比2010排名变化
1	广东	74.23	+3.32	→
2	浙江	67.58	+2.62	→
3	上海	61.95	-1.52	→
4	北京	57.26	+0.08	→
5	江苏	45.88	-0.07	→
15	辽宁	28.45	+2.87	↗1

资料来源：阿里研究中心撰《2011年网商发展指数报告》。

该报告将全国各省市网商分为"三个梯队"，辽宁网商处于第二梯队，在全国 31 个省市中列第 15 位，比上年提升了 1 位，处于全国中游的位置。辽宁电子商务目前仍处于发展初期。从发展现状来看，网商发展规模与普及程度严重落后；经营水平与网商生态处于全国中游水平。从变化情况看，网商经营水平提升较快，网商普及程度相对于其他地区有较大幅的下降，网商增长速度在全国省市中处于落后的局面。通过数据可以看出，辽宁网商的发展水平与广东、浙江、上海等沿海省区差距较大，仅接近广东省的 1/3，不及浙江与上海的 1/2。2011 年全国地级以上城市网商发展指数百强辽宁城市排名中，沈阳市与大连市分别排在 27 位和 32 位，鞍山市排在 74 位。辽宁网商乃至电子商务发展的水平与辽宁实体经济在全国的位置大体相当（见表 5）。

表5　2010～2011 年辽宁网商综合及分项指标排名情况

网商发展指数分项指标	2011 年数值	相比 2010 年数值变化	2011 年排名	相比 2010 年排名变化
发展规模指数	9.37	-0.14	12	→
普及程度指数	9.26	-6.27	17	↘5
经营水平指数	67.02	+9.85	13	↗5
网商生态指数	58.84	+0.48	14	↘2
增长趋势指数	59.91	+9.27	24	↗1
网商发展指数综合排名	28.45	+2.87	15	↗1

　　网商规模指数的构成包括企业网商数量、网商交易额、个人网商交易额、企业网商交易额。2012 年第二季度辽宁网商规模指数仅为 9.79，远远低于发达省市网商水平，仅为广东网商规模的 1/10。目前，全国农村电子商务收入每年在 1000 万元以上的村子 14 个，称为"淘宝村"。据阿里巴巴研究的数据显示，截至 2012 年底，内地农村地区注册的网店数量超过 163 万家，14 个"淘宝村"上年一年的总交易额达到 50 亿元。有"淘宝村"之称的湾头村拥有 500 多家淘宝网店。已有的辽宁网商平均规模较小，集聚程度不够，缺少在全国具有一定影响的电子商务平台或企业，企业规模效应不明显，已成为目前辽宁网商发展中最突出的问题。形成这种落后局面的原因，不排除政府导向与激励不足，更主要的还是辽宁企业在市场竞争中的创新与改革不够，国有企业份额过高，市场化程度不足等因素（见图 1）。

　　网商普及指数包括单位人口网商数量、个人网商普及率、企业网商普及率、

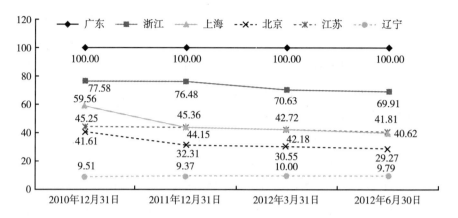

图1　辽宁与全国前五位网商规模指数变化情况

单位网商交易额、消费者交易率、企业交易率等因子。全国的"淘宝村"，每个村都有10%以上的家庭从事电子商务。有的"淘宝村"几乎全村村民都怀着"上网淘金"的梦想，电子商务氛围浓厚。统计数据说明，辽宁网商的普及程度较低，2012年第二季度辽宁网商普及指数仅为15.1，而北京为100，上海为85.06。该指标反映了电子商务在辽宁的普及与应用水平仍处于低位，电子商务对传统产业的深化，以及对居民消费的融合都需要努力（见图2）。

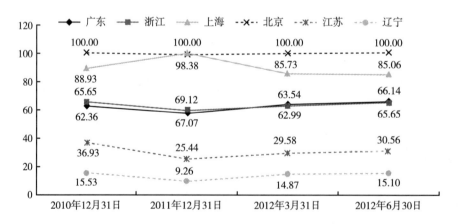

图2　辽宁与全国前五位网商普及指数变化情况

网商生态指数复合了网商协同、物流支撑、电子支付支撑、网购水平、经济技术等多项二级指标。2012年6月底，辽宁网商生态指标为56.67，比上两年不升反降。而电子商务大省浙江，该指标为100，反映了浙江完善的网商生态环境对电子商务产业超常规增长的巨大支撑与激励作用。2012年及2013年辽宁GDP排名均为全国第七位，在全国处于前列，不过，辽宁为老工业基地，服装加工、家电生产等易于产生电子商务高交易额的产业占比小，物流产业、金融手段、信息技术等电子商务服务业水平相对滞后。据统计，2012年辽宁省邮政局12305（消费者申诉专用特服号码）共接到快递方面申诉3059件，其中，快件丢失或损毁的申诉占近20%。快递公司良莠不均的发展态势、并不完善的产业链衔接，以及庞大市场需求带来的浮躁竞争态势，导致行业秩序混乱。同时，网购消费欺诈、用户信息泄露、企业无序竞争等问题也比较突出，反映了行业监管手段一定程度上滞后于市场发展（见图3）。

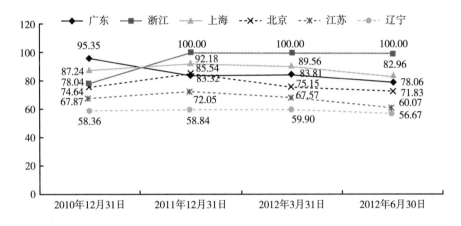

图3　辽宁与全国前五位网商生态指数变化情况

2012年6月最新数据表明，辽宁网商增长趋势指数急剧下降。反映了辽宁网商的内生力量与外在生态环境的双重不力。因而，即使辽宁网商的绝对规模是增加的，但相对全国平均水平、相对于电子商务大省，辽宁网商的增长速度是严重滞后的（见图4）。

经营水平指数复合了信用水平、经营活跃度、买家满意度、网货发展水平、经营效果等多项指标。由于传统工业基础较为雄厚，工业企业生产基础较好，大城市商贸经济也比较发达，辽宁网站的经营水平与全国前五位省市相比，差距并不悬殊。当然，辽宁与南方沿海开放省市悠久的商业历史与根植文化，以及灵活的市场方式还是存在着明显差距的。一批传统企业推出了自己的网购平台，但因没找到合适的模式，部分企业运营情况不理想。很多企业想做独立平台，但很难做。一是因为建平台需要很大的资金投入，二是对产业链渗透得不够，很多细节

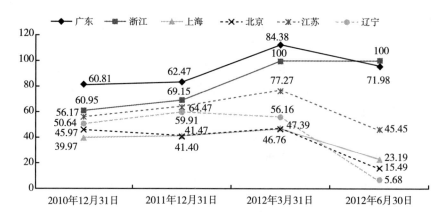

图4 辽宁与全国前五位网商增长趋势指数变化情况

无从把握。同时，全国电子商务市场结构已进入加速优化期，电商平台化、开放化已成为大势所趋，企业间呈现竞合格局，而辽宁现有的 B2B 平台，采用的是传统的盈利模式"付费会员制"，或封闭的自营体系，市场份额很小，经营效益也不理想（见图5）。

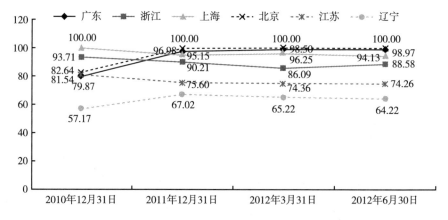

图5 辽宁与全国前五位网商经营水平指数变化情况

三 辽宁电子商务发展前景预测与对策建议

1. 2014 年辽宁电子商务发展前景预测

第一，电子商务是互联网信息技术和传统实体经济完美融合的一种新经济模式,能有效整合现有资源,切实地降低企业发展的成本,提升企业的竞争实力,极大地提高社会整体效率,并将引导辽宁老工业基地经济的转型与升级。

第二,电子商务市场发展 10 余年,已经历萌芽期(2001～2003 年)、发展早期(2004～2006 年)、高速成长期(2007 年至今)。电子商务主体模式也由最初 C2C 集市过渡到垂直类 B2C 发展,再到如今的各大电商加速平台化发展。电子商务渗透率将实现持续高速的增长。网购理念的普及、网购用户的增长、阿里集团在"双 11"这一天最少净赚 10 亿元(350 亿元的 3%)等财富神话,直接激励并间接推动辽宁企业转变经营方式、赢利模式。随着网上支付、物流配送的逐渐成熟,未来电子商务必将形成规模庞大的区域经济体,并通过与实体经济的切实结合,给社会、经济发展注入新的动力,呈现高普及化、常态化趋势。

第三,传统企业电子商务将呈集团军式爆发。在美国的在线零售 500 强榜单里,80% 以上的企业都是传统品牌的在线业务板块。2014 年将有更多的辽宁传统企业借助传统实体的供应链资源、品牌优势和与消费者行为模式的掌握,进军电子商务市场,并且将呈整体性高速成长。

第四,电子商务的应用领域也将进一步拓宽。在各类积极政策的激励下,电子商务产业链整合和物流配套工程将进一步得到促进,工业、商贸物流、旅游服务等传统企业将深化电子商务应用,移动电子商务等新兴商务模式将得到进一步的促进。专业市场电商化也是一个发展方向。

第五,在电子商务的支撑体系中,电子认证、电子支付、现代物流、标准体系、信用体系等均受益于电子商务而得到加快发展,电子商务第三方服务商将更加独立而成熟。目前辽宁市场上具有一定规模的第三方服务商还屈指可数,而且都是以阿里巴巴网站作为业务基石。由淘宝开放平台而催生出的一批电子商务第三方服务商,正在逐渐成长并调整自己的定位,未来两三年,将有更多的第三方服务商出现,电子商务的产业链将不断完善。

第六,随着网购市场的高速发展以及网民数量的不断扩大,网购消费者的数量和覆盖面也在随之不断增长和扩大。网上商品呈现海量、物美价廉等特点,网络购物逐渐成为百姓喜爱、习惯的主流消费方式。

2. 加快发展辽宁电子商务的对策建议

第一,整合行政和社会资源,避免多头管理,提高监管水平。充分发挥产业主管部门在引导、规范、监管、服务方面的核心作用,建立包括产业主管部门、各综合部门和各区在内的制度化的协调机制,健全互联网及增值服务产业的管理

体系。坚持事权统一原则，强化主管部门在资源配置和产业管理方面的职能。制订完善的政府工作计划表，明确包括重点发展方向、重点项目、各项目细分工作、工作对应完成时限、工作对应时限定量与定性目标、主管单位、配合单位等明细。政府按照工作计划表对主管单位与配合单位进行考核，推动工作顺利有序进行。目前，应加快推进完善快递行业诚信体系建设、市场监管体系建设，定期或不定期公布企业诚信情况、消费者评价情况和违规违法经营企业的具体情况，使行政监管和社会监督实现有效结合。

第二，对处于萌芽期的电商平台实施"地方保护"政策。（上海）"1号店"是国内首家网上超市，是综合B2C平台，2008年上线后1年多时间，就拥有注册用户4000多万、上千个供应商、数百个品牌合作商。这不仅是企业本身努力的结果，还是上海政府和上海市民集体"保护"出来的结果。"1号店"创办初期，政府"公务卡"与其绑定消费，并引导当地市民去该店消费，快递企业也给予它最低运费支持等，再加上口口相传，"1号店"很快发展成为国内著名的网店。因而，政府应给做电商平台的企业更多的政策扶持和资金鼓励，保护好一批良性运作的电商平台，通过树立典型来鼓励更多的B2C、B2B平台成长壮大，以革新现有的贸易模式和商业格局。

第三，引导与扶持电商平台遵循正确的发展路径。电子商务网站定位将从以往的"大而全"模式转向专业细分的行业商务门户。第一代的电子商务专注于内容，第二代专注于综合性电子商务，而新一代的行业电子商务将增值内容和商务平台紧密集成，使电子商务真正进入实用阶段。在选择电子商务发展载体时，必须基于本地优势的、特色的传统产业，率先在该产业推广电子商务应用与服务，促进产业电子化交易的实现，并逐步向其他新兴产业渗透。积极鼓励电商与物流商、金融企业的融合。同时，省市各级政府根据本地产业结构实际情况，应采取为老工业基地主导产业配套的生产性电子商务平台和为百姓生活服务的生活性商务平台并重的方针。鉴于国内B2B平台的经验与教训，建议政府重点扶持行业龙头企业，整合产业链上的各方优势来做平台，以提高成功率，降低风险。应鼓励垂直行业B2B平台以专业化和国际化为特色。

第四，重视搭建电子商务发展中公共服务平台，利用电子商务推动传统产业集群升级转型。基本模式是线上通过地方特色产业集群，入驻电子商务平台；线下建立地方产业集群电子商务的项目中心，提升当地产业集群企业利用电子商务平台开拓国内外市场的能力和水平。同时，各地还应充分发挥总部经济的信息与人才等优势，出台相应政策措施，鼓励企业加大电商平台建设和业务转型，抢占新的制高点，为区域经济发展拓展战略空间。

第五，强化电子商务园区生态圈建设。电子商务发展到今天已经成为一个高度细化分工的产业。一个网商的业务链中，包括网络零售、电商外包、网络营销、第三方支付、软件支持、网络通信、快递物流、社区媒体等各个环节，这也是电商园区之所以有集群优势的原因。良性发展的电商生态圈通过把网商、服务商聚集起来，提高了电子商务的交易效率，降低了交易成本，促进了电商产业链的快速发展。为推动电子商务园区的生态圈建设，应对电子商务产业园区内相关企业在政策扶持和公共服务等方面实行优惠和扶持政策。一是给予税收优惠。对于拥有自主知识产权、具有一定软件研发投入的第三方电子商务平台类企业，参照国家政策，给予营业税和所得税补贴；针对传统流通企业开展网络销售服务的电子商务类运行企业，经认定后给予营业税地留部分100%补贴。二是财政补贴支持。支持企业发展移动客户端市场，给予电子商务企业相应补贴；此外，对参加电子商务培训的企业和大学生，开发区补贴培训费用。三是发展基础设施。保证电商企业数据中心用电需求，采用环网供电模式保证供电；为提高电子商务平台运行效率，进行光纤双回路改造，城域网带宽提升至1TB，园区内实现WIFI全覆盖。四是做好公共服务。鼓励电子商务企业与云计算中心加强合作，以服务外包形式代替传统硬件投入，搭建产业合作平台；设立"电子商务企业金融专项风险补偿金"，利用"企业股权选择权质押"信用贷款金融手段，解决小微企业融资难问题，搭建融资平台。

参考文献

国家商务部、工业和信息化部、中国电子商务研究中心、阿里研究中心、中国互联网信息中心和辽宁省政府网站、《华商晨报》等研究报告和相关统计资料。

附 录

Appendix

B.36

附录1

2013 年 1 ~9 月份基本数据和图例

王敏洁*

（一）基本数据

项　　目	绝对值	增长速度
国内生产总值（亿元、%）	19263.9	8.7
第一产业（亿元、%）	1257.2	3.2
第二产业（亿元、%）	10362.5	9.2
第三产业（亿元、%）	7644.2	8.7
全社会用电量（亿千瓦时、%）	1479.8	6.3
全社会固定资产投资（亿元、%）	21017.6	20.8
房地产开发（亿元、%）	5024.3	23.8
社会消费品零售总额（亿元、%）	7668.0	13.2
城镇（亿元、%）	7003.1	13.3
农村（亿元、%）	665.0	13.5

---

* 王敏洁，辽宁社会科学院经济研究所助理研究员，研究方向：产业经济和区域经济。

续表

项　　目	绝对值	增长速度
居民消费价格指数(%)	102.2	—
工业生产者购进价格指数(%)	98.5	—
工业生产者出厂价格指数(%)	99.0	—
进出口总额(亿美元、%)	828.8	7.0
出口总额(亿美元、%)	467.4	9.3
进口总额(亿美元、%)	361.4	4.1
实际使用外商直接投资额(亿美元、%)	200.8	9.5
财政收入(亿元、%)	2594.4	7.8
各项税收(亿元、%)	1933.6	10.7
财政支出(亿元、%)	3294.7	12.1
一般公共服务支出(亿元、%)	362.9	8.8
城镇居民人均可支配收入(元、%)	19109.0	10.0
农村居民人均现金收入(元、%)	12823.0	12.1
存款余额(亿元、%)	38882.3	—
储蓄存款(亿元、%)	19694.5	—
贷款余额(亿元、%)	29015.8	—
货运总量(万吨、%)	171783.3	10.6
港口货物吞吐量(万吨、%)	75329	13.9
邮政业务总量(亿元、%)	36.3	14.7
电信业务总量(亿元、%)	364.5	3.5

资料来源:辽宁省统计局,2013年2~9月统计月报。

(二)图例

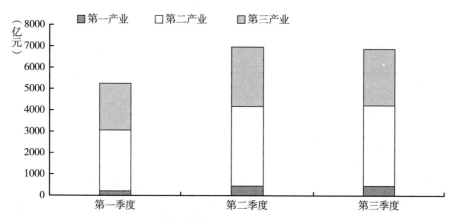

图1　辽宁省前三季度三次产业产值构成

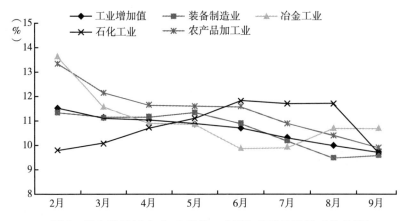

图2　辽宁省2013年2~9月份工业增加值增速比较（单月数）

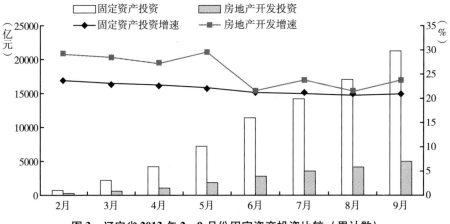

图3　辽宁省2013年2~9月份固定资产投资比较（累计数）

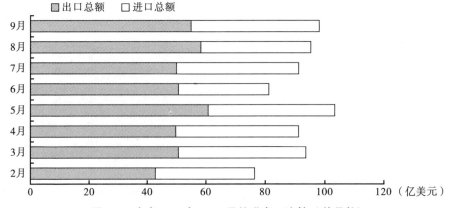

图4　辽宁省2013年2~9月份进出口比较（单月数）

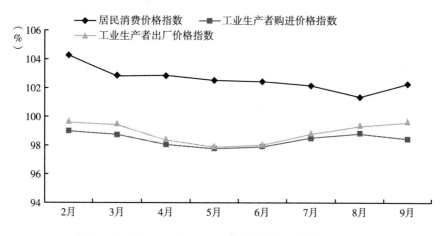

图 5　辽宁省 2013 年 2～9 月份价格指数比较（单月数）

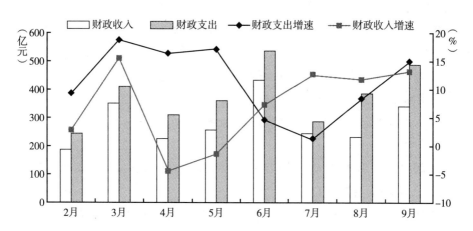

图 6　辽宁省 2013 年 2～9 月份财政收支情况比较（单月数）

B.37
附录2　2013年1~10月辽宁大事记

王敏洁*

■ **2013年1月3日**　2012年华晨汽车集团实现销售收入超过1060亿元，进一步巩固了国内自主品牌的主力军地位，成为首家辽宁省省属千亿级企业。

■ **2013年1月17日**　集体林权制度改革极大地激发了广大农民营林护林的积极性，私营资本每年营造林占辽宁省人工造林面积的80%以上，成为造林主力。

■ **2013年2月17日**　辽宁红沿河核电站1号机组并网发电，将优化辽宁地区电力供应结构，实现节能减排，改善空气和水质量。

■ **2013年2月25日**　辽宁省流域水环境保护生态补偿立法示范项目启动，联合国全球环境基金将出资17.04万美元，专项用于辽宁省流域水环境保护生态补偿立法示范项目研究，这是我国第一个流域水环境保护生态补偿立法国际合作项目。

■ **2013年3月5日**　沈阳综合保税区海关正式开关，成为东北地区内陆首家通过验收的综合保税区。

■ **2013年3月6日**　中共中央总书记、中央军委主席习近平参加十二届全国人大一次会议辽宁代表团的审议并指出，要进一步做好攻坚克难、艰苦创业的思想准备和工作准备，大力实施振兴东北地区等老工业基地战略，加快建设社会主义新农村，全面增强工业核心竞争力，促进资源型城市可持续发展，建设向东北亚开放的重要枢纽；要大力做好保障和改善民生工作，注重关心生活困难群众，让群众得到看得见、摸得着的实惠。

■ **2013年3月12日**　辽河通过国家环保部、发改委、监察部、财政部、水利部考核组的考核评估，如期实现摘掉流域重度污染帽子的目标，率先从全国"三河三湖"重度污染名单中退出。

---

* 王敏洁，辽宁社会科学院经济研究所助理研究员，研究方向：产业经济和区域经济。

■ **2013 年 3 月 15 日** 辽宁股权交易中心日前正式成立，紧随上海、浙江、深圳，进入全国场外市场建设第一梯队，不仅会满足辽宁省多元化、多层次金融需求，而且将辐射带动东北地区发展，成为东北区域最重要的投融资交易平台。

■ **2013 年 3 月 22 日** 大连商品交易所焦煤期货合约正式上市交易，对于完善煤炭市场体系，发挥市场在煤炭资源配置中的基础性作用具有重要意义，对拓宽大商所产业服务领域，巩固其综合性交易所地位也将产生积极作用。

■ **2013 年 3 月 22 日** 沈阳地铁九、十号线开工仪式在南阳湖大桥东南侧举行，标志着沈阳市新一轮地铁建设全面启动，推动沈阳加速迈入“地铁网络化时代”。

■ **2013 年 4 月 2 日** 国务院正式批复了国家发展改革委会同科技部、工业和信息化部、财政部编制的《全国老工业基地调整改造规划（2013～2022 年)》，规划范围是 95 个地级老工业城市和 25 个直辖市、计划单列市、省会城市的市辖区，涉及全国 27 个省、自治区、直辖市。

■ **2013 年 4 月 9 日** 《中国实验快堆控制棒组件用高丰度碳化硼粉末及芯块研制》合同技术验收会在大连举行，由大连博恩坦科技有限公司研制的高丰度碳化硼粉末及芯块获得中国原子能科学研究院专家组的验收，标志着我国在第四代核反应堆核心技术环节获得重大突破。

■ **2013 年 4 月 25 日** 辽宁省海洋与渔业厅公布 2012 年度全省海洋环境状况公报，辽宁省近岸第一类海水水质面积较上年增加 2980 平方公里，鸭绿江、大辽河、双台子河等 8 条入海河流携带入海的主要污染物比 2011 年下降了 28.5%。

■ **2013 年 5 月 10 日** 锦州世界园林博览会正式启幕，其间将有 20 项丰富多彩的主题活动贯穿始末。

■ **2013 年 5 月 14 日** 我国东北部唯一的国家陆地搜寻与救护基地正式在沈阳建成并投入使用，来自东北三省和内蒙古自治区四省（区）的消防、医疗救护等专业救援队伍，将在此训练灾害事故处置等任务。

■ **2013 年 5 月 17 日** 辽宁省政府召开“营改增”改革工作电视电话会议，全面部署辽宁省营业税改征增值税改革工作。按照国家统一部署，辽宁省将于 8 月 1 日实施“营改增”改革工作，届时辽宁省提供交通运输和部分现代服务业服务的单位和个人将由缴纳营业税改为缴纳增值税。

■ **2013 年 5 月 30 日** 辽宁省十二届人大常委会第二次会议通过了关于《辽

宁海岸带保护和利用规划》的决议，辽宁省海岸带将划分为生态保护板块、旅游休闲板块、农业渔业板块、工业开发板块、城镇建设板块和港口物流板块。

■ **2013 年 6 月 6 日**　东北首个核电站——辽宁红沿河核电站一期工程 1 号机组投入商业运行，该机组每天发电量达 2400 万千瓦时，可满足大连市 1/4 的电力需求。红沿河 1 号机组设备国产化率达到 75%，进一步提升了我国核电装备制造能力。

■ **2013 年 6 月 27 日**　由中国机械工业集团有限公司、中国汽车工业国际合作总公司共同主办的第十二届中国沈阳国际汽车工业博览会在沈阳国际展览中心开幕，展会上有国内外 30 款新车型首发，展出车辆近千台，其中自主品牌汽车成为展会亮点引人关注。

■ **2013 年 7 月 1 日**　经省政府同意，辽宁省人力资源和社会保障厅自 1994 年实行最低工资制度以来第 8 次调整最低工资标准，一类地区由 1100 元调整为 1300 元，二类地区由 900 元调整为 1050 元，三类地区由 780 元调整为 900 元。

■ **2013 年 7 月 29 日**　辽宁省召开沿海经济带情况通报会，制定了我国第一个海岸带保护和利用规划，将 80% 以上的海岸带设为"不开发区"。

■ **2013 年 8 月 5 日**　中国北车集团沈车公司设计试制的 4 种车型 8 辆出口样车，正式交付澳大利亚塔斯马尼亚公司，标志着辽宁省向发达国家和地区出口铁路货车整车实现突破，为沈车未来进军国际市场奠定了基础。

■ **2013 年 8 月 7 日**　我国首个现代有轨电车网——沈阳浑南新区现代有轨电车成网运行，是我国目前一次性建设规模最大的现代有轨电车路网，整个路网由 4 条线路组成，总长约 60 公里，运行车辆为中国北车研制的 100% 和 70% 低地板现代有轨电车。

■ **2013 年 8 月 15 日**　由国务院台湾事务办公室、辽宁省人民政府共同主办的第十二届辽宁台湾周在锦州隆重开幕，国务院台湾事务办公室主任张志军、省长陈政高、台湾海峡两岸交流基金会董事长林中森出席开幕式并致辞。

■ **2013 年 8 月 28 日**　中共中央总书记、国家主席、中央军委主席习近平在辽宁考察时强调，全面振兴东北地区等老工业基地是国家既定战略，要总结经验、完善政策，深入实施创新驱动发展战略，增强工业核心竞争力，形成战略性新兴产业和传统制造业并驾齐驱、现代服务业和传统服务业相互促进、信息化和工业化深度融合的产业发展新格局，为全面振兴老工业基地增添原动力。

■ **2013 年 8 月 31 日**　中华人民共和国第十二届运动会下午在辽宁省沈阳市

隆重开幕，中共中央总书记、国家主席、中央军委主席习近平出席开幕式并宣布运动会开幕。

■ **2013 年 9 月 9 日**　中共中央政治局常委、国务院总理李克强在大连考察并看望师生，与基层教师座谈。

■ **2013 年 9 月 11 日**　世界经济论坛 2013 年新领军者年会（夏季达沃斯论坛）在大连开幕，主题是"创新：势在必行"。

■ **2013 年 9 月 12 日**　中华人民共和国第十二届运动会下午在沈阳闭幕，中共中央政治局常委、国务院总理李克强宣布，中华人民共和国第十二届运动会闭幕。

■ **2013 年 9 月 12 日**　中共中央政治局委员、国务院副总理刘延东近日在辽宁考察时强调，要坚持以改革为动力，调整教育类型和学科结构，完善有利于激发科技创新活力的体制机制，统筹发展基本与非基本医疗卫生服务，实现教育科技卫生事业更好发展，为经济发展、民生改善提供保障和支撑。

■ **2013 年 9 月 20 日**　由文化部、国家新闻出版广电总局，辽宁、吉林、黑龙江三省省政府共同主办，沈阳市人民政府承办的第五届中国东北文化产业博览交易会（简称东北文博会）在辽宁工业展览馆开幕。

■ **2013 年 10 月 20 日**　由省经济体制改革研究会主办的"振兴辽宁 10 周年座谈会"在沈阳召开，会议指出十年来辽宁经济社会取得了飞跃式发展，城镇人均可支配收入迅速提高，社会文明大幅度进步，生态建设全面告捷。

■ **2013 年 10 月 23 日**　辽宁实行"一站式"结算服务的县区达到了 70%，沈阳、大连、本溪、辽阳、铁岭、葫芦岛（农村）全市实现了"一站式"结算服务。

■ **2013 年 10 月 23 日**　《辽宁海岸带保护和利用规划》正式实施，规划依据自然条件、保护利用情况及开发建设需求，将海岸带划分为重点保护和重点建设两类功能区，八成海岸线纳入重点保护，破除"重开发轻保护"现象。

B.38

后　记

一年一度的"辽宁蓝皮书"经历了近半年的研创，终于与读者见面了！《2014年辽宁经济社会形势分析与预测》在秉承以往年度"辽宁蓝皮书"学术传统和研究特色基础上，结合2013年辽宁省情进行了大胆创新。

近年来，世界经济低速增长，我国经济也告别高速增长，进入中速增长时期。面对复杂的国际形势、艰巨的改革任务以及辽宁省内经济下行压力巨大、社会矛盾凸显的新形势，本书在选题上紧扣时代脉搏，力图全面呈现新形势下辽宁经济社会发展的亮点、难点和重点。在经济领域，《2014年辽宁经济社会形势分析与预测》围绕"稳中求进"的工作总基调，重点就农业发展、工业运行、现代服务业、信息产业、高新技术产业、产业集群、海洋经济、科技创新、城乡一体化以及财政、金融、外贸、物价等专题进行了系统研究；在社会领域，以2013年辽宁省重点实施的民生工程为主要依据，着重对就业、教育、体育、医药卫生、文化、社会保障、社会救助、住房、养老等领域的突出问题进行了系统研究。本书在编撰过程中，克服了时间紧、任务重、数据资料获取难度加大等方面的困难，系统展示了2013年辽宁经济社会发展中的亮点，深入分析了辽宁经济社会发展的重点和难点，科学预测了辽宁经济社会发展趋势，提出了有针对性和可操作性的对策建议。我们相信，《2014年辽宁经济社会形势分析与预测》会如往年度的"辽宁蓝皮书"一样，以其科学性、时效性、前瞻性和建设性，成为国内外了解、认识新形势下辽宁省情的重要窗口。

对经济与社会形势进行分析与预测是十分复杂的，尽管我们在这一过程中极为重视预测的规范性和科学性，但受诸多因素的影响和限制，做到对辽宁经济社会形势发展的精确预测仍是十分困难的。而且，由于时间和水平所限，书中疏漏乃至偏颇之处在所难免，恳请诸位领导、专家和广大读者斧正。书中所提供的研究报告均为学术研究成果，均属作者本人意见，既不代表整个课题组，也不代表所在单位。

在本书编撰过程中，辽宁省委省政府给予了大力支持；省委省政府办公厅、省委宣传部、省财政厅、省统计局以及省直各委、办、厅、局和省人大、省政协给予了热情帮助和数据支持；社会科学文献出版社的领导和编辑同志给予了具体指导，在此一并表示衷心感谢！

编　者

2013 年 11 月 23 日

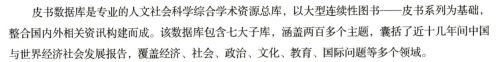

皮书数据库

中国社会科学院 社会科学文献出版社

首页 数据库检索 学术资源群 我的文献库 皮书全动态 有奖调查 皮书报道 皮书研究 联系我们 读者帮购   搜索报告

权威报告　热点资讯　海量资源

当代中国与世界发展的高端智库平台

皮书数据库　www.pishu.com.cn

皮书数据库是专业的人文社会科学综合学术资源总库，以大型连续性图书——皮书系列为基础，整合国内外相关资讯构建而成。该数据库包含七大子库，涵盖两百多个主题，囊括了近十几年间中国与世界经济社会发展报告，覆盖经济、社会、政治、文化、教育、国际问题等多个领域。

皮书数据库以篇章为基本单位，方便用户对皮书内容的阅读需求。用户可进行全文检索，也可对文献题目、内容提要、作者名称、作者单位、关键字等基本信息进行检索，还可对检索到的篇章再作二次筛选，进行在线阅读或下载阅读。智能多维度导航，可使用户根据自己熟知的分类标准进行分类导航筛选，使查找和检索更高效、便捷。

权威的研究报告、独特的调研数据、前沿的热点资讯，皮书数据库已发展成为国内最具影响力的关于中国与世界现实问题研究的成果库和资讯库。

皮书俱乐部会员服务指南

1. 谁能成为皮书俱乐部成员？

- 皮书作者自动成为俱乐部会员
- 购买了皮书产品（纸质皮书、电子书）的个人用户

2. 会员可以享受的增值服务

- 加入皮书俱乐部，免费获赠该纸质图书的电子书
- 免费获赠皮书数据库100元充值卡
- 免费定期获赠皮书电子期刊
- 优先参与各类皮书学术活动
- 优先享受皮书产品的最新优惠

3. 如何享受增值服务？

（1）加入皮书俱乐部，获赠该书的电子书

第1步 登录我社官网（www.ssap.com.cn），注册账号；

第2步 登录并进入"会员中心"—"皮书俱乐部"，提交加入皮书俱乐部申请；

第3步 审核通过后，自动进入俱乐部服务环节，填写相关购书信息即可自动兑换相应电子书。

（2）免费获赠皮书数据库100元充值卡

100元充值卡只能在皮书数据库中充值和使用

第1步 刮开附赠充值的涂层（左下）；

第2步 登录皮书数据库网站（www.pishu.com.cn），注册账号；

第3步 登录并进入"会员中心"—"在线充值"—"充值卡充值"，充值成功后即可使用。

4. 声明

解释权归社会科学文献出版社所有

社会科学文献出版社 皮书系列
SOCIAL SCIENCES ACADEMIC PRESS (CHINA)
卡号：1507297971834092
密码：

皮书俱乐部会员可享受社会科学文献出版社其他相关免费增值服务，有任何疑问，均可与我们联系

联系电话：010-59367227　企业QQ：800045692　邮箱：pishuclub@ssap.cn

欢迎登录社会科学文献出版社官网（www.ssap.com.cn）和中国皮书网（www.pishu.cn）了解更多信息

皮书系列

　　"皮书"起源于十七、十八世纪的英国，主要指官方或社会组织正式发表的重要文件或报告，多以"白皮书"命名。在中国，"皮书"这一概念被社会广泛接受，并被成功运作、发展成为一种全新的出版形态，则源于中国社会科学院社会科学文献出版社。

　　皮书是对中国与世界发展状况和热点问题进行年度监测，以专业的角度、专家的视野和实证研究方法，针对某一领域或区域现状与发展态势展开分析和预测，具备权威性、前沿性、原创性、实证性、时效性等特点的连续性公开出版物，由一系列权威研究报告组成。皮书系列是社会科学文献出版社编辑出版的蓝皮书、绿皮书、黄皮书等的统称。

　　皮书系列的作者以中国社会科学院、著名高校、地方社会科学院的研究人员为主，多为国内一流研究机构的权威专家学者，他们的看法和观点代表了学界对中国与世界的现实和未来最高水平的解读与分析。

　　自20世纪90年代末推出以《经济蓝皮书》为开端的皮书系列以来，社会科学文献出版社至今已累计出版皮书千余部，内容涵盖经济、社会、政法、文化传媒、行业、地方发展、国际形势等领域。皮书系列已成为社会科学文献出版社的著名图书品牌和中国社会科学院的知名学术品牌。

　　皮书系列在数字出版和国际出版方面成就斐然。皮书数据库被评为"2008~2009年度数字出版知名品牌"；《经济蓝皮书》《社会蓝皮书》等十几种皮书每年还由国外知名学术出版机构出版英文版、俄文版、韩文版和日文版，面向全球发行。

　　2011年，皮书系列正式列入"十二五"国家重点出版规划项目；2012年，部分重点皮书列入中国社会科学院承担的国家哲学社会科学创新工程项目；2014年，35种院外皮书使用"中国社会科学院创新工程学术出版项目"标识。

法律声明

　　"皮书系列"（含蓝皮书、绿皮书、黄皮书）由社会科学文献出版社最早使用并对外推广，现已成为中国图书市场上流行的品牌，是社会科学文献出版社的品牌图书。社会科学文献出版社拥有该系列图书的专有出版权和网络传播权，其LOGO（▧）与"经济蓝皮书"、"社会蓝皮书"等皮书名称已在中华人民共和国工商行政管理总局商标局登记注册，社会科学文献出版社合法拥有其商标专用权。

　　未经社会科学文献出版社的授权和许可，任何复制、模仿或以其他方式侵害"皮书系列"和LOGO（▧）、"经济蓝皮书"、"社会蓝皮书"等皮书名称商标专用权的行为均属于侵权行为，社会科学文献出版社将采取法律手段追究其法律责任，维护合法权益。

　　欢迎社会各界人士对侵犯社会科学文献出版社上述权利的违法行为进行举报。电话：010－59367121，电子邮箱：fawubu@ssap.cn。

社会科学文献出版社